经纬度

君臣之争

林乾 著

清朝的帝王与朋党

浙江人民出版社

图书在版编目（CIP）数据

君臣之争：清朝的帝王与朋党 / 林乾著. -- 杭州：浙江人民出版社, 2025.8. -- ISBN 978-7-213-11861-6

Ⅰ. D691.2

中国国家版本馆CIP数据核字第2025PV6142号

君臣之争：清朝的帝王与朋党
JUNCHEN ZHI ZHENG: QINGCHAO DE DIWANG YU PENGDANG

林 乾 著

出版发行：浙江人民出版社（杭州市环城北路177号 邮编 310006）
　　　　　市场部电话：(0571) 85061682　85176516
责任编辑：方　程　魏　力
特约编辑：杨钰霆
营销编辑：游赛赛　霍凌云
责任校对：汪景芬
责任印务：幸天骄
封面设计：琥珀视觉
电脑制版：北京五书同创文化发展有限公司
印　　刷：杭州丰源印刷有限公司
开　　本：880毫米×1230毫米　1/32　　印　张：13.5
字　　数：263千字　　　　　　　　　　　插　页：4
版　　次：2025年8月第1版　　　　　　　印　次：2025年8月第1次印刷
书　　号：ISBN 978-7-213-11861-6
定　　价：78.00元

如发现印装质量问题，影响阅读，请与市场部联系调换。

目 录

序 论 /V

第一章 顺治时期的南北党之争 /001

冯铨及其北党人物 /003

朝局翻覆与南党领袖陈名夏 /008

陈名夏结怨由来及其落败 /011

清廷对南北党的整肃 /024

利用党争加强皇权的趋向 /030

第二章 康熙初期的明珠、索额图之争 /037

勋戚重臣索额图 /038

权力平衡术与明珠入阁 /045

平叛期间明珠、索额图力量之消长 /049

明珠集团的崛起 /056

围绕辅导皇太子的斗争 /073

河务案与明珠罢相 /093

第三章　统治基础的巩固与汉官集团的倾轧　/107

满族权贵的附庸　/107

汉官集团的发展及与满贵之分途　/120

汉官集团的内部倾轧　/128

"南北党"之争与满汉之牵连报复　/151

第四章　康熙后期的皇、储之争及对皇权的挑战　/175

皇子参政及其权力之扩张　/175

太子代理国事及权力核心的形成　/185

处死索额图与皇、储矛盾之升级　/199

溜淮套工程的出笼与第六次南巡　/218

议立太子风波与皇八子党　/245

权力一统与严惩皇子党　/271

第五章　雍正帝对朋党的严惩及其扩大化　/283

年羹尧朋党案　/284

隆科多朋党案　/292

李绂、谢济世等"科甲朋党"案　/297

允䄉、允䄉、允禵等诸兄弟党　/308

第六章　党争的时代特征与极权政治　/323

内阁权力的消长与传统政治的终结　/323

目 录

风闻言事之禁与监察职能的弱化 /340

八旗传统对皇权的挑战 /356

朋党的时代特征与民族特征 /371

《御制朋党论》与清朝极权政治的完型 /388

结语 /408

主要参考书目 /411

后 记 /420

序　论

朋党作为中国专制政体的衍生物，植根于传统社会深厚的政治、经济、文化土壤之中。不同的政治文化背景，互为冲突的政治、经济利益，以及政见的歧异、地域的偏见、血缘的区别、门第观念的不同等，无疑成为朋党集团形成及其斗争的诱因。

在中国历代王朝演进的漫长历史中，朋党如影随形，经久不衰。从某种意义上可以说，朋党之兴衰不仅是皇权强弱的晴雨表，而且往往能透视出一个王朝的生死荣枯。因为，朋党虽然是君主制的产物，但它又极易演化为专制皇权的对立物，构成对后者的巨大威胁，"国无党祸而不亡""朋党交持，祸延宗社"①的惨痛教训，使帝王们视朋党为寇仇，"自古及今，帝王最恶者是朋党"②"朋党小人，自古帝王之所必诛"③。作为中国最后一个帝制王朝，清朝也同样遇到了"朋党"这一棘手的难题。乾隆帝晚年曾得意地列举了"前代所以亡国"的八大政治因素，即强藩、外

---

① 王夫之：《读通鉴论》卷二一、二五。
② 《全唐文》卷六四五，李绛：《对宪宗论朋党》。
③ 《清史纪事本末》卷二五，《严禁朋党》。

患、权臣、外戚、女谒、宦寺、奸臣、佞幸，认为"今皆无一仿佛者"[①]，以证明其统治的巩固和成功，但是这八种因素中并没有朋党，这是弘历的大意疏漏还是有意回避？抑或因一脉相承的康雍乾三帝都没能解决好这一问题而有意淡化之？

清代前期的几位统治者，鉴于晚明朋党之争祸延宗社的历史教训，对朋党势力都采取了严厉的惩治和抑制措施，进行了卓有成效的斗争，但由于朋党发生的历史文化背景不同，朋党集团构成又几经变化，因此不能一概而论。顺治朝党争主要是明末党争在新王朝中的延续和移植，更多地打上汉族官僚内部为在新兴的清政权中争得政治、经济利益而斗争的烙印。从多尔衮到福临，他们都运用"以汉治汉"这一策略来平衡所谓"南北党"之争，使其服从并服务于军事征服和确立全国统治这一总目标。

康熙时期则不然。一方面，挟"弧矢之利以威天下"的历史已尘埃落定，一个空前而广袤的大帝国尽裸在一个新王朝的面前，"马上打天下不能马上守之"，攻守异势的客观形势已使清朝统治者在更广泛的领域与汉文化及其载体——官僚士大夫短兵相接了。如何对待汉法、汉制？怎样构筑满汉联合统治？这是康熙时期必须致力解决的问题。另一方面，满族政治传统中因八旗诸王贵族势力之坐大所导致的王权不振，已经越来越不适应新的统治形势，其矛盾、弊端迫使统治者改弦更张，抛弃固有的妨碍皇

[①]《清高宗实录》卷一一一二，乾隆四十五年（1780）八月己未。

序　论

权强化的政治传统，抑制、打击不利于皇权统治的政治势力。换言之，康熙帝面临的挑战来自两个方面：满族内部和汉族传统。在应对挑战的过程中，康熙帝虽然承继了明朝的统治方式，但更重要的是尝试建立一套区别于以往朝代的统治形式——极权政治。康熙时期的朋党集团正是在这样的历史背景下发展起来并相继成为政治舞台上十分活跃的政治力量。从康熙前期索额图、明珠等满族勋贵党的落马，到中期徐乾学、高士奇等汉人势力的崛起，以及二者之间既勾结利用又矛盾斗争的历史表象，乃至康熙晚期皇、储矛盾的加剧和诸皇子党的粉墨登场，看似无紧密联系的事相实则有其深刻而内在的关联性。研究康熙时期的朋党无疑是解读中国帝制社会晚期诸多政治矛盾的一个独特视角。故本书将重点放在康熙朝。

康熙帝亲政后对鳌拜集团的清除反映了前者试图摆脱满族政治传统对君权掣肘的强烈要求，而玄烨手中的盾牌并不新鲜，他承继了明朝的体制，以内阁大学士执掌要务，而议政王大臣会议已改组为议政大臣会议，其权力已今非昔比，成为康熙帝驾驭下的议政机构。索额图崛起于擒拿鳌拜，明珠崛起于平三藩，二者皆以功显，而其能够纵横捭阖的载体即是内阁。康熙帝倚重阁臣，使政治天平向内阁一方倾斜，阁权的加重为索额图、明珠结党营私及其互相倾轧创造了条件。从传统君相制的角度出发，本文把明珠称为帝制时代最后一个权臣，想必是有根据的。

当索额图、明珠势力膨胀时，康熙帝意识到对阁臣的过多倚重会形成一种游离于皇权之外的势力。在平抑这种力量时，适应对汉族传统典制的吸纳及扩大统治基础的需要而完全听命于皇帝个人的御用机构——南书房诞生了。这一机构无疑起到了"以汉抑满"的作用，而徐乾学、高士奇等人从依附满族勋贵到独掌门户并进而结党营私与后者相颉颃，很显然是南书房权力得到充分发展的一种反映。清人称"章疏票拟，主之内阁。军国机要，主之议政处。若特颁诏旨，由南书房翰林视草"。[①]与内阁权力具有向外伸张性不同，南书房的权力虽然也有曲缩张弛，但更多的是内敛性，即它由皇帝所操纵，不具有与皇权相抗衡的发展趋向，其权力的发展是皇权强化的折射反映。康熙中期出现的徐乾学、高士奇等"汉党"，其权势一段时期确也炙手可热，但不旋踵即败亡而归。从平定三藩时"招之唯恐不来"，到康熙中期"挥之唯恐不去"[②]，康熙帝对汉族官僚士大夫的政策变化透视出满汉统治基础趋于巩固，以及满汉权力平衡体系的构建已经完成这一历史事实。在此期间，康熙帝有意利用甚至唆使汉官内部的倾轧以及满汉之间的争斗，朋党之争事实上成为皇权扩张的工具。

在巩固皇权的过程中，康熙帝的另一项重要的"发明"是将家族力量引入国家权力中，严格说来，这是向满族祖制的回归。本来，在八旗内部存在比较严格的隶属关系，旗人出掌政务却对

[①] 吴振棫：《养吉斋丛录》卷四，第41页。
[②] 邓之诚：《清诗纪事初编》卷三，第382—383页。

序　论

本旗主有效忠义务已经严重影响了旗、政分工，也影响了将国家权力纳入定制化轨道。康熙中叶以后，玄烨赋予皇家兄弟子侄以军、政、旗等项要务，使诸皇子的力量得到加强，尤其是皇太子党的形成及其已明显成为第二权力中心，构成对皇权的分割、弱化乃至威胁。康熙后期围绕废、立储之争而展开的范围广泛、影响深远的诸皇子党争，是玄烨亲政以来最大的一次统治危机。这次由皇位继承权引发的斗争逐渐演化为直接威胁统治权的斗争，它持续时间之长、卷入人员之多都是前所未有的。正因如此，康熙帝在维护权力一统的过程中，采取了比前期、中期更为严厉的惩治手段。

雍正时期的朋党与康熙时期又有明显不同。一方面，在争夺皇储的隐秘战中，作为皇四子的雍亲王，也在培植自己的势力，而出于竞争者的强大威势，在初期稳固江山的过程中，已经登极并尊为九五的雍正帝，仍然需要这些人充当巩固江山的助力者，因而包括年羹尧、隆科多等人的力量得到急剧扩张，隐然形成新的朋党势力。另一方面，曾参与康熙晚年争夺皇储的主要皇子，他们身边积聚的力量并没有因为雍正登基大典的告竣而烟消云散。相反，由于雍正即位扑朔迷离，雍正帝拿不出令人信服的传位证据，只是隆科多"传末命"，这就使得他们集合起来，把雍正帝作为投射的靶子。在此，满族固有的观念乃至"强者为王"的传统，使得这些争斗愈演愈烈，最后只能以血腥的手段收场。以往我们过多关注雍正帝个人性格的"残暴"，而没有或甚少从

君臣之争：清朝的帝王与朋党

当时情势的发展乃至满族传统中去解读。雍正朝还有所谓"科甲朋党"，这与其说是一种事实，不如说是雍正帝借以打压康熙朝汉族重臣所制造的"朋党"。也就是说，雍正朝所谓的"科甲朋党"，多属雍正帝为建立其"武键之吏"的统治班底而给这些人贴了"标签"。而雍正帝通过这样的"虚"与"实"两手操作及打压，重塑了清朝的统治架构和王朝的统治模式。他在承继乃父极权政治的同时，使得清朝的统治走向神秘政治的仪轨。这又是研究清朝朋党政治所不能不加以特别注意的所在。《清史稿》在为鄂尔泰、张廷玉作传时，称这二位是雍正帝的"极心膂股肱之重矣"，由于"在政地久，两家子弟宾客，渐且竞权势、角门户，高宗烛几摧萌，不使成朋党之祸，非二臣之幸欤？！"[1]换言之，雍正时期的两大重臣，因乾隆帝的驾驭，并没有演变成朋党之势。由此，我们研究清朝前期的朋党政治，以雍正一朝为止。

　　本书按照清朝前期朋党集团发展及其衰败的时间顺序，将重大朋党事件与制度变迁结合起来，从历史学、政治学、文化学、社会学、民族学等多重视角，透视几乎贯穿清朝前期的朋党现象，以期揭示其本质。

---

[1]《清史稿》卷二八八，《鄂尔泰传》《张廷玉传》。

第一章
顺治时期的南北党之争

顺治二年（1645）六月，礼部左侍郎孙之獬上了一封请求禁止官员之间私下交往的奏疏，奏疏中写道："明季诸臣往来宴会，结党营私，诸恶习宜惩。"这份上疏立即得到清廷的重视，清廷随即降旨说，各衙门官员，迎来拜往，宴会不断，旷职营私，这是明季弊习，深可痛恨。着令都察院严行禁止，如果有故意违犯者，该城御史呈报纠参；隐徇不报者一并治罪。至于同官往来及亲戚礼节宴会，不在禁止之例。[1]

这一看似平常的上奏，却引起了"南党"及其头面人物陈名夏的警惕。闰六月十二日，摄政王多尔衮对大学士等官员说："方今江南平定，人心归附，若不乘此开基一统，岂不坐失机会！""未平地方，宜用大臣先去招抚，随设抚、按继之。"时任吏部左侍郎的陈名夏，想趁此时机离开倾轧的朝堂，于是自告奋

---

[1]《清世祖实录》卷一七；《清史列传》卷七九，第6562页。

勇说："臣于江南道里颇悉，愿承命往。"摄政王多尔衮征求诸臣的意见，孙之獬说："未定地方，宜用大臣去宣扬威德，招其来归。"他想趁机把陈名夏排挤出去。而多尔衮对南北党之间的明争暗斗，早已见怪不怪，他表示斟酌之后再做决定。

随即，各部尚书、侍郎退出朝堂，只留下几位大学士。此时摄政王话锋一转，说起明朝朋党的事："明朝俱说分党，若是同心为朝廷，这等的党也是好的。"大学士李建泰回奏说："君子和而不同，小人同而不和。从国家百姓起见，这是和；从身家私欲起见，这是同。和与同，原有分别。"善于见风使舵的北党领袖、大学士冯铨没有就"和"与"同"发表意见，逢迎说："诸臣所言所为，俱难逃王上洞察。"这句话果然有效果，多尔衮闻后颇感自负地说："别的聪明我不能，这知人一事，我也颇用工夫。"①

孙之獬是山东淄川人，明天启二年（1622）进士，改庶吉士，授翰林院检讨。他为官之初，乃阉党最盛时。天启七年，他出任顺天乡试正考官。时尚书崔呈秀谄媚魏忠贤，是所谓"五虎"中的头面人物，其子崔铎文章功夫颇为一般，却为孙之獬取中，一时舆论哗然。崇祯即位后，惩治魏忠贤等阉党，编修倪元璐奏请销毁阉党通过梃击、红丸、移宫"三案"罗织东林党等罪名的《三朝要典》。销毁当天，孙之獬在朝堂上痛哭力争，因此他被作为"逆案"人物，削籍而归。

---

① 《多尔衮摄政日记》，第51、53页。

第一章　顺治时期的南北党之争

冯铨及其北党人物

甲申年即崇祯十七年（1644），是中国历史走在了十字路口的时刻。真应了那句"你方唱罢我登场"，几乎所有官僚士大夫的命运也在这场罕见的大变局中发生转折。

当年三月，李自成进京，孙之獬归降，任官翰林院。胥吏们窃窃私语，孙之獬厉声道："我亲未安葬，子又年幼，这是不得已而为。我独不能为倪鸿宝（元璐）吗？"孙之獬办公的后堂额，原题为"聚星"，因犯大顺丞相牛金星的名讳，他急命毁掉。[①]但李自成的大顺政权并没有在京城站稳脚跟。山海关之战大败后，李自成于四月二十九日匆忙举行"登极大典"，而后立即撤出京师。五月二日，多尔衮率兵进京后，本来发布服饰、头发悉遵明朝旧制的告示，而孙之獬为了表示归顺大清的决心，带头薙发，服满族衣冠。入朝时，他列满臣行列，但满臣认为他是汉臣，拒不接纳；回到汉班，汉臣以为他是满族衣冠，也坚拒不容。孙之獬恼羞成怒，竟上疏请下薙发令。[②]升任礼部侍郎后，又上疏请求禁止官员私交。

孙之獬这种首鼠两端的做法引起了仍对故明抱有希望的士大夫，特别是刚刚加入大清政权不久的南党人物的普遍反感和不满。但南党的人都清楚，孙之獬的后台是冯铨。因此，南党要来

---

① 谈迁：《北游录》，第325页，收入于《清史列传》卷七九，第6562页。
② 《清朝野史大观》卷三，《孙之獬请改满装》。

一个釜底抽薪。

冯铨是顺天涿州人，万历四十一年（1613），十九岁的冯铨中进士，任职翰林院检讨，后随父回籍。天启时，他投靠魏忠贤，任大学士，陷害东林党杨涟等人，又同魏忠贤陷害镇守辽东的熊廷弼及其家人。崇祯帝即位后，铲除阉党，冯铨名列逆案的第二人，因此一直到明亡也没有被启用。顺治元年（1644）五月，摄政王多尔衮下诏，冯铨因为熟悉明朝典故，成为最早投靠清朝的前明头面人物，以原衔入内院佐理机务，次年任弘文院大学士。客观说来，冯铨提出的郊庙典礼用"平"字，沿用明朝内阁票拟制度等诸多建议，对于入关之初统治经验严重不足的多尔衮等人而言，确实颇有裨益，乃至不可或缺。在政治上，冯铨并非完全排斥南方士人。顺治二年六月初三，江南平定后，摄政王问大学士，南方"有甚好人物"？大学士等对："钱谦益是江南人望。"多尔衮问："如今在否？"大学士等对："昨归顺文册上有名字，现在。"①

伴随清军对南方征服战争的推进，大量南方士人进入清廷。而南派人物对冯铨在前明的所作所为了如指掌，他们试图以此动摇多尔衮对这位大学士的信任，进而将其排挤出朝。

顺治二年（1645）七月，浙江道御史吴达上奏说，现在一切举用人员，全部取材于明季，然有明季所黜而今日亟当登用者，

---

① 《多尔衮摄政日记》，第11页。

如抗直忤时、孤洁莫援，因而放弃山林者是也；有明季所黜而今日不可不黜者，如逆党权翼与贪墨败类是也；有明季未黜而今日不可不黜者，如持禄养交、日暮倒行而不耻者是也。在定鼎初年，犹可借之招徕名色、邪正兼收，现在江南底定，人材毕集，如果仍然泾渭不分，则君子气沮而宵小竞进矣。即如阮大铖、袁宏勋、徐复阳辈联袂而至，实繁有徒，岂可借投顺之名，概加录用乎？！

多尔衮清楚这位南方籍御史的用意，所谓"逆党权翼"虽未点名，但暗指冯铨之意甚明。而多尔衮并不在意这些汉官在前朝的表现，他要的是对本朝的忠诚，于是表示：用贤诚系国家要务，若得真才，惟恐不尽其用。朝廷用人，非曰诱之，若先既录用，后无罪而黜，是有疑心。①

但吴达并没有就此偃旗息鼓，反而誓要把冯铨拉下马。他随即上了一封《特纠奸贪大臣疏》，指冯铨狐媚成奸、豺狼任性、蠹国祸民。开篇翻出旧账说：冯铨"为逆党魏忠贤干儿，阴谋篡弑，载之大案，炳如日星"，这样的人竟然作为内院大学士，以致"四海浩叹，咸曰阉党余孽，岂堪为开基元老？辱朝廷而羞当世士，必自此人始"。以下列举冯铨五大罪状，一是身居纶扉之地，票拟自专。他举了两个例证，包括他的上疏，还有赵开心请湖广巡抚及留贤臣范文程等两疏，都是切关重要的，而冯铨票拟

---

① 《清世祖实录》卷一九。

在手，不奉谕旨，使人畏惧逢迎。二是公然贿赂。姜瓖归顺时，冯铨向他索贿三万两，并答应封拜，而姜瓖只应允给金马等物。此事可向姜瓖质证。三是结党营私。李鉴为霍然所参，冯铨百般庇护，朋比为奸。四是奸党阮大铖过去为魏忠贤谋逆，今贿赂马士英为南（明）司马，大肆贪残，至亡其国，此谓两丧家邦之人，归顺也轮不到他，而冯铨殷殷望其北来，多次嘱咐南行的人令其早入京城。此人一至，必然与冯铨招摇腹党，屠戮善类，虐陷生民，天下事大去矣。五是借权势结党，令其子冯源淮擅自进入内院，设宴延请，交欢竟日。弹疏最后指冯铨"奸臣在位，国事必且日非。皇上一段吊民伐罪苦心，为此一人蒙蔽，致上德不宣，下情不达，实可痛惜。"①

在此前后，又有给事中许作梅、庄宪祖、杜立德，御史王守履、桑芸、李森先、罗国士、邓孕槐等，交章弹劾冯铨。李森先甚至上疏说："明二百年国祚，坏于（魏）忠贤，而忠贤当日杀戮贤良，通贿谋逆，皆成于（冯）铨。此通国共知者。请立彰大法，戮之于市。"②

一时间，冯铨及其同党被参劾的内容还包括：礼部左侍郎孙之獬接受冯铨之子冯源淮的贿赂，遂收为标下中军；礼部侍郎李若琳是冯铨党羽等。上疏者提出把冯铨及其党羽全部罢黜、究治。

---

① 《皇清奏议》卷二，第27—29页。
② 《清史稿》卷二四五，《冯铨传》。

由于有九人先后上疏，多尔衮只好交给刑部审讯具奏。八月十七日，刑部以鞫问无实，拟把科道各官全部反坐，上启摄政王。多尔衮在重华殿传集内院大学士等官及刑部科道各官逐一鞫问，所劾冯铨、孙之獬、李若琳各款全无实迹。因冯铨自投诚后，薙发勤职；孙之獬于众人未薙发之前即行薙发，举家男妇皆效满装；李若琳亦先薙发。故吴达等结党同谋陷害。于是摄政王谕称："故明诸臣，各立党羽，连章陈奏，陷害忠良，无辜被罚，无功滥用，酿成祸患，以致明亡。今尔科道各官如何仍蹈故明陋习，陷害无辜！据尔等所劾三人，皆系恪遵本朝法度者，即此足见尔等结党谋害。"

给事中龚鼎孳不服，他出班奏对道："冯铨乃背负天启，党附魏忠贤作恶之人。"

冯铨辩驳说："（魏）忠贤作恶，故尔正法。前此我冯铨即具疏告归田里。如果我确是魏党，何为不行诛戮，又何为不行治罪？流贼李自成，将我故主崇祯陷害，窃取神器，龚鼎孳何反顺陷害君父之'李贼'，竟为北城御史？"

摄政王故作惊讶，问道："此言实否？"

龚鼎孳答道："此是实事！岂止鼎孳一人，何人不曾归顺，魏徵亦曾归顺唐太宗。"

摄政王笑道："人果自立忠贞，然后可以责人。己身不正，何以责人？鼎孳自比魏徵，以'李贼'比唐太宗，殊为可耻。似此等人，何得侈口论人，但缩颈静坐，以免人言可也。此番姑从宽免尔等罪，如再蹈故明陋习，不加改悔，定不尔贷。"

数日后，将李森先革职。[1]

此次南北党之争，以北党人物的完胜告一段落。但多尔衮有意在南北党之间搞平衡。吴达随即于顺治三年（1646）六月出任山东巡按，成为与地方巡抚齐名的一省最高监察官。

龚鼎孳原是南直隶合肥籍，江西抚州临川人。崇祯甲戌进士，官兵科。降李自成，授直指使。他每对人说："我原欲死，无奈小妾不肯。"[2]他的小妾就是秦淮名妓顾媚。

朝局翻覆与南党领袖陈名夏

崇祯皇帝自缢，都城陷落后，明朝宗室、大臣在南京拥戴福王朱由崧，组建了南明第一个政权——弘光。内斗使得明社倾覆，但经历亡国惨痛的南明，仍在内斗。陈名夏是南直隶溧阳人，少有大志，喜交游，同寓居溧阳的复社领袖吴应箕等结社，在远近颇有名声。崇祯十六年（1643）会元，九月殿试一甲第三名，俗称探花，授翰林院编修。李自成率军进入北京近郊，他上疏组建义勇抗击，兼户、兵两科都给事中。他有一妾，是京城人。李自成进京前，他把妾送归母家，因此藏匿京城。后来得知崇祯帝自缢，他几次自缢都被妾家人救解。后秘密逃出，为大顺

---

[1]《清世祖实录》卷二〇。
[2] 计六奇：《明季北略》卷二二，第631页。

第一章　顺治时期的南北党之争

军抓获，交给王姓刑官，因陈名夏过去曾周济过这位王刑官，故没有受到苛责。羁留期间，适逢他的儿女姻亲宋之绳因被"拷赃"四处借债，情势急迫，只好说出与陈名夏的关系，王刑官于是连同陈的姻亲一并宽释。此事沸沸扬扬，陈名夏"通贼之名大著"，又因王刑官举荐，陈名夏被大顺政权授为编修。陈名夏不肯就任，日夜央求，王刑官暗中给了他一笔钱，并秘密将他护送出城。因此，陈名夏在所有归降大顺政权的南都人中，脱身最早。他逃往江南，想加入弘光政权，却被马士英、阮大铖等人打入"从逆"案，为逃脱罗网，他四处逃难。因陈名夏有大顺政权的经历，故各处"从逆名单"上，都有他的大名。①

陈名夏入清不久，因是从南朝而来，身份"贵重"，于是超擢吏部左侍郎兼翰林院侍读学士。顺治五年（1648），清朝初设六部汉尚书，他被授首任吏部汉尚书。他遇事敢为，颇有建树。多尔衮时期，他与冯铨分别作为南、北党"领袖"，同样受到重用。而南、北党之间的不和及矛盾，为多尔衮所用。

顺治七年（1650）十二月，摄政王多尔衮在喀喇城（今位于内蒙古宁城县）暴病而亡，享年三十八岁。次年正月，十四岁的福临亲政，随即通过追论睿王罪状穷治其党羽，树立皇帝权威，朝政因之出现重大翻覆。南北党的境遇也与多尔衮时期迥然有别。顺治帝重新审视南北党人与多尔衮的关系亲疏，以及对朝政

---

① 计六奇:《明季北略》卷二二，第601—602页。

的影响。顺治八年闰二月，开始"甄别"朝中官员，第一个被点名的就是冯铨。顺治帝又把吴达参劾的旧事重提，说冯铨先经御史吴达疏参，私得叛逆姜瓖贿赂，殊失大臣之体，便当引去。乃隐忍居官，七年以来，毫无建白，着令致仕。李若琳身任礼臣，憸险专擅，与冯铨交结亲密，朋比为奸。着革职为民，永不叙用。

但冯铨的势力仍在。当年五月，外转山西籍御史张煊控告吏部尚书陈名夏结党行私、铨选不公诸款。当年春，由陈名夏与汉大学士洪承畴密议，并经奏定后，张煊列入"应外升"之列，张煊故此不满，遂疏劾陈名夏，其中有一款以河南孟津人王铎资深不得升尚书，反而升资浅的右侍郎海宁人陈之遴为例，证明陈名夏庇护"南人"。张煊在吏部讦控，案件牵涉洪承畴、陈之遴等要人。当时顺治帝在外狩猎，一切政事交巽亲王满达海处理。满达海召集诸王大臣逐件审理，遂将陈名夏、洪承畴羁押在别所，拨兵看守，以事关重大，驰使奏闻。及顺治帝回京，又敕诸王、贝勒、贝子、公侯暨众大臣质审廷议，吏部满尚书谭泰咆哮攘臂，为陈名夏等人辩护。入奏时，谭泰挺身至顺治帝御前，说张煊的控告词全部虚枉，况且又是大赦以前之事，照例应该反坐。张煊此前身为御史不言，今言于外转之后，心怀妒忌，诬蔑大臣，应论死，名夏等免议。张煊随后被处死。[1]

同年七月，陈名夏授弘文院大学士，晋少保兼太子太保，支

---

[1]《清世祖实录》卷五七。

一品俸禄。顺治帝利用"南党"打击亲服多尔衮的"北党"的意图非常明显。

顺治九年（1652）正月，在清除多尔衮势力过程中，亲服多尔衮的吏部满尚书谭泰被处以极刑，而陈名夏案又被重新揭出，交郑亲王济尔哈朗审理。顺治帝说陈名夏是"辗转矫诈之小人"，命将陈名夏革任，其官品、俸禄仍旧，发正黄旗汉军下，同闲散官随朝；洪承畴火神庙聚议之事虽然可疑，而事实难以悬拟，送母归原籍虽不奏私遣，然为亲甘罪，情尚可原，姑赦其罪。仍留原任以责后效。张煊厚加恤典，其子以父官官之。①

至此，"南北党"领袖冯铨、陈名夏先后落马。

陈名夏结怨由来及其落败

顺治帝毕竟年轻，执政经验远不如他的叔父多尔衮，特别是抵触他叔父推广汉化的政治思路。一年后，陈名夏重新被启用，任内翰林秘书院大学士。其后，吏部汉尚书员缺，侍郎孙承泽以"大学士陈名夏前任吏部颇能持正"为词，上疏推举他分理部务。以同僚副职举荐正职，这有些不正常。顺治帝虽然允准了孙承泽的奏请，但来到内院，特别言及吏部侍郎孙承泽所奏之事，对大学士洪承畴、范文程、额色黑、宁完我、陈名夏等人说："六部大臣，互相结党，殊不合理，止宜为君为国，秉忠持义，善善恶恶为是。"

---

① 《清世祖实录》卷六二。

为制约"南党",顺治帝又启用了"北党"领袖冯铨。顺治十年(1653)三月,他以"国家用人,使功不如使过","朕思冯铨原无显过,且博洽故典,谙练政事,朕方求贤图治,特命起用,以观自新"。命冯铨接到谕旨之日,即速赴京。二十七日,顺治帝在内院召见了一路风尘的冯铨,故意以关心的姿态问冯铨年岁几何,是哪一科进士,及历升官品。当天晚上,又召冯铨同内院大学士洪承畴、范文程、额色黑、陈名夏入宫。当君臣之间的话题谈及翰林官贤否时,顺治帝自信地表示,只要他亲加考试,文材优劣即可定其高下。当时陈名夏也在,冯铨旧调重弹,当着陈名夏的面对顺治帝说:"皇上简用贤才,亦不宜止论其文。或有优于文而不能办事、行已弗臧者;或有短于文而优于办事、操守清廉者。南人优于文而行不符,北人短于文而行可嘉。今兹考试,亦不可止取其文之优者而用之。文行优长,办事有能者,兼而用之可也。"顺治帝对这一番明显带有针对性的高论表示肯定,说冯铨的话是对的。次日,诏原任弘文院大学士冯铨,仍以原官办事。

南方人优于文而北方人优于质,这个久远的话题至迟可以追溯到宋朝。而顺治帝启用冯铨,用意非常明显,就是借其力整治陈名夏等南党人物。所谓"何人当国怜孤掌,有客还山畏老拳",这里的"老拳",就是指冯铨。[1]

---

[1] 谢国桢:《明清之际党社运动考》,第99页。

冯铨重新回任，恰有任珍议处案发生，他想借此置陈名夏于死地，而顺治帝还试图掩饰他"以汉治汉"的策略。任珍原任左都督兴安总兵，因妻妾与人通奸，私下将其杀死，又惧怕因此获罪，于是向兵部、刑部行贿。案发后被革世职一半，降为一等轻车都尉。三月，任珍之婢讦告任珍罪谪后，家居怨望，出言不轨。案经刑部审讯，任珍应论死。顺治帝以"任珍曾立大功，所犯情罪亦重大可耻"，命刑部将此本兼写满汉字，会集九卿科道，并新入旗阿达哈哈番以上官员，再行定拟具奏。

四月初九日，刑部满汉官并九卿科道等衙门满洲官，仍如刑部原拟。而大学士署吏部尚书事陈名夏、户部尚书陈之遴、都察院左都御史金之俊等汉官二十七人另一议：原评重大情节，任珍俱不承认，若以此定案，反开展辩之端，不若坐以应得之罪。本来，陈名夏等另议，是遵照奴不得告主的传统尊卑秩序，证据上也缺乏足以判处任珍死罪的法律依据。

而顺治帝却对以陈名夏为首的汉官"另议"大为不满，斥责道："汉官所议有所开展辩之端，坐以应得之罪等语，是谁展辩，应得何罪，着明白具奏。"

陈名夏等回奏说："任珍不承大罪，犹然巧辩，若止据告词定罪，恐无以服其心。臣等所谓恐反开展辩者此也。然负恩犯法，原议处死，臣等所谓应得之罪者此也。但律无正条，似应勒令自尽。"

顺治帝却穷追到底，降旨说："回奏内既云应得之罪律无正条，又云似应勒令自尽，勒令自尽是何盛世典例，欲致君尧舜者岂有进此言之理？凡人自知有过，即从实引咎，乃大臣之道，若执为己是以巧生事，又欲以巧止事，甚属不合。尔群臣当副朕期望至意，洗涤更新，奈何溺党类而踵敝习？着逐件再明白速奏。"

陈名夏等又回奏说："臣等妄拟勒令任珍自尽，实非盛世典例，又不折其巧辩但罪以丑恶，臣等之议实属谬误，谨束身待罪。"

顺治帝仍不放过，说："朕览回奏词语全是朦混支吾，竟不身任咎过，更巧为遮饰，将有心之事佯作误失。大臣之道，果如是乎？陈名夏、陈之遴等有曾获大罪者、有革职者，亦有被论者，朕每从宽宥，使之改新，今复如此，朕之期望尽虚矣。且屡谕众官修省，奈何依然不改，踵袭宿弊一至于此。朕不时召见，耳提面命，将此恩遇竟置何地耶！理宜从重议处。命内三院、九卿、满汉官六科、十四道、翰林七品以上，并六部郎中等官，即集午门外，严行议罪，作速奏闻。"

在顺治帝的威严之下的"会议"结果，可想而知："陈名夏、陈之遴二人，俱应论死；金之俊'依附党类，亦应论死'；礼部尚书胡世安，兵部尚书王永吉，工部尚书刘昌，副都御史傅景星，科臣魏象枢、杨璜、高桂、姚文然、袁懋功、刘显绩，御史朱鼎延、冯右京、张瑃，徇党负恩，欺诳巧饰，应流徙；侍郎孙廷铨、张端、吕崇烈、张秉贞、张鼎延、卫周允，卿徐起元、韩源，俱徇党附和，应革职，永不叙用；侍郎孙承泽、成克巩，御史潘朝选,回奏未列名,应革职;御史朱绂,未与前议,应降一级调外用。"

顺治帝只想树立他的皇帝权威,不想把事做过头,命陈名夏、陈之遴、金之俊等,各削去宫衔二级,罚俸一年,仍供原职。陈名夏着罢署吏部事,自今以后从新省改;胡世安等十三员免流徙,各降一级,罚俸一年,仍供原职;孙廷铨等八员免革职,各罚俸九个月;孙承泽等三员免革职,各罚俸六个月;朱绂先未曾与议,免其降调。

次日,顺治帝命大学士范文程、洪承畴、额色黑,召集陈名夏等二十八人于午门,对汉官"另议"严词训饬道:"凡事会议理应画一,何以满汉异议?虽事亦或有当异议者,何以满洲官议内无一汉官,汉官议内无一满洲官?此皆尔等心志未协之故也。本朝之兴,岂曾谋之尔汉官辈乎?故明之败,岂属误于满官之言乎?奈何不务和衷而恒见乖违也。自今以后,务改前非,同心图效,以副朕眷顾之意。不然,朕虽欲尔贷而国法难容。"

刑部复勘任珍罪案,仍照原拟,应论死,籍没家产。顺治帝以任珍曾立军功,免死,安置盛京,其子仍令袭职。而冯铨因为在议处陈名夏时坚持严惩,此时受到顺治帝申斥:"尔冯铨曩不孚于众论,废置业已二载,今当图治之时,惟以尔才堪办事,不念前愆,特行起用,以期更新。自召至以来,谠论未闻,私心已露,如前日面议陈名夏等一事,尔之所对,岂实心忠良之臣肯出此言耶!况尔乃密勿大臣,今议一事如此,后来用人行政,将何倚赖。"又说:"冯铨与陈名夏等,素相矛盾,朕所习知。"

任珍事件后,顺治帝不时敲打陈名夏,对他的声讨逐步升级,充满杀气。顺治十一年(1654)正月,谕责陈名夏:"与其才高而不思报国,不如才庸而思报国之为愈也。倘明知而不思报效,擅敢乱行,事发决不轻贷,彼时毋得怨朕,自贻伊戚耳。"二月又谕称:"言官纳交结党,或有身被人言倩人报复者,或有徇护同党代为报复者,以故多有明知其恶,畏其同党而不敢言。每阅奏章,实心为国者少,附党行私者多。朕岂容比匪成奸,自今以后,须各涤肺肝,捐旧图新。"

在顺治帝的一再诱导下,一项带有明显意图的任命,最终把南党领袖陈名夏送上了断头台,这就是大学士宁完我,预满洲议政大臣之列。宁完我是辽阳人,天命时被俘为奴,天聪三年(1629)被太宗擢入文馆脱奴籍。他喜酒爱赌,顺治二年(1645)授内弘文院大学士,后录入满官。他不通满语,但万寿节召入深宫,亲赐御酒。

三月初一日,内翰林国史院大学士宁完我,劾大学士陈名夏"结党怀奸,情事叵测"①。上疏首先挑取极具刺激而又十分敏感的话题,说陈名夏"性生奸回,习成矫诈,痛恨我朝薙发,鄙陋我国衣冠,蛊惑故绅,号召南党。布假局以行私,藏祸心而倡乱"。何以证明陈名夏"包藏祸心"?宁完我把陈名夏与他私人之间的

---

① 此处及下文宁完我上疏,引自《清世祖实录》卷八二。下文不再赘注。

谈话，作为"证据"："名夏曾谓臣曰：要天下太平，只依我一两事，立就太平。臣问何事？名夏推帽摩其首云：只须留头发、复衣冠，天下即太平矣。臣笑曰：天下太平不太平，不专在薙头不薙头。崇祯年间并未薙头，因何至于亡国。为治之要，惟在法度严明，使官吏有廉耻，乡绅不害人，兵马众强，民心悦服，天下自致太平。名夏曰：此言虽然，只留头发、复衣冠，是第一要紧事。臣思我国臣民之众，不敌明朝十分之一，而能统一天下者，以衣服便于骑射、士马精强故也。今名夏欲宽衣博带、变清为明，是计弱我国也。臣与名夏，触事辩论，不止千万言，灼见其隐衷。"

宁完我先给陈名夏架一顶"变清为明"的政治大帽子，诱导年轻气盛的顺治帝，接下去说"名夏礼臣虽恭，而恶臣甚深"，潜台词是说陈名夏看不起满洲官员。但宁完我也清楚，仅凭不赞成薙发、改衣冠，不足以治陈名夏一个死罪。随后他将陈名夏"结党奸宄事迹，列款为皇上陈之"，就有致其死罪的意味了。宁完我"列款"，主要包括四项。

第一项是"陈名夏父子居乡暴恶，士民怨恨"。"其全家避居江宁国公花园中，此园是无主产业，例应入官，价值十万金，江宁各上司公捐银三千两，代为纳价，见今名夏妻子居住。又故明吏部吴昌时之女因奸逃被执讯，陈名夏之子陈掖臣嘱托江宁各上司，将该女释放为尼姑，因而包占，又陈掖臣横行江宁城中，鞭责满洲至破面流血，闹到总督公署，赔礼保放。对其父子恶行，科道官不可能无一人知闻,但无一疏入告,其党众可以想见"。

第二项是通过操纵同乡姻亲史儒纲案件谋取私利。史儒纲出身溧阳世家,系陈名夏姻亲,富有房产。"儒纲任浙江道时,诬朱秀才为故明宗支,抄其家赀巨万,逼其亲人性命。浙江巡抚萧起元参劾史儒纲赃私数万,奉旨革职提问。陈名夏看重史儒纲田宅,许其开赃复官,屡次逼嘱萧起元,萧起元难认参虚,迟延三四年不结。后萧起元不得已朦混咨部,已经部驳。陈名夏将票拟萧起元之处,又加驳重,批从重议处。儒纲此案,今已八年未结"。

第三项是利用票拟作弊。"大学士职掌票拟,凡事关重大,依驳增减,裁决听之皇上,是非可否,草底出自各臣。一字轻重,关系公私。臣虑事有错误,公立一簿于分票事件下,各亲书姓字,以防推诿,众议佥同,行之已久。偶一日,名夏不候臣等到齐,自将公簿注姓,涂抹一百一十四字,为同官所阻,始住笔不抹。不知陈名夏作弊又在何件"。

第四项是私自抹改顺治帝谕旨。二月初四日晚,顺治帝命内大臣传出科道官结党谕旨,"臣书稿底,交付内值及票红发下,抹改原稿数语。抹去者,是'挤异排孤'一语,改者是'明季埋没局中,因而受祸,今方驰观域外,岂容成奸'四语。是陈名夏纠党奸究之情形,恐皇上看破,故欲以只手障天也"。

此外,还有陈名夏与姻亲、吏科给事中魏象枢结为一党等项。

宁完我最后以陈名夏"奸党"做结论:"切思从古来奸臣贼

子，党不成则计不得行。何也？无真才必无实事，无实事必无显功，是以必结党人而为之虚誉也。欲成奸党，必弃理道。附己者虽恶必护，异己者虽善必仇，行之久而入党者多矣。始也借人以引己，继也纳贿而引人。若非确察其乡评舆论，实按其经理事件，则党固而莫可破矣。"

宁完我最后表示，"附党营私，以图目前富贵，臣宁死不为也。皇上以臣入满官之列，已出望外，今又命随大臣议政，敢不尽心力以图报效"。"臣痛思人臣贪酷犯科，国家癣疥之疾，不足忧也。惟怀奸结党，阴谋潜移，祸关宗社，患莫大焉。陈名夏奸乱日甚，党局日成，人鉴张煊而莫敢声言，臣舍残躯以报答圣主，伏乞皇上将臣本发大臣确审具奏，法断施行，则奸党除而国家治安矣"。

宁完我的参奏疏，虽然没有证据表明是顺治帝授意，但以此邀宠献忠，是确凿无疑的。顺治帝命将所参事情，着内三院、九卿、科道、詹事等官，会同逐款详问，从重议罪具奏。

经吏部等衙门会审，宁完我劾奏陈名夏诸款俱实，陈名夏论斩，家产籍没，妻子流徙盛京。顺治帝又命议政诸王、贝勒、大臣核议，结果仍维持原拟。顺治帝以陈名夏久任近密，不忍肆之于市，着处绞，妻子家产免分散为奴。不久，将陈掖臣遣戍盛京。

对于陈名夏之死，《清史列传》等记载是宁完我与刘正宗合谋倾覆，所谓"完我复与大学士刘正宗共证陈名夏揽权市恩欺罔罪"①。

　　陈名夏被处死前后，谈迁恰好在北京，他在《北游录》"纪闻下"，详细记载了陈名夏的沉浮，更多内幕也浮出水面。崇祯十七年（1644）十一月，陈名夏辗转到了大名，适同年编修成克巩被清廷召用，于是留在其家居住。成克巩告知保定巡抚王文奎，经王文奎召见，大以为善，遂向清廷举荐。顺治二年（1645），陈名夏拜编修，超拜吏部右侍郎兼侍读学士，晋尚书。他深得摄政王多尔衮的信任，赐钱一千五百缗，在皇城内治宅。陈名夏也强力敢任，其间多次受到倾陷。顺治九年（壬辰）正月隶正黄旗。"知国族侧目，故携以纾祸。（空三字）复相，北人隐忌而无以发"。次年四月甄别词林，就出自陈名夏的主意。当时清廷讨论用师西南，陈名夏求出镇，不允，而以洪承畴往。顺治十一年正月，总督陕西缺，陈名夏又欲往，仍不果。"盖避众忌而上待之殊厚，虽宁完我、冯铨同位不相能"。冯铨获罪，廷讯时有人私下告诉他："老先生毋多言，其谕旨出名夏。"而几次降旨遣名夏，"谕出（宁）完我，各隐械以俟"。二月，宁完我进议政大臣，识者为名夏危之。顺治帝"曾出先朝冠服示内院，众称善，实尝之也"。三月初一，宁完我列陈名夏十二罪，谓复冠服、改诏旨、纵子通贿等事。次日午刻，顺治帝亲自审讯宁完我参劾陈名夏诸罪，名夏抗辩不稍屈。当天，顺治帝遍召诸臣，陈名夏未

---

① 《清史列传》卷七九，《贰臣传乙》，第二〇册，第6616页。

第一章 顺治时期的南北党之争

知其故。忽然，顺治帝驾临内院，侍臣读昨日宁完我参奏，陈名夏当即逐条奏对，顺治帝异常震怒，斥责陈名夏道："你即便要辩驳，为何不待宣旨结束？"遂令九卿在左阙门听审，诸臣环坐，名夏跪对，完我大声叱骂，接连逮捕班役二人、苍头二人，名夏当天晚上宿在直舍。次日复讯，聚焦于陈名夏徇私一案。原来，在宁完我参劾条款中，有这样一项：探花张天植告假回南，陈名夏助其路费银一百两。张天植在他妻子处还本利共五百两。名夏不知，以为张欺骗他，故意扬言说天植得罪了我，所以外放为官。等接到家人告知张家还银的信，见天植又说："还汝翰林可也。……天植系臣门生，知之颇悉。昨见冯铨等荐举十二人疏内，列有天植姓名，则名夏之营私巧计，莫可端倪矣。"

据谈迁所记，此事之初，王崇简、编修张天植依照条例应补放外官，二月，内院题复秩，不许。张天植为此曾拜谒宁完我，宁完我对他说："这是陈名夏要外放你。如果需要天植将来某一天作证，你就说从溧阳（陈名夏）那里借贷一百金没有偿还，因此（陈名夏）衔恨于我（外补），今偿至五百金。"张天植是宁完我的门生，碍于情面，未置可否。等参疏奏上，隔日因案涉张天植，与之对质，张天植坚决不承认未偿还故而衔恨的事。当天夜里，陈、张两人同候直舍。次日早晨又开始审讯，顺治帝亲自登上午门楼观望。诸臣不诘，名夏词不屈，刑科右给事中刘余谟、御史陈秉彝独为申理。恰好这一幕为顺治帝所见，立召刘余谟登楼诘问，怒其亢直，命夺其职。是日，将张天植释放，而把陈名夏幽禁在吏部的藤花厅。至初十日，诸王及大臣在内殿审讯，明日复讯。十二日申刻，顺治帝降旨，命侍卫等把陈名夏挟之马上，名夏知不测。至宣武门内灵官庙，被用弓弦绞死，临祸并无一言。其尸体被拖至门外灵官庙，三天后许其家人薄殡，厝于城南。名夏本来与伯爵索尼相善，时适外出，被绞死的当天晚上，索尼伯至。也有人说，是乘索尼外出而行绞刑的。陈名夏卒年仅五十四岁。

宁完我参劾疏所言冯铨举荐十二人，乃顺治十一年（1654）正月，大学士冯铨等疏奏，原任御史郝浴，吏科都给事中向玉轩，翰林王崇简、张天植，中书舍人宋徵璧，定远县知县李人龙，故明词臣杨廷鉴、宋之绳、吴伟业、方拱乾，中书舍人陈士本，知县黄国琦，俱堪擢用。下所司确议。①《清史列传》卷七十九《冯铨传》载："（冯铨）与大学士陈名夏等合疏荐"前述十二人。

据谈迁所论："名夏才气肮脏，好为名高，有志经济，性锐虑疏，虽多推荐，人不见德。在吏部时，权归满人，稍执论，亦不能展布，其力所得，曰我任之，其力所不能得，曰吾意无少私也。其事类如此。语人辄露微指，如植花木曰向南者终佳，所推毂南人甚众，取忌于此。刘正宗同在吏部，名夏以词林后进凌其上，益贾怨相同。冯铨荐梁清远，范文程荐黄志遴，宁完我荐法若真，若真不报，余以次迁。甲午二月，选中翰十八人，在内院

---

① 《清世祖实录》卷八〇。

第一章　顺治时期的南北党之争

分阅，宁完我取三卷，及互阅，名夏俱抹去，或宁为婉解，名夏勃然曰：文字我岂不识也？完我于满人负文望，憾益次骨，不浃旬而难作。是月名夏乞还家省墓，上以机务殷繁，不之许，命携家入京，盖旗下例不得归。名夏或为人所卖，而上亦未知隶旗之累也。原任侍读王炳昆（据实录在顺治十年六月）外转督粮参政，别名夏，名夏曰：'才如君而外之，良诎，行内召矣，毋虞也。'廷讯时名夏云不见一人、不受一钱。刘正宗呵曰：'若不见一人，何见王炳昆絮语也！'抄家有田九百亩、银七百金。其子杖四十、流满洲。名夏妻强氏隶京师，归其田租。而完我别摘名夏南党四十一人，录御前，赖上不问，朝士始帖席矣。是冬，上在南海子语冯铨曰，陈名夏多读书，问古今事了了，即所未见书，能举其名。陈名夏终好。自是铨不复有言。"①

陈名夏被绞死后，顺治帝又以言官不揭发其事而遍加责罚，并严谕以后务宜痛改前过，知无不言，言无不实，"若仍前畏忌，缄默苟容，颠倒黑白，徇私报怨，明知奸恶，庇护党类，不肯纠参而诬陷良善，驱除异己，蔽塞主聪，混淆国是，复蹈明末陋习，误国负君，惟尔等之咎，定行重治，必不再宽"。在顺治帝的一再恐吓下，言官又纷纷上疏，指陈名夏之党，弄得满朝文武大臣不得安帖。顺治帝又出来制止，谕称："朕览近日言官纠参章疏，都牵连陈名夏，或曰名夏亲戚，或曰名夏党与，似此纷

---

① 谈迁：《北游录》，第389—391页。

-023-

纭，举朝几无善类矣。以后不许再借陈名夏亲戚党与进奏，如有违犯者，定行重治，必不轻恕。"

清廷对南北党的整肃

清朝初年的南北党之争，是伴随清朝对明朝腹地南方战争的深入，大量南方士人进入清朝政权而愈加明显的。据学者的研究，顺治三年（1646）第一次开科取士，在总共373人中，只有6%是南方人，而在顺治四年至顺治九年（1647—1652），89%的一甲、65%的二甲、54%的三甲，都是南方人。其中，顺治九年和顺治十二年，在国子监就学的满洲子弟，取得进士的多达106人，以此抵销南人在殿试中日益增长的优势。①

陈名夏死后，鉴于清廷对朋党的严厉惩治，朋党中人在短时间内停止了争斗。而清廷仍不放过朋党人物，南北党中的核心人物相继被整肃、清除。顺治十三年（1656）二月，顺治帝在南苑谕责大学士陈之遴说："若辈朋党之行，朕亦深悉，但欲资其才，故任以职，且时时教饬之者，亦冀其改过效忠耳。"又谕责都察院左副都御史魏裔介等人："婥阿缄默，何为也？前此明知陈名夏之恶，皆畏其威，罔敢摘发，今尔等能无自愧乎？尔等既有专职，乃绝不一言，或虽言而不直，朕用尔为言官何益？是不如不用之为愈也。"顺治帝这次上谕甚至以罢设言官相胁迫。在复谕

---

① ［美］魏斐德：《洪业——清朝开国史》，第725页。

第一章 顺治时期的南北党之争

诸臣的长篇谕旨中，又提出以"宋明亡国，悉由朋党"为戒，他说："今人多结朋党，究其结党之意，不过互相攀援以求富贵耳。若然，是有损而无益也。朕常为党人思之，既恐党类之不合，复恐声名之不闻，与往来周旋之不至。又恐事发祸随，或被人举首，戚戚若此，何若为国为君效忠、安受富贵之为荣乎。纵使党与已成，及陷诛戮，孰能庇免。即如诛陈名夏、黜龚鼎孳时，其党曾有一人出而救之，或分受其过者乎？且多有因而下石者。是名为朋党，而徒受党之害也。审乎此，则何不寝其朋谋而尽力于国家耶！朕观宋明亡国，悉由朋党。其时学者以程颐、苏轼为圣贤，程颐、苏轼非党，则蜀、洛之名何自而生？嗣后各树门户，相倾相轧，宋之亡实兆于此。学者虽明知之而不敢置议，可不为大戒欤？！朕自亲政以来，以宽为治，恒谓洪武诛戮大臣为太过，由今以观，太宽亦不可也。吏部尚书王永吉等奏曰：诸臣即有朋党，岂肯自言，惟后来事觉，皇上不从宽贷，则咸知警惕矣。"①

顺治帝的这番操作，效果立现。当月，北党核心人物冯铨以秘书院大学士、礼部尚书衔致仕，仍留京以备顾问。这位自晚明就参加党争的老派人物，至康熙十一年（1672），以七十八岁高龄病逝于家，得以"善终"。值得一提的是，冯铨藏有王羲之的《快雪时晴帖》墨本，并将此帖连同其他名帖汇刻为《快雪堂法

---

① 《清世祖实录》卷九八。

帖》。康熙十八年，冯铨之子冯源济将《快雪时晴帖》进呈康熙帝，乾隆时成为宫中三希堂第一珍品。

冯铨致仕的同月，南党另一位核心人物陈之遴落败。陈之遴是浙江海宁人，崇祯十年（1637）一甲第二名进士，官翰林院编修。出身名门，青年时与东林、复社名人钱谦益、吴伟业、陈名夏等结识。因父罪而罢官。潞王进入杭州时他想加入却不得，遂投奔南京的弘光政权。清兵南下，他回家乡蛰伏。入清后因与陈名夏结党受到牵连，得吏部满尚书谭泰庇护而幸免。陈名夏被处死后，陈之遴于次年升任大学士。南苑召对后，都察院左副都御史魏裔介劾奏陈之遴"植党营私，确有可据，密勿之地，恐之遴一日不可复居也"，顺治帝命其据实明白回奏。[①]随后，又有广东道监察御史焦毓瑞劾奏礼部尚书胡世安，受大学士陈之遴嘱托，滥举之遴同乡安肃知县沈令式堪任知府，徇私背公，法应连坐。陈之遴引罪回奏，奏内有"南北各亲其亲、各友其友"等语，顺治帝对此深表痛恶，称其"不思省改，自认姻戚乡曲，往来会晤，明系故违朕谕"。

这时，又有户科都给事中王祯参劾陈之遴"市权豪恣，昨南苑赐宴，皇上面加呵斥，凛凛天威，而之遴不思闭阁省罪，即于次日遨游灵佑宫，逍遥恣肆，罪不容诛"。吏部议复以上各劾陈之遴疏，拟革之遴职，永不叙用。顺治帝以陈之遴"任意结党营

[①]《清世祖实录》卷九八。

私，大负朕恩，本当罢斥示惩，念其既已擢用位至大臣，不忍即行革职，着以原官发盛京地方居住"。当年十月召还，令回京入旗。顺治十五年（1658）四月，陈之遴又因贿结太监吴良辅，拟立决，顺治帝命免死，着革职，并父母兄弟妻子流徙盛京，家产籍没。"半生沉梦醒浮沤"，陈之遴在流放地写了大量检讨的诗文，康熙五年（1666）卒于戍所。康熙十年，玄烨东巡到盛京，陈之遴妻子、著名词人徐灿祈赐先臣归骨，遂得以扶陈之遴棺材以归。①

南北党核心相继被赶出清廷，并不意味着朋党内斗烟消云散，因为他们之间的恩怨太深，更何况朝堂背后一直有皇帝这只手在明里暗里操纵。顺治十三年（1656）五月，礼科给事中孙光祀劾通政使司左通政吴达，"指称臣名，挟诈旧督臣马国柱，此乃衙蠹市棍所为，已辱朝绅而玷卿班矣。查吴达胞弟吴逵、堂叔吴明烈，潜通逆贼，承受伪札，已经审确正法，吴达乃朦胧隐昧，以法网为可漏，以朝廷为可欺，乞命满汉清直大臣将在事诸人面加质对，则吴达之罪昭然难掩"。事下内三院、九卿、詹事、科道会勘。得状，命革吴达职，送法司从重拟罪。

吴达革职后，在顺治帝授意下，内弘文院大学士管都察院左都御史事成克巩奏言："科臣孙光祀所劾吴达情罪，台谏皆当摘发，而当日宪臣何竟缄默不言？窃查吴达原案，会同定罪者乃吴

---

① 李兴盛：《中国流人史》，第698页。

达之同乡密党、旧宪臣龚鼎孳也。鼎孳与吴达同乡，又与吴达同官宪台，自始至终容隐不发一言，似此结党行私，已乖臣谊，况敢隐庇叛党，尤为玩法欺君，此诚不可一日容于朝班，滋其朋比作奸者也。伏祈乾断处分，庶隐徇知警而邪党可除矣。疏下吏部察议。"①

在成克巩乃至顺治帝的支持下，当年（顺治十三年，1656）八月，调任刑科右给事中孙光祀上《台臣徇私党恶等事疏》："俞铎为执法之官，假公济私，专为吴达起见也。吴达以反叛亲兄，欺蒙藏奸，又且贪婪著迹，屡经质审，法司会勘，罪在不赦。其腹党龚鼎孳曾经宪臣成克巩特疏纠参。盖鼎孳与吴达师弟交好，狼狈相依，鼎孳之心固未尝一日忘吴达也。自俞铎入都以来，鼎孳等深幸得朋，晓夜聚谋，必欲营救吴达。今俞铎所居之室，即鼎孳所筑之室也。俞铎所言之事，即鼎孳欲言之事也。其间或情求，或贿嘱，暗昧不明之故，臣纵不得知，但据迹推心，铎、孳与达，俱籍江南，铎居鼎孳之屋，即庇鼎孳之党，线索显然，虽曰无私，臣不敢信也。朋党之戒，屡荷严纶，而俞铎悍然不顾，殊骇见闻。伏乞皇上敕令满汉大臣、九卿科道等官，虚公会议，试察鼎孳是否系吴达之党羽，俞铎是否系鼎孳、吴达之同乡，俞铎果否居鼎孳之宅。"顺治帝命把参奏事情，着吏部、都察院严察议奏。吏部、都察院议得：台臣（俞铎）疏停今年秋决，科臣

---

① 《清世祖实录》卷一〇一。

孙光祀因连停秋决无例，致有台臣徇私党恶、挠法市恩之参。虽（俞铎）与（龚鼎孳）原系同乡，然以住房一事遂疑其庇党，孙光祀所参亦非确据。①

由于在惩治陈名夏的过程中，北党人物刘正宗发挥了急先锋的作用，于是得到重用。刘正宗是山东安丘人，明崇祯元年（1628）进士，由推官行取，授翰林院编修。顺治二年（1645）以山东巡按李之奇奏荐，起授国史院编修。顺治十年闰六月为弘文院大学士。十一月，顺治帝以"吏部居六部之首，人才用舍，治乱攸关，今尚书员缺，宜慎加选用"，"大学士刘正宗，清正耿介，堪充此任，特升一级，加太子太保，管吏部尚书"。其后，受到言官多次参劾。顺治十六年，顺治帝称其"器量狭隘，负气多矜，持论矫偏，处事执谬"，降职严饬。顺治十七年六月，左都御史魏裔介劾奏刘正宗"阴毒奸险，而大学士成克巩相为比附，蠹国乱政，不止一端"，其莫逆之友为张缙彦、方拱乾，缙彦外贬，拱乾流徙。且缙彦序正宗之诗曰："将明之才"，其诡谲尤不可解；又接受山东巡抚耿焞贿赂等。随即又有浙江道监察御史季振宜劾奏刘正宗党庇董国祥；强占青州府城丝、布二行以营利；又将其侄孙、外甥破格升拔，使得羽翼不招而自致，门户不结而自成。刘正宗称："缙彦序臣之诗，有将明之才一语，然臣见存诗稿缙彦序中未见此语。"顺治帝命将刘正宗革职，在吏部

---

① 孙光祀：《孙光祀集》，第245—246页。

羁候，由议政王大臣等严察议奏；又以魏裔介、季振宜身为言官，不为举发，亦俱着革职，刑部严提，议政王大臣等议罪具奏；"成克巩庸劣，与刘正宗交好，凡事比附甚明"，着革职、羁候。随经议政王大臣等会审，坐其罪十一款，刘正宗应立绞。顺治帝命从宽免死，着革职，追夺诰命，籍没家产一半归入旗下，不许回籍。张缙彦亦从宽免死，着革职，追夺诰命，籍没家产，流徙宁古塔地方。成克巩从宽免罪，着复职，仍留原任。此时，距顺治帝去世仅数月。

利用党争加强皇权的趋向

顺治朝共十八年，时当清朝入关之初，在首崇满洲的原则下，清朝统治者要君临天下，必须大量使用汉官。伴随清军铁蹄自北而南，广大汉族官僚士大夫先后加入清政权。他们中的绝大多数都是前明时的官员，自然会把过去的恩怨纠葛与是非曲直带到新朝。他们尽管在对待清朝诸多政策的态度上有些不同的看法，但都以取得清朝统治者的信任乃至重用作为仕途晋升的不二法门，有些人甚至甘愿充当急先锋，因而相伴顺治一朝的党争，不属于政争，而在很大程度上属于权力之争。另一方面，清朝统治者挟弓矢之利，有意利用汉官内部的党争，达到"以汉治汉"的目的。整体上，汉族内部的南北党之争不但没有削弱清朝的统治，反而成为加强皇权的重要契机和因素，这也是与晚明党争迥然有别的所在和本质区别。利用党争加强皇权这一政策趋向，也

第一章 顺治时期的南北党之争

为其后的清朝统治者所承继,并成为清朝巩固专制主义中央集权的重要政治遗产。

尤其需要指出的是,清朝统治者特别注重在惩治朋党过程中,从根源上加强对朋党的治理。

明朝中叶始,以言官为主体的舆论群体,与以内阁为主体的政府形成对立,致使出现张居正所说的"姑口顽而妇耳顽",极大削弱了政府的权威。有鉴于此,清朝对言官加强控制,使之成为加强皇权的工具。顺治朝乃至其后的党争中,清朝统治者几乎无一例外训诫、整饬言官。顺治二年(1645)谕六部、都察院称:"明季诸臣,窃名誉贪货利,树党与肆排挤,以欺罔为固然,以奸佞为得计,任意交章,烦渎主听,使其主心志眩惑,用人行政颠倒混淆,以致寇起民离,祸乱莫救。覆辙在前,后人炯鉴。亟宜痛加悛改,岂容仍袭故套,以蹈颠蹶。今天下已将混一,百事创始,政务殷繁,一切事宜当从实遵行,其含糊无用之言必不可听。以后内外大小诸臣宜共体此意,永为遵行,倘或故违,究治如律。该部院作速通行传示。"①。顺治末年,沿袭明朝二百余年,被顾炎武称为贯穿有明一代的巡按制度废止。至康熙朝,沿自唐朝的风闻言事制度,也完全成为受皇权控制并服务于皇权的工具。雍正时期将六科归属都察院考核,完成了中国监察史上监察力量的整合,即"科道合一"。

---

① 《清世祖实录》卷一八,顺治二年(1645)。

明朝士人讲学之风甚盛，结社会盟，刊刻文字，几无虚日，士风嚣竟。顺治九年（1652）由礼部题奏，立条约八款颁刻学宫，更立新卧碑，内第八款为："生员不许纠党多人，立盟结社，把持官府，武断乡曲，所作文字不许妄行刊刻，违者听提调官治罪。"但相沿已久的士习并非通过一二道公文就能禁止。顺治十七年，清廷采纳杨雍建的奏请，将结社立盟纳入法律之中严加禁止。当年正月十五日，礼科右给事中杨雍建上《严禁社盟陋习以破朋党之根事疏》：

"臣闻朋党之害，每始于草野而渐中于朝宁，盖在野既多类聚之私，而服官必有党援之弊。如明季仕途，分立门户，意见横生，其时社事孔炽，士子若狂，如复社之类，凡一盟会，动辄数千人，标榜为高，无不通名当事，而缙绅士夫各欲下交多人，广树声援，朝野之间，人皆自为。于是排挤报复之端起，而国事遂不可问矣。臣窃以为拔本塞源之道，在于严禁社盟。苟社盟之陋习未除，则党与未可得而化也。臣闻社盟之习，所在多有，而江南之苏松、浙江之杭嘉湖为尤甚。盖其念始于好名，而其实因之植党，于是家称社长、人号盟翁，质鬼神以定交，假诗文而要誉，刻姓氏则盈千累百，订宴会则浃日连旬。大抵涉笔成文，便争夸乎坛坫，其或片言未合，思构衅于戈矛，彼此之见既分，朋比之念愈切，相习成风，渐不可长。又有不肖之徒，饰其虚声，结交有司，把持衙门，关说公事，此士风所以日坏而人心由之不正也。臣见福按李时茂'恶棍结党立社地方受害难堪'一疏，内称福州会闹有社党,各分门户,如至德、北林、西蓝等社,其社首陈子佳等结众敛金,横行城市,寻非启衅,攘臂争雄,列款特参,奉旨着该抚行提严究追拟。凡此恶习,皆始于儒生而流及市井,小人尤而效之者也。臣伏读钦饬《学政全书》有云:生员不许纠党多人,立盟结社,把持官府,武断乡曲,所作文字不许妄行刊刻,违者听提调官治罪。煌煌功令,非不严肃。但恐学臣视为故套,士子积习难更,若不力行严禁,何以防微杜渐。请敕该部再为申严行该学道实心奉行,约束士子,不得妄立社名,纠众盟会,其投刺往来亦不许仍用社盟字样,违者治罪。倘学臣奉行不力,听科道纠参,一并处治,则陋习除而朋党之根立破。"①

二十二日奉旨:"士习不端,结社订盟,把持衙门,关说公事,相煽成风,深为可恶。着严行禁止。以后再有这等的,各该学臣即行革黜参奏;如学臣隐徇,事发一体治罪。该部知道。"②自顺治严禁设盟以后,社局发生三大变化:一是由结社而变为依岩结寨的故事;二是由结社而变为秘密结会;三是社盟虽然禁止,但是一般文人骚客仍能诗酒流连。③

帝制时代,师生列为五伦之中,门生、座主及同年是一种特殊的关系。后来其范围逐渐扩大,成为朋党之重要根源。顺治

---

① 杨雍建:《黄门奏疏》卷上,引自谢国桢《明清之际党社运动考》,第208—209页。
② 《清世祖实录》卷一三一。
③ 谢国桢:《明清之际党社运动考》,第209—210页。

十四年（1657）予以严格禁止，福临谕称："师生称谓，必道业相成、授受有自。近乃陋习相沿，会试乡试考官所取之士，及殿试读卷、廷试阅卷、学道考试优等、督抚按荐举属吏，皆称门生，往往干谒于事先，径窦百出；酬谢于事后，贿赂公行。甚至平日全未谋面，一旦仕宦同方，有上下相关之分，辄妄托师生之称，或属官借名献媚，附势趋炎，或上官恃权相迫，恐喝要挟，彼此图利，相煽成风，恬不知耻，以致下吏职业罔修，精神悉用之交结，上司弗问吏治，喜怒一任乎私心，因而荐举不公，官评淆乱，负国殃民，不知理义，深可痛恨。命以后内外大小各官，不许投拜门生，如有犯者即以悖旨论罪，荐举各官，俱照衙门体统相称，一切读阅卷考试等项，俱不许仍袭师生之号，即乡会主考同考，务要会集一堂，较阅试卷，公同商订，惟才是求，不许立分房名色，如扬榜后有仍前认作师生者，一并重处不贷。命吏部通行严饬内外各衙门，务令恪遵，永绝朋党之根。"①

但传统的力量根深蒂固。浙江海宁人朱一是，于崇祯十五年（1642）中举，甲申后四处避难。康熙六年（1667）过南京与周亮公论画。所著《为可堂集》有《谢友人招入社书》，大体写于顺康之际。该文鉴于明亡的惨痛教训，他不但拒绝加入社盟，而且反对立社会盟，这是明清易代的少有清醒者，也是对朋党之害的总结。具引如下：

---

① 《清世祖实录》卷一〇六。

第一章 顺治时期的南北党之争

盖野之立社,即朝之树党也。足下不睹东林之害乎?万历中一二大君子研讲道术,标立崖畔,爱别异同。其后同同相扶,异异交击,有好恶而无是非,急友朋而忘君父,事多矫激,人用偏私。始而正人开端,继乃邪正参引,后且邪人薮匿,而百不一正焉,即正人不为邪用者几何矣?道术流而意气,意气流而情面,情面流而货赂,狐城鼠社,蔓引茹连,罔止行私,万端一例。遂致事体蛊坏,国势凌夷,局改时移,垣垒石破。害深河北之贼,罪浮东海之波。仆每观世务,溯祸源,未尝不叹息痛恨于先朝君子也。吾乡有高识者谓仆曰:中国之大,亿兆之众,独无一物。仆骇诘之,曰人心耳。为之发噱。呜呼!先朝一二大君子,讲学明道,其流乃至于无心,岂止老庄变而申韩,荀卿之祸沿为李斯相暴秦哉!今日之事,尤多骇异,朝之党援社为重,下之社丐党为荣。官人儒生忘年释分,口言声气,刺列社盟。公卿及处士连交,有司与部民接秧,横议朝政,要誉贵人,喧哗竞逐,逝波无砥,颠倒沦乱,蹶张滋甚。不惟汉衰党锢,召乱黄巾,降至唐季清流,祸投白马,谈之变色,听乃寒心。仆躬在横流,鉴晰极弊,移风易尚,志有未能,推波助澜,义所不出。[①]

[①] 谢国桢:《明清之际党社运动考》,第206—207页。

第二章
康熙初期的明珠、索额图之争

　　顺治十八年（1661）正月初七日，清朝入关后的第一位皇帝福临病逝，遗诏以大行皇帝之子、仅八岁的玄烨嗣位，特命内大臣索尼、苏克萨哈、遏必隆、鳌拜为辅政大臣。索尼等以"从来国家政务，惟宗室协理"，其本人等"皆异姓臣子"，请求与诸王、贝勒等共任之。诸王、贝勒以"诏旨甚明，谁敢干预，四大臣其勿让"相答。索尼等奏知皇太后，誓告于皇天上帝、世祖皇帝灵位前，誓词中有"不私往来诸王、贝勒等府，受其馈遗，不结党羽"等内容。[①]初九日，玄烨即帝位，是为康熙皇帝。十四日，王以下及大臣官员齐集大光明殿设誓，称若妄作非为，互相结党，即遭天诛。[②]

[①]《圣祖仁皇帝实录》卷一，第41页。
[②]《圣祖仁皇帝实录》卷一，第43—44页。

勋戚重臣索额图

与前两代君王皇太极、顺治当年继承皇（汗）位时的剑拔弩张相比，康熙帝的即位似乎显得颇为平静，而避开宗室诸王，由异姓辅政，可谓匠心独运，对减少康熙初年最高权力层的震荡，对玄烨顺利亲政以及强化皇权具有积极意义。

异姓四大臣辅政，是对满洲"旧制"的变革。自此，"以太后为中心，遗诏为根据，惩于前次摄政之太专，以异姓旧臣当大任，而亲王贝勒监之"①的辅政体制正式确立。这一体制与宗室诸王摄政相比，对加强皇权极为有利：摄政诸王属宗室近支、皇帝长辈，本身又是一旗之主，极易侵犯皇权，而辅政大臣虽功高位显，但为异姓臣子，与皇帝除有君臣名分外，还有旗主与旗员之间的严格隶属关系，四大臣公开承认太后和皇帝是他们的女主和幼主。他们作为皇帝的臣子及上三旗的属员，同皇帝的关系，在朝是君臣，在旗同父子，利害相关，休戚与共。这种君臣加主奴的关系，使辅政大臣对皇帝比诸王更加忠实，从而在体制上保障皇位不被篡夺。②就君权行使而言，摄政乃代君出政，赏罚拟于朝廷，行使的是皇权，幼主不能参与大政，久之，摄政有篡夺皇位之危险。辅政大臣则不然，他们只是佐理政务，与幼帝共同听政，君臣名分昭然。用异姓大臣辅政，反映了皇权在发展过程中

---

① 孟森：《明清史讲义》下册，第409页。
② 梁希哲、孟昭信：《明清政治制度述论》，第401页。

第二章 康熙初期的明珠、索额图之争

欲排除宗室诸王掣肘的主体意识的加强，是对满族旧制的一大变革。在礼仪上，诸官奏事见辅政，初皆长跪，给事中杨雍建以逾礼上言，自后奏事皆不跪。[1]这也可见辅政大臣终行臣子职分。

在康熙帝嗣位之际，为防范辅政大臣与诸王贝勒相互勾结以侵犯皇权，双方的"誓词"均有"不结党羽"这一款，而且辅政大臣还立誓"不私往来诸王、贝勒等府"，从而堵塞了他们之间相互交结的通道，权、贵分置也是康熙帝能够顺利清除鳌拜的原因之一。

鳌拜是康熙朝第一个以结党论罪的权臣，但鳌拜之罪显然有夸大的成分。值得注意的是，《康熙帝钦定鳌拜等十二条罪状谕》中有这样一段话："康熙六年（1667）七月，朕曾启奏太皇太后祖母曰：钱粮、刑名事宜，所关重大，偶有大错，咎将不轻等语。遂令鳌拜、遏必隆等遇事暂且同办。而今看得：伊等权势甚大，结党作恶。"下列"彼等劣迹"云云。《康熙帝钦定鳌拜等十二条罪状谕》[2]，与《圣祖仁皇帝实录》中记载的五月二十八日所公布之鳌拜三十大罪相比，后者不但罪款增加，而且罪名升级，有"逆恶种种，所犯重大"字样。再者，康熙帝于康熙八年五月十二日拟定鳌拜罪状时，已将鳌拜党人拘禁，当时康熙帝携带钦定的"罪状谕"到太皇太后处请示对鳌拜的处理办法。故谕

---

[1] 李元度：《国朝先正事略》卷四，《杨以斋侍郎事略》。
[2]《康熙朝满文朱批奏折全译》，第1—2页。又蒋良骐：《东华录》，第149—150页与之接近。

中有"着将彼等宗族尽行监禁，从重议罪具奏。至拘捕与否之处，再行具奏请旨"这样的话。此处"至拘捕与否之处"，显然是指鳌拜。太皇太后批准逮捕鳌拜。四日后（五月十六日）将鳌拜拘禁。鳌拜党被拘在十二日，鳌拜自然知晓此事，事实若如此，《啸亭杂录》所记康熙帝以八旗少年擒鳌拜之说值得怀疑。①这表明康熙帝亲政后即有如何措处辅臣之问题，对照《清实录》更为明显，即仍令两人"佐理"。如果鳌拜确有"逆恶种种"，康熙帝也不会于康熙五十二年为其公开平反，追赠这位死去的辅政大臣一等男爵（雍正时追赠一等公，世袭罔替）。除鳌拜实际是康熙帝树立其皇帝权威的一个必然过程，他要将辅政大臣的权力收归己有。在中国历朝的政治斗争中，异姓功臣若不援附其他政治势力，往往成为皇权的牺牲品而少有作为。鳌拜党没有重要的宗室王公加盟，所以比较容易被清除。班布尔善以领侍卫内大臣授内秘书院大学士（康熙六年），其系宗室，于康熙八年以鳌拜党革职锁禁，家产籍没。②康熙帝亲政后要解决的三件大事没有除鳌拜这一项，他在晚年屡次忆及亲政后的种种"事功"，也没有提及亲政之初的这一次斗争。对除鳌拜大肆渲染以示康熙帝早年的英明，大概是康熙朝以后的事。

在清除鳌拜党的过程中，四辅臣之首索尼之子索额图立有首

---

① 昭梿：《啸亭杂录》卷一。
② 《康熙朝满文朱批奏折全译》，第3页。

功。作为勋戚力量的头面人物，他很快成为朝廷重臣，在康熙中后期的几次重大变局中，也是举足轻重的人物。

索额图姓赫舍里氏，满洲正黄旗人。清太祖时，他的祖父硕色、父索尼及叔祖希福等率领所属由哈达部前来归顺。硕色始终在文馆任职，其弟希福官至内弘文院大学士、议政大臣。索尼在太祖时曾任一等侍卫，太宗时"日值内院"，皇太极去世时，索尼已是两黄旗重臣之一，在拥立福临为帝的过程中起过重要作用。[①]多尔衮摄政期间，索尼和他的叔父希福一样因不肯依附多尔衮被罢官。多尔衮死后，福临亲政，将索尼召还原职，并晋为一等伯，擢任内大臣兼议政大臣，总管内务府，参与军国大政的决策。其矢志效忠皇室的历史很容易把哈达赫舍里氏与皇室的关系拉得更为紧密。康熙四年（1665）九月，索尼长子噶布喇之女赫舍里氏被册立为皇后，另一辅臣遏必隆之女钮祜禄氏成为皇妃。让年仅十二的皇帝这样早地完婚，显然出于孝庄的政治意图，那就是笼络索尼家族，使其更加效忠皇室，以分化四辅臣，削弱鳌拜的权势。同时按成家立业的传统解释，此举似乎在向辅臣证实玄烨已长大成人，有能力处理朝政。在喜庆的日子里，作为外戚的赫舍里氏家族普被皇恩，索额图也由三等侍卫晋升为一等侍卫，他个人及其家族的命运开始改变。

[①]《沈阳状启》，癸未八月二十六日，载《清初史料丛刊》第十一种，辽宁大学历史系编印。

索额图早年有着不幸的家庭境遇，他的生母乃"罪人之女"，名分微贱，后又因罪被处死①，这些都在索额图的成长中留下了叠加的阴影。康熙六年（1667），索尼被授一等公，一等伯由其第五子心裕承袭。索尼去世后，其第六子法保承袭一等公②。连续两次失去承袭父爵的机会，令排行第三的索额图的自尊心受到极大伤害。但幸运之神很快光顾了索额图，在其兄长、领侍卫内大臣，也即康熙帝之岳父噶布喇的支持、配合下，索额图以一等侍卫侍从康熙帝左右③，并成为清除鳌拜的核心人物。

在铲除鳌拜的斗争中，索额图立有头功。他随即升任内国史院大学士，兼管佐领，并充任《世祖章皇帝实录》总裁官。次年改内三院为内阁，索额图改官保和殿大学士，此时担任内阁大学士的还有满人图海、对喀纳，汉军旗人巴泰，汉人李霨、杜立德、魏裔介、冯溥等人。

康熙十一年（1672），索额图加授太子太傅，俨然成为一人之下、万人之上的首辅，其权势也如日中天，声威气势震动朝野，连康熙帝的老师熊赐履也被他排挤出朝了。

熊赐履是湖广孝昌（今湖北孝感）人，清初著名理学大师。康熙初辅臣鳌拜擅政，熊赐履侃侃言明政治得失，并倡导以儒

---

① 详见杨珍：《索额图研究》，载《清史论丛》，辽宁古籍出版社，1996年。
② 《八旗满洲氏族通谱》卷九，《赫舍里氏》。
③ 福格曰：侍卫品级既有等伦，而职司尤有区别。各级侍卫，"均统于领侍卫内大臣"。福格：《听雨丛谈》卷一，第25页。凡清人笔记未注明者同此。

第二章　康熙初期的明珠、索额图之争

家思想治理国家，为鳌拜不容，赖康熙帝保全。除鳌拜后，举经筵，设起居注官，多赖其倡导。康熙十四年（1675），熊赐履以"素有才能，居官清慎"授武英殿大学士兼刑部尚书。熊赐履以敢言称，康熙帝超擢其为大学士，显然有牵制索额图之意。这时平定三藩的战争最为艰难，内阁批本常出错误，但每次只议罚俸，康熙帝曰："他们心乱了，本无大事。"当时冯溥、李霨、杜立德与熊赐履四位汉人同在内阁。康熙十五年，陕西总督哈占疏报获盗，开复疏防官员，熊赐履错让三法司票拟。康熙帝查问此事。这本来不是什么大事，但熊赐履欲掩己误，次日五鼓先到内阁，令内阁中书将批本送上，中书退后，熊赐履确认自己错批，以为杜立德平日不甚精明，于是将自己签子嚼毁，裁去杜立德别本一条批签，以小字书错批于其上；又取其不错之本入在自己数内。嚼签子事件很快被索额图所利用，他强拉杜立德一同启奏，事下吏部议处。当时明珠为尚书，问口供时各位大学士都在场，熊赐履不出一语，索额图当众羞辱熊赐履，便说："这本无大事，就是审贼犯，也毕竟要他自己亲供，方可定罪。老先生不言，如何定案？"熊赐履仍不语，索额图又曰："老先生不要怕，就是如今吴三桂、耿精忠自己说出真情来降，皇上也只得歇了赦了他，何苦不言？"窘辱备至，熊赐履遂落职而回。[1]由于熊赐履初入阁，"望甚重，就是嚼签子事，天下都不信，还说是索公

---

[1] 李光地：《榕村续语录》卷一四，《本朝时事》。

害他，没有这事"①。虽然嚼签子事有无今天难以考证，但索额图借题发挥、落井下石却是无疑的事实。②

顾八代注考事件也颇能说明索额图之权势。顾八代乃满洲镶黄旗人，顺治年间从征立功，屡被提拔。康熙帝御试旗员，他成绩第一，被擢任为翰林院侍读学士。"三藩之乱"时协助镇南将军莽依图规复广西，屡次击败吴三桂孙吴世琮所部叛军。康熙十七年（1678）莽依图病，顾八代率清军在盘江重创叛军，逼吴世琮自杀。随后又率领清军攻占南宁。次年京察，掌院学士拉萨里、叶方蔼因顾八代能称厥职，以"政勤才长"注考。③索额图以其不附己，改注"浮躁"。平定三藩是关系清朝生死存亡之大事，对前方将帅功罪之颠倒并非小事。改注后传旨下部察议。吏部言浮躁例应降调，顾八代存世职，令随旗行走。旋莽依图疏言："顾八代襄办军务，竭诚奋勉，三载以来，运筹决胜，动合机宜。请留军前委署副都统，参赞军务。"得旨，仍以原衔随征。④顾八代不但是满洲勋旧、平叛有功之人，而且还是康熙帝诸皇子的老师。雍正帝回忆说：顾八代以学士协赞军务，劳绩茂著，备承恩眷，皇考且深知其品学优长，足为模范，特命为朕兄

---

① 李光地：《榕村续语录》卷一四，《本朝时事》。
②《满洲名臣传》卷一九《索额图传》，《清史稿》卷二六九《索额图传》，均载此事。据《清史稿》二六二《熊赐履传》，康熙帝已有旨宽免，索额图却借题发挥，排之以去。
③《满洲名臣传》卷一九，《顾八代传》。
④《满洲名臣传》卷一九，《顾八代传》。

弟之师。朕自幼与其朝夕讲论忠孝大义，研究经书至理，肫诚周至，获益良多。嗣以公事挂误罢职，仍在内廷课读，数载抱疾闲居，戊子冬物故。朕亲临其丧，并遣人为之经理殡葬。本欲陈情于皇考之前，求加恩赐恤，值圣体违和，不敢渎奏。迄今回忆当年诵读情景，宛然如昨。[1]顾八代以皇子之师，从征有功，而索额图竟能以己意改注，可见后者之跋扈。

另有记载索额图否定大学士之意见，任用本族之人的事。时大学士已将满人和顺安置为内阁中书，索额图欲用本家族之人，予以否定。和顺家人吴鸿锡书写情状，"伺索出，跪而上之。索大怒，掷书去，不顾"，[2]骄姿蛮横，无以复加。

权力平衡术与明珠入阁

帝师熊赐履是在康熙帝有旨免罪的情况下被罢官的，此事让康熙帝意识到索额图权势之盛，如不及早加以限制，就有可能养成第二个鳌拜。明珠和勒德洪的入阁虽属循例而迁，[3]但以其平衡、牵制索额图的目的十分明显。康熙十六年（1677）五月十八日，康熙帝在弘德殿听讲官陈廷敬等进讲《孟子曰无或乎王之不

---

[1]《满洲名臣传》卷一九，《顾八代传》。
[2] 徐珂：《清稗类钞》第六册，第2657页。
[3] 福格：《听雨丛谈》卷一载：大学士初只五品，或以重臣兼领，或赐尚书、侍郎职衔以崇之。康熙三年（1664）三月始改定大学士为尚书、左都御史晋阶，六曹侍郎推阶。

智也》《孟子曰仁人心也》二章，康熙帝亲讲，并曰："君子进则小人退，小人进则君子退，君子小人势不并立。"陈廷敬对曰："自古以来，治日常少而乱日常多者，皆由于疏正人、亲小人之故。"康熙帝曰："孟子所谓一暴十寒，于进君子退小人、亲贤远佞之道，最为透彻。人君诚不可不知。"①君子小人是儒家关于治国用人的经常性话题，很难说康熙帝及讲官心目中的小人即是索额图，但把君子小人之进退与治乱相联系，恐怕又非无的放矢。

康熙十六年（1677）七月二十九日，是明珠和勒德洪擢升武英殿大学士的日子。②这一天，康熙帝在便殿召大学士索额图、李霨、冯溥，学士党古礼、孔国岱等人奏，事毕赐茶，向诸臣"询问经史大义"，并讲论前代朋党之弊。康熙帝曰："人臣服官，一意奉公，惟当靖共匪懈，如或分立门户，私植党羽，始而蠹国害政，终必祸及身家。历观前代，莫不皆然。在结纳植党者，形迹诡密，人亦难于指摘。然背公营私，人必知之。凡论人议事之间，必以异同为是非，爱憎为毁誉。公论难容，国法莫逭。百尔臣工，理宜痛戒！"③康熙帝的这次训导，主要是针对索额图的。训诫索额图等结党与引明珠等入阁两件事发生在同一天，绝非某种巧合，而是康熙帝运用权力平衡术的结果。

---

① 《康熙起居注》第一册，第308页。本文征引该书凡未注明者均为中华书局1984年版。
② 《清圣祖实录》卷六八，第873页；《清代职官年表·大学士年表》。
③ 《康熙起居注》第一册，第319页。

第二章　康熙初期的明珠、索额图之争

勒德洪曾任刑、吏二部侍郎和户部尚书等职，在朝中供职多年，又属皇族，康熙帝将他擢升为大学士，主要是以其皇族身份震慑索额图。但后来的事实表明，勒德洪大失康熙帝所望，遇事依委于索额图与明珠之间，无所作为。

明珠是满洲正黄旗人，其曾祖仰家奴、祖金台什皆为强悍的叶赫贝勒。叶赫部在海西女真中力量最强，实为盟主。在叶赫早期的发展史上，曾有并吞努尔哈赤建州卫的企图，其后叶赫部成为努尔哈赤最后吞并的海西部落。努尔哈赤灭叶赫时，金台什二子德勒格尔、尼雅哈来降。由于努尔哈赤及其后继者皇太极、多尔衮等对尼雅哈心存戒备，害怕这个显赫的家族东山再起，重建"叶赫国"，因此对尼雅哈加以控制。但叶赫家族与后金国领袖联姻久远的历史又使这个家族与大清皇室有着千丝万缕的联系。

顺治三年（1646），尼雅哈病卒，其骑都尉世职（四品）由长子振武承袭。明珠作为尼雅哈的第三子，[①] 当时只有十二岁。两年后，英亲王阿济格坐多尔衮死后谋逆罪赐死，明珠在这一年娶阿济格之女完婚。明珠的夫人虽系皇族，但岳父阿济格一支或被处死，或被削除宗籍，或被夺爵废为庶人。与"罪家"结亲，当时或有株连招祸的危险，或有与犯同罪的耻辱。至于攀援皇亲，也就无从谈起了。所以终顺治朝，明珠只任副銮仪卫治仪正，乃

---

① 额腾额：《叶赫那兰氏八旗族谱》。《清史列传》卷八《明珠传》称明珠排行第二，《八旗通志初集》卷一五〇《明珠传》称其排行长子，均不确。

负责车驾仪仗之类末等侍卫官。[1]康熙帝即位后，明珠开始崭露头角，以内务府郎中负责内务府建置工作，于康熙三年（1664）升任总管大臣，从而有更多机会接触皇室要人。两年后，明珠任内弘文院学士，开始步入中枢机构。这一时期也是辅臣鳌拜逐渐专权，与皇帝矛盾日益对立的时期，明珠能够避开政局的动荡而保全自己，说明他有比较高超的纵横捭阖的能力。惩治鳌拜集团后，明珠出任都察院左都御史，是少数几位升迁最快的官员之一。此时康熙帝求治殷切，以整饬吏治为先，将言官之长一职授予明珠，足见对他的信任。康熙十年，明珠充任经筵讲官，说明他学问优长，对汉族传统文化有较深的造诣，这也可视为康熙帝对他的器重。

惩处鳌拜，解决辅臣擅权问题后，康熙帝和孝庄着手解决日益严重的三藩问题。康熙九年（1670）三月二十日，康熙帝以"满洲甲兵系国家根本，虽天下平定，不可不加意爱养"，而近来"牧养马匹，整办器械，费用繁多，除月饷外，别无生理，不足养赡妻子家口"，命吏、兵二部详议以闻。寻从部议，甲兵每人月增银一两，岁增米二斛，永着为例。[2]康熙十一年十二月十五日，康熙帝按例诣太皇太后宫问安，孝庄向康熙帝谕整饬武备。次日，康熙帝向学士傅达礼转述昨日太皇太后之言，谓："予虽

---

[1] 福格：《听雨丛谈》卷四。
[2] 《圣祖仁皇帝实录》卷三二，第439页。

在宫壸，太宗行政，亦略知之。彼时开创，甚重骑射，方今天下太平，四方宁谧，然安不忘危，闲暇时仍宜训练武备。至于在朝诸臣奏事，岂无忠诚入告者？然不肖之类，假公行私，附己者即为引进，忤己者即加罔害，亦或有之。为人君者，务虚公裁断，一准于理，则事无差失矣！"①

明珠于康熙十年（1671）十一月改任兵部尚书，很显然是配合康熙帝整饬武备的需要。孝庄对康熙帝谈话一个月后，即康熙十二年正月二十日，康熙帝驾幸南苑，隆重举行他亲政后的首次大阅。《康熙起居注》等书详细记载了这次大阅的盛况，元旦前来朝贺的外藩也参加了这次阅兵式。仪式结束后，康熙帝召明珠谕曰："此陈列甚善，其永着为令。"为了准备这次大阅，明珠"先期布条教，俾众演习，及期，军容整肃"。②在这次"制治保邦，安不忘危之至意，欲与中外共见之"③的重大活动中，明珠的贡献是不言而喻的。

平叛期间明珠、索额图力量之消长

明珠进入中枢之地，与索额图各自结党抗衡，最终将后者逐出内阁，这一系列事件是在平定三藩即将结束时。

举行大阅的第二个月，平南王尚可喜奏请回辽东的请求疏就

---

① 《康熙起居注》第一册，第68页。
② 《清史列传》卷八，《明珠传》。
③ 《康熙起居注》第一册，第77页。

上达清廷。靖南王耿精忠、平西王吴三桂也随后表达了同样的请求。一场关于撤藩的廷争已不可避免。

"三藩"是康熙帝亲政后切切不忘悬之宫中柱上的三件大事的第一件。从向廷臣传谕太皇太后的旨意,到举行盛大的阅兵式,这些举动已使解决三藩问题成为近乎公开的秘密。值得注意的是,在撤藩前后,康熙帝就朝政如何服人、天下治安、治道缓急等问题向他信赖的老师熊赐履多次讨教。①康熙十二年(1673)八月二十四日,康熙帝手诏谕吴三桂,令其迁移家口。越一日,康熙帝召熊赐履至御前,就治道缓急征询老师的意见。君臣的这段对话对理解撤藩决策及廷臣的不同意见有很大帮助。熊赐履开宗明义,曰:"为治固患废弛,然求治甚急,将纷更丛脞,为弊滋甚,所讲欲速不达也。"康熙帝曰:"致治诚不宜太骤,只合日积月累做将去,久之自有成效。"熊赐履对曰:"求治太急,还是人欲用事,必无欲然后可以言王道。"康熙帝曰:"有纯心才有纯政。以后只看道理如何,合理的方行,不合理的只不行便了。"熊赐履对曰:"合理的决行,不合理的决不行,虽二帝三王不过如是。然何以为合理,何以为不合理,必须讲究烂熟,方能泛应曲当,不然,恐未免毫厘千里之谬也。"②

康熙帝亲政后,确有"求治锐切"的问题。对于三藩的处

---

① 《康熙起居注》第一册,第84—85、86、88、105页。
② 《康熙起居注》第一册,第115—116页。

第二章　康熙初期的明珠、索额图之争

理似也应从这一角度观之。对于尚、耿二藩之撤，包括索额图在内，并没有不同意见。争论的焦点是吴三桂。按五月初三日令尚藩全撤之诏令送达广东，吴三桂和耿精忠先后于七月初三日、初九日上书请撤藩，二十八日议政王大臣会议，议定南王官兵家口全行撤离，而于吴藩颇怀疑虑，廷议久不决。至八月初六日，仍以二议上。一议：将吴三桂及所属五十三佐领官兵家口均行迁移，在山海关外安插，云南有地方土司，苗蛮杂处，不得稍疏防御，今既将王迁移，应派满洲官兵戍守，候戍守官兵到，吴三桂部即起程。另一议：吴三桂镇守云南以来，地方平定，今若迁移，不得不另派官兵戍守，则兵丁往还与王之迁移，使沿途地方苦累，应仍由吴三桂镇守云南。时兵部尚书明珠、户部尚书米思翰、刑部尚书莫洛等坚持主撤，而大学士索额图等以为不可。在康熙帝"撤亦反，不撤亦反，不若先发制之"的旨意下，廷议决定撤藩。①

玄烨三藩并撤的决策是否有失，这里不做评述，但索额图与明珠意见相左，而后者"称上旨"②，坚定地站在康熙帝一边，这似乎预示两位近臣以后的命运了。客观而言，索额图是天子近臣，他肯定知晓康熙帝对三藩的态度，并以几可左右局面的大学士之尊位，敢于提出不同意见，不论他是出于何种目的，但显见

---

① 《圣祖仁皇帝实录》卷四三；《清史稿》卷二六九，《明珠传》。
② 《康熙起居注》第一册，第792页。

的事实是他把自己与皇帝对立起来了。

平定三藩这一战,是康熙帝亲政后面临的又一次挑战。康熙帝后来多次心有余悸地论及倘再迁延数年,不知局面如何、"不知如何待朕"之类的话①,告诫大臣们勿忘这段艰难的历史。玄烨还多次谈及平定三藩使他认识到凡事不能想得容易。战争结束后,他拒上尊号,发出图治不易的肺腑之言。可以说,平定三藩在玄烨的心灵深处有一个重重的阴影,忧大于喜,有抹不掉的"伤痛",对他的心理是一次磨难。康熙十八年(1679)底,孝庄以康熙帝"此数年间种种忧劳心怀不畅",令他到南苑休养,在大自然中释放久郁心中的苦楚,也说明了平定三藩对康熙帝的影响。

在这样的情形下,我们再考察明珠、索额图之争就会更深刻些。玄烨对索额图看法的改变并非始于后者不同意撤藩,而是三藩已举叛帜,索额图却建议"当斩议迁三藩之人",这才是令康熙帝耿耿于怀、口吐不快的事。

三藩之战爆发后,所在摇动,江南几不为清有。朝中官员有秘密遣回家眷者,在康熙帝看来,这是另一种"背叛",即不与朝廷同生死的逃避行为。在人心摇动的情况下,索额图提出斩主撤藩之人,无疑会灭己之威、鼓敌之勇,带来更大的动荡和涣散。晁错授首,吴楚七国之乱的殷鉴不远,康熙帝没有采纳索额

---

① 《康熙起居注》第一册,第792页。

第二章 康熙初期的明珠、索额图之争

图的建议,确为明智之举。这一年的十月,明珠改调吏部尚书,其原因虽不见明载,但可以认为是康熙帝为避免二人正面冲突的举措。明珠进入内阁后,两人益相水火,索额图也遇到了最强劲的政治对手。

康熙十八年(1679)七月二十八日,京城发生强烈地震。顺承、德胜、海岱、彰义等城门倒塌,城墙坍毁甚多,宫殿、官廨、民居十倒七八。大学士勒德洪被压伤,内阁学士王敷政、工部尚书王光裕一家四十三口被压死,其他文武官及士民死者甚众。明后两日又大震,通州、良乡等城墙俱陷,裂地成渠,流出黄黑水及黑气。康熙帝避震于景山三昼夜,居民生者露处枵腹,死者秽气薰蒸。此后仍时有微震。八月初八、十二、十三日复大震,京城附近三百里,人民被压死者极多。[1]

在相信天人感应的传统社会里,康熙帝及大臣们很快把这次异常的大地震与人事联系起来,并认为地道乃臣道,地震是大臣失职所致。

地震是日,左都御史魏象枢上三疏后回到寓所,震后他"立奔入朝,躬请圣安",并请求诛索额图以谢天下。[2]魏象枢的自订年谱中有意回避事实真相,称"奏对语失记"。[3]陈廷敬言地震后,

---

[1] 参见《圣祖仁皇帝实录》卷八二;《阅世编》卷一。
[2] 《满洲名臣传》卷十九,《索额图传》。
[3] 魏象枢:《寒松堂全集》,《寒松老人年谱》。

象枢"独被召对，近御座前语移时，或至泣下，其言秘不传"。①徐乾学说魏象枢灾变陈言，"语侵权贵尤亟，下部院科道议之"。②

康熙帝当即指责"内外臣工，不能精白乃心，恪尽职掌。或罔上行私，或贪纵无忌，或因循推诿，或恣肆虐民，是非颠倒，措置乖方，大臣不法，小臣不廉"，又命部院三品以上及科道官、各省督抚，就"目今应行应革事宜"明白条奏。又召内阁、九卿、詹事、科道满汉官员齐集，命大学士明珠等传谕曰："尔等自被任用以来，家计颇已饶裕，乃全无为国报效之心。尔等所善之人，即以为善而奏闻；尔等所不合之人，即不行奏请。此等不公事情，朕闻见最确。欲即行处分，犹望改过，虽知之，不行议罪也。今见所行，愈加贪酷，习以为常。且从前遇此等灾变之事，朕亦屡曾申饬，但在朕前云钦遵申饬之旨，究竟全不奉行。前此大奸大恶之人，朕重加处分，尔等亦所明知，此即榜样也。再科道各官，向来于大奸大恶之人未见纠参，或因事体暧昧，未有凭据，难于举发。此后科道各官如有确见，即行据实参奏。若依然虚饰，如前所行，奸恶巧为遮盖，不加省改，或事情发觉，或经朕访出，虽欲宽免，国法具在，决不饶恕！"康熙帝在随后宣谕的"六事"中，有"大臣朋比徇私者甚多"一条，即指索额图。

---

① 《碑传集》卷八。
② 《碑传集》卷八。

第二章 康熙初期的明珠、索额图之争

索额图率先表态，称："圣谕及此，臣等真无地自容，敢不洗心惕虑，以图修弭。"大学士明珠奏言："内外弊源，圣谕一一洞悉。大小臣工，若不实加修省，纵能逃国法，亦不能免天诛也。"①

京师大地震是对索额图权位的一次撼动。随后，康熙帝又发动了一次风闻言事的大辩论，虽然未即允行，但欲以言路大开而威慑结党贪污之权臣的目的昭然若揭。

一年以后，索额图还是无奈地离开了他担任十余年之久的大学士之任。其中明珠的作用是明显的。康熙十九年（1680）八月十九日，大学士索额图因病奏请解任。康熙帝问明珠："此票签尔等查例拟否？"明珠奏曰："前一段，照从前自陈本所奉之旨。自用兵以来之下，系臣等公同拟票。"康熙帝命："照此票着更加优异，仍拟两票来奏。"二十日，明珠等又奏索额图请病事。帝以"知道了。其票签尚有应改之处"答之。二十一日，大学士、学士随捧折本就此事面奏请旨，康熙帝曰："尔等云何？"大学士勒德洪、明珠奏曰："此处惟在睿裁。"康熙帝曰："着依朕所改票签批发。"越数日，"索额图以病求罢，命于内大臣处上朝"。②

康熙帝之所以谕明珠票拟"优异"，后又坚持以其所改之票签发，可见明珠与康熙帝在评价索额图用兵以来的功绩时是有不同看法的。康熙帝所签发之旨是这样的："卿辅弼重臣，勤敏练

---

① 《康熙起居注》第一册，第420—423页。
② 《康熙起居注》第一册，第589—590页。

达。自用兵以来，翼赞筹画，克合机宜。览奏，情词恳切，着于内大臣处上朝，加意调摄，以副眷怀。"①朝鲜使臣给其国王的奏报中也说：前方奏报送抵时，"皇帝亲自开见，只与皇后父率哈（指索额图）及兵部尚书（明珠）密议之"，②又有"清主（玄烨）……委政于其臣索额图"等语。③可见康熙帝当时的评价是公允的，其解除索额图大学士之职也是矛盾的，这与明珠的几次积极奏请是不同的。

索额图于平叛战争即将结束时，离开了中枢之地，解大学士职。尽管平定三藩期间明珠的势力大张，④但索额图旋即东山再起，二者的斗争并没有结束。

明珠集团的崛起

与索额图相比，明珠起势较晚。两人的性格、处世作风颇不相同。"索额图生而贵盛，性倨肆，有不附己者显斥之，于朝士独亲李光地。明珠则务谦和，轻财好施，以招来新进，异己者以阴谋陷之，与徐乾学等相结。"⑤由于明珠礼贤士大夫，许多汉族官僚都集结在他的周围，这与康熙帝寻求汉官的支持，建立更加

---

① 《满洲名臣传》卷十九，《索额图传》。
② 《朝鲜李朝实录中的中国史料》第十册，第4038页。
③ 《朝鲜李朝实录中的中国史料》第十册，第4046页。
④ 米勒在《派系斗争与清朝的政治整合》中也认为，三藩导致了明珠对索额图集团的胜利。转引见魏斐德：《洪业——清朝开国史》，第822页注①。
⑤ 《清史稿》卷二六九，《明珠传》。

广泛而巩固的满汉联合统治的治国方策相一致,这也是明珠能够立足的一个基本原因。尽管明珠与索额图"互植党相倾轧",但两人都一样贪婪成性,明珠"货贿山积"①,"索额图巨富,通国莫及"②。

索额图罢相,对明珠也敲响了警钟,让他暂时有所收敛。当时作为内阁学士的张玉书说:"公(指王熙)与勒(德洪)公、明(珠)公及李文勤(霨)公同在政府,务以和平宽大,布上德意,罢权宜之令,停加征之额,遵奉诏书,次第兴革。"③

然而,这种情况没能维持多久,明珠植党营私的情况便有加无减。康熙帝多次以朋党相戒饬,并戒谕学士不可依阿大学士,凡有所见,直陈勿隐。康熙二十年(1681)三月二十三日,康熙帝对学士希福、噶尔图等曰:"学士亦公同理事之官,如有意见,亦应陈说,毋谓大学士等阅毕即缄默不言。"④翌年七月二十八日,康熙帝谕责官员中遇事徇情、钻营奔竞者多,指出:"近观凡事不论是非大小,满官则徇亲戚朋友情面,汉官则同年门生情面,相为钻营奔竞者甚多。从之则已,拂之则妄议谤讪。"⑤随后又对大学士等曰:"学士乃内阁参赞政事之官,如有所见,应行启奏,

---

①《清史稿》卷二六九,《明珠传》。
②《圣祖仁皇帝实录》卷一〇八,康熙二十二年(1683)六月庚戌。
③《碑传集》卷一二,第一册,第286页。
④《康熙起居注》第一册,第680页。
⑤《康熙起居注》第二册,第873页。

近观并无与议者。若唯送本接本，用一笔帖式足矣，何必设立学士！令此后凡有所见，俱令敷陈。"①

康熙十九年（1680）到二十七年，是明珠政治生涯中的鼎盛时期，这一时期他广结党援，势力最盛，在内阁与勒德洪、余国柱、李之芳等沆瀣一气，各部院则有科尔坤、佛伦、熊一潇、王日藻、色楞格、薛柱斗等心腹。先后入值南书房的汉官徐乾学、高士奇、王鸿绪等人也投其门下。一时间，"中朝士大夫，非阴自托，各有主张，宦不得遂。"②在明珠的党羽中，佛伦、余国柱为其骨干。佛伦是满洲正白旗人，姓舒穆禄氏，曾为明珠的下属。③康熙十八年擢内阁学士，后任刑部侍郎、左都御史，以及工、刑、户三部尚书。余国柱乃湖北大冶人，有经济才，平三藩期间，以疏言筹饷称上旨。明珠后援为己用。康熙二十年擢左副都御史。"当明珠用事，国柱务罔利以迎合之。"授武英殿大学士后，"益与明珠结，一时称为'余秦桧'"。④科尔坤曾任左都御史等职。自康熙二十三年，科尔坤、余国柱并为满、汉户部尚书，至康熙二十六年二月，余国柱升任大学士，科尔坤于同年九月改任吏部尚书，户部有近三年时间在明珠控制下。

---

① 《康熙起居注》第二册，第874页。
② 方苞：《方苞集》外文卷六，《记徐司空逸事》。
③ 《满洲名臣传》卷一七《佛伦传》等未明言其任兵部主事之准确时间，此为推断。
④ 《清史稿》卷二六九，《余国柱传》。

第二章　康熙初期的明珠、索额图之争

对明珠将内阁人员提升过快以结党买恩，康熙帝也予以充分注意。康熙二十四年（1685）十二月十八日，尚书伊桑阿奏曰："宗人府主事员缺，臣等会同该衙门简选内阁中书塞德礼拟正，牛钮拟陪，将人带来引见。"康熙帝谕曰："此系谁先拟出，衙门各别，如何知其好处？"伊桑阿奏曰："此系旗分缺，臣等会同访问选出。"康熙帝曰："朕之用人，令其选择者欲得真才。尔等亦当齐集该旗在各部院者公平选择，何独内阁之人即善？其都察院选择监察御史，自内阁出身者，亦有庸劣之员。即如以才能选择之人，或多浮躁喜事者，此等人用之足以败事，毫无所益。或其人虽系平常，在任年久，淹滞无人推举者，用此辈尚能守分，不生弊端。此番业已举出，着准行。尔等自后凡遇此事，当留心详加选用。"伊桑阿等奏曰："圣谕极当，若果如是，众心亦服。臣等谨记遵行。"吏部同年发生的明珠党包庇山西巡抚穆尔赛加征火耗案更可见其权势一斑。

康熙二十四年（1685）五月二十八日，康熙帝以御史钱珏条奏山西火耗甚重，对大学士明珠曰："朕任用满洲以为必有裨益，观此则不肖者仍为不肖，并无裨益。"[①]八月，康熙帝又曰："穆尔赛品行最贪，山西布政使、按察使声名亦不佳。此等不可不惩治一二人。"命内阁、九卿"从公会议"，将穆尔赛居官如何奏明。[②]

[①]《康熙起居注》第二册，第1331页。
[②]《康熙起居注》第二册，第1347页。

九月初四日，九卿等不议穆尔赛之罪，但议降三级调用。康熙帝察觉其中必有缘故，曰："凡居官不善者，应以所坐请罪，明白纠举，严加惩治。穆尔赛居官不善，犹言其不生事，岂其余皆生事之人耶？此事或着原参之人指实陈奏亦可。凡议事须当秉公，若满洲偏向满洲，汉人偏向汉人，嗣后九卿何可信任？温代、达尔布因其贪污，已发往爱浑。非但此两人，凡贪劣者断不可恕！着以此问九卿。"①因有康熙帝过问，钱珏遂将穆尔赛居官之状一一指实弹奏，但又心有余悸地说："穆尔赛虽经臣指参，但彼势力最大，若审理时，不将穆尔赛离任，则所属人民必不敢将实际吐露。"请求将穆尔赛"离任审理"。十日后，九卿议将穆尔赛等人押到京师严审。康熙帝追问科尔坤前次九卿倡议穆尔赛不生事者为何人，科尔坤称据左御史陈廷敬所言，康熙帝追问陈廷敬，陈奏并无此言，科尔坤又说是侍郎蒋弘道所言，经核实也为假。康熙帝大为不悦，曰："凡人臣事君，以竭尽忠诚为本。尔等皆朕信用之人，既已同议，今又推诿陈廷敬等，是何理也？即今居官者，更有如穆尔赛贪婪者乎！如此之人，尚谓其不生事！嗣后九卿更何可信？"②九月十九日，御史张志栋疏言九卿会议并不从公确论，惟瞻顾推诿，苟且了事，并举穆尔赛加征火耗案为例。康熙帝借题发挥，指责："九卿会议时，每有一二人

---

① 《康熙起居注》第二册，第1349页。
② 《康熙起居注》第二册，第1355页。

第二章 康熙初期的明珠、索额图之争

倡说,则其他皆畏缩缄默,如此于国家事何益?今张志栋所参穆尔赛事,尔内阁拟票,九卿回奏。此回奏时,尔等必各陈所见,断勿雷同具奏。且前日科尔坤奏称,陈廷敬先言之,而陈廷敬又谓并无是言。在朕前尚如此推诿,遑言退后?身亲行之而顾诿于人,可乎?"康熙帝随即将他了解到的会议真相告知大学士们:"闻前议是事,众散后复追回会议。其并不闻有劣绩之语,众欲删之,而科尔坤谓:我意必不可去此语。遂先掷坐褥而出,其意欲救穆尔赛耳。然此时为臣者,又谁能救人,而谁能杀人乎?"王熙曰:"臣等焉敢隐而不言。是日议毕,众散后,吴正治、宋德宜及臣三人云:此事所关甚巨,不可苟且议论,宜追回公议。屡向满洲大臣言之,始将九卿追回。臣等汉官另缮一稿,众皆不用。"①

在康熙帝的严厉戒饬下,大学士们都引咎自责。康熙帝又曰:"今闻九卿会议之事,间或不据实具议,草率苟且,因循而行。有此一次立议争胜,以冀下次不与相拂而从之者;或有此一次将彼意中之人荐出,冀下次将其亲朋荐出以相报者;或有荐其门生者,有荐其同年者,有荐其同乡亲友者。夫九卿会议会推,理宜虚公持论,岂可一二人擅专以行?且设立科道,本欲其凡事从实建言,有执拗护庇之人,即为指参也。其专擅执拗护庇之人,何未见纠劾耶?众议之时,亦有一同具议,后因其事不当,

---

① 《康熙起居注》第二册,第1358—1359页。

复云彼时我原如此说者，如果原议时，众论与伊意不合，即宜将己见明白敷陈，另立一议，既不另立一议，同列职名，又称我曾如此说，是断断不可者。且今谁可以擅处谁耶？即如张志栋，近将九卿题参，亦谁如彼何也。"①康熙帝表面上责备汉大学士王熙未能持异议，实际上警告明珠专擅，并为敢持异议者撑腰打气。王熙立即表态，奏曰："瞻徇同年门生，偏向立议者，臣等焉敢保其必无。至议穆尔赛事，臣等不能辞咎。前皇上谕臣等知无不言、言无不尽，今犹凛然于中。乃如此委任臣等，臣等并不能仰副圣意。九卿议穆尔赛降三级调用，皇上复传旨并问内阁者，原欲得其实迹也。臣等不能详察，遽与九卿扶同议奏，此系臣等愚昧处，臣等更有何辩？"另一汉大学士吴正治也称："臣等于此事实惭对天颜。"康熙帝若有所指，曰："凡与穆尔赛交好之人，理应劝勉穆尔赛，俾为好官。如果清廉尽职，岂不彼此有光。今事已败露，虽欲隐讳，得乎？"②

至十一月初二日，刑部等衙门会审山西巡抚穆尔赛等，照例拟绞，秋后处决。康熙帝警示明珠等人曰："穆尔赛身为大吏，贪酷已极，秽迹显著，非用重典，何以示惩？应即行正法。且见九卿会议穆尔赛事，瞻顾徇庇，并未详明议罪，真有弥天之手，朕不行立断，谁肯执法耶？治天下以惩贪奖廉为要，廉者奖一以

---

①《圣祖仁皇帝实录》卷一二二，《清实录》第五册，第290页；《康熙起居注》第二册，第1362—1363页。

②《康熙起居注》第二册，第1363页。

第二章 康熙初期的明珠、索额图之争

劝众，贪婪者惩一以儆百。"令大学士将此意传问九卿回奏。穆尔赛旋议绞监候，秋后处决。①康熙帝用"弥天之手"表示他的愤慨，而将穆尔赛处决又表明他的权威不可侵犯。

不久又发生了明珠党包庇蔡毓荣一案。先是，侍卫纳尔泰首告原云贵总督蔡毓荣于进兵云南时将应行入官之吴三桂家产人口侵没，恐被揭露，送银八百两给纳尔泰；其子蔡琳亦于京城送银一百两。康熙二十五年（1686）十二月，事下吏、刑二部，拟将蔡毓荣、蔡琳革职拿问。是月初五日，康熙帝谕刑部尚书希佛等曰："蔡毓荣居官甚是贪酷，此人品行秽恶极矣。伊恃财势笼络人心，内外无不周到。况既得云南城吴三桂家赀等物，理应赏赐八旗效力兵丁，而蔡毓荣将珍奇细软皆多方侵入私囊，馈送大臣官员。如此大恶之人若不严加惩创，何以使其余警戒！命详加审讯，务将情弊尽行发觉。"随即正黄旗人文定国又首告蔡毓荣隐匿吴三桂孙女、郭壮图之儿媳，霸占为妾；又受吴三桂党羽胡永宾重贿，将其释放。事下吏、户、刑三部一并察审。十八日，三部拟蔡毓荣立斩。康熙帝对此严拟并不满意，一再追问刑部尚书希佛将蔡毓荣拟斩后"更如何？""又更如何？"当他得知曾到云南，并与蔡毓荣结交的萨海等人也担任蔡案审理后尤为气愤，责备不可令此辈审理；且佛伦、希佛"皆蔡毓荣密友，岂可审讯此案？""且蔡毓荣最是营私之人，凡大臣无不结以贿赂"。户部

---

① 《康熙起居注》第二册，第1386页。

尚书科尔坤奏称：前者已奉圣谕，以蔡行贿甚广，恐事有蔓延，牵连者多，因将此事简截议结。康熙帝以"此案所议甚属缺略"，要犯胡永宾不令解京，部臣恐解京牵连人多，实则希冀完结。至此，明珠不得不出来表态，奏称："部臣虽如此计算，而皇上所见甚明。此事蔓延与否，皆在皇上。"康熙帝命将胡永宾解京。康熙二十六年二月，都察院议，原任刑部尚书希佛徇庇原任总督蔡毓荣，将各款裁减，拟以轻罪，情弊显然。希佛已经别事革职，应枷号两月，鞭一百，不准折赎。户部尚书科尔坤将蔡毓荣止拟斩罪，不拟抄家。胡昇猷、张鹏、赵之鼎、敦多礼不严加审讯，俱系徇庇，应各降二级调用。敦多礼缘别事已经革去侍郎，应将佐领降二级调用。尚书李之芳等不严加审讯，各降一级留任，罚俸一年。员外郎顾仪等不欲严审，应降一级留任，罚俸一年。喀尔图既经举首，应免罪。萨海、赛弼汉俟到日另行议奏。康熙帝曰："希佛情罪甚为可恶，先从陕西来时，朕曾问希佛云：尔同城鄂恺、希格贪污，何以不行题参？伊云：此臣之罪也。凡事皆因他处发露，始肯如此奏对，非自知举首之人。着照部议完结后，发往黑龙江披甲效力赎罪。胡昇猷补授刑部以来，并无效力处，亦照议降二级调用。张鹏莅任未久，着免罪。赵之鼎从宽免调用，着降二级留任。科尔坤于户部事务颇多效力，从宽免其降调。余依议。"康熙帝知道此事由明珠党把持，蔡毓荣从宽免斩，籍没家产，枷号三个月，鞭一百，并发往黑龙江。

蔡毓荣案的主角蔡毓荣本人最后还是按康熙帝的旨意从轻发

第二章　康熙初期的明珠、索额图之争

落,但审案官员受到了严厉处置,表明康熙帝的权威是不可动摇的。然而,当明珠、余国柱势力极盛时,甚至连康熙帝也有"孰无党者"之叹!据说仅汤斌、德格勒、徐元梦三人无党,而三人的遭际也恰好说明了明珠党的势焰熏天。

汤斌乃清初理学名臣,曾为翰林院侍讲,颇为康熙帝赏识。他出任江宁巡抚即出自康熙帝之意。当时康熙帝倡举廉能,又以江宁事繁人众,命九卿会推巡抚之缺。会推结果是翰林院学士孙在丰为正,浙江布政使石琳拟陪。康熙帝对这两个人选都不满意,认为"汤斌质朴耿直",可堪其选。在征得内阁学士意见后,又将汤斌与徐乾学、崔蔚林等比较后决定擢任其为江宁巡抚,并曰:"精通道学自古为难。朕闻汤斌曾与河南姓孙之人(指孙奇逢)相与讲明,如此尚于道学相近。且汤斌前典试浙江,操守甚善,着补授江宁巡抚。"①可知汤斌能受康熙帝赏识并非只是廉。当时汤斌为内阁学士,"在阁凡四月,遇事所当言,必正言不少隐,公事外未曾与执政交一语"②,康熙帝显然更看重汤斌的言行一致、不结交明珠等大学士这一可贵品格。"不与执政交一语",是指汤斌不买明珠的账,因此也有人认为汤斌是被明珠排挤出去的。

但以贪黩著称的明珠党见富甲天下的江宁巡抚一职为一个清

---

① 《康熙起居注》第二册,第1194—1195页。
② 耿介:《汤潜庵先生斌传》,《碑传集》卷一六。

官所任，大为不满，寻机报复。汤斌刚接任时，前任布政使龚其旋以亏空库金为御史陆陇其参劾，龚其旋通过余国柱向明珠行贿掩罪。余国柱与汤斌为同年进士，两人初相友善，后余国柱以贪名，汤斌则敬而远之。余国柱向汤斌求情，汤斌却对龚其旋按律治罪，明珠、余国柱便怀恨在心。

当时苏松逋赋颇多，"有司不满岁即诖误去，以故皆不自爱，而私规近利，上官阴持其短，索赂益急"①，亏空也越来越多，许多官吏因此被抄家追比。汤斌临陛辞时康熙帝嘱以"江苏为东南重地""钱粮历年不清"，令其"留意"。②汤斌到任后召州县官吏，斥其所为，曰："今与若更始，苟称职，吾不吝荐引；即不能，以考成罢归，犹得完身名、守坟墓。奈何日坐堂皇，引前官妻子对簿勘产，反蹈若所为？"众官感泣，称"公活我"。自此江苏"吏治廓然大清"。③明珠有一个家仆，打着主人招牌四出敲勒，公卿畏主人权势，"所至，大府常郊迎"。家仆过江苏境，因知汤斌廉，不敢拜谒。但江宁监司以下官，朝夕候其门。汤斌知此事后，派人召这位家仆，"以客礼请"，家仆从骑数十至辕门，顾谓左右曰："主人出迎何迟也？"汤斌令打开大门传呼这个家奴，家仆大惊窘迫，入至阶下，见汤斌南面坐，乃跪而听命。汤斌曰："汝主与我同朝，闻汝来，故以酒食犒汝。"命门卒为主人

---

① 徐乾学：《工部尚书汤公神道碑》，《碑传集》卷一六。
② 《康熙起居注》第二册，第1224页。
③ 徐乾学：《工部尚书汤公神道碑》，《碑传集》卷一六。

以羞之。明珠的家仆受辱后，即日离开江苏，"归诉之，谋致难于公"。①

明珠树党招权，又引前江宁巡抚余国柱、科尔坤为汉、满户部尚书，视江南财赋为贪赎渊薮。康熙帝以江南赋重，欲有所豁免，余国柱等以部费为名，前后索要四十万银，布政司多次请示汤斌，不许。明珠又派人索之，使者先后至，汤斌不为所动，属吏以百姓愿输告，并说："不与，彼仇公必甚。"汤斌怒曰："民有银，宁不以完国赋而入私门乎？吾宁旦暮斥，不忍见若等剥民媚权贵也。"并表示按穷其事，属吏叩头引罪乃罢。②

大计之年，明珠党更不会放过发财的好机会。江苏布政使、按察使大计之年赴京，因无银打点，以治装为名迁延不行，实则筹凑银两，汤斌得知后对其曰："明日不行，且劾汝矣。不得已，遂空手入都。""而他部每郡县坐勒费至二三千金不止。"③因"外吏辇金明珠门者不绝，惟公属无一人往"，遂大恨之。④

泰州民田为水淹，余国柱为巡抚时以涸出呈报，遂征赋如常，百姓为此苦累，向汤斌告状，汤斌遣官勘实。但考虑到奏请豁除则有累余国柱，不奏请则民害无已，乃奏言前二年之水乍消乍长，抚臣未敢遽闻，今水更甚于前，乞并免前租。康熙帝从其

---

① 方苞：《汤司空逸事》，《碑传集》卷一六。
② 杨椿：《汤文正公传》，《碑传集》卷一六。
③ 徐乾学：《工部尚书汤公神道碑》，《碑传集》卷一六。
④ 杨椿：《汤文正公传》，《碑传集》卷一六。

请，余国柱没有被牵涉。但百姓感念汤斌，并怨恨余国柱。余国柱不明底里，寻机加害。不久，汤斌因奏销斗役口食报户部，余国柱奏称："斗役口食，该抚明知不应支给，乃朦混奏请，宜敕吏部议。"吏部以革职议上。其实，此事前二任巡抚皆请之，其中包括余国柱。余国柱知情后大惧，嘱吏部止议罚俸。康熙帝得知余国柱等人倾害汤斌之事后大怒，曰："尔等不欲世有清官耶！而尚议汤斌乃尔。"并前两抚免议。①

由于汤斌刚直，不为明珠、余国柱之党所容。其离开江宁时，百姓遮塞衢道，汤斌深有感慨，说减江苏浮粮之事因权臣作梗不得施行，入京后当再请于皇上。又有"爱民有心，救民无术"语。②明珠、余国柱即奏之康熙帝，称汤斌市恩百姓，讽议时政。③待汤斌内召后，明珠等报复升级，几置之于死地。

对康熙帝信用之人，明珠党轻则离间、排斥，重则倾害以死。侍读学士德格勒即几遭不测。当时康熙帝对李光地颇为信任，但李光地又依附索额图，并多次在康熙帝面前称誉德格勒。明珠开始想拉德格勒入伙，乘后者扈驾巡行之机，"使人累千金为装"④，遭拒绝后即加报复。

康熙二十五年（1686）九月底，管翰林院事侍郎库勒纳参

---

① 杨椿：《汤文正公传》，《碑传集》卷一六。
② 彭绍升：《故中宪大夫工部尚书汤文正公事状》，《碑传集》卷一六。
③ 徐乾学：《工部尚书汤公神道碑》，《碑传集》卷一六。
④ 陈康祺：《郎潜纪闻二笔》卷四，《德格勒劾奏明珠》。

第二章 康熙初期的明珠、索额图之争

奏学士张英、侍读学士德格勒记注舛错。大学士勒德洪请示康熙帝："此事如何完结？"康熙帝以"阅记注档册，非朕之事，尔等议奏"。十月初二日，明珠却大加发挥，以大学士公议的名义奏曰："记注事务殊关紧要，起居注官理应将上谕及臣下奏对语言，俱明白记载，即一语，不可遗漏舛错。张英职司记注，不从实记载，粉饰开写，殊属不合。应将张英、德格勒一并交与该部严加议处。张英等记注之事，交与该衙门改正。"康熙帝命张英等交与吏部，其记注着改正。吏部旋议，翰林院掌院学士张英、侍读学士德格勒革职降级。帝以"张英原无甚不好处，但全无一定主意，随东逐西而已"。其在内廷年久，着从宽免革职；德格勒亦从宽免调用，俱各降五级留任。①

德格勒虽赖康熙帝保全，没有被免官，但灾祸接踵而至。德格勒侍讲时，一次言熊赐瓒学问不如徐元梦，康熙帝认为汉人学问好，熊赐瓒不会比满人徐元梦差，怀疑背后有动作。明珠从旁煽惑，称德格勒、徐元梦互相标榜，暗示背后有后台。康熙二十六年（1687）五月十一日，为查明真相，康熙帝召尚书陈廷敬、汤斌，侍郎徐乾学，少詹事耿介，侍读学士高士奇、德格勒，侍讲学士孟亮揆，侍讲徐元梦，谕德徐潮，中允徐嘉炎，编修熊赐瓒、励杜讷等至乾清宫内考试。出首题："昊天与圣人皆有四府，其道何如？"次题："阅农五言排律十二韵"试之。"方

---

① 《康熙起居注》第二册，第1544、1548页。

属草，有旨诘二人（徐元梦、德格勒）"。①由于"有旨"斥问，徐元梦心情紧张，未能完稿；德格勒则无心作文，忙于在"文后申辩"。②其结果可想而知。阅卷毕，康熙帝大加引申，曰："人之学问原有一定分量，真伪易明，若徒肆议论，而不知著作之难，则不自量矣！"因将德格勒、徐元梦、熊赐瓒三卷命汤斌朗诵一遍。复以三卷令陈廷敬等传阅，从公定一次第。陈廷敬、汤斌、徐乾学等公拟熊赐瓒卷为最，徐元梦次之；德格勒卷不成诗文，难置等第之内。越二日，库勒纳题参德格勒不谨，帝以其"无甚大罪，着宽免这次"。明珠却以德格勒"本系满洲，而假借道学之名，深可厌恶"，请交部严加议处。帝以其"乃微贱之人物，竟行妄奏"，姑从宽免。③

康熙二十七年（1688）春，久旱不雨，因德格勒善《易经》，康熙帝命其用蓍草占卜，探询原因。德格勒占卜后说："小人居鼎铉，故天屯其膏。决去之，即雨。"康熙帝追问居鼎铉的小人，德格勒"以明珠对"④，并曰："阴乘阳，逼近九五，乃得时得位者。"康熙帝问："如何去之？"德格勒曰："扬于王庭，自然明正典刑。"康熙帝表示："似不动声色，而隐然去之，岂不更好？"德格勒奏称快刀斩乱麻，"事急不可缓，似终从斩截也"。

---

① 《清史稿》卷二八九，《徐元梦传》。
② 《清史稿》卷二八九，《徐元梦传》。
③ 《康熙起居注》第二册，第1624—1626页。
④ 《清史稿》卷二八二，《德格勒传》。

第二章　康熙初期的明珠、索额图之争

明珠得知后，"危急之极"。①二月初三日，明珠指使翰林院题参侍读学士德格勒奸诈诡谲，私抹记注档案。侍讲徐元梦与德格勒互相标榜，奸诡虚诞，妄自矜夸。此二人应俱行革职，交与刑部严加议罪。康熙帝曰："近来朕览太宗实录，凡所行虚伪诡诈，退居议论朝政者，乃国法所不容。且记注起居关系重大，必详慎从实登载，勿致纤毫舛漏，方为不负职掌。德格勒奸诈怪僻，行止悖乱，以善卜惑众。又将公同记注档案，任意私自删抹，大干法纪，着革了职，刑部严拿，从重究拟具奏。徐元梦奸诡虚诞，同恶相济，亦殊可恶，着革了职，刑部一并严加究拟具奏。"②

当明珠借记注档事求诛德格勒等人时，灵台郎董汉臣条陈君臣阻隔、广开言路等数款直指明珠。康熙二十六年（1687）春，玄烨下诏求直言朝政得失，董汉臣言十事，尤以阁臣专擅为戒，语侵明珠，明珠惧，欲囚服待罪，大学士王熙曰："何必然？汉臣，小臣也，敢言国事，是直以妄言戮之耳。"一位御史承明珠意，劾汉臣希富贵，且言汉臣不知书，必有代草者。余国柱时已为大学士，请命刑部究主使者。康熙帝遣问九卿，汤斌独白汉臣无罪。内阁传旨，令九卿更议。余国柱嘱汤斌曰："幸勿违众。"

---

① 据李光地曰，德格勒占卜得《夬卦》曰："泽在天上，而为阴所蔽，决去小人，则立雨矣。"上问："小人是何等人？"曰："甚贵，甚近。"上曰："说而和，亦不必急。"又曰："必宜立断。"李光地：《榕村续语录》卷一三，《本朝时事》。

② 《康熙起居注》第三册，第1724页。

汤斌曰："汉臣应诏言事,何罪?大臣不言而小臣言之,反罪言者耶?"举手指心曰："如此中何?"国柱恨次骨。[1]。康熙帝很重视董汉臣的陈奏,亲自圈出几款令阁臣议奏。五月十五日,明珠等奏曰："皇上亲圈董汉臣条奏数款,臣等另行抄出,逐一详议。观舍己从人一款,其言虽出于经史,然皇上听政以来,少有关系之人,必令九卿详议,以求至当,未有以己为是,而不从众议者,所谓云达四聪,亦出于经史之言。然皇上勤政,每日御门接见臣工,凡事皆令各陈己见详议,只以臣等庸陋,不能仰副圣意,而君臣之间,从无阻隔。至广开言路一款,皇上虚心纳谏,未有因条奏将科、道官从重议处者。又恐科、道侍班,人怀畏惧,有意不敢言,特谕九卿停止科、道侍班。即今董汉臣极微之人,伊所条奏,尚令诸臣会议,言路未尝壅塞也。"康熙帝问汤斌、达哈塔之意若何?汤斌奏曰："董汉臣条奏时弊,虽有一二切近处,但如何应行之处并未说明,故难以详议。且伊所条奏,皆皇上预行晓谕之事,但臣等不能实心奉行耳。"康熙帝见众人不敢违拗明珠之意,便曰："董汉臣奏疏内有数条,人皆畏惧不敢言者,伊竟言之。"[2]

据载,康熙帝已有罢免明珠之意,问汤斌曰："古有因灾变罢免大臣者,合于理否?"汤斌奏曰："臣等实忝所职。"余国柱

---

[1] 杨椿:《汤文正公传》,《碑传集》卷一六。
[2]《康熙起居注》第二册,第1627—1628页。

奏曰："自古有云合乎理者，亦有云不合者。皇上宽仁同天地，如此询问，臣等实感愧交集矣。"①十七日，帝诣天坛致祭，"斋戒三日，不理事"，二十三日又谕："观部院事务稍简，今时值暑热，嗣后着间一日一面奏。其非面奏之日，凡不系紧要事，径交内院。若九卿会推紧要事务，着仍于面奏日一并启奏。"②

围绕辅导皇太子的斗争

争夺皇太子的早期控制权是明珠、索额图之间斗争的一个重要内容，反映出满洲权贵借重皇储之位加强自己势力的倾向，而明珠之罢官与其在辅导太子上和康熙帝意见相左有很大关系。康熙帝在双方争夺皇太子辅导权上的妥协立场（或施展平衡术）则是以后产生皇、储矛盾的原因之一。由于亲缘关系，"索额图善事皇太子，而明珠反之，朝士有侍皇太子者，皆阴斥去，荐汤斌侍皇太子，即以倾斌"。③

康熙十四年（1675）十一月，正是平定三藩最艰难的时期，主要出于政治目的，康熙帝立不满两岁的嫡子胤礽为皇太子。作为当时最受信任的大臣，索额图承担了拟定太子仪注的重任。索额图在议定太子礼仪中抬高太子的地位，是当时政治斗争的需要，客观上对抬高索额图的身份也是有帮助的。

---

① 《康熙起居注》第二册，第1628页。
② 《康熙起居注》第二册，第1629—1630页。
③ 《清史稿》卷二六九，《明珠传》。

胤礽初名保成①,他出生的当日,其母孝诚皇后赫舍里氏即难产而卒②,八岁时外公噶布喇也去世了。由于父皇日理万机,胤礽和叔姥爷索额图日渐亲近。索额图解大学士任后,由于其家族根深势大,又属勋贵外戚,因此仍相当有权势。索额图把皇太子视为自己重返政坛的政治靠山,这当然引起明珠党的高度警觉,后者三番五次奏请康熙帝让皇太子出阁读书,即试图摆脱索额图从亲缘上对胤礽的控制,从中拆散这种日渐紧密并会在将来构成对己威胁的亲缘关系。

康熙十九年(1680)三月二十三日,胤礽还不满六周岁,科臣余国柱条奏皇太子应出阁读书。康熙帝曰:"皇太子方在幼龄,教以读书,必须严切教训,方为有益。其出阁讲书,俱属虚文。即字句或有错讹,亦以为大礼所在,无人敢于匡正,反误每日讲习之功。"大学士索额图称是。李霨奏曰:"皇太子出阁讲读,系从来大典。"康熙帝坚持认为:"与其循典礼虚文有误为学工夫,不如严励训习之有益。且观故明末季,虽遵行此典,无一精通学问之主。"命候旨行。③但康熙帝随即令张英、李光地为太子老师④。翌年十二月,銮仪卫请于皇太子仪仗添设满洲官三十员、汉官二十员及校尉等。康熙帝以为"太子仪仗添设官员,必致糜费

---

① 唐邦治:《清皇室四谱》卷三,《皇子》。
② 杨珍:《康熙皇帝一家》,第104页。
③《康熙起居注》第一册,第514页。
④《清史稿》卷二二〇,《允礽传》。

第二章　康熙初期的明珠、索额图之争

钱粮"，命大学士议之。明珠等奏曰："封过诸王世子尚设护卫官员，今虽添设官员，所费钱粮谅不甚多。"康熙帝以"此时尚早"，命停之。①

随着胤礽年龄的增长，皇太子出阁读书已是不能再拖之事，而明珠、索额图的斗争在这一时期明显加剧了。朝鲜使臣说：康熙二十一年（1682）以来，"索额图、明珠等，逢迎贪纵，形势相埒，互相倾轧"②。或许是索额图对皇太子出阁典学之事一再阻挠，康熙二十二年三月初八日，索额图家族再受贬斥。时心裕、法保分袭索尼世爵。心裕袭一等伯，任銮仪使兼佐领，却屡次空班失职。康熙帝命索额图议处，索额图庇护其弟，拟罚俸一年。法保袭一等公，任内大臣，也因懒惰革职，仍然我行我素，索额图不加教训。是日，康熙帝对索额图严加训斥，并谕议政大臣："且索额图巨富，通国莫及，朕以其骄纵，时加戒饬，并不悔改，在朝诸大臣，无不惧之者。"③命严加议处。于是，议心裕革銮仪使、佐领、一等伯，法保革一等公，索额图革去议政大臣、太子太保、内大臣、佐领。康熙帝命心裕留一等伯，索额图留佐领。表面观之，索额图之革职是因管束兄弟不严，实际上与结党行私、阻挠太子出阁之事有关。《康熙起居注》不载革职事，但同月十六日载：议政王、贝勒、大臣、满九卿、詹事会议领侍卫内

---

① 《康熙起居注》第一册，第785页。
② 《朝鲜李朝实录中的中国史料》第十册，第4084页。
③ 《清圣祖实录》卷一〇八。

大臣索额图等罪入奏。裕亲王福全言："尚书介山、侍郎禅塔海、宜昌阿、温代迎合索额图，与之往来，当一并察议。"康熙帝曰："自尚书以下诸臣谁不往来，但此辈往来较他人为甚耳，着免察议。"① 介山，满洲镶蓝旗人，历任都察院左都御史，刑部、吏部尚书，自是年二月调礼部尚书，次年十二月以疾乞休，命原品致仕，康熙三十四年七月卒。宜昌阿于次年贪银案被处死（后免）。

索额图之罢议政等职，表面上与皇太子无关，实则不然。康熙二十一年（1682）十月初二日，经筵讲官在《益初爻》中讲到贾谊慎选太子、易服色、辨上下之等别，未尝不是有针对而发。当日，讲官牛钮、陈廷敬等进讲毕，康熙帝问："贾谊《治安策》文字高古，其指陈时政，可一一见诸施行否？"陈廷敬答曰："《治安策》指陈时政，皆切中当时利害得失之故，然亦实可通于后世，不可止于一时，如所言早谕教太子，使闻正言、见正事，前后左右无非正人。盖太子国本，实国家治乱安危之所系。故又曰：太子之善，在于早谕教与选左右。此诚万年社稷灵长之至计，后世人主所宜亟加之意。又如定经制、兴礼仪、后刑罚、别等威，其言皆致治之良规。"因又奏言："贾谊欲改正朔，易服色制度，定官名，兴礼乐，文帝谦让未遑。其所欲易服色制度，盖辨上下、定民志，乃久安长治之规模，有天下者所当急讲也。"②

---

① 《康熙起居注》第二册，第969页。
② 《康熙起居注》第二册，第903页。

第二章　康熙初期的明珠、索额图之争

陈廷敬等人借讲解《易经》的机会，劝谏康熙帝，不能不使这位汉化很深的皇帝有所注意。索额图兄弟被罢斥的当月二十六日，康熙帝谓大学士等曰："此时太子正宜讲书。"明珠奏称："臣等曾思皇太子出阁典礼当举，但不便御正殿，以御别殿讲书为宜。且今文华殿尚未修建，似无讲书之所。"康熙帝曰："文华殿修建，亦曾约估，所需原不甚多。尔等传谕工部，即行起造。"①太子出阁读书很快提上日程。

胤礽此时已虚龄十岁，出阁读书再不能拖延了，更何况"谕教太子，使闻正言、见正事，前后左右无非正人"的讲章使康熙帝认识到，让胤礽尽早脱离索额图的羁怀是当务之急。这是康熙帝态度转变的主要原因。但明珠的态度也发生了转变，以前他几次通过僚党请太子早出阁读书，今天为何以文华殿未修为名消极对待呢？关键在于明珠所说的"出阁典礼当举"。在明珠看来，太子不应御正殿，显然是贬抑其"规格"，这与索额图是不同的，而明珠坚持的"出阁典礼当举"又与康熙帝豫教太子的指导方针相悖，双方的冲突未始于此，而出阁之事一拖又是三年，其背后肯定有更为复杂的原因。

康熙二十五年（1686）二月，文华殿竣工，康熙帝即传旨让皇太子出阁读书。十九日，明珠遵旨将皇太子出阁读书事传谕汉大学士。王熙随即奏曰："自古人君生长深宫，习于逸乐，不

---

①《康熙起居注》第二册，第976页。

惟不能通达治理，即目不知书者有之。恭遇我皇上圣明，深惟国本，念皇太子读书关系重大，于宫中严加豫教。今皇太子睿龄十三，论年只满十二，恭闻《四书》《书经》（即《尚书》）讲贯全完，深通义旨。虽由皇太子天赋聪明，皆赖我皇上勤学好问，躬行率先，以致皇太子睿学有成。所有出阁典礼，应请上谕，谕礼部、詹事府详察典例，择吉具奏，恭候皇上裁定。"帝是之。①

在筹备出阁典礼的同时，康熙帝本着慎简贤良的旨意，将汤斌内召。三月初十日，大学士等请旨，本无议太子之师事项，而康熙帝谕大学士等曰："苏州巡抚汤斌居官廉洁，甚著贤声。向在讲筵，朕素所优眷，此诚可以大用。尔等会同九卿议奏。至詹事府关系最为紧要，现在官员殊不副职任，着一并传谕。"次日，明珠等奏曰："昨遵谕旨，臣等会同九卿、科、道议得江宁巡抚汤斌居官廉洁，人品端方，允堪内召，以副大用。至于詹事府衙门关系最为重大，自古以来，无不慎简贤良，以资辅导。今现任满詹事朱马泰，少詹事喇巴、色度俱不称职，宜令解任。其汉詹事郭为人既优，兼有学问；少詹事卢琦、归允肃学问俱优，仍应留任。至如汤斌操履清正，情性和平，洵可翼赞东宫，应升为礼部尚书，总管詹事府事。若尚书缺出，即行补授，仍兼理詹事，庶于皇上重国本、端豫教至意，可以相副。"康熙帝以"尔等所议，深合朕心"，命写谕旨来看。（按：此段《清圣祖实录》不载）汤

---

① 《康熙起居注》第二册，第1438页。

第二章 康熙初期的明珠、索额图之争

斌旋授礼部尚书管詹事府事,詹事朱马泰以对品调补。喇巴、色度随旗行走。①

由于汤斌内召前,已与明珠等结怨,因此当康熙帝选定汤斌为管詹事府事之礼部尚书后,明珠立即改组了詹事府,随即又提出内阁等官侍班的奏请。三月二十九日,明珠奏曰:"皇太子出阁读书,臣等公同会议,每岁于春秋二季进讲时,应令内阁、九卿、科、道等官侍班。至于每日讲读,恭候皇上选用詹事府官员,以备讲劝。应讲何书,詹事府奏讲皇上指示遵行。"康熙帝对此极为反感,曰:"读书贵于精进,必攻苦勤劳,日久始能洞彻,非一时骤能贯通者也。如得之甚易,则人尽通材,又何有优劣乎?若在大庭广厦之中,群臣纷集,未尝质疑问难,俄顷之间讲诵已毕,岂得谓之学耶?凡人学业成就,俱在少年。当幼冲之时,虽严加督责,犹恐未能专心致志,况可任其放逸乎?朕观前代之教太子,真同儿戏,何可为法?""此事关系甚大,尔衙门会同翰林院、詹事府、礼部详加定议具奏。"②至四月初四日,题补满詹事员缺,明珠请用通习汉文之人,康熙帝认为"詹事府官亦宜择用厚重之人",命将应升官员职名查列具奏。③

随后,礼部在议皇太子出阁应行典礼,以及元旦等节令,诸王、大臣应否奏进笺文请旨时,康熙帝命"诸王、大臣于皇太子

---

① 《康熙起居注》第二册,第1448—1449页。《清圣祖实录》记此事为二十日。
② 《康熙起居注》第二册,第1456页。
③ 《康熙起居注》第二册,第1459页。

-079-

前行两跪六叩头礼",但对繁文缛节、隆重其事表示反感。五月初,谕大学士曰:"人君豫教太子,令出阁读书,原期于朝夕无间,洞彻书史,实有益于身心,实有裨于治道,本不在此繁文缛节也。倘徒事虚文,日习威仪,奚暇究心实学?况情之最亲者,莫如父子。父子主恩出自天性,礼节繁多,则父子之间反或疏远,历观前代往往有之。至若明季东宫出阁,每另设官属,旅进旅退,无非具文,并未笃志黾勉,以求实学,遂令太子不能通贯经史,以致庸暗。诸臣且因便乘间欺隐蒙蔽,肆其奸诡,离间父子,止图自利身家。此皆专尚仪文,不求实学之故。种种积弊,不可胜道。朕思东宫官属总属朝廷臣子,宁有异耶?即如岁时令节,百官另进太子笺文等礼,亦皆沿袭故套。惟以进笺及诸王、大臣行礼为要务,则于研究经史,修治身心之事反致有误,曾何裨益?我朝令太子出阁读书,乃初次举行,当垂之永久,遵循勿替。且皇太子宫殿尚未建造,诸王、大臣于何处行礼?此事关系最为巨要,礼部所奏,尔等其详议以闻。"次日,明珠一再坚持,奏曰:"诸王、大臣等进笺行礼事宜,大典攸关。且行礼之期无多,似无妨于讲究经史,允宜举行。今皇太子宫殿尚未建造,俟皇太子宫殿告成之日,诸王、大臣等进笺行礼之处,即当举行。此事所关最巨,或令议政王、贝勒、大臣、九卿、詹事、科、道会议,或候旨行,恭听睿裁。"帝命:"着候旨行。"①

---

① 《康熙起居注》第二册,第1472—1473页。

第二章 康熙初期的明珠、索额图之争

闰四月二十四日,是汤斌至京的第四天,连续两天,他受康熙帝召见,详细回答皇帝提出的各种问题,对沿途所见、地方民俗等尤为详奏。经过几天休整,迎来了太子典学之礼。康熙帝御保和殿,皇太子率满汉大学士、九卿、翰林院、詹事府官员行三跪九叩礼。

值得注意者,是年八月,为缓解明、索之间的矛盾,也为罢免明珠做准备,康熙帝将任首席内大臣的索额图擢为领侍卫内大臣,次年,明珠任内大臣。[①]但明、索集团对皇太子控制权的争夺已趋白热化,而皇太子身边之老师皆不得安其位,以致朝野均有不少传闻,一时皇太子失教、逸游之说颇多,但康熙帝仍偏袒皇太子。

为了摆脱明珠对皇太子讲学之事的过多干预,康熙帝专为太子择师。康熙二十六年(1687)六月初六日,帝谕明珠等曰:"皇太子前必得谨慎之人,朝夕讲究,方为有益。达哈塔、汤斌、耿介三人皆有贤声,朕欲用之,尔等可传问九卿。"但明珠表示反对,又以九卿名义同奏曰:"达哈塔谓臣原系庸愚之人,蒙皇上简任吏部尚书,朝夕兢惕,惟惧陨越,不克称职,何能当此重任?汤斌谓臣今年已六十外,诸事健忘。每日难为皇太子讲书,

---

[①] 据《八旗通志初集》卷一一四《八旗大臣年表八》,索额图于康熙二十五年(1686)八月升任首席内大臣,并任领侍卫内大臣。次年明珠任内大臣。《康熙起居注》康熙二十二年三月十六日议索额图罪时,仍记为"领侍卫内大臣",可知索额图任领侍卫内大臣当早于康熙二十五年,或可能罢而复任。此存疑。

不过读皇上钦定讲章。衰老之人，岂能当此重任？"康熙帝大惑不解，又追问九卿之意，九卿不得已曰："此三人皇上简定极当。"帝曰："皇太子讲书关系紧要，必简老成谨慎者，朝夕讲究于皇太子前。汤斌居官颇善，耿介虽年老耳重，素有贤名，犹可讲书。达哈塔诚实。此三人俱着朝夕于皇太子前讲书。"①暂时压服了明珠。

由于康熙帝已经听到太子失教的议论，他亲自选定三位太子师一则匡正太子"过失"，二则以正视听，三则可减少明珠之干预。次日，康熙帝在畅春园谕汤斌等曰："自古帝王，莫不以豫教储贰为国家根本。朕恐皇太子不深通学问，即未能明达治体，是以孳孳在念，面命耳提，自幼时勤加教督，训以礼节，不使一日暇逸，曾未暂离左右，即诃责之事往往不免。今皇太子在此，朕无饰言，阿保近侍亦皆知之。皇太子从来惟知读书，嬉戏之事一切不晓。即朕于众子，当其稚幼时，亦必令究心文学，严励礼节者，盖欲其明晓道义，谦以持身，期无陨越耳。尔等皆有声望于外，兹特命尔等训导东宫。朕观古昔贤君，训储不得其道，以致颠覆，往往有之，能保其身者甚少。如唐太宗亦称英明之主，而不能保全储副。朕深悉其故，虽闻见甚寡，惟尽心训诲。而在外小人不知皇太子粗能诵读，谓尚宜选择正人，令之辅导。尔等皆有闻誉，今特委任。尔等宜体朕意，但毋使皇太子为不孝之

---

① 《康熙起居注》第二册，第1637页。

子,朕为不慈之父,即朕之大幸矣!"康熙帝的这番话有为己辩解的成分,"而在外小人……谓尚宜选择正人",即是对明珠党的议论。

汤斌奏称"皇上豫教元良,旷古所无,即尧舜莫之及"。汤斌的话虽是谀词,但是顺着康熙帝的意思而发,不想引来玄烨一番莫名其妙的训斥,当然康熙帝训斥的实际并非汤斌。康熙帝曰:"大凡奏对贵乎诚实,尔此言皆谗谄面谀之语。今实非尧舜之世,朕亦非尧舜之君,尔遂云远过尧舜,其果中心之诚然耶?今人面相扬颂,而退有后言,或三四人聚论,肆其讥议者有之。大凡人之言行,务期表里合一,若内外不符,实非人类。朕自来凡有举措,诚于中,必形于外,论说于大庭广众之前,人人可以共质,无一毫粉饰,断不似他人心口各异。朕非以尔等学问优长,故尔委任。比来内庭考试,尔等所学造诣朕业已深知,翰林各官亦所共见。若专选才学,岂无较优于尔等者而用之?止缘尔等向有闻誉,故以相委耳。"达哈塔奏曰:"臣本最庸至陋,辅导皇太子责任极其重大,实非臣所能胜任。"帝曰:"此言昨者尔已奏闻,朕所洞悉。汉人学问胜满洲百倍,朕未尝不知,但恐皇太子耽于汉习,所以不任汉人,朕自行诲励。今皇太子略通汉文,于凡学问之事,似无扞格。且讲解书义,有汤斌等在,尔惟引若等奉侍皇太子,导以满洲礼法,勿染汉习可也。尔部院官员教子者,不过粗通汉文,希图仕进,何尝有实以文武之艺,教其子为全才者乎!朕谨识祖宗家训,文武要务并行,讲肆骑射不敢少废，故令皇太子、皇子等既课以诗书，兼令娴习骑射……一入汉习，即大背祖父明训，朕誓不为此！且内廷亦有汉官供奉，朕曾入于汉习否？或有徼幸辅导东宫以为荣名，营求嘱托者，欲令皇太子一依汉人习尚，全不以立国大体为念，是直易视皇太子矣！皇太子其可易视耶？其果自愿效力，何不请效于朕前耶？设使皇太子入于汉习，皇太子不能尽为子之孝，朕亦不能尽为父之慈矣！至于见侍诸子内，或有一人日后入于汉习，朕定不宽宥！且太祖皇帝、太宗皇帝时成法具在，自难稍为姑息也。达哈塔尔若尚在，犹及见之。又有一辈小人，以不照世祖皇帝时行事为言者，朕躬凉薄，祖、父遗训多不能一一钦承。今人料朕浅易，可以议论，所以如此胆大妄行。若在先朝时，此等魑魅魍魉辈，岂容于离照之下？其必放诸海滨绝域，定不留之中国蛊惑众心。故圣人有言曰：惟仁者能爱人，能恶人。此皆朕所未能行者也。今尔等入侍内廷，当自知之。"

康熙帝对达哈塔所言"勿蹈汉习"这段话，完全是反驳索额图"一辈小人"的"议论"，于此可见，太子出阁迟迟不举，康熙帝受到明珠党"太子失教"与索额图称康熙帝不遵祖父遗训之双重困扰。达哈塔曰："惟思皇上每日勤教太严，恐皇太子过劳。其不曾谕教皇太子之说，或有人言之，臣并未有言。至臣不但不通汉文，即汉语亦不甚知。臣之满语，汤斌等不知；斌等汉语，臣亦不知。日后阙失，臣一身之死小，诚恐有误大事。"帝曰："汤斌等皆为契友，同心辅导，不致有误。且欧阳修有云：君子

第二章 康熙初期的明珠、索额图之争

有君子之党，小人有小人之党。今自夸诩为道学者，惟口为道学之言，不能实践者甚多。若辈亦有各立门户，自相诋毁者。又有遣人致书与同年门生，索取四五百金或千金者。此等行径，朕无不悉知。若行摘发，则为狭小苛刻，姑尔包荒。"达哈塔曰："臣一介孤愚，不惟汉人无交，即满洲中亦无交游，除吊丧问疾外，不曾无故与人交往。"帝曰："朕亦知汝所为如此，故特委任。"达哈塔奏曰："臣之亲族累受皇上高厚之恩，臣以埋没土中之人，蒙皇上超擢今职。臣恐皇上以臣堪此任委付，故悚惧恳辞。皇上既洞晰臣之不能，臣何敢辞？"

康熙帝把辅导太子与结党这两个不相关的问题连在一起，足证在皇太子问题上明珠、索额图两相对立的事实。帝复顾起居注官曰："尔等皆窃学问之名，若令尔等子弟及部院衙门官员子弟与朕子相较，其学业可知。或云披甲，择用执事，无暇学习。今若令与皇子同读二三十年，即晓然矣。即如德格勒，自以为曾习数字，渠今有何学问？即渠之子亦曾如此教诲乎？且渠子亦未必通晓满语也。又有谓朕左右皆微贱小人，即今在朕左右侍御之人，多有阀阅名胄，彼祖、父历历可述。现在部院大臣官员中，微贱小人子孙甚多，若与彼身相较，已大小不侔矣。"自是日，各部院本章，俱送内阁，内阁转送听理。①

两日后，明珠亲信尹泰面奏汤斌等不堪辅导太子之任。时

---

① 《康熙起居注》第二册，第1638—1640页。

明珠权势方张，又引余国柱为助，阁中票拟，轻重任意，非其党类，欲加倾陷。辅导皇太子之人，不安其位。先是，是年正月二十三日，皇太子讲官尹泰、汤斌、徐潮进讲皇太子宫。皇太子讲"唯女子与小人为难养也"一节毕，谕曰："予常侍左右，闻皇父教诲云，最难处者小人，最难防者亦小人，但少有不当，即为所欺。览前代小人误国，皆因为上者信用之故，当念兹在兹。"①明珠以太子所言，疑汤斌等唆之。随后发生了德格勒占卜事件。②明珠深知太子所讲的小人是谁，他不能听任自己的命运由他人摆布，他首先把汤斌等太子老师视为异类，日思去之。当严刑拷问德格勒时，明珠也让德格勒招认汤斌等为主使。董汉臣事件也发生在汤斌出任太子专讲前。

无独有偶，董汉臣的条陈中，以谕教无良、慎简宰执奏，御史陶式玉劾汉臣摭拾浮泛之事，夸大其词，请逮系严鞫。③二十五日，康熙帝征询大学士之意见，明珠奏曰："董汉臣身系微员，并无言责，因启奏公事，私上条陈，于大体不合。况伊条奏皆现行之事，故票拟革职，严加议处。"康熙帝深知明珠欲借条陈事陷害董汉臣，因问勒德洪曰："前召尚书达哈塔、汤斌进内看董汉臣条奏之事。大学士勒德洪，尔曾云董汉臣条奏疏内尚有一款可行。"勒德洪沉吟良久曰："臣忘之矣。"康熙帝问曰：

---

① 《康熙起居注》第二册，第1586页。
② 《清史稿》卷二八二，《德格勒传》。
③ 蒋良骐：《东华录》卷一四，第224页。

第二章　康熙初期的明珠、索额图之争

"尔是日曾云一事可行,为何云忘之?"勒德洪又良久曰:"然。臣曾云秧歌作戏应行禁止。"康熙帝对勒德洪这种首鼠两端的做法颇为不满,指责曰:"凡身任其事,不能明言始末,附和他人,议成之事,但持两可。至凡祭礼坛庙之时,推托残病躲避,不往斋戒,此等人虽有何益?且学士等俱有言责,于应言处并不进言,至退后乃哓哓有词,真非人类,与禽兽何异?"学士禅布奏曰:"上谕诚然。若于皇上之前,竟无一言,而退后哓哓者,真畜类耳。"康熙帝命:"董汉臣应否议处,着问达哈塔、汤斌来奏。"①

勒德洪随即传谕达哈塔、汤斌,尽管两人均认为董汉臣越职陈奏,应加议处,但均表示"伊疏内有一二款尚属切近可行",亦即不同意重处董汉臣。康熙帝明显感到大学士们的意见都由明珠作主,于是重新回到乾清门,召九卿议决董汉臣之事。明珠党科尔坤奏曰:"臣等公议:董汉臣微贱之人,并无言责,冒行条奏,于大体不合,应加议处。"康熙帝又问汉官意见。九卿退后,大学士、学士又以此事请旨,康熙帝以汉员中有未悉其事者,令再议。越一日,勒德洪承明珠之意,仍坚持议处。王熙、达哈塔在康熙帝追问下也表示同意勒德洪的意见。康熙帝最后征询汤斌的意见,汤斌以"董汉臣无言责,妄奏不合。但愚人妄奏,应否宽免,恭候皇上睿裁"奏。康熙帝采纳汤斌之意见,命"姑从宽

---

①《康熙起居注》第二册,第1631页。

免"。①

董汉臣条陈事件，因有汤斌保全，才未被惩处。这对明珠党人来说，无疑是一次失败。他们唯恐如此下去，会有更多人揭发他们结党营私的活动，因此把康熙帝信任、保护之人汤斌视为异己，欲除之而后快。

大学士余国柱首先发难，称汤斌于九卿会议时，有惭对董汉臣之语，"传旨"诘问。汤斌奏："董汉臣以谕教为言，而臣忝长官僚，动违典礼，负疚实多。"康熙帝以词多含糊，令再回奏。汤斌又言："臣资性愚昧，前奉纶音，一时惶怖，罔知所措，年来衰病侵寻，愆过丛集，动违典礼，循省自惭，乞赐严加处分，以警溺职。"帝因其遮饰，仍不明晰，严饬之。

蒋良骐《东华录》上的这段记载，旧国史馆《汤斌传》中也照录无误，但《清圣祖实录》等不载，这显然是要隐讳太子失教之事实，故孟森说："要之，当时执政之非人，固大不理于人口，而与元良之教并举，则太子失教，亦为一大事可知。"②

六月初七日康熙帝对汤斌、达哈塔、耿介等训谕后，初九日，汤斌等教导皇太子在无逸斋读书，起居注官侍立于旁。皇太子读过书后，康熙帝亲自检查皇太子功课，随即向汤斌等人问河图洛书之义，汤斌奏称："河图、洛书，天道扶阳抑阴意思，臣

---

① 《康熙起居注》第二册，第1634页。
② 孟森：《清史讲义》，第184页。

第二章 康熙初期的明珠、索额图之争

昔年与李光地讲论亦未能通晓。"康熙帝又问汤斌《书经》"汝无面从，退有后言"如何解？汤斌曰："言无面谀而背毁。"①由于康熙帝听到臣僚对他及太子的议论，故当汤斌讲朱子、王阳明门人"各是其师说，互为攻击"时，将其引申到实事上，指出："攻击者私也，私岂道乎？朕于古来人物从不肯轻为评议，即于今人亦然。若人心无私，何庸攻击？"汤斌明白了康熙帝的用意，称"不敢轻诋前人"。达哈塔当即奏称皇太子学已大成，请求罢斥。康熙帝有所不悦，说："朕在诸臣前任尔以辅导之职，尔如欲辞，可具疏来奏。"

康熙帝对太子读书表现出极大的热情，或者他要了解背后的情况。接连多日，康熙帝草草处理完政事后，即到太子读书之处。初十日，他又来到无逸斋，问起居注官皇太子读书的情况，彭孙遹称太子资质好，学问渊博，是宗社万年无疆之庆。康熙帝对这种回答表示气愤，曰："不能读书，饰以为能读；不能讲书，饰以为能讲。若此者非人类矣！"康熙帝似乎怀疑太子读书是否认真及诸臣是否认真教之。明珠党人尹泰抓住这一机会入奏："皇上命臣同汤斌、耿介行走，臣奉命在此。止可备皇太子使令而已。窃见皇上谕教皇太子过严，臣是詹事，职分所在，若畏死不敢言，异日死有余辜。汤斌、耿介学问平常，年又衰迈，恐不堪此任。"康熙帝命再过数日裁之。帝回宫后，汤斌向皇太

---

① 《康熙起居注》第二册，第1641页。

子请辞，曰："臣两日来，见皇太子学问精深，臣不能仰补万一，敢先启过皇太子，即具疏诣通政司奏闻皇上，求解此任。"皇太子曰："皇父命汝辅导才及三四日，何为遽萌此意？汝殆见予每日读书、写字尚少，故欲辞任？果尔，予当再增功课，无为具疏以辞也。"汤斌又启曰："皇太子每日功课甚多，臣岂敢因此告辞？"皇太子曰："前皇父命汝时，汝何故不辞耶？"汤斌启曰："彼时皇上始有谕旨，臣一时意见不及，故未辞奏。"皇太子曰："汝之所请非予可以擅专，汝自面奏皇父可也。"汤斌叩头退。十一日，耿介昏倒在地，皇太子奏闻康熙帝，乃命罢之归。次日，汤斌疏辞。十四日，汤斌即称病不能入侍，康熙帝传谕曰："尔系何病？是旧病耶？尔今病，皇太子暂停讲，俟尔病痊进讲耶？"汤斌奏曰："臣在家时有心痛旧症，近来复发，实不能入侍。"康熙帝乃命汤斌回家调治，不意数日后乃有擅执朱笔事发。①

明珠党人通过"侍班"监视太子老师，终于找到了汤斌的一项"大不敬罪"。七月初三日，议汤斌擅执朱笔之罪。康熙帝曰："汤斌三次回奏，方始据实。"王熙曰："此疏内但云擅执朱笔，并未申明擅执朱笔之故。圣明无远勿届，无微勿照。汤斌隐蔽妄奏，并未题明，在皇上之前犹且如此，倘在远方更不知何如矣！皇上宽大无所不容，如此尚不据实陈奏，糊涂粉饰，诚犬彘不如

---

① 《康熙起居注》第二册，第1642—1644页。

第二章　康熙初期的明珠、索额图之争

也。"余国柱曰："汤斌假称道学，其实假不到底。"康熙帝命九卿传汤斌至，详问擅执朱笔缘由，并曰："达哈塔与汤斌同事，汤斌等屡有失仪处，亦着问达哈塔。今日命九卿会议之事，达哈塔、汤斌亦着与议。朕非有意难之，正欲深知之耳。"次日，明珠奏曰："九卿以擅执朱笔问汤斌，汤斌云：皇太子写仿毕，以朱笔付我，命将不好字乂之。我即启皇太子曰，我岂敢乂皇太子之字耶？皇太子令旨曰：皇父有旨。因愚见不到，将皇太子仿内甚好之字擅加圈点。后知受朱笔圈点之罪，即在皇上前请罪，故疏内未全写出。达哈塔言汤斌失仪，云皇太子写仿时，汤斌执书昏倦，以面掩书，惟垂头而已。"帝曰："票签仍照常送进。"[①]至八月初一日，议侍太子诸臣罪，吏部议少詹事耿介借老称疾求去，应革职。尚书汤斌将无德无行如尸之耿介充贤特荐，应革职。帝命汤斌从宽免革职，着降五级留任。耿介从宽免革职，着革去少詹事，以原任道员品级休致。时汤斌危殆，余国柱宣言，帝将"隶公旗籍，已得旨，犹秘之"。江南人客京师者，集鼓厅门将击登闻鼓讼冤，待汤斌无事方散。[②]祸急时，又有劝汤斌揭余国柱等人罪状以纾祸，汤斌不允，淡然处之，自题壁一联云："君恩高似天，臣心直如矢。"[③]旋改汤斌工部尚书，十月十一日

---

① 《康熙起居注》第二册，第1652—1653页。
② 杨椿：《汤文正公传》，《碑传集》，卷一六。
③ 汤斌：《汤斌集》卷首，《年谱定本》。

卒。①方苞《汤司空逸事》言："公以兴作度材于通州，某月某日，日下晡，忽返，招乡人某官与语。客退，独坐一室。飨晦，语家人：'吾腹不宁。'夜半遂殁。"②昭梿曰：汤斌"晚犹健饭如常，次早卒然薨。""人以为明（珠）遣人阴鸩之也。"③

耿介乃登封人，与汤斌俱先以词臣为监司，后师事孙奇逢讲学，乃清道学名儒，汤斌荐与同辅太子，正是重视太子之责。其初任辅导太子，以仁孝为本，颇得康熙帝赏识，曾书"存诚"二大字赐之。但以诈疾被劾罢，"在朝凡五十三日，遂归"。④

吏部尚书达哈塔，乃八旗中贤者。康熙十八年（1679），魏象枢保清廉官，以达哈塔与陆陇其同荐。史馆《达哈塔传》记曰："六月，以讲书失仪，三人俱罚俸。"

康熙帝钦定的辅导太子的三位师傅，自任辅导之日即不安其位，辅导之事也仅数日而罢，三人一死一罢一降，说明明珠势力之大几可回天，"要是正人不能为太子师而已"，"嗣后更不闻有士大夫为太子师者，惟于诸家集中，见太子作字吟诗，自圣祖传视诸臣，诸臣例为谀颂；或太子自以令旨，赐诸臣诗字，诸臣纪恩等作。无亲切辅导之人，设有之，则太子失爱时，必有士大夫

---

① 关于汤斌之死，多言其"十月疾少间，屡有兴作，度材通州。归，得寒疾，夜半，气逆上，遂卒"，见《碑传集》卷一六，彭绍升《故中宪大夫工部尚书汤文正公事状》，徐乾学《工部尚书汤公神道碑》等。
②《碑传集》卷一六。
③ 昭梿：《啸亭杂录》卷四，《汤文正》。
④《清史稿》卷四八〇，《耿介传》。

遭其罪戮者矣"。①康熙帝对阻挠实施太子教育的明珠党也更加反感，后者的罢官也只是时间问题而已。

河务案与明珠罢相

明珠的罢官似乎很神秘，其实早已在康熙帝的筹划之中。尤其是沸沸扬扬的下河之争使康熙帝意识到他的皇帝权威受到了挑战，因此这场始初关于治河的技术之争，逐渐演化为有着复杂背景的政治斗争。

大规模的争论起于康熙二十四年（1685）。在此之前，由于工程浩大、水情复杂、时堵时决，短时间内难见功效，指责靳辅的疏奏时而有之。老臣魏象枢就曾指责靳辅花钱太多，不见效果，质问"所谓一劳永逸者安在"？候补布政使崔维雅奏呈所辑《河防刍议》《两河治略》二书，并条议二十四款，对靳辅几年来的治河成就一概否定，还主张拆毁所有工程。康熙二十四年，在排泄下河洼地积水和修浚入海口的问题上，靳辅和安徽按察使于成龙的意见不一，从而引发了朝中长达数年之久的治河纷争。

于成龙主张开浚下河入海口。这种方法所费不多，但是忽视了挖低海口后，海水倒灌的问题；靳辅则主张"筑堤束水以注海"，虽无海水倒灌之忧，但工程庞大，耗资颇巨。

---

① 孟森：《明清史讲义》下册，第456—457页。孟森先生论太子失教为"盛明之缺失"，并详论明珠倾太子师而康熙帝依违期间所肇祸之因。

康熙帝倾向于采用于成龙的方案。在这个问题上，他是十分慎重的。治河工程关系着沿河两岸的百万生灵，他多次派内阁大臣和御史前去勘阅河工，还亲自下江南巡视，并鼓励臣僚们发表意见，参加答辩，希望能够得出公正科学的结论。

以明珠为首的大学士、九卿，以及靳辅等治河官员却从上到下抵制皇帝开浚下河的方案。抵制态度的坚决出乎康熙帝的意料。在讨论、定案时，甚至动工之后，明珠一派都在不停地上疏反对。朝中仅有几个人同意于成龙的方案。朝廷大员的一致反对不仅仅是出于技术上的原因，事实上许多朝臣对河务并不真正了解。问题出在康熙帝不同意由靳辅兼理"海口"工程，而另派于成龙督理。靳辅是由明珠举荐的，抛却技术上孰是孰非不谈，而把河工与朝臣的利益联系在一起，这是不言而喻的。他们在向康熙帝答辩之时，常常隐去反对意见，形成朝中舆论一边倒的局面，康熙帝也因此将疏浚下河工程暂停。

康熙二十三年（1684）十月，玄烨南巡，乘舟过高邮、宝应诸处，见民间田庐多在水中，乃登岸步行十余里视察水势，召当地生员耆老详问致灾之因，皆云自海口壅塞，水无所归，二十年来田亩已成水泽。十一月，乃命吏部尚书伊桑阿、工部尚书萨穆哈往视海口，随即与靳辅商讨挖下河开海口工程，当靳辅奏言需钱粮一百余万，若用民夫开挑，可以节省，但需十年时，康熙帝以为十年太久，考虑动支正项钱粮开工。在问其僚属何人最为清廉时，靳辅奏曰："清廉二字，人所难能。为大吏者必洁己率

第二章　康熙初期的明珠、索额图之争

属,然后可以责人。臣起家寒微,蒙皇上畀以总督河务之职,河工浩繁,员役众多,其中赏赉激劝,使之奔走,不无费用。即臣衣食所资,亦皆仰托皇恩,举家温饱。若古人一介不取,一介不与,远愧不能。臣自揣如此,何敢保其僚属清廉,以欺圣明。然非理妄取,枉法坏公之事,亦断不敢为也。"康熙帝称赞靳辅曰:"此语正见汝之不欺尔。"[1] 十二月,以安徽按察使于成龙任海口及下河事务,发关防敕书。又以黄河海口虽在两处,必彼此协同,方于事有济,命下河事务一切申详靳辅具题,功过与靳辅一并议复议处。但两人意见立即相左,翌年十一月,康熙帝召两人至京面议,仍各执一词。明珠、徐乾学等以靳辅为是,康熙帝见自己的旨意无人支持,便问在京原籍宝应等处官员,宝应人乔莱反对靳辅实行屯田和"取田价偿工费"的主张,便拉淮、扬所属七州县在京官员十一人,上议河工从于成龙为便。康熙帝终于找到了支持者,明确指出下河之工可举。明珠以"乡绅之议如此,未知百姓何如",建议派章京等至其地查看。为说服百官,康熙帝派工部尚书萨穆哈、学士穆成格前往,会同淮督徐旭龄、江苏巡抚汤斌,详问地方父老,确勘详议。至翌年二月初一日,明珠等奏曰:"九卿公议,已经尚书萨穆哈、学士穆成格奉旨往勘,会同总漕徐旭龄、巡抚汤斌,身至其地看验,熟审形势,议行停止,似乎可从。"越一日,萨穆哈等奉差毕,回奏谓开海口无益,议

---

[1]《康熙起居注》第二册,第1252页。

暂停开浚。九卿等议同。只有于成龙支持康熙帝。大学士明珠坚持认为："此工似应停止"。康熙帝不得已命停之。①

康熙帝开浚海口的想法遭到大学士和九卿的一致否决，便怀疑有人在背后串联策划，从中阻挠作梗，因没有根据，就想以陪同萨穆哈、穆成格征询意见的淮扬道高成美作为突破口，查出否决自己意见的关键人物。康熙二十五年（1686）闰四月，广西按察使出缺，九卿会推高成美拟正，荆南道沈志礼拟陪。康熙帝得知后大为不悦，命九卿查出倡推高成美之人，九卿奏称："吏部侍郎胡简敬曾保举高成美，臣等以为其人必优，故尔会推。"帝曰："本地乡绅即保举本地方官员，则乡绅权重，外官必多掣肘，而不得自行其志矣。且旧年陈廷敬言穆尔赛安静，朕已有谕旨，此番何得复蹈前辙？汉大臣内尚有知高成美居官者否？"并问左都御史佛伦曰："尔等专司言职，此等事何故不言？"佛伦奏曰："胡简敬系本地乡绅，即保举本地方官员，有违谕旨。且保举高成美独胡简敬一人，臣等即从其言，殊为轻忽。臣一时虑不及此，故未言耳。"康熙帝认为"萨穆哈、穆成格必干预此事。萨穆哈、穆成格往淮安时，全赖高成美作事，久当必露"。②

康熙帝又谓大学士、学士等曰："朕观近日九卿会推殊为疏忽。高成美居官未有善绩，胡简敬保之，群然从之，甚属不

---

① 《康熙起居注》第二册，第1427页。
② 《康熙起居注》第二册，第1478—1479页。

第二章　康熙初期的明珠、索额图之争

合！"明珠等奏曰："凡选用官员，皇上未尝不可亲定，而必令九卿推举者，无非欲得人才耳。今如此行事，实负皇上委任之意。"帝命将"胡简敬、高成美着严加议处，以惩儆将来"。①

就在玄烨追责九卿会推不公时，汤斌至京，在召见中提出下河"今议暂停则可，若竟中辍，非臣子所敢擅议"，建议"以本地民力、本地钱粮开本地海口，心既专一，工不误用，不作大举，不多设官，渐渐做去，当有成效"。康熙帝遂以萨穆哈、穆成格所奏失实革两人职。随即大学士、九卿等又转向支持开海口一边。玄烨命工部右侍郎孙在丰携库银二十万两前往督修，若成功即动支正项钱粮大修。

康熙帝开设下河的旨意开始实施后，参奏靳辅的奏疏也随即上闻。在是否议革靳辅之职的时候，康熙帝谕责曰："为人臣者议论国家之事，当执中公论。今见与靳辅善者，则言靳辅之是；与靳辅不善者，则言靳辅之非。"又对大学士曰："大臣等似此挟私意、纵偏论，朝廷大事欲望其修举，可乎？"②表示了不信任。

孙在丰至下河工地后，疏请上游水减时关闭滚水坝，靳辅议不可。是年（康熙二十五年，1686）底，康熙帝很快发现问题所在，即从中央到地方都有阻挠河工者，指出："顷郎中郑都至京奏称，伊身回时，即兴工挑浚下河，朕谕以尔等恐未能即便兴

---

① 《康熙起居注》第二册，第1479页。
② 《康熙起居注》第二册，第1510页。

-097-

工，今孙在丰等果如此具题。孙在丰之不能与靳辅抗明矣！今若不闭塞滚水坝等口，则下河一面挑浚，上河一面放水，何日方有成功？若即闭塞，日后运河溃决，则靳辅借以为辞。欲筹两全之道，实为甚难。然靳辅前曾启奏，筑堤以束下河之水，使之归海。此疏内有无闭塞滚水坝等口之语，尔等会同九卿详看。如向欲闭塞，今孙在丰修理下河又云不可闭塞，可乎？尔等即会同定议具奏。"九卿建议面召二人来京，康熙帝曰："此下河决宜开竣，断不可止，孙在丰不必令其来京。堵塞堤闸之处，孙在丰何敢轻言？若日后上河溃决，渠能任其咎乎？孙在丰所请，不过欲上河不放水耳，并无多言。假使靳辅治理下河，不塞水口，能于巨浸中从事乎？令靳辅为之，必欲闭塞诸口。今孙在丰为之，又云不可，何也？岂非有阻挠之意耶？"①命召靳辅来京。

　　靳辅至京后，声言："臣若阻挠排浚下河，国法岂其可逃！"经康熙帝坚持，靳辅答应将滚水坝关闭一年。康熙帝命孙在丰于年底兴工。但康熙二十六年（1687）三月，又发生了司官阻挠河工事件。二十三日，康熙帝曰："与孙在丰同往修河诸员未尝留心河务，惟事图利。孙在丰以汉人不能约束若辈。至高成美乃罢职之人，今尤不赴京，必与往修河工诸员串通妄为。河工事关紧要，须与江南江西总督、总漕、总河会同商酌修理，方克有成。着交与九卿议。"越一日，又谓大学士等曰："朕特颁帑金，浚治

---

① 《康熙起居注》第二册，第1572—1573页。

第二章 康熙初期的明珠、索额图之争

下河,原为救民起见。今国计非绌,设钱粮不敷,何妨再请颁发。今闻差往各官,初欲派之民间,后又中止,乃复按引派加盐课,是未尝救民,先已害民,此事断不可行!今费扬古来京,亦面奏此事。总之,此等小人,不以国家工程为急,惟希网利行私,以久恋河工为得计耳!"①

十月,靳辅又疏请于高家堰之外筑重堤,并停下河的丁溪等处工程。康熙帝命明珠征求于成龙的意见,于成龙一如既往,坚持"下河宜挑不宜停,重堤宜停不宜筑"。九卿对两种意见进行了复议,结论是"仍照靳辅所奏"。明珠将有关情况汇报康熙帝后,康熙帝命户部尚书佛伦、吏部侍郎熊一潇等会同江南总督董讷、漕运总督慕天颜确勘议奏。十二月,佛伦、熊一潇查看河工后回京,上奏说:"经察看高家堰地势,应如靳辅原议。"请停下河白驹、丁溪、草堰等处工程。康熙帝命九卿等会议具奏,因太皇太后病逝而拖延。

以上就是所谓明珠"掣肘河务"的全过程。

下河之争原出于臣僚对治河认识之不同,待康熙帝决意开海口以疏浚下河后,的确出现了三番五次无法实施的情况。我们姑且不论靳辅及其支持者明珠意见正确与否,但康熙帝显然感觉到他的权威受到挑战。当然,仅仅这一点仍不能作为罢黜明珠的理由。

---

① 《康熙起居注》第二册,第1608—1609页。

值得注意的是，董汉臣上奏"慎简宰执"事件以及皇太子辅导权之争也发生在这一时间。这些事综合在一起，使康熙帝决心罢黜明珠，他三番五次训诫大臣以及对言官风闻言事的默许，便是最明显的信号。

康熙二十五年（1686）九月十八日，康熙帝用最严厉的词语斥责大学士专为一身一家之计，曰："尔等职任皆系朝廷重务，岂可专为一身一家之计？古有诏旨既下、大臣封驳之例。今满大学士凡有所言，汉大学士唯唯诺诺，徒为自保禄位之计，并不辩论是非。如此则刘正宗、陈名夏之例俱在！学士等诚能各抒己见，共相参酌，事务岂致舛错？尔等诡媚大学士，缄默不言，以为保身之计。吴格子、卓灵阿之例俱在！至翰林院撰拟文章，皆关要务。今翰林撰拟不堪，汉掌院学士畏惧，并不改正，汉大学士又畏惧掌院学士，亦不改正，诚恐改正一字即为终身之仇。掌院学士畏惧翰林，大学士畏惧六部，此皆尸位素餐，患得患失之所致也。"①

翌年春，京师久旱不雨，康熙帝抓住这一自然灾变大做文章，先是让德格勒占卜，又公开处理此事，其意明示明珠之罪，又有董汉臣应诏陈言，玄烨称言路壅塞，董汉臣言人所不敢言者，"虽系微员，言尚切实"，实为其撑腰打气。康熙帝又令明珠等察奏当今政务缺失。三月二十五日，明珠等奏："臣等再三酌

---

① 《康熙起居注》第二册，第1538页。

第二章　康熙初期的明珠、索额图之争

议，见今政务实无可更改厘定者。"帝曰："尧舜之世方可称无阙失，然犹兢兢业业，不敢谓已治已安。汉文帝亦古之贤主，贾谊犹指陈得失，直言切谏。今但云主圣臣贤，政事无阙，岂国家果无一事可言耶？况求言原属要事，无论智愚皆当各陈己见，以备采择，始于政务有所裨益。如漫无可否，但图己身作一干净好人，亦易易耳。大小臣工各宜尽心职业，视国事如家事，方副委任之意。今每部满汉堂官各有六员，其间任事者，每部但一二人，余则随众署名而已。即如各部启奏本章，每日不过数件，其中情节，如汉侍郎等未必了彻，设朕问之，谅有不能对者。汉官公事之余，或持斋诵经；满官公事之余，或崇尚僧道，不以国事为念。且朕观今世之人，专务逢迎谄媚，鲜有直道而行者。且己不勤，而每诮人为懒；己无能，而更嗤人为劣。此不过徒工浮议耳，何益之有？"命严加整饬。①

五月十五日，大学士等奏称天旱之因中说："此必外而督抚，内而臣等，有一二不肖之人，未能奉行德意，有负职掌，以干天和耳。自古知臣莫如君，伏乞睿断，惩革数人，则留任诸臣，自各务洗心涤虑，实图修省，庶可挽回天意。"玄烨另有打算，即想惩处大臣，谕曰："古有因灾变罢免大臣者，合于理否？"汤斌明白康熙帝的用意，却又答曰："臣等实忝所职。"余国柱曰："自古有云合乎理者，亦有云不合者。皇上宽仁同天地，如此询

---

①《康熙起居注》第二册，第1609—1610页。

问，臣等实感愧交集矣。"①

第二天，康熙帝煞有介事，欲躬亲祈雨，并召勒德洪、明珠等传谕九卿，痛责臣僚曰：京师为天下根本之地，殊属紧要，乃几月不雨，岂无故乎？尔等皆国家大臣，亦何忍坐视？骂其"真非人类"并有"幸灾乐患，以不雨为快者，或有祈雨时，因己不诚，反指某某为不诚者，俱未可知。如此匪类与禽兽无异，更何足道"。五月十七日，帝诣天坛致祭，斋戒三日，不理事，随后又令非面奏之日，凡不系紧要事，径交内院。用怠工表示他的不满。②

在钦定汤斌等为皇太子师而三人皆不安其任后，玄烨进而感到明珠力量之大，也几次小题大做以示对后者的抑勒。同年七月十五日，刑部题浙江民张遴叩阍案时，明珠建议遣部院官审理，康熙帝听后大为光火，曰："大凡督、抚无不于部院堂官营求结交，各为门户。若司员往审，与督、抚相悖，则结怨于堂官，尚能保其职乎？即今部院堂官皆各援引亲戚、朋党营求之辈，凡缺未出之前，豫先已定，及会推时，惟赞扬援引，而从公推拟者甚少。又有为司官、笔帖式时，图取财帛，所行贪婪，至于大任，伪称己身清廉者，此等之人其居心亦鄙耻矣！今观部院官员皆稍稍更改，若照此而行，尚有何说？如所行贪污，仍蹈前辙，是自

---

① 《康熙起居注》第二册，第1628页。
② 《康熙起居注》第二册，第1629页。

第二章　康熙初期的明珠、索额图之争

弃其身也，虽侥幸苟免，鬼神岂肯宥耶！"①

七月二十四日，又是康熙帝颇为踌躇的一天。当天玄烨在瀛台勤政殿听政，部院各衙门官员面奏毕，大学士等会同九卿进前，达哈塔、伊桑阿同奏曰："今谕九卿诸臣一日两至乾清门，有应商应议之政以便咨询。"接着讲康熙帝勤政及臣下不谙礼法愚昧之处甚多，皇上虽宽容矜恕，亦"终不能保全"。康熙帝责之曰："观尔等九卿会推之时，往往援引亲友，回家即会宾客，此等之处并不言及。少有失仪何妨？"沉吟良久曰："俟朕思之"。②在《达哈塔传》中有因失仪降职之语，孟森认为不明言失仪，必有隐情。③

十一月二十日，康熙帝以"自来原有风闻之例"，令开风闻奏事例。次日，明珠极力反对，康熙帝仅以"知道了"答之。一个月后，御史陈紫芝疏参湖广巡抚张汧贪黩，并言"当日保举之人，必有贿嘱情弊，请一并敕部议处"，实指明珠。帝命张汧革职，又以"陈紫芝独能弹劾，甚为可嘉"，命大学士传谕吏部，即令内升以示鼓励。

康熙二十七年（1688）正月二十三日，因太皇太后丧，康熙帝着青色布衣于乾清门听政。御史郭琇疏参靳辅治河无功，听信幕客陈潢，阻挠下河开浚，应予惩处。帝召九卿议之。户部

---

① 《康熙起居注》第二册，第1655—1656页。
② 《康熙起居注》第二册，第1658页。
③ 孟森：《清史讲义》，第186页。

尚书王日藻等议靳辅请屯田一事，有累于民，应行停止；至河工筑堤，应如靳辅所请。帝责其未亲历其地，"徒然悬揣"，并言："屯田有利于廷臣，而害民实甚。陈潢本一介小人，通国皆知，其屯田之说，江南人尤莫不嗟怨，尔等宁不闻耶？"又问九卿："熊一潇何以不至？"九卿答以有疾。帝曰："人有大胆者，亦有小胆者。熊一潇畏启奏此事，故托疾不至耳。""凡事必须当理，议事贵乎得中，若偏执己见，立异好胜，以及内怀贪欲，外饰清高，此二者皆朕所不能也。"又问郭琇曰："尔本章内言之详悉否？"郭琇曰："臣本内大略俱有。"问："廷臣中有掣肘河务者，尔于本内曾言及否？"郭琇曰："无之。"帝命曰："此参本尔等一并会同议奏。"二月初三日，康熙帝因"郭琇参奏河工"，故特行擢用。王熙曰："此乃皇上所以激劝言官也。"帝曰："佛伦原系微贱，朕超拔为大臣，理应尽心效力。今差遣公议河务，偏徇靳辅，执拗好胜，其人如此，不加惩治，可乎？"又顾学士等曰："朕向日南巡，亲至河上，高加（家）堰以南一百八十里，以北一百八十里，朕悉为阅历。清口以南高邮等处，曾沿堤步行，遍加详览，知减水坝实为累民。靳辅在河工虽不为全无料理，但那费钱粮，贻害地方，天下共知，即百口亦不能置辩也。"明珠奏曰："漕臣慕天颜有劾奏佛伦、赵吉士途间窜改本章等情，其疏已至内阁，正在翻译。"康熙帝曰："朕疑此事慕天颜、董讷或似汤斌，朕不以汤斌为人。即前日此事，今已具疏，觉微有不同。其郭琇所参，着九卿等一并严察议奏。"初五日，漕督慕天

第二章 康熙初期的明珠、索额图之争

颜疏言："会勘河工时，尚书佛伦等皆从靳辅臆说，臣不敢附会；靳辅倡举屯田，屯官大占民田，百姓苦累。"康熙帝命九卿等察议。①

二月初七日，康熙帝谕学士各抒己见，其意直指明珠。是日，大学士退出，康熙帝召学士齐色等曰："尔学士等俱应裁汰之员，朕以一切事务欲公议办理，所以留任。尔等俱有议事责任之臣，朕曾屡次有谕，令尔等凡事各抒己见，无得徇人而行。一切事务朕岂有不知者乎？尔等诚能据理各抒己见争论，自朕而外，其谁奈尔等何？至若河工屯田之事，于九卿诸臣俱有利益，惟朕知其累民，再三详酌，以至于今，尔等未曾发一语也。至每事俱徇人而言，并不争论，致有今日。若事发议罪，则尔等俱在一处，虽云从无一言，岂得免乎？因何不各抒己见执论？至于受贿贪赃之辈，朕未曾不知，但从宽大而已。若果详究，其有一人得免者乎？前曾将鳌拜、班布尔善俱行正法，若有败乱国政者，朕岂加宽宥耶？"学士等奏曰："臣等俱系微末卑贱之人，叨蒙皇恩，至此职任。但因庸劣，意见不到，所以不言耳。果有确见，岂敢不言？升降生杀出自皇上，际遇圣主之时，孰能相害耶？自我皇上之外，臣等更畏何人？"帝谕曰："部院衙门官员内，凡事不发一言，置身局外，希图富贵有之，此辈自问亦觉可愧。朕尝阅实录，太宗皇帝时，凡事默默无言，而退后议论国政

---

① 《康熙起居注》第三册，第1724页。

者，亦曾有禁。至于尔等俱经奉差榷关，略有所得，朕岂不知？大凡人衣食可以自给，便宜知足，理应洁己守分，遇事则各抒己见而言。"①初九日，康熙帝在未"发明其事"的情况下，将明珠等四位大学士同日罢免。至此，借助内阁先后崛起的索额图、明珠两个权臣及其朋党集团被清除。至于索额图助皇太子"潜谋大事"，其性质与此迥别，在此不论。而康熙帝通过惩抑索额图、明珠等朋党势力加强了皇权，削弱内阁权力，将在以后的相关部分详细论析。

---

① 《康熙起居注》第三册，第1725—1726页。

第三章
统治基础的巩固与汉官集团的倾轧

满族权贵的附庸

康熙二十五年（1686）十一月，内阁学士韩菼将撰成的《平定三逆方略》稿本四册呈送御览，康熙帝阅后颇为不满。一天，他对内阁大学士曰："当三桂初反时，汉官有言不必发兵，七旬有苗格者①。又其时，汉官尽移其妻子回家，何也？"即顾韩菼曰："汝为朕载之。"

本来，撰写《平定三逆方略》已"失上指"，令韩菼畏惧异常，现在又要将贬损汉官的上谕载入书中，韩菼益加惶恐，不得不找汉大学士王熙商讨对策。一向"不持意见"②的王熙也感到问题严重，因为这涉及对整个汉族官僚群体在平定三藩时的评价，

---

① 七旬有苗格者，语出《尚书·大禹谟》，意为"大禹通过施行仁德，使边民三苗（有苗）归服"，此处指汉臣劝谏康熙帝通过施行德政来治理云南地区。——编者注

② 张玉书：《大学士王文靖公墓志铭》，《碑传集》卷一二。

表现了康熙帝的不信任。如果这"两大罪"安到汉官头上，将使若辈无以立朝。王熙奋然曰："待缚我之东市，君乃载耳！"决意拼命上谏。他先在内阁对同僚说："'有苗格'，乃会议时魏蔚州（象枢）语。告者截去首尾，遂失其本意。然若如其言，岂不是误国！汉官移家故有之，亦多有否者，日久何从分别，岂不是背主！汉官负此两大罪之名，复何颜立于朝乎？"王熙还请大学士明珠为他做说项："幸好为我执奏也。"翌日入见，一向亲善汉官的明珠"略引其端"，将话题提出，王熙紧随其后，"恳恳如阁中语"。康熙帝当然明白构筑满汉联合统治基础的重要性，更何况，纵马弯弓的时代已经结束，收买人心当是执政要义，于是微笑答复道："朕固知此两事载不得也。""事遂寝。"①

关于编撰《平定三逆方略》的这段"掌故"，似乎说明汉族官僚作为整体加盟"新朝"已是毋庸置疑的事实。如果说，在鼎革之际食周粟的明朝官员出任新朝后还有一种道德上的负疚感，还有涉及"贞节"丧失的心理，那么进入康熙时代就只有少数人仍以"遗民"自居，而不肯屈就新朝了。"三藩之乱"期间带有复杂情感的汉族官僚对故国进行最后一次凭吊，自此以后清朝作为新朝的形象已在汉族士大夫中整体塑造完型。汉官已把背负的罪恶感卸掉，所余之处是如何与新主人"治国平天下"了。康熙中叶汉族官僚从依附满族权贵到迅速崛起并与之分庭抗礼、独撑

---

① 韩菼：《王文靖公熙行状》，《碑传集》卷一二。

第三章 统治基础的巩固与汉官集团的倾轧

门户乃至自相倾轧,这种带有戏剧色彩的急剧裂变正是在如上所述的历史大背景下发生的。

当平定三藩的战争即将取得全局性胜利的时候,康熙帝大兴文教,一改"马上得天下马上治之"的传统祖制,加强与汉族官僚的紧密联合,故孟森说:鸿博开科"纯为圣祖定天下之大计,与乾隆丙辰(1736)之词科,名同而其实大异,此论清事之一要点也"。又曰:"故康熙之制科,在销兵有望之时,正以此网罗遗贤,与天下士共天位,消海内漠视新朝之意,取士民之秀杰者以作兴之,不敢言利禄之途,足以奔走一世也。"①

孟森的这段高论,确是对康熙中叶取法汉制、大兴文教之入木三分之论。而南书房之设尤能让汉族士大夫驰驱新朝以供役使,不失为从制度层面鼓舞士气之大举,而汉族官僚之真正崛起正是借助于这一特殊的政治载体。

清帝在内廷设立书房以备顾问,似乎要追溯到清朝兴起的关外时期,②而在康熙中叶之所以演化成特殊而定设的机构,又与当时统治上层各政治势力的消长争斗有重要关系,尤其是与分散、削弱议政王大臣会议的权力有密切关联。顺治、康熙之际"国议"不但参与重大的军政决策,侵夺内阁处理日常政事的职权,甚至连皇帝的权力也要掣肘。自玄烨清除鳌拜势力后,一方面缩

---

① 孟森:《明清史讲义》下册,第423—424页。
② 梁希哲、孟昭信:《明清政治制度述论》,第438页。

小议政的范围，削弱、限制议政王大臣会议的权力；同时通过御门听政、议政等途径，使内阁能较为正常地发挥效能。玄烨也深深地感到，要加强决策的准确性，使办事得心应手，还需建立一个时刻追随身旁以备顾问的班子。这样，他很自然地看中了地处内廷的南书房。

在南书房的早期发展史上，它的职能单一，即"文学侍从之臣"，"惟经史讲诵是职，给内庐居之，不令外事"，[①]人员也只有沈荃、励杜讷等二三人。这一时期，康熙帝刚刚除掉鳌拜势力，尚在少年，自己的权力体系尚未建立，因此南书房也就没有产生更加广泛的影响。

康熙十六年（1677）的年底，平定三藩的战争已取得全局性胜利，康熙帝将目标转移到文治上。是年十月二十日，康熙帝对两位满大学士勒德洪、明珠说："朕不时观书写字，近侍内并无博学善书者，以致讲论不能应对。今欲于翰林内选择博学善书者二员，常侍左右，讲究文义。但伊等各供其职，若令仍住外城，则不时宣召，难以即至。今着于城内拨给房屋，停其升转，在内侍从几年之后，酌量优用。再如高士奇等善书者，亦着选择一二人，同伊等在内侍从。"命满汉大学士会议具奏。明珠等遵旨会议，旋奏："皇上勤学书写，甚盛事也，皆应钦奉上谕遵行，选择翰林，寻取善书之人，相应交与翰林院可也。"奉旨："依议。"

[①] 张英：《讲筵应制集序》，《笃素堂文集》卷五。

第三章　统治基础的巩固与汉官集团的倾轧

次日，大学士明珠传谕李霨等五人："尔衙门汉大学士、学士将翰林各官内素有名望无疾病者，选择数员具奏。"二十二日，李霨等五人口奏："翰林各官俱属翰林院，臣等应会同翰林院掌院学士选择具奏。"奉旨："依议。"①内阁随会同翰林院选择张英等翰林五员具奏。十一月十八日，康熙帝谕勒德洪、明珠："着将侍讲学士张英在内供奉，张英着食正四品俸。其书写之事一人已足，应止令高士奇在内供奉，高士奇着加内阁中书衔，食正六品俸。伊等居住房屋，着交与内务府拨给。"又曰："尔等传谕张英、高士奇，选伊等在内供奉，当谨慎勤劳，后必优用，勿得干预外事。伊等俱系读书之人，此等缘由虽然明知，着仍恪遵朕谕行。"②张英、高士奇皆赐居西安门内，是为汉官赐第皇城内之始，③且"饮膳给于大官，执书使中涓，纸笔之属出自御府，珍果之属撤自御馔者，日数至焉"，因而颇为人艳慕。

张英，字敦复，号乐圃，江南桐城（今安徽桐城）人，明崇祯十年（1637）生，清康熙六年（1667）进士，改授内弘文院庶吉士。康熙十一年守制期满回京，授编修，次年改任日讲起居注官，帝以其离家颇远，京中无资产，又常随侍左右，命其以后一切应用物件，由内府供之。入值南书房后，其"辰入暮出，退或

---

① 《康熙起居注》第一册，第331—332页。
② 《康熙起居注》第一册，第337页。
③ 王士禛：《池北偶谈》上，《赐居第》。

复宣召，辍食趋宫门，慎密恪勤，上益器之"。①

高士奇，字澹人，号江村、瓶庐。浙江钱塘（今浙江杭州市）人。顺治二年（1645）生于富饶之家，幼年在西湖南屏山下"诜宜楼"读书。康熙三年（1664）至京师。喜任侠，习弓矢。康熙五年，筑室西山，经史子集、天官地志及黄老医药之书，无不读之。旋因家中变故，在报国寺卖字为生。康熙八年，入国子监，肄业后为书办。时宫中关帝庙修缮，士奇书"天子重英豪"五字为门楹，数日后康熙帝见其字，"大加击节"，②传问何人代笔，以士奇对。康熙十年四月，在翰林院考试中擢为第一，帝命留院供职。③又传旨"嗣后凡朕经筵讲义，令士奇一人誊写"④。康熙十四年为詹事府录事。至康熙十六年，擢为内阁中书。入值南书房后，士奇每日"报筹而入，送烛而归"。⑤康熙帝特谕：宫中禁门，待高某离去后落锁⑥还常派禁旅骑校护入值，以防不测。⑦

从以上记载看，阁臣选拟五人，而康熙帝钦定张英、高士奇二人，其理由是"仅书写之事"，康熙帝规定"不预外事"，可见此时的南书房仍只是文学侍从之属，是康熙帝学习汉族文化的

---

① 《清史稿》卷二六七，《张英传》。
② 《国朝耆献类征初编》卷六〇。
③ 高士奇：《随辇集》卷一。
④ 高士奇：《独旦集》卷一。
⑤ 高士奇：《天禄识余·序》。
⑥ 高士奇：《苑西集》卷七。
⑦ 高士奇：《归田集》卷八。

第三章 统治基础的巩固与汉官集团的倾轧

顾问机构。张、高二人原属翰詹之官，康熙帝谕其"不预外事"，即要求南书房不能借密迩天子之时干预政事。二人又似有分工，张英主要阐释儒家经义，高士奇主要讲解书画艺术。二人由内务府拨给房屋，说明其属于内廷机构。"后必优用"是对南书房人员将来的安置、去向做一大体承诺。

在南书房发展的早期阶段，它似乎与经筵日讲官有连带关系。康熙十七年（1678）闰三月二十一日，康熙帝召翰林院掌院学士陈廷敬、侍读王士禛至南书房，同张英、高士奇编辑。康熙帝特颁御札云："朕召卿等编辑，适五台山贡至天花蘑菇，鲜馨罕有，可称佳味。特赐卿等，使知名山风土也。"[①]一周后，即二十八日，康熙帝又召陈廷敬、王士禛及侍读学士叶方蔼入侍内庭，赐三人字幅、诗幅及墨刻，并曰："朕万几余暇，怡情翰墨。因汝等在内侍从，特以颁赐"，陈廷敬等于南书房北向谢恩。[②]

但是，南书房人员因侍从皇帝左右，其"不预外事"的规定也就渐被打破。康熙十七年（1678）五月十五日，康熙帝由卧佛寺至碧云寺途中，在马上对大学士明珠及张英、高士奇等谈及唐太宗听言纳谏，君臣上下如家人父子，情谊欢洽，"故能陈善闭邪，各尽所怀，登于至治"，而明朝末年君臣隔绝，四方疾苦无由上闻，称己"思与天下贤才共图治理"，明珠等对曰："臣等或

---

① 《康熙起居注》第一册，第359页。
② 《康熙起居注》第一册，第360页。

掌机密，或侍左右，日见皇上留心政治。"①很显然，张英、高士奇是以"侍左右"身份扈从康熙的。玄烨以明末君臣隔越之弊为鉴，谕包括张英等侍从在内的臣僚"共图治理"，似可说明南书房的职能开始转化。

在南书房设立之前，徐乾学上《文治四事疏》，其第二事即召词臣备顾问，他说："词臣以文学侍从为职，代言待问，固其事也，唐太宗置弘文馆于正殿之左，精选文儒，更日值宿，听朝之隙引入内殿，讨论商榷或至夜分乃罢。宋臣司马光言于其君曰：陛下英睿天纵，然于当世士大夫未甚相接，宜诏侍从近臣轮直，以备非时宣召。明臣张居正请如唐宋故事，令翰林官分番入直奉侍，陈说治理。至我世祖章皇帝断自宸衷，特命于景运门内盖造直房，令翰林官分班直宿以备顾问，皇上诚踵而行之，匪独亲儒之盛事，亦弘扬光烈之大端也。"②

康熙十七年（1678）八月，西洋国进狮子。五日这一天，康熙帝命中使传谕："西洋进贡狮子，以汝等在内廷编辑，欲赐汝等观，观后可作诗进来。"次日，康熙帝召陈廷敬、叶方蔼、张英、高士奇等同观狮子，观毕，几人"退归南书房，各赋七言律诗一首以进"。③可见此时的南书房已有编纂书籍之职能。《康熙起居注》载此后玄烨随同南书房人员学习作画写诗之事颇多。

---

① 《康熙起居注》第一册，第366页。
② 徐乾学：《憺园文集》卷十。
③ 《康熙起居注》第一册，第376页。

第三章 统治基础的巩固与汉官集团的倾轧

十八日,康熙帝又召在南书房编纂书籍的陈廷敬、叶方蔼、王士禛等人至懋勤殿赋秋日经筵七言律诗,又命高士奇将《御制诗集》携至南书房,赐陈廷敬等三人及张英、高士奇同观,并传谕曰:"朕万几之暇,偶有吟咏,未能深造古人。因尔等在内编纂,屡次请观,故出以示尔等。中有宜改定处,明言之,毋隐。"①

索额图解大学士任后,明珠事实上成为内阁主宰,后者迎合康熙帝对汉族官僚亲重之意,也广交对汉文化有造诣的文人官僚,加之礼贤下士,汉官乐为之用。这一时期的南书房也发生明显变化,一是供职者或是由明珠举荐,或是与明珠有千丝万缕之联系,入直人员密迩禁庭,掌握皇帝言行动向,因而许多在内阁得不到的讯息可以从中得到;就南书房人员而言,他们与举主的关系是一损俱损、一荣俱荣,因此愿意借助前者以求庇护及发展。二者声气相通、权益相求,这就使得本属侍从顾问之属的南书房发生了质变。二是南书房取得草诏诰谕的权力,使之与内阁之间从互相利用到矛盾丛生。汉族官僚从依附满族权贵到独撑门户主要是在这一时期。全祖望曾经这样概括南书房,他说:"南书房于侍从为最亲,望之者如峨眉天半,顾其积习,以附枢要为窟穴,以深交中贵人探索消息为声气,以忮忌互相排挤为干力,书卷文字反束之高阁,苟非其人,即不能相容。"②

---

① 《康熙起居注》第一册,第378页。
② 全祖望:《鲒埼亭文集选注》,《查慎行墓表》,第171页。

全祖望所讲的是南书房承担草诏谕后的情形。昭梿也说,康熙帝"拣择词臣才品兼优者充之,康熙中谕旨,皆其拟进,故高江村之权势赫奕一时"。①这里的"康熙中",当指康熙中期,而非"康熙朝"之谓。但南书房拟进的谕旨,指的是"特颁"诏旨,并不是代替内阁和议政处拟进所有谕旨。当时三者的分工是:"章疏票拟,主之内阁;军国机要,主之议政处;若特颁诏旨,由南书房翰林视草。"②当然这仅是大体的职能分工。

如前所举之张英、高士奇乃康熙帝亲自选定,在二人入值之最初几年,康熙帝以"勤慎"称誉二人。康熙二十五年(1686),张英还朝,康熙帝以其"为人厚重,不干预外事",③命补授翰林院学院学士。但此时南书房渐起争斗,康熙帝很快发现,张英"乃一好人,但不能统辖翰林",④其位置旋由李光地接替。实际上是因张英不入党局而不能安其位。

高士奇在入侍内廷前,与索额图、明珠均关系颇密,因此有其"入翰林,直南书房,皆明(珠)公力也"的记载,⑤他自己却矢口否认,说"余以儒生蒙召特用,不由大臣荐引,上每怜余孤

---

① 昭梿:《啸亭杂录 续录》,第398页。
② 吴振棫:《养吉斋丛录》卷四。
③《康熙起居注》第二册,第1452页。
④《康熙起居注》第二册,第1529页。
⑤ 赵翼:《檐曝杂记》卷二,《高士奇》。

第三章 统治基础的巩固与汉官集团的倾轧

直"。①康熙帝早于康熙十七年（1678）五月十日手敕高士奇说："尔在内办事有年，凡密谕及朕所讲章、诗文等件，纂辑书写甚多，实为可嘉。特赐表里十匹，银百两，以旌尔之劳，特谕。"②以高士奇的身份和地位，当然主要是誊抄密谕，但也不排除有时代为起草撰拟。他自己即说过："有时召余至内殿草制，或月上乃归。"③

其后徐乾学、王鸿绪等进入南书房，多赖明珠之荐，从而改变了南书房词臣不预外事的旧例。

徐乾学，字原一，号健庵，又号东海。明崇祯四年（1631）十一月二日生于江南苏州府昆山县一个中落的官宦之家，其父徐开法因避仇远走他乡，徐家生计多赖其母操持。其母顾氏乃昆山望族出身，能诗文，悉心教子，严督课程，乾学兄弟"所读书必复校背诵"，丙夜不休。④徐乾学天资颖慧，八岁为文，十三岁通五经，少时所作《苏台怀古》诸篇，每每为塾中子弟仿习之范文。清顺治元年（1644），清军入关，旋南下，其母为避战乱，举家迁往乡间，其父也随即归家，亲选古今文辞督教乾学兄弟。乾学舅父、名儒顾炎武也亲加指授，乾学兄弟"根柢日深"，⑤文

---

① 高士奇：《归田集》卷八。该书刊于康熙三十六年（1697）前后，时明珠、索额图均在世，高说可能指其后期官场经历，并非完全可信。
② 张英：《南书房记注》，康熙十八年（1679）九月初八日。
③ 高士奇：《金鳌退食笔记》，第110页。
④ 徐乾学：《憺园文集》卷三三，第47页。
⑤ 《昆新两县续修合志》卷二四，《徐乾学传》。

声日起。又与文坛领袖吴伟业、尤侗、毛奇龄、朱彝尊等相切磋，"三徐之名，闻于远近"。①顺治十七年，乾学中举人。旋以奏销案革黜，康熙初年得开复。康熙九年（1670），殿试高中探花，授内弘文院编修。康熙十一年，徐乾学偕蔡启僔一同主持顺天乡试，拔韩菼于遗卷之中，次年，韩菼在会试、殿试中两次夺魁，康熙帝激赏韩文，"称主司得人"。②康熙十五年丁母忧。时索额图、明珠同为大学士，交相倾轧，然明珠礼贤下士，士子乐为其用。徐乾学收明珠长子纳兰性德为门生，传授书史，并编撰《通志堂经解》，以性德名刊刻。康熙十九年，徐乾学丁忧期满，补原官。翌年，为日讲起居注官。康熙二十二年升翰林院侍读。次年擢侍讲学士。至康熙二十四年初，帝在内廷考试翰林院官，阅卷毕，谓诸臣曰："朕观翰林文颇多佳卷，而笔力高古，无出徐乾学之右。朕向闻徐乾学文字最工，诸翰林官莫不向彼请正。今细阅其诗文，果堪领袖。"又曰："置之第三，恐众论不服。即其为人，或有被人议论处，然此考试止论文章，不及其他。"拔为第一，并命将其所阅各卷传给诸翰林官，"视朕所定次第何如？"③三月初七日，明珠称"徐乾学学问优长"，升为内阁学士。旋入值南书房。

---

① 《昆新两县续修合志》卷二四，《徐乾学传》。
② 陈康祺：《郎潜纪闻》卷一一。
③ 《康熙起居注》第二册，第1284页。

第三章　统治基础的巩固与汉官集团的倾轧

邓之诚说，徐乾学"本附明珠、高士奇以进"，[①]徐乾学以文坛领袖而需附满族权贵以进，似乎代表了汉官入仕的初始阶段。

王鸿绪是徐乾学的门生，与高士奇为儿女姻戚。王乃江南松江府华亭县（今上海市松江区）人，顺治二年（1645）出生于官宦之家，自幼熟读经史。康熙十二年（1673），王鸿绪十九岁，以殿试一甲授编修，康熙十六年充日讲起居注官，越一年迁翰林院侍讲。康熙二十年七月，上言朱方旦"诬罔君上、悖逆圣道、摇惑民心"三大罪，[②]明珠赞誉其"所劾确当"，次年充《明史》总裁官。康熙二十二年十二月，内阁学士出缺，康熙帝询问明珠之意，明珠曰："此开列内皆皇上所素知。臣衙门学士必得通晓满文者，于批红办事有益，仰惟皇上酌量简用。"康熙帝明白明珠的用意，问曰："庶子王鸿绪虽不在开列内，人品学问俱优，以之补用可乎？"明珠曰："圣鉴极是，王鸿绪果优。"王鸿绪遂升内阁学士。[③]

徐乾学、王鸿绪等以内阁学士入值南书房，在隶属关系上以大学士为上司，且又为明珠等举荐，这种多重关系使得他们互相结党。

除以上诸人外，康熙二十七年（1688）以前入值南书房的还有张玉书、孙在丰、朱彝尊、陈元龙、戴梓等人。这些人除励杜

[①] 邓之诚：《清诗纪事初编》卷三，《徐乾学》。
[②] 《汉名臣传》卷二，《王鸿绪列传》。
[③] 《康熙起居注》第二册，第1118页。

讷（直隶）、陈廷敬（山西）、王士禛（山东）等三人为北人外，其余皆为南人，尤以江浙为多。

汉官集团的发展及与满贵之分途

由于南书房"密迩宸扆，不仅如前代秘书阁、集贤殿入值者止供文翰而已，凡诏旨密勿，时备顾问，非崇班贵戚上所亲信者不得入，词臣任此为异数"，①这使南书房逐渐分内阁之权，进而达到与之分庭抗礼的地步。

赵翼曾绘声绘色地描绘高士奇发迹及权横的过程。高才本绝人，既居势要，家日富，则结近侍探康熙起居，报一事，酬以金豆一颗。每入直，金豆满荷囊，日暮率倾囊而出，以是宫廷事皆得闻。或觇知康熙方阅某书，即抽某书翻阅。偶天语垂问，辄能对大意。以是圣祖益爱赏之。初因明珠进，至是明珠转须向高访消息。每归第，则九卿肩舆伺其巷皆满，明珠亦在焉。高直入门，若为弗知也者。客皆使仆从侦探：盥面矣，晚饭矣。少顷，则传呼延明相国入，必语良久始出。其余大臣或延一二入晤，不能遍，则令家奴出告曰："日暮不能见，请俟异日也。"诸肩舆始散。明日伺于巷者复然。以是声势赫奕，忌者亦益多。高率以五鼓入朝，至薄暮始出，盖一刻不敢离左右矣。或有潛之者，谓："士奇肩襆被入都，今但问其家赀若干，即可得其招权纳贿状。"

---

① 萧奭：《永宪录》卷一，第65页。

第三章　统治基础的巩固与汉官集团的倾轧

圣祖一日问之，高以实对，谓："督抚诸臣以臣蒙主眷，故有馈遗，丝毫皆恩遇中来也。"圣祖笑颔之。后以忌者众，令致仕归，以全始终。犹令携书编纂，以荣其行，可谓极文人之遭际矣。①

徐乾学较高士奇晚入南书房，但其以文名得士拥戴，高士奇与王鸿绪又为姻戚，于是三人结为心腹，朝中逐渐形成了江浙官僚集团，学士非出三家之门者，则不为世人所重。他们与明珠之间的权势之争也日趋尖锐。在与徐乾学兄弟唱和的诗中，高士奇将明珠等人比作裹甲称雄的牡蛎，诋毁他们"居然结成山，崭岩吁可怖"。②

康熙二十四年（1685）三月二十九日，大学士将谕祭已故大学士李霨的祭文呈览，玄烨问何人所作，明珠以徐乾学对。康熙帝对明珠抑勒汉大学士颇为不满，曰："祭文、碑文关系紧要，须相其人之行事而为文，方可信服天下。此文虽佳，尚当按其行事稍加更改。尔等可酌量改定。"③

由于明珠引荐私人颇多，引起康熙帝注意，谓明珠曰："近来尔衙门官员升转太速。"④该年四月二十一日，监察御史严曾榘题参补授丰县知县石渠，原籍苏州，冒称北籍。已经行查江南总督，据称随伊父居住苏州，委非苏州，保结前来，廷议无庸议。

---

① 赵翼：《檐曝杂记》卷二，第42页。
② 高士奇：《苑西集》卷八，第12页。
③ 《康熙起居注》第二册，第1312页。
④ 《康熙起居注》第二册，第1321页。

康熙帝以石渠冒籍甚实，总督保结必有情由，问汉臣是否知石渠居官不善，王熙以京师与苏州距离遥远，知之不确答之。康熙帝颇不满，曰："非论地方遥远，为尔等或有闻见之处故也。宋德宜、徐乾学、韩菼，尔等俱苏州人，知之必详。尔等无妨直奏，此乃一言可决之事耳。"宋德宜奏曰："臣离家年久，此人亦未闻其残酷。"徐乾学奏曰："此人未闻其有善，亦未闻其有恶。"康熙帝对此颇为不满，责之曰："为人臣者凡事理宜专确尽言。尔等皆朕任用之人，此一小事，何必如此推托？"命石渠以原品回籍。①

明珠当国，"势张甚，其党布中外，乾学不能立异"，②其后分道扬镳；户部郎中色楞格往福建稽查鼓铸，请禁用明代旧钱，尚书科尔坤、余国柱等议如所请，乾学持不可，曰："自古皆新旧兼行，以从民便。若设厉禁，恐滋纷扰。"因考订自汉至明故事，为议以献，"上然之，事遂寝"。③

康熙二十五年（1686）九月，原任广西巡抚郝浴卒，礼部题应给祭葬银两，给谥与否，请康熙帝裁决。十八日，礼部拟进两票签。康熙帝以郝浴"微有过失，不必给谥"，但其为官清廉，今内阁拟将恤典俱行停给，与前称郝浴清廉谕旨大相舛错，斥责汉大学士"唯唯诺诺"，并不与满大学士"辩论是非"，学士"谄媚大学士，缄默不言，以为保身之计"。严厉告诫汉大学士、学

---

① 《康熙起居注》第二册，第1322页。
② 《清史稿》卷二七一，《徐乾学传》。
③ 《清史稿》卷二七一，《徐乾学传》。

第三章 统治基础的巩固与汉官集团的倾轧

士,如再缄默不言,"刘正宗、陈名夏之例具在"!①"时乾学与学士张英日侍左右",学士例推巡抚,康熙帝以二人学问优长,宜侍从,谕吏部遇巡抚缺勿预推。②

同年十月,明珠等借事将徐乾学兄徐元文去职,使二者关系恶化。左都御史董讷疏参中书科掌印中书托鼐考选科道,将衙门中书职名咨送吏部时,不将应送者尽行咨送,而将原任左都御史徐元文之婿王缉植越次咨送,实有情弊。吏部议将托鼐、王缉植、徐元文革职。康熙帝本想大事化小,曰:"闻王缉植之妻非徐元文生女。"明珠曰:"适董讷向臣等言:王缉植前妻徐氏,系徐元文同族侄女,犹可不论。继娶朱氏,系徐元文抚字之女。王缉植所刊齿录内明白开载。此齿录现在我处,徐元文未将此处供出。徐元文原系国家大臣,伊固如此欺隐皇上,我何敢瞒昧?"康熙帝以"汉人内常有此不雅之处",命议奏。次日,康熙帝曰:"徐元文纂修明史,闻已成大半,今复降级令其纂修可乎?"明珠等奏曰:"徐元文纂修明史甚勤,今降级令其纂修亦无不可。"帝命徐元文从宽免革职,着降四级,仍候补用,余依议。

康熙帝以徐元文纂修《明史》已成大半,"仍候补用",显然有保全之意。一向善于捕捉政治动向的徐乾学知康熙帝厌薄明珠,乃每日以大义责德格勒,促其向康熙帝进言,除去明珠,

---

① 《康熙起居注》第二册,第1538页。
② 《清史稿》卷二七一,《徐乾学传》。

"以致太平"。①徐乾学能言善辩，口才极佳，②德格勒受到徐乾学的鼓动，便乘天旱揲蓍占卜之机向康熙帝进言：一旦将明珠一伙结党营私的小人"明正刑典"，"便甘霖立沛矣"。③

康熙帝对徐乾学与明珠的矛盾，以及明珠招权纳贿的情况也早有耳闻。为了利用以徐乾学为首的江、浙官僚集团牵制明珠之势，康熙帝特意任命徐乾学担任都察院左都御史。徐乾学到任后，立刻训示属下御史："惟当知有国，不知有身。愿诸公断苞苴之路，绝欺蔽之私，整肃台风，宣示天下。"④颇有一种公正无私、傲视权贵之气概。徐乾学又劾罢江西巡抚安世鼎，讽诸御史风闻言事，台谏弹劾不避权贵，"明珠竟罢相，众皆谓乾学主之"。⑤而徐乾学最终与明珠闹翻，与明珠阻止其任掌院学士有很大关系。当时，翰林院掌院学士是升任大学士的捷径，该缺成为众汉官争夺的焦点，明珠利用此有意钳制徐乾学。

康熙二十三年（1684）二月初三日，康熙帝将翰林院学士牛钮、孙在丰，侍读学士常书等召至御前，对翰林院奔走交际之风提出警告，曰："翰林院乃储养人材之地，教习庶常当以品行文章为事，一切琐屑皆宜杜绝。近闻馈送礼物颇重，此亦偶闻之

---

① 李光地：《榕村语录续集》卷一三，第5—6页。
② 李光地：《榕村语录续集》卷一四，第18—19页。
③ 李光地：《榕村语录续集》卷一三，第5—6页。
④ 《国朝耆献类征初编》卷五七，第14页。
⑤ 《清史稿》卷二七一，《徐乾学传》。

第三章 统治基础的巩固与汉官集团的倾轧

耳，未曾灼见。但伊等甚寒苦，若自翰墨外别有所取，则亦觉可怜。先喇沙里在时，待伊等甚善，所以至今有感念之者。至库勒纳以来，交际之风浸甚。今尔等应加洗剔。"①翌年五月二十九日，侍读、侍讲等四缺出，明珠等请旨，康熙帝曰："翰林乃侍从清要之官，必学问优裕，品行端方，老成勤慎者始为称职。迩来翰林官内，乃有不思读书砥行，勤修职业，胸无实学，妄自矜夸，刊布诗文，沽名钓誉。甚而遇一缺出，不肯安分静守，钻营奔竞，觊觎升迁。此等之人深为可鄙！这四缺，尔等会同翰林院掌院选拟来奏。"又谕曰："尔等亦有拣选人材之责，凡有简用，务得端良之士，始有裨益。"②

徐乾学被朝中士大夫奉为"主盟"，③以为掌院学士一缺非己莫属。但明珠、余国柱百般阻止徐乾学任此职。康熙二十五年（1686）三月，张英还朝后，康熙帝钦定其任翰林院掌院学士，但不到半年，即因记注《起居注》有误，降五级留任，实际是明珠排陷德格勒，张英成为牺牲品。该年十二月，张英迁兵部右侍郎。徐乾学又积极活动，必欲得之。而明珠偏偏拉出李光地，但一时没有把握，便对李说："少宰出，应君补矣。为君谋此席甚好。"李光地不明底里，明珠为李剖白道："少宰本折掌院，欲摇动恐上以此相待。但掌院一席，渠辈争欲得之，以为大拜地。君

---

① 《康熙起居注》第二册，第1133页。
② 《康熙起居注》第二册，第1331页。
③ 《国朝耆献类征初编》卷五七，第21页。

闽人也,渠辈肯以此相让耶?且君之功业品望,何须以此为重,推以与之,而自避于少宰,以君之受知在帝心也,少宰不过借径。即日尚书,自尚书而大拜,谁靳君者?如此,人相安于资格,而不觉遽。而掌院,人既愤其司文章之命,又意上必即以掌院大拜矣,窃为君危之。今日某人对,必极力推毂君为少宰。果就,君当安枕,不尔,未得帖然也。"明日又见,明珠曰:"掌院恐不免矣。昨间少宰本下,问:'李某何如?'予曰:'李某有何不可,少宰者尽去得。'上曰:'去得何消说,韩菼、郭琇皆可为,岂李某不可为?但我尚留之,他有所用。胡升猷使于吴三桂,不屈节,此人可用。'即以胡为少宰。"李光地曰:"掌院现有张敦复公(英),何云此?"明珠曰:"敦复不稳不稳。"数日,张即落五级,而掌院缺出,开列启奏。徐乾学、高士奇正要得此,托王熙。康熙帝问及,王熙曰:"正是此地要紧,必得文章学问实足以服天下,而又必须时近皇上,知道事体的,方才不误事。"康熙帝曰:"固然要学问好,也要人品端正才好。"即指李光地曰:"我看这个学士就好,就做得。"①

考《康熙起居注》,十二月十二日,吏部题该缺,开列少詹事卢琦等,康熙帝问大学士曾议否,明珠等奏曰:"掌院职任最要,皇上圣学高深,必得老成而有学问者,方能称职。此开列内,皆皇上所悉知者,伏候睿裁,臣下难以定议。"王熙奏曰:

---

① 李光地:《榕村续语录》卷一三,《本朝时事》,第727页。

第三章 统治基础的巩固与汉官集团的倾轧

"翰林院撰述文字皆关紧要,皇上圣学渊邃,居此职者不但当老成谨慎,尤贵学问淹贯,能得文字之大体。讲读学士等俱在圣鉴,惟候皇上裁定。"康熙帝曰:"掌院职任关系紧要,必得有主见之人,方可胜任。李光地学问虽不甚深知,其中却有定见。此缺着李光地补授。"①但李光地掌院后很快受到徐乾学等人之排陷。

翌年三月十二日,李光地以母病请假,实欲离开是非之地,但康熙帝令其"母稍愈即速来供职,不必开缺",②这一徐乾学等人志在必得的掌院学士缺,一直空到康熙二十七年(1688)明珠罢相,仍由李光地任之。③

徐乾学虽未得掌院一职,但半年后,即康熙二十六年(1687)九月,即任左都御史,成为言官领袖,从而构成对明珠的最大威胁。该年三月,左都御史董讷升任两江总督,吏部开列侍郎蒋弘道等人,康熙帝征询明珠之意见。明珠曰:"臣等公议得侍郎王鸿绪今已服满,前未为言官,曾将朱方旦参奏,以补此缺,似属可用。"④但王鸿绪旋以丁忧免。此时皇太子辅导权争斗正激烈,董汉臣、德格勒或明或暗地指明珠为罪魁时,康熙帝已厌明珠,九月,左都御史乃任徐乾学,显然君臣背后有一场交易或默许。而风闻言事之禁一开,即将明珠结党营私之罪行公昭于天下。

---

① 《康熙起居注》第二册,第1570页。
② 《康熙起居注》第二册,第1604—1605页。
③ 《清代职官年表·部院大臣年表》。
④ 《康熙起居注》第二册,第1604—1605页。

汉官集团的内部倾轧

邓之诚曾在《清诗纪事初编》卷三中这样评述康熙中叶清廷对汉族知识分子态度之变化："鸿博之试，诸生布衣之选者，未几皆降黜，或假归。始则招之唯恐不来，继则挥之唯恐不去矣。"[①] 以考证精核著称的邓先生没有说明其变化原因，本文认为不外乎满汉统治基础已然巩固后，玄烨厌薄汉官集团内的结党倾轧及牵连报复。

汉官内部的斗争，大多在入值南书房者中展开，而徐乾学仍是一个重要人物。

徐乾学早于康熙十一年（1672）主持顺天乡试，颇得康熙帝好评，称"主司得人"。[②] 当时科考官多由会试鼎甲出身者担任，新进士子拜谒他为课师，蔚然成风。徐乾学为寻求政治上的进一步发展，也以提拔寒俊、笼络人才为务，士子多翕然归其门下。一则记载说：徐乾学在康熙朝中以文学受知。方其盛时，权势奔走天下。其所居绳匠胡同，后生之欲求进者，必租屋于旁。俟其五更入朝，辄朗诵诗文使闻之。如是数日，徐必从而物色。有所长，辄为延誉。当时绳匠胡同宅子租价几倍他处。所甄拔初不以贿，惟视其才之高下定等差。相传乡、会试之年，诸名士先于郊外自拟名次。及榜出，果不爽，非必亲自主试也。徐方主持

[①] 邓之诚：《清诗纪事初编》上，第382—383页。
[②] 陈康祺：《郎潜纪闻》卷一一。

第三章 统治基础的巩固与汉官集团的倾轧

风气,登高而呼,衡文者类无不从而附之。以是游其门者,无不得科第。有翰林杨某者,遇徐于朝。徐问:"欲主顺天乡试否?"杨谓:"幸甚。"徐曰:"有名士数人不可失也。"及夕,则小红封送一名单至,计榜额已满。诘朝,主试命下矣。杨不得已,与诸同考官如其数取之。榜发而京师大噪,捏名帖遍街市。康熙帝闻之,降旨亲审。杨窘甚,求救于徐。徐谓:"毋恐,姑晚饭去。"翼日,有称贺于上前者,谓:"国初以美官授汉儿,汉儿且不肯受。今汉儿营求科目,足觇人心归附。可为有道之庆。"康熙帝默然,遂置不问。盖即徐乾学令人传达此语也。①

上述记载并非轶闻,康熙帝确实对徐乾学宠信有加,其过失也每加回护。康熙二十三年(1684),徐乾学子侄徐树屏、徐树本在顺天乡试中同中举人。而是科所取南四卷皆为江、浙士子,湖广、福建等省无一人中举,一时舆论哗然。康熙帝令有司磨勘,九卿以徐树屏等人文体不正,显有情弊,拟送法司严讯上闻,康熙帝谕"从宽"处置。②结果仅徐树屏等被革去举人,徐乾学却未受牵连。

汉族官僚内部早期的斗争还谈不上结党营私,只是争权夺宠而已。李光地称徐乾学"但见翰林有一人考向前,或上偶奖一语,立刻便祸之,使去位"。③虽有夸大的成分,似也是事实。潘

---

① 赵翼:《檐曝杂记》卷二,《徐健庵》,第40页。
② 《国朝耆献类征初编》卷五七,第17页。
③ 李光地:《榕村续语录》卷一五,《本朝时事》。

耒、朱彝尊、严绳孙以布衣参加修《明史》,后又同为日讲起居注官,入南书房,为人侧目。三人学识渊博,"所作诗文,自非诸翰林所及",但言语、动止"不中程式","故三徐皆轻之"。当时馆阁中应奉之文稿,多出自潘耒等三人之手,否则不中意。徐乾学令"院长孙屺瞻(在丰)参其(潘耒)浮躁轻薄而去"。①

朱彝尊也因得康熙帝赏识而遭忌,朱"凡视朝听政、郊祀燕饮,靡不趋侍",②康熙二十二年(1683)正月入值南书房,赐紫禁城骑马。徐乾学"恐其至南书房踞其上,遂嗾人为上言其毫无所知,动不得笔,而人又轻躁,遂乃斥去"。③又有记载说,朱彝尊"私以小胥录四方经进书,为学士牛钮所劾",④奉旨降一级。徐乾学入值南书房二十四年,前一年为侍讲学士,此时正是徐乾学浸浸大用之时。徐乾学与牛钮关系颇善。牛钮是满族第一个由考试而进的汉学进士,徐与之为同年,"交相善也","既而洊历馆阁,凡朝廷有大制作,裁纂编辑之任,往往与公周旋从事,又相亲也",⑤由此可见徐乾学与牛钮关系的确不一般,而当时文稿往还,潘耒、朱彝尊多无忌讳,侃侃而论,所谓"浮躁"当即指此。故邓之诚说"(朱)彝尊为掌院牛钮所劾,由徐乾学、高士

---

① 李光地:《榕村续语录》卷一五;《碑传集》卷四〇。
② 朱彝尊:《曝书亭集》卷三七,《序》。
③ 李光地:《榕村续语录》卷一五。
④ 《清史列传》卷七一,《朱彝尊传》。
⑤ 徐乾学:《牛公钮墓志铭》,《碑传集》卷四〇。

第三章 统治基础的巩固与汉官集团的倾轧

奇喉使"。① 可谓有证。邓先生还认为，同举鸿博科授检讨的徐嘉炎"以宗叔事乾学，或有抑扬其间，遂为彝尊不解之仇欤？！"② 严绳孙"见时势乃尔，亦辞去"。③

高士奇对潘耒、朱彝尊也"深衔之"。曾曰此辈"岂独不可近君，连翰林如何做得"！泽州（陈廷敬）曰："如此等人，做不得翰林，还有何人可做？次耕略轻些，至朱锡鬯还是老成人。"高士奇于陈廷敬本是学生，是日，便无复师生礼，忿然作色曰："甚么老成人！"将手炉掷地，大声曰："似此等，还说他是老成人，我断不饶他！"陈廷敬数日不入南书房，时为吏部侍郎，康熙帝很奇怪，问为何不入，又往遣侍卫招呼，陈廷敬始入。一日，高士奇又对郭琇大为不满，忿然曰："渠之得为学士，谁之力也？皆予为之左右得至此。从来不曾见他一匹缎、一只铜杯，这样人还说他好？"不久，果皆为所逐。④

乾学之舅父顾炎武当家道中落时，将祖上所遗田典押给同郡富豪叶方恒。叶方恒却乘人之危，图谋侵吞。这场田产纠纷，一直闹到明清更迭。叶方恒的兄弟叶方蔼却对顾炎武颇加礼敬，叶方蔼比徐乾学资格要老，康熙十二年（1673）即充日讲起居注官，康熙十五年为侍讲学士，康熙十七年七月即入值南书房，同

---

① 邓之诚：《清诗纪事初编》卷七，《徐嘉炎》。
② 邓之诚：《清诗纪事初编》卷七，《徐嘉炎》。
③ 李光地：《榕村续语录》卷一五，《本朝时事》，第760页。
④ 李光地：《榕村续语录》卷一五，《本朝时事》，第758页。

年年底迁翰林院掌院学士,兼礼部侍郎,康熙十九年以"讲解明析",加礼部尚书衔。①可见叶方蔼是较早进入南书房并受康熙帝信赖的汉官。他奉命编撰《太极图论》,充《御定孝经衍义》《鉴古辑览》《皇舆表》《明史》《尚书讲义》等书总裁。

康熙帝常将汤斌与徐乾学比,叶方蔼掌院时,一日,康熙帝问:"汤斌与徐乾学两人,哪个学问好?"叶虽与徐至亲,却不相能,叶回答:"各有好处。"康熙帝问:"倒底有优劣?"叶对:"不同。"康熙帝又问:"何以不同?"叶答:"汤斌是正经学问。"康熙帝说:"徐乾学学问不正经么?"叶答:"也正经。汤斌是留心经书,讲道理的学问;徐乾学是博及群书,可备顾问的学问。"一日,康熙帝又问:"两人文章如何?"叶答:"不同。汤是学者之文,徐是才子之文。"汤斌不久出为巡抚,而向用乾学之意少歇。徐大恨叶,遂大用工夫,将叶方蔼赶出为刑部侍郎。叶"彼时即以掌院大拜,及遇此,痛哭而出,不久死矣"。②以上是李光地所记。

徐乾学之子徐树穀娶叶方蔼之女,所谓"至亲"指此。在《叶文敏公集》中有树穀字说,及乾学父行状,母志铭,而徐乾学《憺园集》文字无及方蔼者,"光地之言或当有据"。③

按叶方蔼任刑部侍郎事在康熙二十年(1681)十月三十日,

---

① 《汉名臣传》卷一三,《叶方蔼传》。
② 李光地:《榕村续语录》卷一五,《本朝时事》,第753页。
③ 邓之诚:《清诗纪事初编》卷三,《叶方蔼》。

第三章 统治基础的巩固与汉官集团的倾轧

其任命似出自康熙帝之意,吏部开列内阁学士王守才等,康熙帝曰:"刑部事理关系紧要,必得称职者任之,方为有益。学士叶方蔼莅任有年,才品优长,着兼原衔升授此缺。"①康熙二十一年四月,叶方蔼卒。

李光地是清初理学名臣,又向清主表忠心,自称其"原非明之臣子,而实我朝之词臣也"。②耿精忠叛于闽,李光地上《蜡丸疏》再表忠迹,后又力荐施琅专征台湾,故颇受康熙帝赏识。他又自称不倚仗满族权贵,曾说:"当时,索(额图)盛时,予不曾谒索;明(珠)盛时,予不曾附明。徐健庵(乾学)势倾满、汉,高淡人(士奇)呼吸风雷,余大冶(国柱)、于成龙炙手熏天,满朝谁不造之?独予幸为诸公所弃。于门不到者,惟杜秀水及我耳。今日月光照,虽欲粘予于数公之中而不可得,则当日之揶揄,其相予也多矣。"③虽有为自己开脱之嫌,多少也是事实。

由于李光地在康熙帝心目中的地位越来越高,李颇为自得地庆幸自己没有入党局,实际情况则不然。如前所述,他在明珠面前自称"晚生",请其为之谋掌院学士一缺,即是明证。明珠、索额图都曾拉拢过他,索额图性贵傲,"与朝士独亲李光地",④尝对李的亲信曰:"李某吃亏,全是明珠。"明珠则曰:"李某是真

---

① 《康熙起居注》第一册,第772页。
② 梁章钜:《归田琐记》卷四。
③ 李光地:《榕村续语录》卷一三,第723—734页。
④ 李清馥:《榕村谱录合考》,五十岁条,见李光地《榕村全书》。

人品，予所最敬者，他虽学士，予敬之过于大学士。"[1]明珠通过余国柱向李的门人张雄转达其意，想以李光地为尚书，但事成后请李在九卿"会议时内外照应"，李光地称："我必得右宰，公之意则铭诸心矣。"[2]李还向明珠谏言："公富贵已极，复何所望，惟全晚节为完人则千秋矣。"[3]

对李光地逐渐取得康熙帝的信任，徐乾学确不能安，"于时上眷愈隆，旦夕且大用，诸恶为异己者，日益忌之"，[4]此处之忌者，当然主要是徐乾学。徐乾学利用《蜡丸疏》一事大作文章，挟制李光地，这也是"卖友案"沸沸扬扬的重要原因所在。

康熙帝对三藩叛乱时一些汉族官僚士大夫的"贰心"一直耿耿于怀，这也是徐乾学攻击李光地的一张"大牌"。

康熙十九年（1680），李光地自福建到达北京，徐乾学立即前往造访，并要李尽朋友之情为陈梦雷洗脱罪名。李说："予非惮章奏，恐无济于事耳。"徐曰："君不必求其有济，但上章奏，为朋友之事毕矣。"李曰："予作疏稿，恐有不尽心，君可为我代作一稿。"徐书成后李"一字不移，写上"。[5]陈梦雷得免死戍奉天。康熙二十一年，陈遣戍前大骂李光地，经魏象枢等劝阻方

---

[1] 李光地：《榕村续语录》卷一三，第723页。
[2] 李光地：《榕村续语录》卷一三，第727页。
[3] 李清植：《文贞公年谱》卷上，第33页。
[4] 李清馥：《榕村谱录合考》，五十岁条，见李光地《榕村全书》。
[5] 李光地：《榕村续语录》卷十，《本朝时事》。

去。李光地说为陈梦雷辩白的奏章是陈、徐两人所作,"他自己说不上的话,却教我说,可笑。这都是上本后,徐健庵教他如此说,先前并无此说"。①

《绝交书》公之于陈梦雷遣戍奉天前后,即当在康熙二十二年(1683)。②同年五月,李光地省假南归。"告归后,徐健庵即狠下手结陈则震(梦雷)",说李光地于耿乱时"本观望",派人送密信到清廷,李本人已到耿王处,并与台湾郑氏相通,后来叛乱平定,李"如今就算全节"。③

由于康熙帝多次催问,明珠趣李回朝。康熙二十五年(1686)七月,李光地再度入朝,康熙帝用隆重的礼节欢迎李的到来,不候缺即令李入阁办事,旋即有掌院之争,李终任翰林院掌院学士,徐乾学、李光地竞争更加激烈。为致李光地于死地,徐乾学将《绝交书》送呈康熙帝,玄烨疑团百出,一日,使明珠问李:"皇上也不信,但是人如此说,你也曾求仕于耿精忠,有否?"李回答称,托父病危,"脱身而归,如责备我既到耿处,即当骂贼而死,予则受罪。如说受耿精忠之伪命,实在无此"。康熙帝对李的回答也不甚满意,曰:"不过是乡绅,又无城守之责,何必死?所争者受伪命不受伪命耳。"徐乾学又在康熙帝面前说李

---

① 李光地:《榕村续语录》卷十,《本朝时事》,第697页。
② 王锺翰:《陈梦雷与李光地绝交书》考证为康熙二十二年(1683),见《清史新考》,第150页。
③ 李光地:《榕村续语录》卷十,《本朝时事》,第699页。

族众万余，三藩乱时，"本有霸王之志，坐观成败，其为人臣，非其本志，故来朝辄去。即在朝，日与二三同心讥议时政"，康熙帝遂各处派"侦探采访，而不得踪迹"。①由于李光地颇受众人所忌，康熙帝对他也缺乏信任，翌年三月，李又请假南回，在朝仅九个月。

李光地此次请假，由明珠从中斡旋，康熙帝悬缺一年以待。李归前辞谢明珠，明珠曰："君家居七年来补，八月而复告归，虽太夫人年诚高，公诚孝，然在他人，恐有厚于亲而薄于君之嫌。皇上以公平日之忠节，进言之诚信，故有此特恩。"又曰："公但去，俟假满或再展限。某若在位，必左右之。且某之不留公者，亦别有故也。"明珠四顾家人，令其退，移席促膝曰："事势有变。"李光地惊问其故，曰："浙江人可畏。不久予亦危，予无所逃。公虽恬退，上却向用，若等断不能容公。"②

李光地在回乡之前，出于礼貌，向同僚辞行。他向徐乾学辞行时告诉徐："我本希望回乡为母养老送终，但皇上只给假一年，真不知如何是好？"徐乾学居心叵测地说："你何必如此拘泥！既然给了你假，你就回去。回去后再申请终养也不迟。你如果上疏终养，先派人将上疏给我，我到皇上处为你说话，成全你的一片孝心。"可是李刚离京，徐就急不可耐地到康熙帝那里去进谗

---

① 李光地：《榕村续语录》卷十，《本朝时事》，第699页。
② 李光地：《榕村续语录》卷一三，《本朝时事》，第724页。

言，说李在朝廷时经常与德格勒、徐元梦一起非议朝政；皇上器重李光地，李却没有半点感恩报主之心，反而说现在不是他有作为的时候，这次他请假回去，不是请短假，到时候必然要求展限，不信皇上就等着瞧吧。①

这种没有真凭实据的话，康熙帝当然不会贸然相信。可是恰在这时，李光地的好友、同榜进士德格勒却帮了李光地一个大倒忙。李光地在向康熙帝辞行时，曾推荐德格勒、徐元梦、卫既齐、汤斌等人，康熙帝遂擢升德格勒为馆阁学士。德格勒英年得志，不知忌讳。在同榜进士中，只瞧得起李光地，因此经常在康熙帝面前讲李光地懂军事，"有文武才，宜膺封疆"。②这就触犯了同僚"互相称引"的禁条，有"朋党"之嫌，从而在某种程度上印证了徐乾学关于"李常与德子谔（德格勒）、徐元梦在一起非议朝政"的话，因而引起了康熙帝对李光地的猜疑。随后发生德格勒卜卦的事，明珠不仅怀恨德格勒，也迁怒于李光地。

当李光地听从徐乾学的话，回乡一年的假期将满，便派其弟李光坡携续假疏赴京托徐乾学代呈时，徐乾学叫李光坡把"续假"改为"要求终养"。李光坡感到徐乾学别有用心，遂以安顿同伴为借口离开徐府，并把续假疏交给专管疏奏的通政司转呈。

康熙二十六年（1687）底，孝庄文皇后去世。李光地闻讯欲

---

① 李元度：《国朝先正事略》卷七。
② 李光地：《榕村语录续集》，《本朝时事》。

急往奔丧，可是李光地在从安溪到福州的途中，却接连收到徐乾学的两封信，都是叫李光地不要急，迟到不要紧。徐乾学还写信给福建巡抚张仲举，叫他设法延缓李的行程。与此同时，徐乾学又给其同党熊赐瓒写信，叫他日夜兼程赶往北京。结果熊赐瓒比李光地早五天到京。徐乾学又唆使熊赐瓒在康熙帝面前进谗言。熊对康熙帝说，他的哥哥熊赐履认为李光地写的书不通。康熙帝问："书不通，人如何？"熊遂说李回乡过福州时，总督王新命请他饮酒看戏，李光地独点《范蠡扁舟五湖》一出戏，自以为功比范蠡，以此暗指皇上可以同患难，不可以同安乐。康熙帝听后大怒。熊又乘机讲李光地有霸王之志。①

此后，康熙帝通过严刑拷打德格勒，想知道李光地的"霸王之志"，又在东巡时试图从李的反对者陈梦雷口中得到证实，李光地一时十分危急。②

当李光地行将大难临头之际，突然出了日全蚀，康熙帝是一个信"天人感应"的皇帝，于是对审问李光地之事感到惶恐不安。恰巧负责审问李光地的兵部尚书和刑部尚书报告：李只有"妄荐"德格勒这条罪。康熙帝就顺水推舟地说："事已昭著，应将李光地治罪，但李光地前为学士时，凡议事不妄奏从人。台湾之役，众人皆谓不可取，唯李光地以为必可取。此其所长。除妄

---

① 李光地：《榕村续语录》，《本朝时事》。
② 李光地：《榕村续语录》，《本朝时事》。

第三章　统治基础的巩固与汉官集团的倾轧

奏德格勒外,亦别无如此启奏之事。姑从宽免其罪,令仍为学士。嗣后勿再妄冀外任并希图回籍,宜痛加省改,勉力尽职。"[①]

然而,对李光地是否有"霸王之志",康熙帝直到李光地丧母时仍存戒心。康熙三十三年(1694)四月,李光地听到母亲病故的消息,悲恸欲绝,甚至不顾康熙帝曾有过"勿再妄冀外任并希图回籍"的旨令,立即上疏请假回家为母守制。但康熙帝因不便明言自己关于李光地返乡后可能会借助其万人之众、"甲族大家"的力量,实现其"霸王之志"的担忧,就借口"提督顺天学政关系紧要",而"着(李)在任守制"。李光地慑于圣旨难违,不敢坚持三年守制,就想出个变通的办法,即由乞请三年守制改为"乞给假治丧,往返九月"。即使如此,康熙帝也不答应。而反对者也以"九月奔丧""在任守制"不合"三年之丧"的古训为借口,弹章论劾。这就是所谓"夺情案"。在这种情况下,康熙帝才改"在任守制"为"离任在京守制"。

康熙帝在九卿会议时,曾颁旨训斥弹劾李光地"贪位而忘亲"的彭鹏:"我留他在任,自有深意,不然朕岂不晓得三年之丧,古今通礼?我所以留李光地之意,恐一说便难以保全。九卿如要我说,我便说;不要我说,我便包容。"这里所说的"自有深意"是指留李光地"在任守制"或"离任在京守制"之意均在于防止李实现其"霸王之志"。倘若把此"意"点明了,势必导

[①]《康熙起居注》第三册,第1758—1759页。

致双重后果：一是九卿必然会据此建议把李光地处斩；二是九卿虽不敢面议康熙帝因私心竟置古制"三年之丧"于不顾，但腹议则是可能的。故有"恐一说便难以保全"之说。

正当徐乾学与李光地争斗激烈之时，张汧贪贿事发，一时徐乾学、高士奇地位岌岌可危。张汧原为福建布政使，康熙二十五年（1686）十二月初五日任湖广巡抚。王熙等称张汧"为人尚优，行事亦谨慎"，李光地称其"居官在地方安静"，遂有是命。①另据载，高士奇、徐乾学等贪贿，迫张汧出任湖广巡抚，张汧以自己年事已高婉拒，高士奇等人致书相逼，"谓不成便得奇祸"。②张汧只好应允。翌年十二月二十一日，山西道御史陈紫芝疏参湖广巡抚张汧到任未久，黩货多端，凡所属地方盐引、钱局、船埠等无不搜刮，甚至汉口市肆招牌亦按数派钱。当日保举之人，必有贿嘱情弊，请一并敕部议处。帝命张汧革职，所参各款由直隶巡抚于成龙、山西巡抚马齐、左副都御史开音布前往审究。康熙二十七年三月十二日，经于成龙等察审，湖北巡抚张汧共贪污银九万余两。荆南道祖泽深勒索百姓银八百余两。张汧、祖泽深俱绞监候。湖广总督徐国相与张汧同城，不行参奏，革职。保举张汧为布政使之大学士梁清标、尚书熊一潇降三级留任；保举张汧为巡抚之内阁学士卢琦等革职。差往审事张汧之侍郎色楞格徇情

---

① 《康熙起居注》第二册，第1566页。
② 李光地：《榕村续语录》卷一四。

第三章 统治基础的巩固与汉官集团的倾轧

失实,回奏欺罔,斩监候。

在审理张汧案的过程中,张汧供出在京纳贿诸臣,并将高士奇、徐乾学等人逼迫他出任巡抚的书信一一呈上。康熙帝见南书房大批心腹重臣被牵入此案,密召高士奇入宫,当面询问。高士奇见此事已无法掩饰,便对康熙帝说:"督抚诸臣,以臣蒙主眷,多有馈遗。其实,圣明威福,从不旁落。臣何能参与一字?在彼诚无益,在臣则寸丝粒粟,皆恩遇中来也。"[①]康熙帝听了这番奏对,不但未对高士奇加以责罚,反而面露微笑。四月二十七日,康熙帝召九卿、詹事、科、道及巡抚于成龙至前谕曰:"前差于成龙、马齐、开音布往审张汧案,曾谕云:尔等往审此事,须就款鞫问,不可蔓延。若蔓延,则牵累者多矣。倘有别事,尔等记来密奏。后伊等回时,曾将张汧举首书札及口供密奏。不欲此事蔓延者,诚恐牵累众人,实非偏徇。况张汧供称,伊系论俸补授,又称系拟陪时补授者。凡补用督、抚,朕与九卿、内阁诸臣同议补用。此等处,起居记注档内甚明,一阅即知之矣。"刑部尚书图纳奏曰:"臣往审张汧时,其口供亦属舛错。"康熙帝曰:"尔等可将于成龙等带来张汧之举首书札看阅,察审人亦心服。"康熙帝又顾于成龙曰:"尔前者不曾奏张汧、祖泽深、姚缔虞、金铉、钱珏、王国安居官不善乎?"于成龙奏曰:"臣未奏王国安居官不善。"又曰:"尔在城外,不曾向色楞格有言乎?"于成

[①] 陈康祺:《郎潜纪闻二笔》卷一一,第534页。

龙奏曰："臣向色楞格言是真，臣亦曾奏明。"①

由于张汧案的牵涉，徐乾学等人贪贿之事实已经败露，五月初六日，吏部尚书陈廷敬、刑部尚书徐乾学疏请解任。康熙帝曰："据奏情辞恳切，着以原官解任。其修书总裁等项，着照旧管理。"次日，詹事府少詹事高士奇疏请解任。帝曰："览高士奇所奏，情辞恳切，准以原官解任。其修书副总裁等项，着照旧管理。"②

徐乾学等江浙派官僚虽因张汧案受挫，但仍然入值南书房，参掌机要，"凡有文字，非经徐健庵改定便不称旨"，加之其两个弟弟仍在朝中任要职，徐乾学解职后"声光更盛"。③

当年十月二十二日，康熙帝率群臣在太庙举行太皇太后神位祔庙典礼，此时的康熙帝已蓄发近一年，按说祔庙礼举毕，康熙帝已大尽孝道，理应剃发如常，群臣请者再，他仍不为所动，问还有奏折否？徐乾学在伊桑阿的面前，于石头上铺一张纸，一气呵成。康熙帝见词句入理，感情凝布且笔墨未干，大受感动，当即剃发。又问现写成的何以如此快，伊桑阿答是徐乾学在地上一笔写成，玄烨盛赞徐才思敏捷。此时于成龙正受康熙帝倚重，"颇有胆"，在帝前"尽道徐东海、高淡人等之奸邪"，徐草奏中意后，康熙帝将于成龙叫到宫门前说："我左右动得笔的，是徐

---

① 《康熙起居注》第三册，第1768—1769页。
② 《康熙起居注》第三册，第1774页。
③ 李光地：《榕村续语录》卷一四，《本朝时事》，第738页。

第三章　统治基础的巩固与汉官集团的倾轧

乾学、陈廷敬、李光地、张英、叶方蔼这几个人。这大文章,该是于成龙做,你为什么不做,叫徐乾学做呢?"问于成龙:"可识字否?汝汉军中有此几人?"于成龙羞得无地自容,只好承认自己不识字,并说汉军中没有此等人物。这次事件,无疑是一个信号:徐乾学可能东山再起。

当徐乾学和高士奇在康熙帝授意下,合力将明珠等满族权贵弹劾罢职后,二人之间的裂痕开始出现。所谓"明、余既罢相,权归高、徐。徐又见高更亲密,利皆归高,于是又谋高"。①

徐乾学这次援引的是罢官多年的熊赐履。徐得知康熙帝将于康熙二十八年(1689)南巡,就先派人传信给熊赐履,说康熙帝一到南京,会召见熊,嘱熊届时举荐徐家兄弟,并说:皇上所不喜的是高士奇、李光地及王鸿绪等人,喜者即徐氏兄弟,"喜者当极力推荐,不喜者当极力排斥"。熊赐履不知此消息是否准确,尚在犹豫中,徐又派使者云:"家主说来年如南巡,一毫不如家主所言,太老爷便莫照家主所言为皇上言之。果然如此,再说不迟。"康熙二十八年正月初八,康熙帝在大队人马的扈从下开始了他的第二次南巡。二月二十六日,驻跸江宁,遣礼部尚书张玉书、工部尚书苏赫至熊赐履宅,赐茶果等物,熊随至行宫前谢恩。②熊"日中而入,上屏退左右,与语,至黄昏始出"。这次

---

① 李光地:《榕村续语录》卷一四,第741页。
② 《康熙起居注》第三册,第1842页。

熊在康熙帝前贬李光地不懂天文。"孝感（熊赐履）才出，上便卒然上观星台"试李。按《康熙起居注》，康熙帝登观星台在次日，两书所记有若干符合。由于熊赐履的话已起作用，康熙帝对李光地"怒气"发问，又急传一钦天监，因其在寓饮酒已醉，加之传召甚急，放马归来，在山中跌死。康熙帝不知其情，责怪其迟，侍卫奏称"跌下马来了"，康熙帝命"着烧酒灌"，侍卫附耳称"已死了"，康熙帝"即时气平，言语都低了"，下山时吩咐"汉官不会骑马，各衙门满洲人员，夹着各衙门汉官走，莫使蹉跌。如有事，与你们说话"，李光地被库勒纳"夹紧下来，幸保全无事"。[1]

在南巡回銮途中，康熙帝向高士奇透露了熊赐履讲他坏话的内情，劝高："汝也要防备。"高佯做不知，云："臣有何学问？"康熙帝曰："不是学问。"高称其"与人无怨无争"，康熙帝劝高"总是要防备"。康熙帝返回北京后，再次向高士奇暗示，有人参劾他招权纳贿。高士奇问是谁？康熙帝索性明言相告："即汝平日所夸之熊赐履也。"[2]高士奇早在回銮途中就已通过康熙帝左右的太监探得此事原委。他神闲气定地答道："即此可见臣在皇上面前说人不好，也非与臣不好；说人好也非与臣好。但是别人说臣还可，熊赐履说不得臣。臣虽不与之相交，然书札时常往还。

---

[1] 李光地：《榕村续语录》卷一四，第742页。
[2] 李光地：《榕村续语录》卷一四，第6页。

第三章 统治基础的巩固与汉官集团的倾轧

他与臣书说臣人品是程朱一流。岂有程朱会招权纳贿的？"康熙帝闻言忙问："书札何在？"次日一早，高士奇便将熊赐履的书信全部呈上。康熙帝阅后，"笑而存之"。徐乾学见熊赐履的参劾未能奏效，便授意门生郭琇参奏高士奇、王鸿绪等五人招揽事权、奸贪坏法。

九月十八日，左都御史郭琇奏参，略云："高士奇出身微贱，其始也徒步来京，觅馆为生。皇上因其字学颇工，不拘资格，擢补翰林，令入南书房供奉，不过使之考订文章，原未假之与闻国政。为士奇者，即当竭力奉公，以报恩施于万一。计不出此，而日思结纳谄附大臣，揽事招摇，以图分肥。凡内外大小臣工，无不知有士奇之名。夫办事南书房者，先后岂止一人，他人之声名从未著闻，何士奇一人办事而声名赫奕乃至如此，是其罪之可诛者一也。久之羽翼既多，遂自立门户，结王鸿绪为死党，科臣何楷为义兄弟，翰林陈元龙为叔侄，鸿绪胞兄王顼龄为子女姻亲，俱寄以心腹，在外招揽。凡督、抚、藩、臬、道、府、厅、县，以及在内之大小卿员，皆王鸿绪、何楷等为之居停，哄骗而夤缘照管者，馈至成千累万，即不属党护者亦有常例，名曰'平安钱'。然而人之肯为贿赂者，盖士奇供奉日久，势焰日张，人皆谓之曰'门路真'。而士奇遂自忘乎其为撞骗，亦自居之不疑曰：'我之门路真。'是士奇之奸贪坏法，全无顾忌，其罪之可诛者二也。"①

---

① 蒋良骐：《东华录》卷一五；《清史稿》卷二七一。

疏奏上，康熙帝一如罢明珠一样，命高士奇休致回籍，"本内所有官员俱着休致回籍"。

正当郭琇疏参高士奇等人时，徐乾学也引火烧身而被劾。

左副都御史许三礼疏参原任刑部尚书徐乾学革职后以修史为名，与高士奇招摇纳贿等事。其文曰："原任刑部尚书徐乾学者，不顾品行，律身不严，致被罪臣张汧所供。蒙皇上宽仁，不加谴责，即宜引咎自退，乞命归里，又复优柔系恋，潜住长安，乘留修史为名，出入禁廷，与高士奇相为表里，物议沸腾。即无官守，落得招摇纳贿。其子试御史徐树榖，不遵成例，朦胧与考，明有所恃。独其弟徐秉义文行兼优，实系当代伟人。原任礼部尚书熊赐履，理学醇儒，可称千古人品。臣职居言路，知而不言，即为不忠，俯采舆论，直陈贤奸，乞即召用熊赐履、徐秉义，以佐盛治。徐乾学既无好行止，自无好议论，既无好事业，焉有好文章，应逐出史馆，以示远奸。徐树榖，尚书之子，中堂之侄，身为御史，太觉招摇，应调部属，以遵成例。臣不避嫌怨，披沥直陈。"康熙帝命："所参事情，着徐乾学明白回奏。熊赐履原系简任大臣，朕所深知，已经起用，现在丁忧，许三礼请即召用，殊属不合，着饬行。"

徐乾学在回奏中曰："臣若果受张汧一钱，臣甘寸磔。臣以性不谐俗，遭人嫉忌，具疏恳归田里。蒙恩准解部务，仍领各馆总裁，臣早夜编摩，每隔数日入直，与高士奇等共订书史，此外一无干涉。臣在任之日，尚且严绝苞苴，岂解任以后，反行招摇

第三章　统治基础的巩固与汉官集团的倾轧

纳贿。宪臣忽云潜住，忽云招摇，皆臣所惶惑不解者。"疏并下部察议，以所劾招摇纳贿皆无实据，即朦胧考选亦不确，许三礼应降二级调用。

议甫上，许三礼复列款疏参："要见皇上之留徐乾学者，留于史馆办事，岂留潜地招摇，物议沸腾，阁臣之奏明者，不过奏避阅卷之嫌疑，岂有题破历来之定例。今乾学不引咎悔过，反执吏部阁臣之请，雕琢字眼，粉饰要旨，欲坐臣以指参不实之例，而使树穀仍居御史之职，明欲肇衅开端，紊乱国制，专擅之渐，不可不防。乾学伊等拜相之后，与亲家高士奇更加招摇，以致有'去了余秦桧，来了徐严嵩，乾学似庞涓，是他大长兄'之谣。又有'四方宝物归东海，万国金珠送澹人'之对，京城三尺童子皆知。若乾学果能严绝苞苴，何以有如此丑语耶？乾学遣弟徐宏基遍游各省，名为抽丰，独于河南磁州（今河北磁县）、彰德（今河南安阳）等处留恋一载有余，放赌宿妓，良民受害，怨声载道。乾学买宪臣傅感丁在京房屋一所，价银六千余两；买学士孙在丰在京房屋一所，价银五千五百两；买慕天颜无锡县田一万顷；京城绳匠胡同、半截胡同与横街新造房屋甚多，不能枚举。苏州、太仓、昆山、吴县、长洲、常熟、吴江等州县，俱系徐府房屋田地。"最后曰："乾学身受国恩，乃敢植桃李于一门，播腹心于九州，横行聚敛，不顾枉直，顺之则生，逆之则死，势倾中外，权重当时，朝纲可紊，成例可灭。伏乞皇上立赐处分，国家幸甚，万民幸甚。"①

由于汉官内部的倾轧愈演愈烈，大有不可遏止之势，康熙帝于九月十八日命高士奇等人休致回籍的同时，召大学士、九卿等严谕汉官曰："顷副都御史许三礼题参原任刑部尚书徐乾学，荐举原任礼部尚书熊赐履。往者皆言熊赐履不好，今见朕起用，又言熊赐履好。此皆因人咳唾，动辄效尤。熊赐履乃读书之人，母丧未满，今虽召用，亦必控辞。前熊赐履所作《日讲四书解义》刊刻之时，朕以为熊赐履所作应列其名；原任大学士索额图、杜立德、冯溥以熊赐履名教中罪人，不应列名。又因僧人事牵连议处，朕以为熊赐履断不为此，故宽释之。彼时若将熊赐履问罪，今如何可用？且熊赐履所作《日讲四书解义》甚佳，汤斌又谓不然。以此观之，汉人行径殊为可耻！况许三礼、汤斌、李光地俱言王守仁道学，熊赐履惟宗朱熹，伊等学问不同。"大学士王熙曰："道学之人当涵养性情，若各立门户，各持意见，互相陷害结仇，何云道学？"康熙帝曰："意见若能持久，亦自不妨，但久之彼自变易其说耳。"②

因三礼疏劾事涉内阁大学士徐元文，元文乃奏辩曰："三礼因参臣兄乾学不实，知吏部已议降调，遂诬列臣兄多款，并诬及臣，谓曾收李国亮贺仪五千两。臣与国亮虽曾相识，初无交涉，

---

① 蒋良骐：《东华录》卷一五。
② 《康熙起居注》第三册，第1901—1902页。

第三章　统治基础的巩固与汉官集团的倾轧

三礼以不根之词,横肆污蔑,即使孤竹复生,何难指为盗跖。圣明在上,必能洞察其诬。国亮、三礼皆可互质也。臣初入阁时,曾闻有人粘贴榜纸,此乃忌嫉臣兄弟者,布散流言,以图倾陷耳。夫匿名榜贴,律禁至重,又屡奉严谕申饬地方官不行查拿有处分定例。三礼既佐理宪纲,闻知正宜痛嫉,乃公然引入奏章,指为证据,则三礼必深知造榜之人,与匿帖所由来矣。总之,臣兄弟直道自处不免招尤,而不悦臣兄弟者,遂欲一网尽之。三礼向者考选之后,曾请执弟子礼,臣以于义不可,始终拒之。今于数日间忽而诬臣兄,又忽而诬臣,殊难测臆。臣荷恩深重,一旦为人排系,致无影之词溷入圣聪,局促惶恐,无地自容。伏祈皇上立赐罢斥,庶臣心稍安。"疏入,得旨:"许三礼既为言官,凡有纠参自应据实指陈。前参乾学疏内,何以不一并指出,乃于部复议处之后,复行列款具奏,明系图免己罪,着严饬行该部知道。"寻命免许三礼调用,仍留任。①

在靳辅、明珠、高士奇等权臣罢官的重大活动中,郭琇都扮演了重要角色,因此也就难逃劫数了。在山东巡抚钱珏一案中,郭琇被牵连,而其内情仍是高士奇对徐乾学的报复。钱珏是浙江人,被御史张星法参劾贪恶,钱回奏所参不实。此时,高士奇得知自己将被郭琇参劾,遂嘱钱珏将徐、郭往来请托私信,以及郭琇等公荐教官一事公之于众,自此,"赵高鹿马之祸起矣"。

---

① 蒋良骐:《东华录》卷一五。

君臣之争：清朝的帝王与朋党

御史盛符升在写给钱珏的信中说：因郭琇曾嘱钱荐举知县、教谕等官，王飏昌曾嘱钱宽待正访拿之豪民，均遭钱拒绝，郭、王遂指使张星法弹劾钱珏。事下吏、刑二部及都察院察审。刑部尚书图纳与徐乾学有亲，因此有所偏袒，盛符升给钱珏的信中有"汾阳、东海长公不喜"之语，译成满文时，将"东海长公"翻成"常工"，康熙帝览奏不解其意，问"东海常工"为谁，图纳曰："问盛，盛亦不言，不知为何人？"①康熙帝对此痛恨已极，十月初十日，刑部等衙门题复郭琇有玷大臣之职，应照例革职，杖一百，准其折赎。张星法既听郭琇之言，将钱珏纠参，且多方巧辩，亦照例革职，杖一百，准其折赎。太常寺少卿赵仑，御史鹿廷瑛、马光，郎中高启元等身为京官，为伊亲朋寄书嘱托巡抚钱珏，俱应革职。御史盛符升居言官之任，私将纠参钱珏情事寄书通知钱珏，又不实供，应降三级调用。教官刘奉家、孙熙，知县高上达等，央求郭琇等寄书钱珏，俱应革职。康熙帝曰："郭琇本当依议处分，念其鲠直敢言，屡经超擢，从宽免革职治罪，降五级调用。张星法从宽免革职治罪，着降二级留任。凡官员理应各尽职业，不得扶同结党。赵仑、鹿廷瑛、马光、高启元居官无所表现，乃依倚郭琇同致私书，明系党附，殊为可恶，俱着革职，流徙奉天地方。盛符升着降三级调用。钱珏既接私书，彼时不行具题，今被纠参，始行举出，殊属不合，可以原品解任。余

---

① 李光地：《榕村续语录》卷一四，《本朝时事》，第740页。

第三章　统治基础的巩固与汉官集团的倾轧

俱依议。"①

汉官之间的牵连报复，使朝廷政局动荡不安，一时人人自危。康熙帝愤恨地说："蛮子哪有一个好人？"②"汉人倾险，可恶已极。"③因徐乾学致私书于钱珏事发，徐乾学被革职，后来连同高士奇等人俱被赶出京师。

"南北党"之争与满汉之牵连报复

所谓"南党"是指以徐乾学、高士奇、王鸿绪等为主的江浙派官僚，而"北党"指依附明珠的科尔坤、傅腊塔、佛伦等旗员。南北党更多的不是划分地域，而是带有满汉之争的意涵。

康熙二十八年（1689）七月初七夜，玄烨自畅春园经西直门返回宫中，陪伴他钟爱而生命垂危的皇贵妃佟佳氏。次日起，"部院各衙门奏章交送内阁"。④玄烨停理政务。初九日，奉皇太后旨令，立弥留状态的佟佳氏为皇后，次日申时，皇后撒手人寰。

玄烨是一位内心世界极为丰富又很重感情的人，在一年半的时间里，他最亲敬的二位亲人相继去世，对他的身心打击是极为沉重的。"物在人亡，睹遗袿而雪涕，庭虚昼永，经垂幕以怆怀。

---

① 《康熙起居注》第三册，第1906页。
② 李光地：《榕村续语录》卷一三，《本朝时事》，第730页。
③ 李光地：《榕村续语录》卷一四，《本朝时事》，第743页。
④ 《康熙起居注》第三册，第1883—1884页。

悲从中来,不能自已,握管言情,聊抒痛悼。"[1]玄烨用真挚的情感和血肉之躯在朝阳门外的殡宫陪伴已逝的皇后达九天之久,每日上食举哀如仪。

佟佳氏是玄烨的三位皇后中,唯一一位与他有血缘关系的皇后。她是玄烨的亲表妹,是其生母孝康章皇后的亲侄女。玄烨对自己过早失去生母,未能为生母尽孝,始终怀有遗憾,因此,他对待生母娘家人,宠信殊常。对于佟佳氏,玄烨既有夫妻之情,又有兄表之情,甚至还融入一部分他自觉对额娘所欠之情。

佟佳氏是于康熙十六年(1677)八月册封为贵妃的,其父佟国维是玄烨生母孝康章皇后幼弟,康熙九年任内大臣,康熙二十一年升领侍卫内大臣,不久又担任议政大臣。清初的佟氏家族中,除去两位国舅外,还有不少人官至高位,在当时有"佟半朝"之称。佟佳氏来自这样一个有着特殊背景的家庭,作为玄烨的亲表妹,自然要被另眼相看。

康熙二十年(1681)十二月,玄烨奉祖母之命,晋封贵妃佟佳氏为皇贵妃。她是玄烨册封的所有妃嫔中唯一一位皇贵妃。清制,"后以下,皇贵妃最尊,可总摄六宫事,即副后也"。[2]

就在玄烨赴皇后梓宫前行月祭礼不久,在戏剧家洪昇的寓所,由聚和班艺人上演的《长生殿》引起一场轩然大波。十月初

---

[1]《圣祖御制文二集》。
[2] 章乃炜等:《清宫述闻》,第667—668页。

第三章　统治基础的巩固与汉官集团的倾轧

十，吏部题复：给事中黄六鸿所参赞善赵执信、候补知府翁世庸等，值皇后之丧未满百日，即在候选县丞洪昇寓所，与书办同席观戏饮酒，大玷官箴，俱应革职。康熙帝依议。①

同一天，都察院左都御史郭琇寄书嘱托山东巡抚钱珏一案被降五级调用，太常寺少卿赵仑，御史鹿廷瑛、马光，郎中高启元因"依倚郭琇，明系党附"，俱革职，流徙奉天地方，钱珏以原品解任，御史盛符升降三级调用。康熙帝再次申明，"各官员理应各尽职业，不得扶同结党"。②

这两件事表面上看似无关联，但考诸各种记载，即可知这都是明珠党等满族权贵对汉官集团报复的升级。而"演剧之祸之酿成，实由明珠党人欲藉以排除异己"。③

贝锦谁为织，箝罗忽见侵，
考功原有法，给谏本无心。
性直与时忤，才高招众忌，
何期朋党怒，乃在伶人戏。④

---

① 《康熙起居注》第三册，第1906页。
② 《康熙起居注》第三册，第1906页。
③ 章培恒：《洪昇年谱》附录一，《演〈长生殿〉之祸考》，第389页。邓之诚《清诗纪事初编》卷七《洪昇》中认为该案为南党所发。
④ 王泽弘：《鹤岭山人诗集》卷一一，《寄洪昉思》，《送洪昉思归武林》。

-153-

明珠于先一年被徐乾学嗾郭琇劾罢，逐出内阁，其党羽为报复，并为打击疏放无羁的文人，压抑潜藏的反满情绪，借皇后之丧，疏劾与徐乾学、高士奇关系密切的洪昇、赵执信等人，借以挫败徐、高二人。

在汉官内部的倾轧及满汉牵连报复中，康熙帝作为最高权力的拥有者，并没有起到化解、平息此种矛盾的作用，相反他利用以满制汉、满汉相制之各种权术，使康熙二十六年（1687）前后达到高潮的满汉斗争并没有因此后二年明珠、徐乾学等相继罢官而息止，在他的暗示及指使下，满汉之间的倾轧又屡起风波。连目睹此场斗争并作为徐乾学仇家的李光地都不无感叹地说："山东巡抚一佛伦，江南总督一傅腊塔，专为郭琇、徐氏兄弟也。"所谓康熙帝"恶乾学反复，必欲痛抑之"，[①]可谓确论。

康熙二十八年（1689），玄烨出于安抚江浙派汉族官僚及满、汉在朝廷中的平衡考虑，特擢徐元文为大学士，但"北门（明珠）专力攻立斋（元文）"，"立斋亦甚苦"。[②]当时明珠的外甥傅腊塔已任两江总督，徐氏兄弟深恐远离禁地，遭到明珠的报复将无以将冤情上达天听，因此徐乾学罢官后迟迟不肯离京。康熙帝召见徐之同年高璜，谕曰："徐乾学是汝同年，胡不劝之去？"高向徐转述康熙帝之意，徐乾学初始不相信，高曰："此旨意予

[①] 邓之诚：《清诗纪事初编》卷三，《徐乾学》。
[②] 李光地：《榕村续语录》卷一四，《本朝时事》，第736—737页。

第三章 统治基础的巩固与汉官集团的倾轧

敢造乎？且年兄在此，予辈所愿也，何为欲令君归？"徐乾学无奈，只好上疏乞归。行前，他深知此去凶多吉少，再三请求陛辞，康熙帝总算给这位老臣面子，但召见时徐乾学有所言，康熙帝无心听下去，"已他顾"，因徐乾学眼近视看不见，仍说："臣一去，必为小人所害。"康熙帝问小人是谁，徐不敢指明是明珠等人，遂答："满汉俱有。"康熙帝颇不满意，说："你们相倾相害，满洲谁害汝？"徐奏请康熙帝分清君子小人，"臣便可保无事"。这话说得很不中听，康熙帝问如何区分，徐称"但是说臣好的便是君子，但是说臣不好的便是小人"。康熙帝曰："我知道了，汝去罢。"①

康熙二十九年（1690）春，徐乾学带着恐惧和依恋的复杂感情，开始了南归故里的艰难跋涉。这位文坛领袖、主持风气的臣子全然没有衣锦还乡的感觉，所余的只有恐惧。但他所担心的事情还是发生了。五月十一日，江南沭阳县民周廷鉴叩阍，告太常寺少卿胡简敬父子兄弟为害乡里一案，经两江总督傅腊塔审实奏闻。刑部等议胡简敬应革职，徒三年；胡旭、胡敷世应绞，胡简尤等拟杖徒；巡抚洪之杰奉旨交审事件，徇情胡简敬，应降三级调用。康熙帝抓住此案，大作文章，以胡氏倚势横行，阖县之人，遭其毒害，而督抚不行举发，科道不行纠参，皆属徇情，今如不立置重典，"何以为直隶各省不法绅衿、积恶豪强之戒"！②

---

① 李光地：《榕村续语录》卷一四，《本朝时事》，第740—741页。
② 《圣祖实录》卷一四六，《清实录》第五册，第605页。

君臣之争：清朝的帝王与朋党

六月初六，将胡简敬及其一家均发往河南垦荒，胡旭、胡敷世处以绞监候，洪之杰被革职。

康熙帝对胡氏的处理既是震慑徐家，也是给傅腊塔撑腰打气。七日之后，傅腊塔列款疏参大学士徐元文、原任刑部尚书徐乾学纵子侄家人为恶，康熙帝不命查审，即令徐元文休致回籍。曾几何时，徐元文送兄长诗赋的笔墨尚未干：

> 春日既过半，余寒凛未已，
> 绮树无抽条，鸣禽鲜悦耳。
> ……
> 平生方寸心，与兄共戚喜，
> 十年同京华，形影正相似。
> ……
> 独余滞畿辇，离群心内伤，
> 君恩何以报，旧思徒苍茫，
> 愿各勉餐饭，聊用宽愁肠。①

徐元文深知"余寒"的厉害，痛恨那些会叫的鸟儿不会发出悦耳的声音，十载患难一朝分别，只有为弟攀援在兄长的车下，久久跟随，那些害怕受牵连的人早已不知去向。忘掉一切忧虑

---

① 徐元文：《含经堂集》卷一五，《送伯兄予假归里二首》。

第三章　统治基础的巩固与汉官集团的倾轧

吧，还是活命要紧。

仅仅一百天，徐元文也沿着长兄的路南下而归。他的《被论罢官南归三首》已不再含蓄，而直抒胸臆：

短狐期必射，狘貐期必噬，身与权贵忤，安得不困敝。
丑正繁有徒，胶漆厚相缔，众嘘山欲漂，徒掌□□（原文缺）蔽。
夷跖任所指，苍素适相戾，长吟贝锦篇，清昼忽阴翳。

宣圣疑掇尘，慈母惑累至，谤积且销骨，斥谴焉足避。
哲后惟明明，非曰轻弃置，庶复全始终，用解贸首忌。
蓄计毁室巢，张威事锻织，苟非吾君仁，一门安所庇。
顾此感至恩，宁胜去国泪。

京华十余载，怀乡日悠悠，一朝解组去，潞水浮扁舟。
白露且晨降，大火方夕流，烟波正弥渺，桂棹堪夷犹。
对景暂为适，安知身所谋，终已事六籍，此外非吾求。[①]

徐元文没有他哥哥那样"幸运"，舟过临清，山东巡抚佛伦当然不会放过，榷关者根本没把这位原品休致的大学士放在眼

[①] 徐元文：《含经堂集》卷一五。

里,翻检舟中所有,以图找到"受贿"的证据,可是连箱箧瓶罂全都翻遍,"竟无所得"。次年,元文"以忧死",①但告徐氏者仍未停止。

佛伦属明珠党的骨干,其结怨董讷、郭琇等所谓"山东党"自下河之争。早在康熙二十七年(1688)二月二十七日,靳辅疏参漕督慕天颜等朋谋陷害,康熙帝曰:"凡事俱有是非,应据理直言。今观有言人之过者,众皆随声附和,以为不善,并不据理辨其是非。近因靳辅被参,而议论其过者甚多。"三月初一日,孙在丰疏言:"前与佛伦等会勘河工时,原议海口应行挑浚,拟有疏稿,后竟不以上闻,虽系佛伦主稿,实为靳辅阴谋。"康熙帝命九卿等一并察议。两江总督董讷入见奏称:"今在皇上之前,不敢不以实告。皇上虽费金钱雇夫,其实地方都是派夫。每处派夫五千名,其帮贴银皆费至一二万金。夫到河工,报死者又多,甚为地方之累。各处俱有申文,臣皆携带来京。今日初到,尚不敢呈御览。"董讷又曰:"高加(家)堰旧系石堤,近来损坏。总河将石别用,复欲筑重堤一道。臣等公议以为重堤可不必筑。若筑重堤,是高堰两面受水。其时佛伦从臣说,云依臣议。后来赵吉士忽尔不从,云必须总河担承。遂面问靳辅,靳辅断不担承,因而众论游移。佛伦遂议筑月堤一道,想是若辈故作此局。"康熙帝责其为何画题?董讷奏曰:"臣原系孤踪。向在京时,蒙圣

---

① 邓之诚:《清诗纪事初编》卷三,《徐元文》。

第三章 统治基础的巩固与汉官集团的倾轧

恩隆重，不敢缄默。每于会议，班中多持公论，以此获罪于人者甚多。今为外吏，又遇河工为国家大事，臣何敢独执私见？况佛伦又不容人说话，臣不得已而从之。臣所赖者惟皇上耳。"因以手探怀中，仍奏曰："臣原稿云以民田作屯田，伊改为民之余田作屯田。臣因屯官累民，曾疏参数人，故原稿云不肖屯官，伊改为不肖官吏。所改之稿，臣带在此，伏乞皇上睿鉴，自当了然。"遂取稿于怀，去包封白纸呈上。康熙帝读其稿，指改易之处，问何人改易？董讷奏曰："或系佛伦自改，或系别人所改，臣不得知。皇上但看改易之处，便知其心为谁矣。"康熙帝曰："佛伦亦言有尔手书底稿一纸。"董讷曰："佛伦先是满字稿，定要臣翻译汉字，臣不得不翻。"帝阅稿毕，仍以稿还董讷。[1] 初八日，廷议河工事宜，佛伦为己申辩，称："董讷、慕天颜俱系大臣，河务关系甚大，意有不合之处，亦可两议，随即陈奏，亦无不可。乃至数月，慕天颜方行具奏。董讷报伊起身日期全本之内将臣参劾，而贴黄中并不写出。据此，董讷、慕天颜伙同党谋，将臣暗行巧陷耳。"靳辅也称慕天颜、孙在丰二人系亲家，"朋谋排挤"，郭琇也奏屯田累民，"靳辅将河工钱粮分送与人"。二十四日，处分河工有关官员：靳辅革职；佛伦革职，留佐领，以原品随旗行走；董讷、孙在丰降五级以翰林官补用；熊一潇、慕天颜均革职；给事中赵吉士因另案已革职；达奇纳降五级随旗行走；陈潢

---

[1]《康熙起居注》第三册，第1724页。

革去职衔，解京监候。时有议重惩靳辅者，康熙帝不以为然，并厉戒满汉互争，曰："今若有人顺靳辅而言，又恐议为靳辅之党，谁复敢言？朕则不然，惟求合理而已。俟继用之人治六七年后，再定之。"又曰："凡为臣者怀挟私意，互相陷害，自古有之。不但汉官蹈此习俗，为陷害之事，虽满洲大臣亦行此陷害之事。凡为臣者应竭诚秉公，变此习俗。"①

康熙帝对山东人结党也颇为关注，多次发出警告。康熙二十一年（1682）八月初七，兵科给事中员缺，大学士以考选主事任琪题补，康熙帝曰："近见现在言官山东人甚多。孙必振、张志栋、李见龙等皆山东人，任琪亦系山东人。今若补，则山东人太多。"命另拟具奏。②数日后，山东籍大学士冯溥致仕，康熙帝召讲官牛钮、陈廷敬，将诗、书等赐与冯溥，并传谕曰："朕闻山东人仕于朝者，大小相固结，彼此推引，凡有涉于己私之事，不顾国家，往往造为议论，彼唱此和，务使有济于私而后已。又闻居乡多有扰害地方，朕稔知其弊。冯溥久在禁密之地，归家后可教训子孙，务为安静。故大学士卫周祚居乡谨厚，在闾里之中若未曾为显秩者，必如此人，方副朕殷殷之意。"冯溥复奏曰："唯有约束教戒子孙。至于山东诸臣中，贤愚不同，朝廷国法俱在。"③

---

① 《康熙起居注》第三册，第1733页。
② 《康熙起居注》第二册，第877页。
③ 《康熙起居注》第二册，第888页。

第三章 统治基础的巩固与汉官集团的倾轧

郭琇等人请托山东巡抚钱珏的事件发生后，康熙帝进一步意识到在朝之山东人互相援引，及对山东地方官的挟制。康熙二十八年（1689）十月，吏部题补解任山东巡抚钱珏员缺，或开列满洲，或开列汉军、汉人请旨。康熙帝曰："山东一省绅衿甚为强鸷，且好结朋党。巡抚宜用风力之人，可将佛伦补授。"①

佛伦是以内务府总管升任山东巡抚的，他在京逗留了一个多月，十一月二十一日陛辞，十二月初四日抵达山东省境。②

佛伦负有秘密使命，即访查董讷、郭琇等山东籍官员及地方官情状。他还带有康熙帝严旨切责山东官绅的谕令。

是年十二月二十五日，是太皇太后去世两周年，康熙帝的最后一位皇后佟佳氏于七月初十日病逝，康熙帝因"郁闷过甚"，身体一直极度虚弱，故令皇太子等前往暂安奉殿致祭与他感情至深的祖母。翌年春，九卿大臣一再请康熙帝调养，这位"容颜清减"的皇帝仍不忘劝诫大臣化解党派之争："卿等职任，俱关重要，各宜恪体朕衷，持廉秉公，实心尽职，毋得营私结党，师生亲友，互相徇庇，听受嘱托，遇事推诿，自图便安，务期于国计民生，实有裨益。"③

佛伦是较早使用密折奏事的满族大员之一。这位雷厉风行的官员到山东后即宣布皇帝谕旨。康熙二十九年（1690）三月初

---

① 《康熙起居注》第三册，第1907页。
② 《康熙朝满文朱批奏折全译》，第11页。
③ 《圣祖仁皇帝实录》卷一四四，第586页。

四日，康熙帝在佛伦密奏"恭缴皇上亲笔谕旨"折上朱批："前任巡抚品行何如？再董讷（讷）、郭琇等土豪，比孙光祀、任克溥如何？布政使卫既齐声名如所闻欤？"①同月十九日，佛伦将康熙帝所欲了解臣僚情形一一密报，称钱珏"操守尚可，然而疲软……偏颇于亲友、地方乡绅等事"，"董诺（讷）之三弟行为悖乱，欺压民人。访郭琇，据称其父原系贼匪，为我所杀等语。因系甫升之人，家业未立。惟其弟郭连，人言恶劣。访孙光祀，据言爱管闲事，好央求，行为悖乱，及其诸子、家人极恶。访任克溥，据称先横行地方，扰累民人，今不如以往，惟其子任延芳好管闲事，大逆不道。董诺（讷）、郭琇之暴，似亚于孙光祀、任克溥。再，臣接任之日，元旦，孙光祀曾来见。因臣未见，故其余乡绅等亦未曾来。又臣到任即访问得，乡绅、秀才等闻圣主所降严旨，俱恐慌，或将所占所取之市井、房屋、田亩、人口退还者亦有之，暗中相求息事者亦有之，或将行逆诸子携往任所者亦有之，遣往他处者亦有之。又有民到臣署控告二三乡绅、秀才者。此案将批后鞫审。至孙光祀、董诺（讷）等大乡绅，无人首告其强取豪夺。将伊等此后或民人首告，或臣访获，则预先奏闻，立候皇上批示遵行"。②五月十七日，佛伦密奏称，自到任以来，地方恶豪既有被访参拿问者，今又有为人所告而受审者，并

---

① 《康熙朝满文朱批奏折全译》，第12页。
② 《康熙朝满文朱批奏折全译》，第13页。

欲将山东"首恶"孙光祀列款参奏:"查得孙光祀乃山东省为恶倡乱之首,身居省城,扬言承办一应事宜,诓勒六府富户,欺害良民,官民莫不憎恶。若惩此一人,其伙党惊散,恶习想必悛改耳。倘若将孙光祀仍留该省,非但良民受苦不已,且恶党顽伙决不罢休矣。臣本应据此诸项,即行参奏,惟臣入请训旨时奉旨:孙光祀等人,尔勿轻惹之,若欲犯之,着具奏议,看朕指示。钦此钦遵。或即据此诸项参劾孙光祀,或作何办理之处,俟上裁指教后遵行。"康熙帝朱批:"孙光祀居官有年,门生熟人极多,有山东地方为首恶劣乡宦。前年,郭琇刚刚大参满洲为首大臣明珠、科尔坤及尔等。今骤将孙光祀列款参劾,必将属实,国法难宥。在朕虽无私心,但在众汉人心中,或以为朕降旨使参,或以为参劾为满洲报仇,反而近乎画虎类狗、投鼠忌器之言矣。暂且略加观察。今又出胡健青之事,或畏于此而稍有收敛,亦未可料。倘又不肯,怙恶不悛,彼时参劾,亦为时不迟。"①

康熙帝虽然密令佛伦暂不弹劾孙光祀等人,但对郭琇等未释然于怀,时郭琇以"私书罪"降五级调用。吏部于四月推补郭琇为通政司参议时,康熙帝"命改推",旋命郭琇以所降之级休致。②

康熙帝的落井下石似在暗示佛伦应该怎样做。康熙帝随即对

---

① 《康熙朝满文朱批奏折全译》,第14页。
② 《汉名臣传》卷二,《郭琇传》。

佛伦"温旨垂问",又通过佛伦之子转达对他的信任,称其"声名颇佳,若自始至终如此,则无话可说了"。①佛伦受到鼓舞,对郭琇的报复也逐步升级,"兵粮案"与"冒名案"一时并起。早在郭琇任吴江令时,县丞赵炯径取漕米二千三百石,暗抽米致亏空,后赵炯降调事露。时江宁巡抚洪之杰为取悦满大员,以事涉郭琇,移牒佛伦追郭琇赴质。佛伦总算找到报复之机,疏劾曰:"郭琇系奉旨休致回籍之人,今违旨不行回籍,潜藏京城,明系串通朋党,夤缘生事,希图复职。又曰郭琇父郭景昌,即郭尔标,原系明末贼犯正法。郭琇从前蒙蔽,改名请封。其郭琇本身,并伊亲祖、亲父、嗣祖、嗣父所得封诰,请一并追缴,并请逮郭琇赴江宁严讯。"

部议违反正常程序,不待郭琇回复即追夺郭琇等诰命。郭琇知"兵粮案"发,已先遣家人代买米还仓。七月,郭琇被押赴江宁勘治。法司用严刑逼县署印张绮梅诬郭琇贪,张绮梅抗刑不屈。时江宁士民数百集于署外,愤而袖瓦伺击。案结坐郭琇侵收运船米事发弥补罪,遣戍陕西。郭琇之妻屈氏闻讯,泣血草疏,即"率一仆、妇、蹇驴走京师",②会特恩放郭琇回籍,屈氏亦归。

经此摧勒的郭琇,归里后蛰伏乡邑,谢弃人事,口不言朝政,亲族罕识其面;有造访者皆拒不纳。昔日那位直声震天下,

---

① 《康熙朝满文朱批奏折全译》,第16页。
② 《屈氏行述》,第3页,引自《清代人物传稿》卷八,阎崇年:《郭琇》。

第三章　统治基础的巩固与汉官集团的倾轧

敢与权贵较量的郭琇，似已不在人世。

康熙帝此时又摆起虚伪的面孔，于追夺郭琇诰命的次日，在佛伦所上的密折上朱批曰："若参郭琇，应与朕商议而后参之。事虽系公事，然原有参劾尔等之事，难免报仇之论。嗣后不可如此鲁莽。"①按康熙帝朱批在八月二十九日，从《清实录》可证，佛伦已劾郭琇并追缴郭琇封诰。至十月初二日，佛伦得帝朱批，上《自责奏事鲁莽折》曰："郭琇之事，奴才一时思虑不周，鲁莽具奏。顷见圣主温旨，奴才知己粗鄙，感愧不已。即父之教子，亦莫过于此。"朱批：以后若遇此等事宜，应商议奏请。②十年后的康熙三十九年（1700）正月，郭琇升任湖广总督，入觐时脱帽叩头哭奏："臣父郭尔昌，系即墨县学庠生。郭尔标为只身光棍，并无妻室，何有子嗣？且尔标乃杀祖不共之仇，而诬臣为其子。不知佛伦何所闻，而无影无稽诬臣欺君。"③时佛伦为大学士，康熙帝诘之，以风闻引罪，命给予郭琇诰轴。郭琇横被倾诬，已至十年，而不敢以一言草疏自白。于此，《郎潜纪闻二笔》评道："设使人寿不及待，则其含负奇屈于地下者，当复何如！吁，直道难行，仕途荆棘！"④

由于徐乾学、郭琇等均出现解任后仍逗留京师的情形，一项

---

① 《康熙朝满文朱批奏折全译》，第17页。
② 《康熙朝满文朱批奏折全译》，第18页。
③ 郭琇：《华野疏稿》卷三，第2—4页。
④ 陈康祺：《郎潜纪闻二笔》卷三，第364页。

有针对性的法令于追夺郭琇诰命的同一天宣布生效："二十八年（1689）八月二十八日，定今后汉官革职解任，照旗员例，限五个月起程回籍，如不即行回籍，仍在做官地方，或在别处居住，俱照旗员逾限例处分，其地方官亦照容留旗员例议处。在京官员凡革职、解任、休致，由吏部照知其原籍督抚，并移咨都察院转交五城官员，严催起程日期报部。外官回籍，亦行令该督抚将起程日期报部；即知会原籍地方，亦令该督抚报部。着为令。"①至于由佛伦创议的山东省绅衿同百姓一起承担差徭的新体制，已超出本文的论述范围，只好从略了。

康熙帝还"先已令傅腊塔总督两江为督过地"。②傅腊塔是于云南察审提督万正色侵贪案时升任两江总督的，此前仅是工部左侍郎，其间明珠罢职。作为明珠的外甥，傅腊塔之骤升是否因康熙帝与明珠达成某种妥协，尚待确考，但在傅的发动下，苏州乡民纷纷呈控徐氏家族鱼肉乡里的罪行，③当地士绅撰写《三吴公讨徐氏檄》《东海传奇》等，对徐氏痛加诋斥。④康熙三十年（1691）五月，佛伦参劾徐乾学嘱托徇庇不法县官，徐乾学被革去刑部尚

---

① 《圣祖仁皇帝实录》卷一四八，《清实录》第五册，第638—639页。
② 邓之诚：《清诗纪事初编》卷三，《徐乾学》。
③ 参见《清代档案史料丛编》第五辑，收在本集、选自宫中杂件的三十四件档案，可以认为是当地百姓在傅腊塔的支持下对江南大族徐氏、王氏的控诉。
④ 邓之诚：《骨董琐记全编》，第250页。

书职。六月，徐元文"惊悸呕血而死"，^①自是"龃龉者不已"。^②先是，嘉定知县闻在上为县民评告私派，逮狱阅二年未定谳。至是，按察使高承爵穷诘，闻在上承认曾向徐乾学之子徐树敏行贿，事发后追还，徐树敏被逮捕，论罪当绞。

康熙帝感到满汉因党争而起的报复已影响了他宽大为政的治策，遂于当年十一月初九日谕吏部等："从来致治之道，在正人心。人心偏私，则诈伪日生，而习俗滋敝。人心公直，则嚣竞自息，而庶绩允厘。朕夙夜孜孜，崇尚德教，蠲涤烦苛，期与中外臣民共适于宽大和平之治。凡大小诸臣，素经拔擢，咸思恩礼下逮，曲全始终，即或因事放归，或罹咎罢斥，仍令各安田里，乐业遂生。惟尔诸臣亦宜奉职恪共，绝偏私而襄国事。乃近见内外各官，间有彼此倾轧，伐异党同，私怨交寻，牵连报复；或己所衔恨，而反嘱人代纠，阴为主使；或意所欲言，而不直指其事，巧陷术中。虽业已解职投闲，仍复吹求不止，株连逮于子弟，颠覆及于身家；甚且市井奸民，亦得借端凌侮，蔑纪伤化，不可胜言。凡若所行，虽迹甚诡秘，朕总揽机务已三十年，此等情态知之最悉。倘因仍陋习，益致蔓延，殊非朝廷所以体恤臣工、保全爱惜之意。夫谗谮媢嫉之害，历代皆有，而明末为甚。公家之事置若罔闻，而分树党援，飞诬排陷，迄无虚日，以致酿祸既久，

---

① 李光地：《榕村续语录》卷一三，《本朝时事》，第731页。
② 《清史稿》卷二七一，《徐乾学传》。

上延国家。朕历观前史，于此等背公误国之人，深切痛恨。自今以往，内外大小诸臣应仰体朕怀，各端心术，尽蠲私忿，共矢公忠。岂独国事有裨，即尔诸臣，亦获身名俱泰，倘仍执迷不悟，复蹈前非，朕将穷极根株，悉坐以交结朋党之罪。尔部可即传示中外，使咸知朕意。"①

这道谕旨有如缓死牌一样，让徐氏家族如庆更生。徐乾学闻旨，即"北面叩首，涕泣曰：'上恩如此，中外普被，而老臣尤幸甚，从此可丐余生也'"。②可是，徐乾学仍然把问题想得过于简单，多年的恩怨岂是一道诏旨就能化解的？

为了让傅腊塔也能"仰体朕心"，康熙帝于是年底召其进京，名义是"御前请安"，实际是"亲聆训旨：地方为臣乡绅之事切勿深究，宽以待之"。③然而，傅腊塔于翌年初又密奏徐乾学之子徐树榖家人致死人命案当如何了结，康熙帝朱批："此案仍宜从宽处置，若往深究，尔岂能避免与人结仇。此等之事，朕心里很明白，尔唯图公正清廉，切勿玷辱此旨，日后事必明了。把心放宽些。"④但傅腊塔煞有介事地奏称，江苏巡抚郑端将欲陷害他："今郑端与原布政使李国亮、原任尚书翁叔元等每日聚饮，诬蔑奴才曰：皇上今为乡绅等被人参劾所降上传甚为明白，总督傅腊

---

① 《清圣祖皇帝实录》卷一五三，第693页。
② 《清史列传》卷十，《徐乾学传》。
③ 《康熙朝满文朱批奏折全译》，第24页。
④ 《康熙朝满文朱批奏折全译》，第24页。

塔听信人言，将徐乾学兄弟子辈一并参劾之事，皇上显然已知，不久徐乾学父子之事将被更正耳，早晚有人指参总督傅腊塔听信人言参劾者是实耳。并派原松江府知府赵宁来往向徐乾学父子道喜。奴才深知帮助徐乾学之朋友、师生甚众。昔日徐乾学兄弟父子之凶残，而现任大学士伊桑阿于前年三月参劾徐乾学之前，亲笔来函曰：徐乾学将赴伊处修《一统志》，若去尔处相会，仍予优待。奴才果若听信人言参劾，则岂不惧现任大学士而惧他人耶？伊桑阿信函，奴才现仍收存，不敢有烦圣衷奏览。又巡抚郑端扬言其所以参劾王鸿绪，俱归奴才授意，四下散布'吾乃汉人，岂能参劾汉人，皆为总督所迫而致等因'，编造虚幻、无辜之事，希图皇上闻之。"①

由于威慑汉官集团的效果已经明显，康熙帝令傅腊塔"从宽处理"，并把阵线转移到对于成龙的控制上。康熙三十三年（1694）闰五月，傅腊塔卒于两江总督任上，康熙帝称其"和而不流，不畏权势，仰体朝廷委用之意"。②在推举该缺时，吏部尚书库勒纳等推举同旗同部之侍郎布彦图，康熙帝责其"听人妄行保举"，并再次谕责满洲内部之结党，曰："自古汉人结为党类，各援引同党之人，以欺其上，习以为常。满洲素朴诚忠实，今观旗员，亦各自结党，其中于成龙最为强胜。此中惟尚书索诺和并无党

---

① 《康熙朝满文朱批奏折全译》，第25页。
② 《圣祖仁皇帝实录》卷一六四。

类，亦不来往大臣之家，原属安分。此外孰无党者，焉能欺朕？朕因布彦图在理藩院时，塞外效力，渐升至侍郎，不思图报朕恩，所行贪婪秽恶，朕甚恶之。布彦图着革去侍郎，仍授为理藩院员外主事之职，服劳以愧之。尔侍郎等不奋勉以副朕任用之恩如布彦图者，朕亦必加处分，断不宽贷也。"①然康熙帝意犹未尽，欲探知徐乾学等态度。二十九日，川陕总督佛伦上请安折，康熙帝朱批曰："数月尔奏书未到，亦曾问尔子。将刘洪祖等所奏之事，票拟而议时，大学士伊桑阿曾奏曰：佛伦原系尚书，若皇上召之，即召之内阁耳，尚书何事？对此朕冷笑了。前参劾明珠、科尔坤、佛伦等人时，众皆指望必杀伊等。朕心里很明白，件件分析，不令生事，巧以完结。今言佛伦之事，其源仍系前人所参，何不申述冤情，但言召至内阁入伙也？况且，徐乾学给稿使郭琇参劾，索额图为首令陈氏参劾，于成龙倡导结党等项，事关至大，朕心中很明白。今畏佛伦而取悦之，何用？此等事宜，谕尔知会。据闻总督傅腊塔既逝，江南通省顿觉如丧父母，而徐乾学连饮三日以庆贺。尔在山东时，不知郭琇何说？"②

显然，康熙帝对徐乾学等人仍未能释怀。七月，他令大学士荐举"长于文章、学问超卓者"，③意在乾学等人，随诏徐乾学、徐秉义兄弟及王鸿绪、高士奇来京修书。"乾学知有使者

---

① 《圣祖仁皇帝实录》卷一六四；《清实录》第五册，第789页。
② 《康熙朝满文朱批奏折全译》，第62页。
③ 《圣祖仁皇帝实录》卷一六四，第11页。

来，而不测祸福，遂卒，盖悸死也。文士多作诗哀思之，鲜有刺讥者。"①

徐乾学卒于康熙三十三年（1694）七月十七日。八月二十七日，佛伦密奏郭琇、徐乾学等曰："郭琇等小人，岂敢议论国家政务。此等之言，未曾闻之。但闻怨徐乾学等曰：我自知县内升不久，竟不知彼等善恶，令我参劾彼等后，尔得尚书。怂恿参劾，遂如此矣。等语。再闻以钱粮故，派郭琇赴江南受审时，与徐乾学一同议论曰：佛伦甫到任，居官虽清廉，然此满洲不出一年，必行贪婪。徐乾学又称：劝尔毋忧，我来时留言京师诸友害此人。郭琇又说：伊虽参我，但我亲友等仍在，若为彼等拿住，岂肯轻饶他。彼此切齿相谈。今奉旨垂问，奴才将所闻谨奏。"②佛伦又密奏徐乾学等人情形曰："伊徐乾学受国大恩，位极首辅大臣，不图至死报效，惟以施用奸诈之计，结伙为党，诬杀他人为念。皇上明鉴如日月，宽容如天地，未治重罪，仍宽宥保全，遣之返回。对此理应感激，悛改从前之狼心，安静度日，至死笃念皇父之恩。闻傅腊塔故去，众皆叹惜，唯徐乾学开心，宴饮庆贺，非但有悖于为臣之道，可谓不可留世之大罪人也。奴才有闻，恶罪贯盈，天命诛之。此皆因伊奸佞不轨，上而负君，下而害人，罪恶累累，上天鉴之，继而屠之也。闻其子亦蹈父辙，

---

① 邓之诚：《清诗纪事初编》卷三，《徐乾学》。
②《康熙朝满文朱批奏折全译》，第63页。

横行地方。若父残暴而罹罪，子仍行恶不悔，亦不得好死。又闻得，傅腊塔谢世不久，昆山县及邻近嘉定县之民举皇上龙亭，置于县衙，不令征收兼征之钱，詈骂知县，甚至殴打。知县惧，往报巡抚宋荦。宋荦曰：总督逝世数日，民即行之如此乎？庶民不能行，必有教唆之人，着通报惩处之。奴才窃思，此皆徐乾学之意，宋荦虽言之如此，未必行此事。实在无法无理至极。又闻徐乾学下盐商因不送盐，使省城盐价一斤至十八钱。后因无盐卖，或旗官兵有茶中放清酱而饮者。"①由于徐乾学已死，佛伦的"小报告"已没有价值，康熙帝也就不再追究了。

"元文、乾学先后以忧死，党局始稍结。"②邓之诚先生曰：元文撰《含经堂集》三十卷、《别集》二卷、《附录》二卷，与乾学《憺园集》俱无人为之作序，盖忧危中虑为人执持。刻成不敢公然行世。秉义《培林堂集》，始终未刻，仅流传写本，亦有所诫。又曰：光绪中，昆山知县金吴澜喜刻书，得改本《憺园集》为之重刻。云集初刻成，乾学即没，丧中以数十部赠人，或有言其非者，秘不肯出，故流传不广。观改本皆措辞不得体，或用事有误。他无忌讳，然即此足知当日徐氏危疑之状矣。其后虽有于成龙"势焰薰灼，公卿无不趋承，"③以及赵申乔专制户部，还有阿山与张志栋之争、噶礼与张伯行互参案等，但或为时甚短，或没

---

① 《康熙朝满文朱批奏折全译》，第64页。
② 邓之诚：《清诗纪事初编》卷三，《徐元文》。
③ 李光地：《榕村续语录》卷一四，《本朝时事》，第744页。

有构成政局之翻覆，故在此略去。

纵观康熙帝与山东巡抚佛伦、两江总督傅腊塔之密旨疏书往还，知康熙帝任用二人，为整饬"汉人党"之意甚明，而尤注意于郭琇、徐乾学等人，后者之遭际或是康熙帝有意为之，或是督抚承旨而行，其意又在以满治汉。可见康熙朝之朋党，成为扩张皇权、牵制满汉大臣之工具矣。这是康熙中期以前党争未能威胁皇权，适成皇权之一助力，与后期皇、储之争迥然有别的所在。

第四章
康熙后期的皇、储之争及对皇权的挑战

皇子参政及其权力之扩张

八旗制度作为清朝立国的一个基本制度,在入关后仍发挥着不可替代的作用,其内部所形成的隶属关系在国家政治生活中仍有重要影响。尤其是旗王、贝勒对本旗有相对控制权,这使旗人效忠旗主甚于效忠君王,很显然这是不利于皇权发展的。因此,康熙时期通过新编佐领打破原有的隶属关系,淡化旗主、贝勒对本旗佐领的影响。尤其突出的是,康熙帝对下五旗诸王的权力予以抑勒,对建立皇帝的权威起到了很好效果。

康熙帝还通过惩处诸王大臣、减少诸王议政人员、改变议政大臣会议人员结构等措施,达到削弱八旗传统政治势力的目的。

早在康熙十年(1671)三月初一日,康熙帝训诫年幼诸王,曰:"闻尔等恃威行事,岂果有所利耶?夫无益之威逞之何用?尔等皆朕懿亲,人自敬畏。至于所属在外官员,原为国家治事理民,尔等若勒索其财物,彼何所取而应奉耶?宜以时娴习骑射,暇则读书，毋徒溺于嬉戏也。"又谕安亲王岳乐："尔在诸王中以齿则高，以行则长，若年幼诸王率意妄为，尔其训饬之。"①

在平定三藩过程中，康熙帝任用宗室诸王作为大将军王统帅诸军，但其表现颇为不佳。平藩战争结束后，玄烨令议政王大臣等举太祖、太宗军法，"严行议罪"。经奏准，将宁南靖寇大将军顺承郡王勒尔锦、扬威大将军简亲王喇布、定西大将军贝勒董鄂、安远靖寇大将军贝勒察尼及贝勒尚善等五人，皆削爵，奉命大将军康亲王杰书被罚俸一年。当时八名王、贝勒中，五名削爵，一名罚俸，只有安亲王岳乐、信郡王鄂札立功受奖。勒尔锦与察尼还被革去议政、宗人府职。

到康熙中叶，有资格、军功的老辈诸王所剩无几，康熙帝又改革宗室王公袭爵办法。康熙二十七年（1688）二月二十一日，经宗人府议复：亲王以下，恩将军以上，其子年十五概予封爵，恐致视为故典，罔知激劝，嗣后应停止此例，改为年至二十，辨其骑射、文艺之优者列名引见请旨授封。唯亲王以下，奉恩将军以上逝世，即准一子袭爵，不俟岁满。得旨依议，如人才超卓者，不拘年岁，特与封授。

清初的议政王大臣会议号称"国议"，君主权力的行使在这里也受到限制，但康熙时期发生很大变化。康熙十一年（1672）底，在裕亲王福全的带动下，庄亲王博果铎、惠郡王博翁果诺、

---

① 《圣祖实录》卷三五，《清实录》第四册，第475页。

第四章　康熙后期的皇、储之争及对皇权的挑战

温郡王孟峨等均辞去议政大臣一职。康熙二十四年三月初五日，康熙帝对大学士等曰："朕观今议政王所议机务，动辄漏泄，此皆冗员众多之故耳。今会议内所有八旗满洲、蒙古都统，或因人才壮健，或因支派选授，于部院事务毫无所知者颇多，故或于是非不出一言，或不晓事理，但随众而散。此等虽与会议，有何益耶？嗣后于都统内有通晓部院事务者，酌量采选，令与会议，余皆应免。如有军机，乃其专职，仍令预议。命将此旨传谕议政王等。"①

到康熙二十四年（1685）前后，议政王大臣会议中原有宗室议政王只剩杰书一人。康熙三十六年杰书死后，终康熙朝这一机构已无议政王，故《圣祖实录》称"议政大臣会议"。这是对联旗合议制残余的胜利，这一机构成为掌握于皇帝的普通议政机构。②

由于议政大臣会议人员结构的变化，康熙二十七年（1688）二月，帝谕今后凡会议公事，大臣不必向诸王行跪。当时大学士王熙、余国柱、李之芳等议持服事，向王跪语，康亲王杰书等坐受，俱属不合。经宗人府题：嗣后会议，大臣停其跪语，诸王、大臣应行察议。康熙帝曰："朕召大臣议事，如时久，每赐垫坐语。大臣与诸王会议，即行跪语，不符。嗣后凡会议公事，不必

---

① 《康熙起居注》第二册，第1298页。
② 杜家骥：《康熙以后的议政王大臣会议》，《南开学报》（哲学社会科学版）1985年第1期。

向诸王行跪。杰书、王熙等俱从宽免察议。"①

为防止诸王干预旗务，康熙帝还取消了都统、副都统只由本旗选授的旧例，改由本翼之内，打破旗分补授。康熙三十六年（1697）七月谕兵部："都统、副都统，典兵重任，若但于本旗内选授，则下五旗即有本旗之王掣肘，办事不得其正者甚多。嗣后都统、副都统员缺，应于左右翼内，不论旗分补授。"②

由于对诸王等传统政治势力的禁抑，这部分政治势力再不能像康熙朝以前那样了。更重要的是，王、贝勒的后继者又没有多少军功，因此难以受到尊重。康熙二十二年（1683），玄烨在钦点随围诸王名单时，对管宗人府的安亲王岳乐说："朕观此中绝少成材者，虽点行围，岂能效力？且观其上朝时，拿陋不娴礼节，外饰虚貌，实无所有，其所以致高位者，不过承祖、父之荫耳，曾有著绩行阵者耶！我先世曾见此辈否？应严饬令其悛改，务矢志奋勉。"③

在禁抑下五旗诸王贝勒的同时，经过康熙帝的有意扶植，其兄弟子侄逐渐登上政治舞台，在康熙中后期被委以重任。

康熙二十九年（1690）夏，玄烨任命福全为抚远大将军，皇长子胤禔为副，率清军主力出古北口；常宁为安北大将军，和硕简亲王雅布和多罗信郡王鄂札为副，出喜峰口；内大臣佟国纲、

---

① 《康熙起居注》第三册，第1731页。
② 《圣祖实录》卷一八四，第20页。
③ 《圣祖实录》卷一二〇，第14页。

第四章 康熙后期的皇、储之争及对皇权的挑战

佟国维、索额图、明珠等人，全部随军参赞军务。

这是继平定三藩之乱后，康熙朝第二次大规模的出征。因此派出了最强大的指挥阵容，皇兄、皇子、皇舅均派往战场。可是，乌兰布通一战，噶尔丹虽战败受挫，但福全未能把握战机，"穷其根株"，让已入笼中之鸟脱飞。尤其是福全与胤禔两人时相矛盾，八月十一日，玄烨以"胤禔听信小人谗间之言，与抚远大将军和硕裕亲王福全不相和协，妄生事端，私行陈奏，留驻军前，必致偾事"，谕大学士，着撤回京。①

战事结束后，福全于十月班师回朝。玄烨仿照皇太极时惯例，止福全于朝阳门外，命听王大臣勘鞫，并事前警告胤禔曰："裕亲王乃汝伯父，倘汝供与王有异同，必置汝于法。"福全本已做好被侄儿讼告，而受皇帝责斥的准备："初亦录皇子胤禔军中过恶，欲于取供时告白。"②当议政王大臣取供时，胤禔率先表态："我与伯父裕亲王供同。"福全对此百感交集，"俯首良久，流涕曰：我复何言！"一人承担全部罪责。③玄烨虽然对福全未能一举剿灭噶尔丹，致使其"为之不怿"，在以后的数年间，噶尔丹之事也"时廑朕怀"，④但他顾念手足之情，命福全、常宁罢议政，与雅布俱罚俸三年，福全并撤去三佐领。乌兰布通之役后，作为

---

① 《圣祖实录》卷一四八，第6—7页。
② 《圣祖实录》卷一四九，第18页。
③ 《圣祖实录》卷一四九，第19页。
④ 《圣祖实录》卷一六一，第14—15页；卷一八三，第31页。

-179-

康熙帝的两位亲兄弟，福全与常宁未再受到重用，而康熙帝的儿子们相继长大成人，在朝政中开始发挥越来越重要的作用。

皇长子胤禔生于康熙十一年（1672）二月十四日，其母为庶妃纳喇氏（即惠妃）。康熙帝第二次南巡，胤禔是唯一的随扈皇子。他作为副将军征噶尔丹时年仅十八。估计他可能较早即任议政大臣。①其嫡福晋伊尔根觉罗氏，是吏部尚书科尔坤的女儿。科尔坤长期担任户部、吏部尚书及左都御史等要职。康熙二十七年二月初九日，作为明珠党成员，以原品解任，康熙三十八年卒。胤禔虽然因康熙二十九年这次出征罢去议政之职，但他作为康熙帝年龄最大的儿子，仍然在以后的重大活动中侧身其中。康熙三十四年四月，康熙帝赴多伦主持喀尔喀蒙古会盟，胤禔即随扈皇帝，同行的皇子还有皇三子胤祉，这两位皇子后来多次参与处理蒙古及俄罗斯事务。

康熙三十五年（1696）二月，玄烨开始第一次亲征噶尔丹，扈从皇子有皇长子胤禔、皇三子胤祉、皇四子胤禛、皇五子胤祺、皇七子胤祐、皇八子胤禩，其年龄在十六至二十五岁间，均属成人。随行的张诚神父说："他（玄烨）带着他的六个儿子，即除皇太子留在北京代理皇帝执政外，凡长大到可以旅行的儿子都（必须）要去。"②康熙帝精心地将六位皇子安排在出征八旗各

---

① 《清代职官年表·军事统帅年表》，第2998页。
② 《张诚日记》续，《清史资料》第六辑，第179页。

第四章 康熙后期的皇、储之争及对皇权的挑战

大营内。各皇子所在营，均配备有经验大臣，重大军务须与皇子商量。出征前，康熙帝对大学士伊桑阿等明确说："诸皇子虽精娴骑射，然于戎事未曾阅历，即诸王之中，未经亲身军务者亦多也。部院大臣皆属供职年久，谙练政务，故朕特加选择调旗，分置于诸皇子及王等军中，凡严肃营伍、禁戢士卒诸务，皆令其与诸皇子、王等商画从事；战阵之时亦相随佐理。诸皇子及王等如有过失，即为面诤，毋得瞻徇，言若不听，则奏闻于朕。倘不仰体朕委任之意，凡壁垒不整，军旅无纪，皇子或王等或有过失，瞻徇顾畏，罔克匡正，于朕前不行举奏，则朕必按军法治罪，决不宽宥。可传谕诸臣。"①

作为皇长子，胤禔确实是皇父的好帮手。他先是奉命与领侍卫内大臣索额图一起统领六七千人的先锋部队，后又负责料理赏兵事务，散发军粮。其间西路大将军费扬古军后期，康熙帝命各营议中路军如何行动，"亦遣官咨胤禔"。②大败噶尔丹后，康熙帝于康熙三十七年（1698）第一次册封诸皇子：胤禔封多罗直郡王，胤祉为多罗诚郡王，其他随征四子封为多罗贝勒。这是奠定皇子在朝中地位的首次册封。

康熙后期，随着元老重臣相继离去，朝中多为后起之辈。与朝中大臣相比，玄烨似乎更相信他的皇子，把特别重要及机密之

---

① 《圣祖御制文二集》卷二五，第22—23页。
② 《清史稿》卷二二〇，《允禔传》。

事交由他们处理。特别是玄烨离开京城时，留守大臣有要事就要去咨请皇子。除掉索额图是康熙后期的重要事件。索额图被囚禁后，因其势力极大，仍有人欲将其放出，这将产生十分严重的后果。康熙帝将严密审讯及加固囚禁的任务交给皇三子胤祉和皇四子胤禛来完成。①第二次废太子前审处托合齐结党会饮案，也有胤祉等四位皇子参加。

康熙四十六年（1707），玄烨最后一次南巡。行前，康熙帝降旨给胤祉、胤禛："朕此番去处远，寄信送报，往返多日。若于尔等有事难断，则可与内大臣明珠、大学士席哈纳、尚书温达等用心商议。"②是年夏，康熙帝率皇太子巡视塞外，七月二十日，胤祉、胤禛上奏："皇父此次出猎，凡有请旨事，除照常及时具奏外，今留京城大臣内，皇父钦指某员，遇有臣等难断事，欲与用心商议。"康熙帝朱批"照旧"。③约康熙四十年以后，玄烨离京时皇子值宿大内或畅春园处理朝政逐渐形成定制。④皇八子胤禩的老师何焯曾写道："圣驾出口后，邸中（指皇八子）移住南薰殿。弟（指何焯）日夜随侍，酷暑逼仄，视在西苑，苦乃倍之。"南薰殿在紫禁城内西南隅，属外朝，胤禩留守在此处理事务。

---

① 《康熙朝满文朱批奏折全译》，第287—292页。杨珍认为此次审讯者乃胤祉与胤禛，见杨珍《康熙皇帝一家》，学苑出版社2003年版，第223页。
② 《康熙朝满文朱批奏折全译》，第532页。
③ 《康熙朝满文朱批奏折全译》，第532页。
④ 杨珍：《康熙皇帝一家》，第229页。

第四章 康熙后期的皇、储之争及对皇权的挑战

康熙四十九年（1710）五月，众皇子均赴热河陪伴皇父，京师只有胤祉和十四阿哥胤禵两人。胤祉随即奏报："京城值班事，奉旨内称：尔等于紫禁城内一人，紫禁城外一人，当班值宿。钦此。见今值班者只有胤祉和十四阿哥胤禵二人。此间，臣等暂且于京城一人，畅春园一人值宿，更班行走，俟其他阿哥（从热河）返回后，再二人一组，照常值守。"康熙帝随即将胤祺、胤祺、胤禟、胤䄉四位皇子遣返，①以保证正常值宿京师。翌年六月初一日，留京的胤祉等四位皇子再次因排班值守事奏请在热河的康熙帝，并称："初臣等已分三班在京城更换等因具奏：在宫进班，办皇父所委之事，人若多些，则便于相商而行等语。臣等共议定具奏，数年遵行。""皇父所委之事，关系甚大，非一人所能担当者。在宫仅留二人，皇父若另有差遣，则另一人常常在班。去岁，臣等曾奏请人不敷用，况且现在降旨甚是。"康熙帝朱批："俟朕回宫，再行明确编班降旨。"②说明皇子值守京城处理要务已成定制。在收入四千余件奏折的《康熙朝满文朱批奏折全译》一书中，诸皇子的奏折占了相当一部分，虽然其中有很多纯属皇家事务的奏件，但也确有不少属朝廷重大事务。

最值得注意的是，康熙帝不在京城时，皇子可以代其处理

---

①《满文朱批奏折》，胤祉奏，康熙四十九年（1710）五月二十八日。引自杨珍《康熙皇帝一家》，学苑出版社2003年版，第225—226页，《康熙朝满文朱批奏折全译》未收。

②《康熙朝满文朱批奏折全译》，第728页。

奏折。康熙四十六年（1707）四月初九日，甘肃巡抚齐世武将该省雨雪情形奏报，因康熙帝在南巡途中，奏折遂交内阁。康熙帝发现该奏折经内阁拆视，责备齐世武"糊涂"，并明确说："将尔奏折，应送与掌事阿哥等"，"朕若不在宫，务必交与阿哥等。"①密折制此时实行不久，而"掌事阿哥"能代皇父处理此种机密文书，可见其极受信任。而且，康熙帝外出时，同时发给皇子及大臣同阅的谕旨时，一般将皇子排在前面。事实上，康熙后期玄烨屡次强调对大学士、部院大臣等不信任之意，并且几次开风闻言事将皇子、王、贝勒与大臣相并列，这也反映了皇子介入朝政及其出现弊端的事实。康熙三十九年十月初八日，康熙帝斥责"九卿诸臣，但以朕可者可之，否者否之，无一人肯直言者"的同时，发出"九卿不足信"的感慨，严戒今后"如九卿不肯直言，朕必重惩一二人，彼时毋谓朕不宽也。朝廷设九卿，所司何事，其以朕旨晓谕之。"随即康熙帝命开风闻言事之例，并警告"倘怀私忿，互相朋比，受嘱托者，国法自在"。②

由于诸皇子介入国家事务，走上政治舞台，成为康熙帝的得力助手，康熙帝对皇子的倚信程度，往往超过股肱重臣。康熙帝在限制、打击下五旗诸王与大臣结党的同时，又一手培植了诸皇子结党的力量。尽管康熙帝注意防范并警告诸皇子不可干预外朝

---

① 《康熙朝满文朱批奏折全译》，第500页。
② 《圣祖实录》卷二〇一，《清实录》第六册，第51—53页。

事务，但问题还是发生了。尤其是诸皇子与皇太子之间的矛盾逐渐加剧，致使太子地位不稳固，这使后者产生早日登上大位的强烈要求，从而又引发了皇、储之间的激烈冲突。

太子代理国事及权力核心的形成

自西周以来形成的嫡长子继承制似乎是传统社会帝（王）位承袭的最佳办法，王国维根据《史记·殷本纪》的记载，认为商朝自中（仲）丁以后，废适而立诸弟子，弟子或争相代立，"此商人所以有中丁以后九世之乱，而周人传子之制正为救此弊而设也。……故有传子之法，而嫡庶之法亦与之俱生"。[1]事实上，嫡长子继承皇位的并不占绝对多数，秦汉二十六位皇帝，只有西汉有三位以嫡继位，两宋十八位皇帝也只有三位乃嫡出，明代十六位皇帝有五位嫡出。[2]而以其他方式入承大统的并不少，但后者通常被视为通则之外的变异，其未曾收入典章里，无非是不使流传后世而让人效仿。众多通则之外的变异的存在，实际说明嫡长子继承制存在重大缺憾，因此需要调节机制对其补充、完善，这也是这一制度能够存在的重要前提之一。

在诸多变异中，治理国家的才能是重要因素，一个王朝尤其遇到外部（稳定的征服王朝）的巨大压力时，最容易对嫡长子继

---

[1] 王国维：《殷周制度论》。
[2] 杨鸿年、欧阳鑫：《中国政制史》。

承制发生动摇。古公亶父为了扩大周的势力，生前就从嫡子中选拔德才兼备而有进取心的人继承。古公曰："我世当有兴者，其在昌乎！"长子太伯、次子虞仲知太王欲立季历以传昌，二人逃亡到荆蛮，断发文身，以让季历。

这个故事虽有后人附会溢美之辞，但它反映作为受人控制的一个方国的君主，在相互纷争的复杂环境中，必须从嫡子中选择称职的继承人，除争取生存条件外，更重要的是发奋图强。正因为如此，季历继位后，周方国势日强，并向四方扩张，为周文王、周武王灭商奠定了基础。

周灭商后，确定王位由嫡长子继承。这种确定，固然是周朝统治者对商朝王位继承的经验教训的总结，但更重要的是出于当时政治的需要。因为，周灭商之前，经济、政治、军事和文化都落后于商，其能灭商，是利用商朝内部矛盾的激化、众叛亲离，以及军事主力远征夷方而使王畿空虚之机。周灭商不久，武王死，其子姬诵年幼继位，叔父周公姬旦以"周初定天下……恐诸侯畔（叛）周，公乃摄行政当国。（其兄）管叔、蔡叔群弟疑周公（乘机夺取王位），与（纣子）武庚作乱，畔（叛）周"。[①]这次叛乱被平定，周公也成为儒家所宣扬的圣贤人物的典型，其形象在传统社会被定格。

唐睿宗在与群臣讨论废太子、弃长立幼（李隆基）时，无

[①] 司马迁：《史记》卷四，《周本纪》。

第四章 康熙后期的皇、储之争及对皇权的挑战

非看重李隆基的才能,他发布的诏书称:"虽承继之道,咸以冢嫡居尊;而无私之怀,必推功业为首。然后可保安社稷,永奉宗祧。第三子平王(李隆基)孝而克忠,义而能勇……为副君者,非此而谁?可立为皇太子。"命有司择日册命。①

从理论上讲,一姓天下不能托付非人,为保证江山社稷久远,也可对不合适的储君进行废立,甚至群臣也操其权,所谓"小司寇之职,掌外朝之政,以至万民而询焉:一曰询国危;二曰询国迁;三曰询立君",②即是明证。

胤礽是清代以嫡长子身份明立的第一位皇太子,册立时胤礽仅二岁,当时正值平定三藩最艰难、清朝能否立足中原的关键时期。③玄烨于康熙十三年(1674)四月纳兵部尚书王熙之议,以诛吴三桂之子吴应熊为"今日第一要著",使三桂"魂迷意乱,气阻神昏"。④翌年六月,玄烨以建立元储,"以绵宗社无疆之祥,慰臣民之望,系四海之心",一诛一立,对两个敌对的政治势力而言,其政治目的显而易见。康熙帝后来称:"凡皇太子服御诸物,俱用黄色,所定一切仪注,几与朕相似",⑤清廷对册立太子的高规格,明显带有政治含义。

---

① 《全唐文》卷一八,《立平王为皇太子诏》。
② 《周礼·秋官·小司寇》。
③ 《朝鲜李朝实录中的中国史料》下编卷三。
④ 刘健:《庭闻录》卷四。
⑤ 《圣祖实录》卷二五三,《清实录》第六册,第504页。

君臣之争：清朝的帝王与朋党

太子早年颇得父皇宠爱，康熙帝亲自向他讲授儒家经典，希望他成为仁孝而有作为的储君。但由于太子教育计划的失败，太子个人品质方面的问题越来越突出。康熙帝开始采取包庇之策。胤礽之骄纵及失康熙帝之爱，以往多认为在康熙二十九年（1690），实际上早在康熙帝为太子钦定汤斌等为师傅时已经相当突出，只是康熙帝溺爱而失教。孟森在"圣明之缺失"一节中认为，康熙帝明知太子骄纵，"不思变化太子气质，但严处礼臣，使之闻之，父子之间，过存形迹，亦失谕教之道，惟有坐待其祸发而已"。①

关于太子有失谕教之事在康熙二十五年（1686）至二十六年，已尽人皆知，当时朝野对此议论颇多，但康熙帝为袒护胤礽，于康熙二十六年五月十六日，召诸王大臣、皇太子、诸子以及钦定的太子师傅汤斌等于畅春园，称"皇太子从来惟知读书，嬉戏之事一切不晓"，"今皇太子在此，朕无饰言，阿保近侍亦皆知之"。又曰："今人面相扬颂，而退有后言，或三四人聚论，肆其讥议者有之。"②尤为值得注意者，康熙帝以是否"入于汉习"大发议论，甚至上升到他是否遵从祖制以及子孝父慈关系能否维持的高度，他说："一入汉习，即大背祖父明训，朕誓不为此！且内廷亦有汉官供奉，朕曾入于汉习否？或有侥幸辅导东宫以为荣名，营求嘱托者，欲令皇太子一依汉人习尚，全不以立国大体

---

① 孟森：《孟森学术论著》，第187页。
② 《康熙起居注》第二册，第1638—1639页。

第四章 康熙后期的皇、储之争及对皇权的挑战

为念,是直易视皇太子矣!皇太子其可易视耶?其果自愿效力,何不请效于朕前耶?设使皇太子入于汉习,皇太子不能尽为子之孝,朕亦不能尽为父之慈矣!至于见侍诸子内,或有一人日后入于汉习,朕定不宽宥!且太祖皇帝、太宗皇帝时成法具在,自难稍为姑息也。""又有一辈小人,以不照世祖皇帝时行事为言者,朕躬凉薄,祖、父遗训多不能一一钦承。今人料朕浅易,可以议论,所以如此胆大妄行。若在先朝时,此等魑魅魍魉辈,岂容于离照之下?其必放诸海滨绝域,定不留之中国蛊惑众心。"[①]随后几日,康熙帝亲自到胤礽读书的无逸斋,当众让太子诵习经书,似乎在证明他谕教皇太子之成功。数日后,康熙帝钦定的三位皇太子师傅或降或休,已如前述。

所谓蹈汉习之议论与不谕教太子之论,可以推断是索额图与明珠两派斗争,各执一词以耸动康熙帝。索额图站在满洲传统崇尚骑射、练习武功之角度,对康熙帝重用汉臣颇有微词,他企图以顺治皇帝取法汉制至临终下诏罪己为戒,给康熙帝敲警钟,实质上是欲借此去明珠羽翼,使后者陷于孤立,借以打击明珠。这样索额图就能够以不令皇太子染汉习为由继续扶持皇太子。相反,明珠一派以不谕教太子为由,攻击皇太子身边的人,把矛头指向索额图。

康熙帝对这两种议论都加以驳斥,辅导之事也旋即罢废,皇

[①]《康熙起居注》第二册,第1638—1639页。

太子仍每日追随索额图身边，康熙帝对索额图的不满也逐步升级。在前一年底，康熙帝对宗室、镇国公苏努严旨传谕，"其行事乃如人之奴仆，在安亲王（岳乐）及索额图家，谄媚行走"，①这是对索额图再次发出警告。

康熙帝在废太子时，称胤礽"暴戾淫乱，朕包容二十年矣"，按二十年前正为康熙二十六年（1687），即皇太子三位师傅相继而去，"不谕教之议论"朝野尽知之时。当时太子已十五岁，其性格正在养成之时。

熊赐履复起后投皇太子之好，以及与索额图从对立到结好，也可证皇太子"改易品性"之事。李光地称熊之罪"又在徐乾学、高士奇上"。马齐刚任大学士时，康熙帝问他："熊某何如人？"马齐以"还是正气人"奏对。康熙帝不以为然，曰："何得正气？当日在内阁，嚼签子事逼真，却是索额图启奏，与他打斗，他亦说索额图陷害他。后与明珠为难，他两个又不知何时相好。问可用人，索必以熊对，熊必以索对。这样光景，岂是正气人？"李光地记载曰："皇上赞东宫学问，东宫又因他曾经在东宫讲读过，视为己私人，独亲厚些。而熊又凡东宫问三教九流之书，他都记其目录、人、姓名，大言不惭，挥斥指画如烂熟者然。故东宫震惊，以为自古无其匹，日与皇上言之，以至于此。此事，张敦复（英）不得谓无罪，当日引入东宫者，桐城（张

---

① 《圣祖实录》卷一二七，第364—365页。

第四章 康熙后期的皇、储之争及对皇权的挑战

英)也。所以人以明理为主,不尔,虽有贤人姿质,皆足以害天下。不明理,便有一种似仁而实不仁,似学而实不学之事,皆足以乱天下。"①

熊赐履于康熙二十九年(1690)底服阕满,仍授礼部尚书,康熙三十一年迁吏部尚书,康熙三十三、三十六两年任会试正考官。康熙三十八年春入侍皇太子,进讲所著《学统》《闲道录》等书,两宫俱有"正学宿德"之褒,熊请解去吏部尚书之职,不允。是年冬,康熙帝召满汉大臣,问:"朕久欲复相熊尚书,今还他旧职,尔等以为何如?倘别有所见,可即直陈,勿更退有后言也。"诸臣称:"皇上进退臣工,至公至慎,熊赐履侍从已久,表里皭然,皇上老其材而用之,臣等幸甚。"遂拜其为东阁大学士兼吏部尚书。②当年五月二十三日,以大暑辍讲。皇太子赐其宋刻《朱文公年谱》,且传令旨云:"以先生专讲正学,开导有益,特赐此书。""盖亦出上意也。"③

熊赐履作为康熙朝唯一的东阁大学士,其再次入阁显然是得到胤礽的力荐。而太子观"三教九流之书",似乎与骄纵又有关联。倘如李光地所言,熊赐履何能受两宫褒奖?疑光地所言乃党派之歧见,但熊赐履亲近太子当是事实。熊赐履与索额图的交结,当在此前后。索败,熊亦解机务。太子废后,熊赐履成为康

---

① 李光地:《榕村续语录》卷一四,《本朝时事》。
② 孔继涵:《熊赐履年谱》,《碑传集》卷一一。
③ 孔继涵:《熊赐履年谱》,《碑传集》卷一一。

熙帝"侦访"之重要人物之一。

本来，天无二日，国无二君，皇权具有强烈的排他性和完整统一性，历代为防范储君侵越皇权，制定了许多规定。一方面，从南北朝时期的宋与北齐，直到隋唐，臣僚们煞费苦心地制定出许多礼制，以区别二者的权力。①另一方面，随着皇太子长大成人及皇帝年事日高，一种不成文的"交接班"又在不动声色中进行。对于要继承皇位的储君来说，参与朝政的实践经验对他日后驾驭复杂的官僚机构十分重要，而老皇帝可以借此让太子有适应的机会，不至于其将来骤登皇位时不知所措，受制于朝中的群臣，而且通过他处理政事的表现还可以有针对性地加以指导，或为其安排合适的辅佐大臣。尽管秦汉以降至清代都不乏"禁绝诸王、太子与朝臣交结"的法规，但并不意味着诸王或太子完全不能与朝臣交往。更何况庞大的宫府机构本身就是朝臣与太子相结交的制度场所。所谓"太子东宫，宫制甚详，如一小朝廷"，②就是如此。

由于皇权承继的需要等诸多方面要求储君有从政经验，这就使皇、储处于矛盾乃至对立的状态。尤其是那些监国太子有机会品尝真皇帝的滋味，其弊端是滋生了太子早登帝位之心。尽管历代不乏关于储君及其他皇子从政的记载，但没有确定一个标准

---

① 参阅《通典·嘉礼》，《皇太子监国及储宫臣议》，《皇太子监国有司仪注》。
② 《文献通考》卷六〇引《朱子语录》。

第四章　康熙后期的皇、储之争及对皇权的挑战

的模式，其大体可遵循的一个前提是，不破坏朝廷现有的政体结构与行政秩序的平衡，说到底是不能侵越皇权，同时不给以幼夺长、以庶夺嫡者以可乘之机，以避免皇位"不规则"传承而给朝廷统治带来巨大危机。

在皇位传承中，宰执的作用十分明显，或者说它是一个缓冲地带。丞相制废除后，这一缓冲地带消失了，皇位承继成为天子"家事"，其矛盾斗争也就在所难免了。

康熙帝将政务交给胤礽处理的起始时间可能较早。康熙二十八年（1689）他第二次南巡，十六岁的胤礽留在京师。至于太子是否理政，不得其详。康熙三十二年五月初八日，一向身体强壮的玄烨忽患汗病，十三日始疟疾，"隔一日来一次，甚重"，当时"大臣皆宿于乾清门"，①京师更是"满城张贴皇榜"，以求良药。当时在清廷供职的法国传教士洪若翰等人记述说："四位老谋深算的国务大臣"，"受皇帝的委托前来收集各种药剂和参加实验"，"以便其后向皇帝作报告"。这四位重臣中，即有索额图和明珠。洪若翰等建议康熙帝服用治疟疾的特效药奎宁（金鸡纳霜）。经过三位患者服用并证明确有效用后，索额图奏请康熙帝服用。胤礽为防万一，仍不肯让其父皇服用。四位大臣亲自服用后，皇太子才允许病重的父皇服用。②至二十九日，康熙帝服用

---

①《康熙朝满文朱批奏折全译》，第43页。
②《耶苏会士书简集中国书简选》选译，《清史资料》第六辑，第169—170页。

后痊愈，"着王、大臣、侍卫等勿忧，放心，散去回家"。①康熙帝这次患重病先后共二十天，川陕总督佛伦、两江总督傅腊塔等均奏请赴京"瞻仰天颜"。②

可以肯定的是，康熙帝此次患病期间皇太子处理朝政。五月十九日，康熙帝传旨大学士伊桑阿等人："朕因违和，于国家政事，久未办理，奏章照常送进，令皇太子办理，付批本处批发。细微之事，即或有一二遗误，无甚关系，其紧要大事，皇太子自于朕前奏闻。"③从康熙帝谕旨判断，这是太子首次正式代理朝政。

这时的太子已年长二十，完全是一个成人。在康熙帝病重期间，他代为处理了哪些事情，虽不得其详，但从皇太子赠送衣物给传教士白晋等人，且"这是一处特殊的恩典"看，④太子之地位十分尊崇。

胤礽较长时间行使权力当在康熙帝亲征噶尔丹时。康熙三十五年（1696）二月二十八日，玄烨第一次亲征前夕，降谕大学士等：此次各部院衙门本章，停其驰奏，凡事俱着皇太子听理。若重大紧要事，着诸大臣会同议定，启奏皇太子。又命大学士阿兰泰，尚书马齐、佛伦等留京大臣分三班值宿禁城内。以马

---

① 《康熙朝满文朱批奏折全译》，第43—44页。
② 《康熙朝满文朱批奏折全译》，第43—44页。
③ 《清代起居注册·康熙朝》第四册，康熙三十二年（1693）五月十九日，第1962页。
④ ［法］白晋：《康熙帝传》，《清史资料》第一辑，第243页。

第四章 康熙后期的皇、储之争及对皇权的挑战

齐署理藩院尚书事。旋谕议政大臣等,大将军伯费扬古题报事情,若俟到京再奏,不免纡回迟缓,应遣兵部大臣一员住土木。一则料理驿站,一则伯费扬古题奏本章,一面开拆誊写启奏皇太子,一面将原本驰奏。[①]

按康熙帝于二月三十日启程,六月初九日返回京师,其间整百天,父子通过驿站专使保持密切联系。约每隔五日,胤礽即奏事一次,其间共奏十六次(参见下表)。

皇太子奏事日期	内容	康熙帝朱批意见
三月初五日	奏请补授太常寺卿员缺等事折	依议
三月十一日	请安并报奉到上谕等事折	将途间情形令太子知晓
三月十一日	奏报运送军粮,议准云南照四川例加增举人员数	知道了
三月十八日	奏报得雪并购马饲秣等事	多处批定,问京城如何
三月二十一日	奏报接太后懿旨并追捕前任总兵官	知道了
三月二十一日	奏报遣员封闸蓄水折	知道了
三月二十七日	奏请吏部满尚书、侍郎缺出,令谁署理	凡在宫者均可署理
三月二十八日	请安并报噶尔丹之子来京日期	朱批颇长,详告彼处情形
四月十一日	请安并奏调补侍郎及漕粮等事折	朱批不一,朱圈

[①]《圣祖实录》卷一七一,第20页。

君臣之争：清朝的帝王与朋党

(续表)

皇太子奏事日期	内容	康熙帝朱批意见
四月十一日	奏报批办总督范承勋参劾江西按察使事折	应照内阁票拟批发
四月二十七日	奏报补放内阁学士及耕田漕米等事	朱圈、详批各事
五月初一日	奏报向皇太后请安并陈未进奏折缘由	知道了
五月初六日	奏为办理西路粮米马驼等情	各有朱批
五月十五日	奏为公主等启程及补放总兵官等事折	各有朱批
五月十七日	奏为赞颂父皇康熙战功	告知彼处情形
五月十八日	遵旨送太子所服旧衣	皇太子言是，准回家

(资料来源：《康熙朝满文朱批奏折全译》，第69—89页。)

此次胤礽代理国事，涉及用人政事等多方面，虽然大多遵照康熙帝以往办事成例，也即大多数仍是在康熙帝指导下禀承旨意行事，但对皇太子地位之提高，作用十分明显，以后比较重要的场合，大多有胤礽参加。如当年八月十八日振武将军孙思克觐见康熙帝时，孙坐于御榻右侧，皇太子坐左侧，皇长子等坐居下，诸王、内大臣皆侍立。[①]

九月初十日，康熙帝再出塞外，十二月二十日返京，此间又是百日。次年二月初六日第三次亲征，五月十六日返回京城，

---

① 《圣祖实录》卷一七五；俞益谟：《孙思克行述》，见《办苗纪略》附录一。

第四章　康熙后期的皇、储之争及对皇权的挑战

时间为一百三十日。笔者认为，皇、储间微妙的变化即从这时开始。

九月二十一日、二十四日、二十七日，胤礽三次将应办事宜奏报。三十日，胤礽所奏地震之事引起康熙帝的警觉：二十八日，东北方发生地震，胤礽当时没有感觉，便询问值更太监等，答称较今年正月为轻。康熙帝责备胤礽只据钦天监奏报，称该衙门"趁朕出巡之机蛊惑人心，亦未可知。倘称众知为实，而全国不知，则有关之处朕不可不加详查。值更太监等小人，据称钦天监具奏，伊即人云亦云耳。值更处大矣，为何唯问太监？"①显然有责怪之意。

十一月二十一日，皇太子将京城各部所奏折件送呈康熙帝，玄烨收到后颇为不满，朱批曰："朕因遥远，恐皇太子惦念，故将朕等于此处妥善而行之情由，反复缮写遣之，为何与朕无一复信，缮写如此多之书信亦有毫不辛劳之理乎？嗣后朕不再多写矣。"责备胤礽派病人往返，称"无耻小人甚为不敬"。②

由于不在京城，康熙帝担心太子在无人管束下有非礼行为，他也确曾听到了类似议论。这对继承人的形象无疑是十分重要的。康熙三十六年（1697）闰三月初四日，康熙帝以太子出宫事谕云："闻皇太子为朕祭寺庙。虽谓为朕，但恐汉人议论皇太子

---

① 《康熙朝满文朱批奏折全译》，第107页。
② 《康熙朝满文朱批奏折全译》，第121页。

-197-

借此接近僧道喇嘛，到处闲逛，不理朝事，科道条陈，朕甚忧虑。"次日胤礽奏称："皇父幸远，恐臣有误，特旨训示，臣唯竭力刻骨铭心耳。去岁皇父出征后，以圣诞礼，曾于广明殿、广济寺、旃檀寺诵经，臣诣行礼。本年援照去年诵经，臣亦诣行礼。再初一、十五仍往旃檀寺行礼是实，其余闲日未去在外寺庙。皇父训旨甚是，倘接近僧道喇嘛，必招损而无益也。臣自孩提之童，仰赖皇父之恩，得以读书，乃知此理，敢不钦遵。"（朱批：皇太子自幼读书，深明大义，必然谨慎。上则宗庙社稷之福，下则臣民之造化也。朕不胜喜悦。）又奉旨：此文着呈皇太后阅览。捧红本往奏皇太后。奉懿旨：尔皇父旨意甚宜，甚是。身虽在营伍，但每日留心训示，尔应好生铭记之。①

在同月十七日胤礽奏请"御批内勿写请示折"中，可见父子之猜防渐起，胤礽奏曰："再颁臣谕旨内竟书有请寄、请送等字样。臣之荣显富贵，皆仰蒙皇父之恩，即衣食生死，俱仰敕皇父，在下发朱谕内写此等字，不惟难以承受，即见此等语词，浑身出汗，无地自容。若再降旨，恳乞停用此类言词。"康熙帝朱批解释曰："曩者，若系家书琐细，仍写请寄来，以悦视之等字，看前书即得知。非只此次，况且寄给诸妃书内亦如此写的。再凡着给诸臣看，启奏皇太后之谕旨中，想是没有此类言词罢，抑或

---

① 《康熙朝满文朱批奏折全译》，第158—159页。

因为忙，无意写上，亦未可料。"①

可是，太子在其监国期间，仍做出了非礼之事。当年七月二十九日，康熙帝再出巡视塞外，九月十五日，"录太子左右用事者置于法，自此眷爱渐替"。康熙帝闻有流言，"谓太子昵比匪人，素行遂变"。②遂谕内务府总管海喇孙等："膳房人花喇、额楚、哈哈珠子德住，茶房人雅头，伊等私在皇太子处行走，甚属悖乱，着将花喇、德住、雅头处死，额楚交其父英赫紫圈禁家中。"十七日，帝回京。

此次所处死者皆执御小臣，哈哈珠子为王子亲随，此类人奔走宫府本属正常，以悖乱而诛当另有原因。额楚交其父圈禁，其父必系亲近要人。③

处死索额图与皇、储矛盾之升级

康熙二十五年（1686），索额图被擢升领侍卫内大臣，这是他重新受到重用的标志。以后康熙帝又委派他作为首席代表，与俄罗斯谈判签订《尼布楚条约》。康熙三十五年，康熙帝亲征噶尔丹，索额图以领侍卫内大臣参赞军务，且康熙帝谕旨常将索额图列于大学士之前，有所奏请，亦常以索额图居首，大学士次之。这说明索额图之地位仍然很高。

---

① 《康熙朝满文朱批奏折全译》，第172—173页。
② 《清史稿》卷二二〇。
③ 孟森：《孟森学术论著》，第188页。

大致康熙四十年（1701）前后，由于索额图的怂恿，皇、储矛盾颇为紧张，以致不诛索额图无以平息事端。康熙四十年九月二十四日，领侍卫内大臣索额图以年老乞休，康熙帝允准。这是索额图被迫退出政治舞台的重要信号。领侍卫内大臣掌皇帝安危，备受信任，其解职说明失去了康熙帝对他的信任。索额图帮助皇太子加紧夺权也应在此前后。康熙四十一年闰六月十一日，勒德洪之子、副都统佟吉，因报牧场匿藏马匹不实，被革职治罪。康熙帝曰：为人谨慎循分，犹恐人乘隙攻之，况多事妄行，岂能守其成业乎？凡人彼此挟仇，阴行诬陷，甚属可畏。急躁之徒，不过陷人于一时，能陷则陷之，不能则已。阴险之人，一时不能陷，后必曲为设计害之，其行事尤为狠毒。又谓大学士等曰：朕听政四十余年，凡若此者，断不能欺朕也。①

此上谕很可能暗示索额图的种种行径。八月初六日，亲近太子的山西巡抚噶礼奏报大盐商范世泰种种劣迹，词连明珠。噶礼奏称："查范世泰易盐银两为明珠之银两，明珠仍令其家人安山等往来于潞安、泽州地方，故范世泰便仗势肆意妄行。奴才念明珠为大臣，未经请旨，不敢于奏疏内指出。今因参劾范世泰，明珠必恨奴才。奴才仰赖皇帝圣明，惟知除尽民患，以报皇上教养简用重恩，何敢回避其恨。"

康熙帝对噶礼的用意十分清楚，对其词连明珠也颇为不满，

---

① 《圣祖实录》卷二〇八，《清实录》第六册，第118页。

第四章 康熙后期的皇、储之争及对皇权的挑战

朱批曰：将尔所参范世泰，从公审理便罢，何必涉及京臣。①

同年九月二十五日，康熙帝第四次南巡。十月初五日在德州，皇太子病重，索额图奉旨前来侍太子疾。十七日，康熙帝在行宫召见李光地所荐之苏州贡生何焯，并表示将其带至京师，教习诸皇子书法、词赋。二十日，决定回京前，康熙帝谕令停止各地请安，并称"或有假充御前之人，妄行生事者，许地方官即时拿解"。②二十一日，康熙帝因皇太子病体大愈，自德州始返京师，十一月十九日，太子遵旨回京。同日，索额图之婿、任大学士十五年之久的伊桑阿休致。十二月初五日，领侍卫内大臣、索额图之弟心裕逼打家人姜八等三十余人致死，刑部以为按故杀家人例议处，应降一级留任，但心裕致死人众，虽在赦前，也不应照前例议处，应议革职。康熙帝命心裕着革去一等伯、领侍卫内大臣。此事是否与助皇太子夺位有直接关系，虽无确证，但有关联，因为帮助索额图之宗室根度即囚禁于此时。

康熙四十二年（1703）初，康熙帝再举南巡。四月十二日，大学士熊赐履以年老乞休，康熙帝命以原官致仕，仍留京师备顾问。此举旨在去太子羽翼。因为康熙帝发现，熊赐履已与索额图和好相结交，且互相称引，长此下去会加强太子力量。一切安排妥当后，五月十八日，康熙帝拘执索额图，布其罪状。

---

① 《康熙朝满文朱批奏折全译》，第274页。
② 《清代起居注册·康熙朝》第十七册，第9659页。

早在事发之三年前，索额图之家人告发索额图支持胤礽，康熙帝隐忍不发。四举南巡时，至德州皇太子病，帝召索额图侍疾，此中意义颇深，更可见皇太子与索额图关系之密切。帝言皇太子"病势甚危"，而此时召索额图前来，也含有太子万一不起，可封索额图之口；皇太子病发于十月初五日，半个月后，即二十一日帝返回京师，此间当为调理太子之病。康熙帝回京后，太子尚需调理，直到十一月十九日病愈，才遵旨回京。此间阅一月，索额图与太子单独相处，数月后其事发。五月十八日，帝命领侍卫内大臣额驸尚之隆等传谕，宣布索额图等罪状。云："观索额图并无退悔之意，背后怨尤，议论国事。伊之党类，朕皆访知，阿米达、麻尔图、额库礼、温待、邵甘、佟宝，伊等结党，议论国事，威吓众人。且索额图施威恐吓，举国之人尽惧索额图乎？亦有不惧者，即今索额图家人已将伊告发，索额图能杀害乎？至温待、额库礼俱犯重罪流徙之人，因其年老令回京师。伊等应安静以养余年，乃与索额图结党议论国事，妄自怨尤，伊等之党俱属利口，愚昧无知之徒被伊等恐吓，遂极畏惧，果至可杀之时，索额图能杀人，或被人杀，俱未可料，虽口称杀人，被杀者谁乎？至索额图之党，汉官亦多，朕若尽指出，俱至灭族。朕不嗜杀人，嗣后尔等若与索额图绝交，将所行之事举出尚可，不然，被索额图株连，必如噶褚哈、阿思哈，被灭族之祸。索额图之党阿米达、额库礼、温待、麻尔图、佟宝、邵甘之同祖子孙，在部院者，俱查明革退，副都统佟宝不在家，俟到时再传谕此旨，着晓谕门上大人与众侍卫等，尔等若在索额图处行走，必被索额图连累致死。"

次日，康熙帝命侍卫海青等传谕索额图："尔家人告尔之事，留内三年。朕有宽尔之意，尔并无退悔之意，背后仍怨尤，议论国事，结党妄行。尔背后怨尤之言，不可宣说，尔心内甚明。举国俱系受朕深恩之人，若受恩者半，不受恩者半，即俱从尔矣。去年皇太子在德州住时，尔乘马至皇太子中门方下，即此，是尔应死处。尔自视为何等人，此处问公福善即知，尔任大学士时，因贪恶革退，后朕复起用，尔并不思念朕恩，即如养犬，尚知主恩，若尔者极力加恩，亦属无益。朕差人搜与尔行走之江潢家，得书字甚多。朕亦欲差人到尔家搜看，但被尔连累之人甚多，举国俱不得安，所以中止。"又云："朕若不先发，尔必先之，朕亦熟思之矣。朕将尔行事指出一端，就可在此正法。尚念尔原系大臣，朕心不忍，但着尔闲住，又恐结党生事，背后怨尤议论。着交宗人府，与根度一处拘禁，不可疏放"，并谕领侍卫内大臣，命将索额图之子及家内紧要人均交与心裕、发保拘禁候旨，"若其间别生事端，即将心裕、发保等族诛"。①

因禁索额图之后二日，帝传谕诸臣：索额图之大党尽已锁禁，江潢系应杀之人，亦拿付刑部。此事朕不追求，自能完结。此外朕亦不多提问，后人告发时自有着落。在索额图处行走一二

---

① 《圣祖实录》卷二一二。

次者亦有人，伊等不知，每日疑虑，尔等可传谕之。至翁俄里、佟宝断不可宽恕，伊等即如索额图之子也。

可是，索额图被囚禁后仍有人图谋将其救出，为平息可能发生的更激烈冲突，玄烨在塞外发密旨给胤祉、胤禛，令其将索额图加固囚禁。

七月十五日，胤祉等进入索额图牢房，索额图与根度同禁一房，两犯脖手铁锁及脚绊，并皆一层。胤祉等对索额图曰："皇上以尔为能干人，凡人无不谄媚于尔者，故执尔也。虽已羁押，人犹惧尔，何故？"索额图跪泣曰："奴才无言以对，皇父即诛奴才，亦不足塞己罪。但奴才现已老，倘蒙皇上矜悯，免奴才一死。"再根度跪言："奴才为该死的猴索额图所牵连，监禁年余。奴才有年逾七旬老母，奴才受此刑难堪，若蒙皇父矜念我七十余岁老母，请免奴才一命。"胤祉等对索额图等曰："索额图尔颇有本领，时至今日，犹有人商议救尔出。再根度尔乃宗室，且谄媚索额图，所以如此，今索额图能救出尔乎？将尔等肮脏无耻之徒之言，断不奏达。"胤祉等以"索额图为首恶"，欲交宗人府，加九层铁锁，严加查巡。康熙帝朱批称：既经尔等严查无他故，所奏知道了。[①]

二十一日，胤祉等又奏报审讯索额图家人朴儿等人情形，认为：朴儿父子，乃应监紧要人，而留之未禁。其后自天津来时，

---

① 《康熙朝满文朱批奏折全译》，第287—289页。

第四章　康熙后期的皇、储之争及对皇权的挑战

又未执之监禁，擅令进入索额图家，殊属不合。故拟将负责此事之索额图之弟心裕、法保交刑部议罪。帝朱批：这查审粗疏，暂留之，待朕回銮后查明。①

九月二十一日，康熙帝回到京城，十月十一日踏上西巡之路。索额图在此间被处死。据齐克塔哈称，索额图是"饿禁"而死。②

在处理索额图一案时，康熙帝采取严惩元凶、宽免胁从的措施，以免事态扩大，牵连人众。但是，由于索额图助太子图谋大事，问题并非能简而化之，康熙帝认识到西北的地方大员已属于太子的势力要人，或者受太子左右，很显然，这将会对他的统治构成威胁。早在囚禁索额图不久后的七月初四日，康熙帝在山西巡抚噶礼《奏报田禾雨水并粮价情形折》中朱批曰："又据风闻，尔与索额图甚好，看索额图指示行事。等语。想尔为妃母胞弟所生之子，凡所思所行，应向着裕王我二人，而为何向着索额图。此事着明白具奏，密之！"③二十四日，噶礼接到密旨，次日立即密奏《未照索额图指示行事折》，噶礼称自己从初授主事，陆续拔至此职，皆为皇上特用。"无一人帮助奴才，奴才之孤独之处，谅皇上早已明知。奴才蒙皇上体恤之恩，自来山西受职后，蒲州知州谢廷吉为索额图之尚管领之婿，以谢廷吉亏欠钱粮米谷二

---

① 《康熙朝满文朱批奏折全译》，第289—292页。
② 《康熙朝满文朱批奏折全译》，第309页。
③ 《康熙朝满文朱批奏折全译》，第285页。

案，奴才拟斩两次，具奏在案。又李楠与索额图相好，岂可隐瞒皇上。去年，奴才以李楠移咨有事之故，奴才即指名参奏。倘若奴才与索额图甚好，则能对谢廷吉不留脸面，又参李楠耶？再，伊桑阿为索额图亲婿，随伊桑阿之孙绥色审案妄为，奴才曾于射虎川奏闻皇上。索额图似此辜负皇上之恩，如此奸恶，奴才为皇上擢授封疆重员，与奸人索额图甚好，看奸人索额图指示行事等处，皆无影无稽。奴才惟知钦奉皇上教诲，为民为皇上外，实不偏袒任何人。是以得罪很多人。又道员王福、边永宁皆为索额图之人，大盐商范世泰系明珠之人，奴才皆参之。此外所参旗内汉员甚多。此辈若造言诬陷奴才，有何难哉？又屡次来请奴才开银矿、做盐商、接词讼。奴才来山西已有四年，惟知皇上禁约，一未准行，皆已得罪，奴才亦未敢渎奏。""岂有奴才向着奸人索额图之理耶？"①康熙帝对噶礼的辩解未置可否，只批"知道了"三字。

除噶礼外，康熙帝还对甘肃巡抚齐世武很不放心。由于索额图假皇太子之令使"举国俱从"，因"举国俱系受朕深恩之人，若受恩者半，不受恩者半，即俱从尔矣"。玄烨很清楚，受索额图使令的不会是个别人。七月二十六日，玄烨令川陕总督华显密奏甘肃巡抚齐世武情形，责备总督："齐世武之事，奏折内为何不写？此人做官何如？心绪何如？甘肃官员尽被参劾离职，其故

---

① 《康熙朝满文朱批奏折全译》，第293页。

第四章 康熙后期的皇、储之争及对皇权的挑战

何在?"命其"逐一缮折奏来"。并嘱其"此等密事,尔当亲手写来,字不好不妨,不可令人写"。①华显接到密旨后即密奏"齐世武意气用事,为其参劾之官员甚多,故众人怨声载道"。并声明:"奴才从未习楷书,凡写奏折,皆亲手拟稿,交奴才家不谙满洲语之人,亲督楷书具奏。今遵谕旨,凡机密紧要事,奴才亲书具奏。"②玄烨决定西巡后,将消息透露给山西巡抚噶礼,噶礼接御批后"不胜腾欢",可是,康熙帝不谈"公事",朱批曰:"尔母最恨尔弟,想杀之,朕在此亦要劝阻。是何缘故?着尔密奏。此为家事,勿令人知。"③噶礼之母乃康熙帝乳母,噶礼一家与康熙帝及皇太子的关系都非同一般。如后面还要讲到的,噶礼确实禀太子旨意,背着康熙帝做了许多事。因此,康熙帝所言"家事",绝非一般的家事,而是与皇家有重要关系的"家事"。

十月十一日,康熙帝以冬令农隙之际,"观览民风,询察吏治,简阅禁旅,整饬军营"为名,在皇太子胤礽等扈从下,踏上了西巡之路。从严格意义上讲,这也是康熙帝一生中唯一的一次西巡。二十五日,玄烨的大队人马抵达太原府。据随扈的李光地云:噶礼"迎驾至庆都,并率百姓百余人来邀请圣驾。百姓皆夜间露立,问之,云'票押,不敢不来'。轿顶及钩锁皆真金,每一站皆作行宫,顽童妓女,皆隔岁聘南方名师教习,班列其中。

---

① 《康熙朝满文朱批奏折全译》,第293页。
② 《康熙朝满文朱批奏折全译》,第294页。
③ 《康熙朝满文朱批奏折全译》,第299页。

-207-

渠向予辈云：'行宫已费十八万，今一切供馈还得十五万。'又云：'噶礼进四美女，上却之，曰：用美女计耶？视朕为如此等人乎？'又密侦得左右皆受此饵，悉加之罪"。①

玄烨清楚噶礼迎合了太子的需要，所谓"悉加之罪"，当然不包括胤礽。十一月初九日，玄烨到达晋县，甘肃巡抚齐世武等来朝见。由于康熙帝欲观察西北官员对处置索额图一事的态度，因此西巡路上一再以"献媚索额图"戒饬官员。康熙帝先于初五日接见张鹏翮时，责其所保举者十之七八皆徇情面："如索额图家人，尔曾保举，可云无此事乎？"张不能对，垂涕请罪。初十日，帝又责张及山东巡抚王国昌擅动常平仓谷赈济，"掠取名誉"，命二人于明、后两年均摊赔补。不久又解王国昌任。康熙帝进入陕境后，川陕总督华显因"忽然生疮"，未能效劳，康熙帝在西安停留六日后取道河南返回京师。但他对华显仍极尽"恩宠"，派御医为这位总督治病，在华显于十一月二十一日《奏谢赐医治病折》上朱批："尔宽放心些，若能拼命效力于朕再生之恩，即可谓报答。""尔效力之日子长。"康熙帝又赐其眼镜、鼻烟壶、高丽参等，并命将扈从的齐大夫留在华显处为他治病。二十五日，华显奏谢，康熙帝朱批笼络备至："尔宽放心些，若能全朕再造之意，可谓无负于恩。若以未得送行皇上而郁悒，则尔事是小，将朕不能拯救之事，尔能承当耶？再至饮食房事，不

---

① 李光地：《榕村续语录》卷一八。

第四章 康熙后期的皇、储之争及对皇权的挑战

可不稍戒。此系朕之直言。若遵朕旨则生，稍有轻慢，则命难保。朕之爱惜尔与否，全在此数言之中。朕今入河南界，地虽渐远，但朕亲书教诲者，近在眼前矣。"①

陕西巡抚鄂海似乎不为康熙帝所悦，玄烨在陕间，他奏请将康熙帝在陕所表现出的"天威、奇才"立碑以传万世，遭到玄烨拒绝。②十二月十八日，鄂海请安，帝朱批曰："看尔勤慎，断非改变品行之人。以后尔能愈加勤慎洁己，钱粮清楚，以积贮为要务，则更副朕重视西地之旨意。"③

噶礼的处境也很微妙。是年底，他遭到御史刘若鼐疏参，刘劾其贪残害民，噶礼疏辩，康熙帝朱批："此事知与不知者无不议论，尔不必生气，自有公论也。只是官员保的很多，升得太快，因此不能不使人怀疑。此事尔心里亦明白罢。"④同日，噶礼上《奏谢颁旨完结家事折》透露了噶礼之母欲杀其弟之事，以及康熙帝代为处理的内情。康熙帝命噶礼弟塞尔齐及其妻子、家人等并皆前往盛京，其房田俱交付族内大员看守。噶礼称其家事甚为年久，特颁谕旨，顿时完结，既可以保全阖家人性命，且以后皆永享安宁。表示"倘奴才一日不死，则一日与奴才之弟噶尔弼、塞尔齐皆舍身效力，图报皇上高厚之恩于万一"。朱批："这

---

① 《康熙朝满文朱批奏折全译》，第302页。
② 《康熙朝满文朱批奏折全译》，第304页。
③ 《康熙朝满文朱批奏折全译》，第304页。
④ 《康熙朝满文朱批奏折全译》，第306页。

虽为尔之家事，但众人听之不恰当。今已明白办理完毕，不必悔言，尔尽管放心，勉之，惟将尔母断不可带往住所。若带往住所，必出大事，可殃及尔身命。"①康熙帝的朱批闪烁其词，尤其不令其母至噶礼住所，否则"必出大事"，这里的"大事"，或许是噶母掌握其子们参与索额图"潜谋大事"。

康熙帝为了保全太子，降旨完结参奏噶礼一案，似可说明此时父子关系尚不至完全破裂。但康熙帝西巡并未能使噶礼停止与太子的单方面交往。相反，噶礼与皇太子背着康熙帝做了不少事。这也表明胤礽插手地方事务，争权夺利，在西北尤为突出。康熙四十三年（1704）八月初八日，山西巡抚噶礼奏为由兵部缚送四人事启皇太子胤礽曰："今年七月二十九日，接准奴才弟副都统噶尔弼寄信内开：于七月十六日，奶公、男童博达塞唤噶尔弼我去，传宣皇太子批语：铎霍一到，交付该部，锁以铁索，副都统噶尔弼家人使陪，送交太原巡抚噶礼，说予之批语。此人为尔山西平阳府人，很乱胆大。再饬噶礼，说与其家人，断不可伤害其命。予若寻之，仍完整送来。敬此敬遵。将铎霍、张和等四人，由兵部乘驿送到后，奴才明见张和已锁铁索。奴才除即派官二员妥慎看守外，谨具启以闻。"九月十一日，噶礼又启曰："四人送到后，奴才应将张和等即行严惩，具启以闻，而寄信如此，奴才不敢违语擅行，惟以派员看守等因具启以闻。今于奴才启内

---

①《康熙朝满文朱批奏折全译》，第307页。

第四章 康熙后期的皇、储之争及对皇权的挑战

又未奉批语。此皆奴才愚昧无知，一时未想到。张和为奴才所管平阳府之人，不欲安生，甚乱胆大，实应严惩，故奴才严惩张和等，严饬平阳府属地方官员锁禁牢固，勿令他出。奴才谨具启以闻。"

皇太子批语："尔前所办之事甚当，毋庸批，故未批发。今皇上亦已闻此人，勿令此人与任何人见面，不可使其死。皇上若问于尔，则照予所寄之语具奏。具奏时只说交我弟噶尔弼寄之，不得写批语人之名。为此特批发。"①

此中内情查《圣祖实录》等仍无痕迹，待考。但太子指使当为真切。二废太子后，噶礼因其母告发不孝事被处死，其弟塞尔齐处斩监候。但康熙帝以后言及废太子之事时，将索额图与噶礼并称，言"朕皆诛之"，可见指使下毒事很可能是噶母劝阻噶礼参与朝廷大事后所发。

康熙帝经过密查及西巡召见，改变了对齐世武的不信任看法。玄烨在西巡接见齐世武时，曾密令后者在宁夏修筑额驸阿保宅第一事。翌年二月二十二日，齐世武奏报甘肃得雪及修筑阿保宅第等事，玄烨的朱批尤耐人寻味："朕于大小诸事，始终谨慎。此国人尽知。以为事小，漫不经心，势必蔓延，难以收拾，必然如此，可不谨慎乎？凡尔等总督、巡抚所奏一切事宜，朕即亲草批发回，并不起稿，又无人知。朕于事细密，不被泄漏之意如

---

① 《康熙朝满文朱批奏折全译》，第337、343页。

此，断不倦怠。以后折子尔亲手写来，字不好不妨。"①

玄烨对齐世武虽怀有戒心，但表面上仍恩宠有加，他让齐的家人将盛京鱼十尾带给齐，并称欲赐鹿尾鹿肉，因天热路远，所以只好赐鱼。齐世武于十一月十八日奏谢天恩，玄烨的朱批透露了许多实情："据前风闻，尔性暴躁，操守虽好，但无怨心。朕巡幸西安观之，尔之忠心义志，犹如日被驱使之奴仆，即在目前，并无隐瞒，表里如一，由此愈加稔信。朕思齐世武诳朕，则再无一可信者。陕西总督、巡抚、布政使、按察使、提督、总兵官等，居官谁甚优，谁平常，谁甚劣，仅尔所知，亲写奏来。除朕与尔外，勿再令一人知道。再者，外人有怨艾京城官员者乎？密之！密之！"②以后康熙帝决定废太子之前，召齐世武进京，旋升其川陕总督。

更能说明问题者是新任川陕总督博霁。华显于康熙四十三年（1704）二月十一日病死，博霁以西安将军兼授川陕总督。玄烨西巡时在西安城外阅兵，对陕兵大加赞赏，召博霁谕曰："朕历巡江南、浙江、盛京、乌喇等处，未有能及尔西安兵丁者。"称赞其处官兵"娴礼节，重和睦，尚廉耻，且人材壮健，骑射精练，深可嘉尚，慎勿令其变易"。八旗兵将军以下骁骑校以上、绿旗兵把总以上官均各加一级。华显病重时，博霁擢任川陕总督

---

① 《康熙朝满文朱批奏折全译》，第311页。
② 《康熙朝满文朱批奏折全译》，第356页。

第四章 康熙后期的皇、储之争及对皇权的挑战

兼西安将军。正月，博霁进京觐见，赴任后于三月二十八日请安，玄烨朱批："尔自己与祖母都好？自去西安，相识甚熟稔，仍在惦念。"①于五月初一日博霁请安折上又朱批曰："朕体安善。尔自己、祖母都好？自去冬至今年二月，每天仍见到，如今犹在左右。看尔像大义之人，未必玷辱朕用，惟勉力为之。"②其后博霁与副都统法喀闹翻，上书奏参，康熙帝召法喀回京议罪。九月初一日，博霁同上二折，一给太子请安，一给玄烨奏谢补授总督。在给太子请安中曰："奴才自辞慈颜已有半年，依恋主子厚恩，时刻弗忘。身虽在西疆，仍如跟随左右。"皇太子批语："知道了。身体安善，尔好？"③博霁与太子、康熙帝同时保持"单线"联系，明显透露出他"脚踩两只船"的心态。

处理索额图被诛后其党"报仇"事，无疑是康熙四十二年（1703）以后若干年内的大事。由于索额图凭借太子旨令，威吓朝中大臣，致使很多人受牵连，尽管康熙帝本想大事化小，但随着问题的逐步揭开，皇、储矛盾反而愈加紧张。在处置索额图及以后废太子事件中，托合齐是康熙帝的帮手。

托合齐于康熙四十一年（1702）六月，接替已故的开音布担

---

① 《康熙朝满文朱批奏折全译》，第313页。
② 《康熙朝满文朱批奏折全译》，第315页。
③ 《康熙朝满文朱批奏折全译》，第341页。这是笔者所见地方大员给太子请安折中，仅有的几份之一。在给玄烨的奏谢折中称其"上无兄下无弟，无朋友，孤独一人，故终生以皇父为赖"。《康熙朝满文朱批奏折全译》，第342页。

任步军统领。①步军统领一职自康熙三十年起权限加大，原归兵部督捕衙门管辖的巡捕三营也令步军统领管理，②自此，其全面负责京城内外治安保卫工作，包括诸王在内的所有旗民，均归其控制。尤其是皇帝出巡时，步军统领除派人保卫外，京城内外，层层设防，严密巡逻，直至皇帝回京为止。康熙三十三年又奏准：步军统领增设令箭十二支，以备随时调遣及宣传号令之用。③尤其值得注意者是，步军统领下不设副职，遇事一人专主，并且任期久长。

步军统领权重任久，因此人选十分重要。随着康熙后期皇、储矛盾逐步公开化以及诸皇子各结党羽，争夺储位，步军统领能否效忠皇帝就显得举足轻重了。

索额图死后，托合齐承康熙帝密旨，多次秘密调查"朝臣行为善恶，人心服与否者事"。④他在五月初四日⑤密报内大臣阿灵阿、都统普齐、工部尚书王鸿绪"体面无私""举止甚善"后，康熙帝对此并不感兴趣，他要知道为索额图报仇者的动态。朱批曰："此皆琐事，知道了。今之要事，在正黄旗欲为索额图报仇者大有其人。尔为管带步军之人。伊等肮脏之辈，于朕之此世，欲何为耶？唯议论、投书、编造异词散布之外，彼等亦无计可

---

① 《八旗通志初集》卷一一四，《八旗大臣年表八》。
② 《圣祖实录》卷一五〇，第15页。
③ 《大清会典事例》卷一一五七，第1页。
④ 《康熙朝满文朱批奏折全译》，第1643页。
⑤ 《康熙朝满文朱批奏折全译》，第1643页。无年份，可推断为康熙四十三年（1704）。

第四章　康熙后期的皇、储之争及对皇权的挑战

施。其中为首而行者，系原任乌拉将军佟保、革职治罪之将军萨布素、索额图之子珠显、阿尔吉善，伊等势不罢休。将此，尔应留心勉力之。再者，朕将旦夕出巡，投书之人必乘昏黑投于前。尔派贤员好人，务擒一二，朕才宽慰。勤之！密之！"①随后，托合齐密奏正白旗玉庆即阿齐图，原系协理章京，因行为悖乱革职治罪，现今行为毫无收敛，与常泰之弟常海、索额图诸子结交，"指使伊等到处招摇撞骗。阿齐图之悖乱，国人莫不知之"。②十一月初三日，托合齐又奏：曾于三十五年（1696）刺字流放之犯人王五，因其妹在索额图家，遂逃回交结恶人，"无恶不做"，其后虽拿获，因刑部官收受王五钱财，只以鞭八十结案。索额图之女婿、原大学士伊桑阿的第一大管家黄三前往南方谋取钱财，按旗人不得越省而行例将其逮捕，交与刑部，因伊桑阿之妻到处央求，"故此案送部已逾三月，仍未完结"，"又闻得，既逮索额图之后"，索家金银等物寄之王五家，因索家要人皆行"逮拿"，结案后王五将财物据为己有。"此事国人闻者甚多。人多议论，索额图无理敛财，为天所不容，皆殃及其人。"康熙帝指令"王五、黄三案，着尔暂不要结案"。③

托合齐由于与索额图有亲属关系，因此也受到康熙帝的怀疑和臣僚的议论。康熙四十三年（1704）正月初八日，托合齐密

---

①《康熙朝满文朱批奏折全译》，第1643页。
②《康熙朝满文朱批奏折全译》，第1642页。
③《康熙朝满文朱批奏折全译》，第1648—1649页。

-215-

奏中只好将此情奏知，以求康熙帝的原谅。奏称："公齐克塔哈之祖母亦为奴才之亲，都统杨岱亲生三伯父赛必汉之孙女为杨岱之子辈。是以齐克塔哈之祖母奉承索额图，称之为叔叔，赖以为生。此事国人无不知者。议索额图罪时，公普齐严肃不徇情是实。闻知此事者甚多。因此，齐克塔哈邀功，到处扬言，反诬普齐胁迫饿禁冻死索额图。齐克塔哈遂得银千两。此辈鼠子所为，奴才稔知，若不奏闻恩主，则必遭天诛。惟乞圣主明鉴，奴才所奏事内，若有一错处，则奴才愿服重罪。再，至格尔芬首告一案，据闻为取阿尔吉善口供，遣人往召之，阿尔吉善弗至。遂议定待开印后，刑部为此具奏，羁留阿尔吉善，以备取供。等因。又按例索额图家偷挪金银，凡其供出者俱入宫，奴才曾以告知二位新任侍郎。再，据伊都善家人黄三供认，携马往南方交易是实。今将追查引黄三往南方之人。奴才此次始知伊都善富贵有本事，但不能使侍郎绰克托动心。绰克托意甚坚定，言我惧皇上明法。皇上以罪诛绰克托，谁能救我。以后如何，亦未可知。"

康熙帝朱批：凡尔密奏折子及其底稿，勿皆存留，必毁而弃之。待朕幸巡后，尔愈加谨慎，勤打听消息。打听往事容易，打听新事则难。全国大概无不感激朕恩者。惟有包衣牛录（内府管领）、浑托霍（管领）内恶劣者，原系其祖宗为我祖先诛戮俘获为奴之卑贱者，如今旗人不同，言多语广。此事特谕尔知之。①

---

① 《康熙朝满文朱批奏折全译》，第309页。

第四章 康熙后期的皇、储之争及对皇权的挑战

托合齐与索额图有亲属关系,文中"绰克托",清史著作多作"巢可托",自康熙四十年(1701)任盛京刑部侍郎。^①齐克塔哈曾担审讯索额图之任;格尔芬与阿尔吉善为索额图之子,废太子时被诛。

玄烨的朱批值得研究,所谓"打听往事容易,打听新事则难",本文认为"往事"指处死索额图,"新事"指处死后之各方反响。

托合齐随即对康熙帝密交的"新事"进行打听,三月初四日^②密奏:"国人论曰:包衣牛录中,承蒙皇恩以致荣华富贵之极者,莫如佛保、官保、石图。官保骄傲,非但目中无人,虽比其本人优越万千倍之人,亦置之不理。对此,国人颇为不服。皇上不念官保之恶,而念旧时归服,复行任用。非但尚未改其耻笑之举,怨恨之心亦未尽释。再佛保甚是可怕,先与原户部尚书苏赫结拜同姓兄弟,户部一切应得钱财,佛保独占,国人莫不知之。继而马齐为尚书后,佛保复与马齐、马武等结拜兄弟,互为表里,彼此照顾。其为兄弟之缘由,问马齐、马武便知之。此外,工部、仓场事务,敢违佛保一言乎?佛保仰赖皇恩,以致荣华富贵,不知因何怨恨,包藏忿恨之心,坐立之处无所顾忌,随意怨言颇多。因此,人心多不服,言佛保为极其奸究之人,不可信而

---

① 《清代职官年表·满缺侍郎年表》。
② 《康熙朝满文朱批奏折全译》,第1641页,原无年份,可断定为康熙四十三年(1704)。

留于侧。等语。石图，虽未闻如彼等怨恨责怪之举，唯听戏醉饮有余，心亦高矣。为此，谨具奏闻，伏乞睿鉴。"朱批："甚是。知道了。"①

尽管托合齐一再将情况密奏给康熙帝，康熙帝仍不放心，嘱其"不可与任何阿哥、王等来往。将此，着至死敬之。企图陷害尔者多，尔若不得罪于朕，任何人不能陷害尔矣"。②

康熙帝的话说得再明白不过，但托合齐后来还是没有坚定地站在皇帝一边，以致引来杀身之祸。

溜淮套工程的出笼与第六次南巡

综合各种材料，可以说皇太子在其被废前的若干年间，承担了处理国政的重任，当然，许多情况是在玄烨指导下"见习"处理。

前引西安将军博霁入京觐见，即受到玄烨及太子的接见。再往前康熙三十五年（1696）八月振武将军孙思克觐见时，太子还详细看视了孙负伤留下的疤痕。离开京城前，孙还到太子宫拜访，太子还将父皇送给他的马车相赠。孙离京时，太子又命领侍卫内大臣率三十名上三旗卫士护送他出城十里。③向太子请安或辞行这一礼节，说明太子地位之尊崇几与皇帝相等。关于太子胤

---

① 《康熙朝满文朱批奏折全译》，第1641页。
② 《康熙朝满文朱批奏折全译》，第1640页。
③ 俞益谟：《孙思克行述》，见《办苗纪略》附录一。

礽在康熙帝面前处理国政的事实，还可以举出"御前人"这个具有特殊含义的词汇。康熙四十三年七月初二日，在西安将军博霁所上《奏请万安折》中，玄烨朱批："凡大臣等奏折，皆朕亲手草批后发去，其大小之事，虽御前人等亦一字不知。"①这里的"御前人"当指胤礽，而不是泛指皇帝身边的人。可能经验丰富的博霁（康熙帝称其为"老人"）已嗅出皇、储之间的微妙关系，才有同一日各上一个请安折的事。

康熙帝与皇太子在第五次南巡中的"双簧"表演被有的学者视为有意识地表现"彼此和谐一致"，②是做给江南人看的。其实，这恰恰说明父子俩日渐拉近的尊崇位置。一位随行的人员记载：接见地方官员时，胤礽一一询问官员的姓名，有时与地方贵要攀谈一番。当守备潘承家向康熙帝请安时，玄烨问他"是何官"，潘回奏："巡江营守备，前次皇上南巡，是皇太子赏的守备。"按理守备是不能觐见皇帝的，这次请安很可能是太子的安排。康熙帝随即提升潘为总兵，因为"上见其人汉子，很好"，潘即"叩头谢恩"。③皇太子能够封官，而且封的是武职官，可见他的权力具有较强的伸缩性。

在接见江南提督张云翼时，玄烨对这位名将张勇之子表现出极大的关心，问他何以比以前消瘦，张称"因病了几次，所以瘦

---

① 《康熙朝满文朱批奏折全译》，第328页。
② ［美］吴秀良：《康熙朝储位斗争纪实》，第77页。
③ 《圣祖五幸江南恭录》。

了"。玄烨以责怪的口吻说:"我有很好药,你怎么不讨呢?"张奏曰:"皇上没有赐,不敢擅讨。"康熙帝称:"你不比别人,不同着,要什么只管讨。"同时转而对太子说:"你记着,回去就赐。"①胤礽回行宫后即赐给张云翼西药奎宁,还有砚台一方。随后,胤礽还专门致书张云翼:"赐提督的砚台是我亲身看着做成进万岁爷的。才闻皇上赐了提督,我心里很高兴。提督是精细的人,知道砚台贵重。若赐别人我也是不肯的。"②

玄烨与太子正面冲突恐怕是在陈汝弼一案。早在康熙四十三年(1704)八月,工科给事中王原特参吏部文选司郎中陈汝弼不法,"新授浙江温处道黄钟系投诚伪官,已于陕西道御史王自修请斥失节文职案内革职,今陈汝弼乃蒙混开列补授,都察院议复,拟将陈革职交刑部治罪,吏部尚书敦拜等俱应降三级调用"。康熙帝以"此案甚大,情弊显然",命九卿等会议具奏。九卿旋议同都察院,康熙帝命敦拜等俱降三级留任,陈革职交刑部议罪。可是,康熙帝很快发现此案有复杂的背景,自己险些受骗。

胤礽要培植自己的势力,吏部当然是最重要的环节,通过严讯陈汝弼,无疑是杀鸡给猴看。在审定陈汝弼罪时,又节外生枝。传唤黄钟时用严刑逼供,迫使黄钟承认向陈汝弼家人行贿

---

① 《圣祖五幸江南恭录》。
② 《圣祖五幸江南恭录》。

二百两（另有古董值银二百两，约票二千六百两）。陈在刑部官逼问时，曾有"黄钟事非我一人做的，堂上也有压派我的，又有向我说情的"。刑部不管这些，将口供拟上。康熙帝发觉其中有弊，当他南巡回京前从工部尚书王鸿绪所上密折中了解这些后，即朱批："京中有可闻之事，卿密书奏折，与请安封内奏闻。不可令人知道，倘有泄漏，甚有关系。小心！"王鸿绪随以密折表示："永永时刻凛遵，虽亲如父子兄弟，亦决不相告，自当慎之又慎。"① 王鸿绪又密奏：初九日，议政大臣、九卿、詹事、科道赴刑部衙门审讯，陈家人王二及黄钟均因夹棍重伤上堂，但坚决否认曾有银两行贿事；陈汝弼称自己从未招认，并说："此案已死了四人了，大人们要夹，我有何法可免？"夹棍收至三分时陈昏死过去。满官以"情真"拟结，汉官以"做稿出来再商量"表示异议。次日，左都御史舒辂改稿，拟陈"情真、立斩，满大人皆已依允"。汉官提出犯赃无立斩之条，议政大臣说"改了罢"，舒辂改立绞。康熙帝朱批："此奏帖甚好，深得大臣体，朕已明示了。"②

康熙四十四年（1705）闰四月二十八日，康熙帝回到京城，令九卿重新审理陈汝弼一案。五月初三日，议政大臣等复审时，仍拟陈立绞，黄钟绞监候。玄烨深知此案有个强硬的后台，大为

---

① 《康熙朝汉文朱批奏折汇编》第一册，第275—277页。
② 《康熙朝汉文朱批奏折汇编》第一册，第278—284页。

不满，曰："陈汝弼并不招得财，即拟正法，人心岂服？闻此事左都御史舒辂独擅行之。又闻陈汝弼曾出私书三封，并不察讯，此系何故？""令初六日齐集，朕将亲鞫之。"至初六日，康熙帝召议政大臣、大学士、九卿等于畅春园，问议陈汝弼死罪之根据。诸臣曰："陈汝弼虽未招认受贿，而黄钟亲书口供及其家人口供甚明，因坐之罪。"召陈汝弼，令其实奏，陈以"无辜抱屈"对。帝令陈举出查审此案主事人，陈以无对之。又令侍卫传问黄钟，黄钟曰："一日之中夹讯六次，两足俱折，因含冤亲书供招。"帝谓刑部侍郎常绶曰："陈汝弼并无口供即拟以罪，而汝无一言何也？"命再审具奏。十六日，陈汝弼以错用黄钟议处，因已革职，故无庸议。将原审三法司堂司官分别议处：舒辂、王原等着革职，劳之辨等六人各降三级调用，常绶等三人各降三级，傅继祖等五人各降二级，俱从宽留任。①

陈汝弼一案使康熙帝意识到他的权威受到挑战，但他最终使该案得以纠正。六月十七日，步军统领托合齐密奏称，康熙帝以"九重之高"使陈汝弼得以再生，舒辂等人受到惩治，"举国满汉内外之人莫不赞颂"。②康熙帝进而明确认识到，太子胤礽所行已严重违背了他的治国方策，这种颠倒黑白、顺者昌逆者亡的做法已经不是一个称职的皇位继承人所为。

---

①《圣祖实录》卷二二一，第225—227页。
②《康熙朝满文朱批奏折全译》，第1645页。

第四章 康熙后期的皇、储之争及对皇权的挑战

在随后的第六次南巡即最后一次南巡中，他切肤地感受到自己已被太子及其周围的人牵着走，而失去了以往的主动性。以往对太子的姑息、顺从现在终于有了报应，皇、储间已经反客为主了。

康熙帝的后三次南巡均相隔一年，这对向以节省息民著称的康熙帝而言似乎是一个矛盾。但如果考察这三次南巡都有太子相随，其间隔之短也就不足为奇了。富庶和繁华以及历代文人对歌舞佳丽的描绘无疑都让南方充满了诱惑。如满汉密奏所揭示的，太子在南方不仅能得到物欲的满足，江南地方官以及内务府三织造的报效，以及美景佳丽，确实让太子着迷。同时，胤礽可以躲开宫中众多监视的眼睛，作为"准皇帝"指点江山、发号施令的同时，也可以为所欲为了。本文还认为，康熙帝最后一次南巡是"被逼无奈"，是太子及亲太子的南方派的策动。以往史家考察南巡或是与治河连在一起，或是与政治稳定相提并论，实际的原因要复杂得多。当然这里指的是后三次南巡。

对于南方派，豁免因征敛而造成的亏空当是其主要原因。这些人中包括两江总督阿山及曹寅、李煦等内务府织造官。

阿山是满洲镶蓝旗人，姓伊拉哩氏，曾任翰林院侍讲、日讲起居注官等职。此人为官非常圆滑，是个"巧宦"，因此康熙中叶以前仕途不畅。康熙三十一年（1692）二月，因奉差赈灾西安不能尽职，康熙帝谕大学士曰："阿山为人庸劣，奉差之事不能尽心，凡事启奏，多涉两可。"命解户部左侍郎任，以郎中品级

随旗行走。康熙三十三年六月，复用为左副都御史。

阿山的发迹在康熙帝亲征噶尔丹后。他作为从征者虽无劳绩，但班师后擢盛京礼部侍郎，次年授翰林院掌院学士，康熙三十九年（1700）五月任两江总督。

多年来，江南（包括内务府织造衙门）的巨额亏空是令清廷头痛的事。康熙四十年（1701）以后，连续三次南巡，尤其是皇太子、皇子的勒取，是造成亏空的重要原因。当然，这个谜底直到太子被废后才由康熙帝揭开。由安徽布政使张四教以忧去官，巡抚高永爵劾四教擅动库帑而引发的亏空案在当时即沸沸扬扬。康熙四十一年，阿山在具奏中以张四教为公而用，并言康熙三十八年南巡，"四教发库帑十一万供办，议令各官扣俸抵补。各官皆自承，臣不敢隐"。①康熙帝谓此项亏空，"牵连于朕，以为牵累人多，可令停止，此与朕旨不合"，"若云皇上南巡颇费，则用于何处、兴何工程，必有其事也"。阿山又言曹寅取走银两，康熙帝颇为不满，曰："曹寅系织造官，与地方事务不相干。朕驻跸江南时，以备办行宫华丽颇费，朕即降旨：朕幸南方视察民生，仅驻跸二三日，尔等备办太过。时三处织缎者奏曰：我等乃皇帝家奴，我三处公同备办。等语。事遂了结，未言地方官员捐备，故朕未降旨。诚知地方官员备办，朕决不驻跸。地方官若仍如此状，以后朕将不驻跸城内。曹寅等欺诳之事，可憎至极，断

---

① 《清史稿》卷二七八，《阿山传》。

第四章 康熙后期的皇、储之争及对皇权的挑战

不宽宥。尔奏本已批发。"[1]阿山被革职留任。此后，康熙帝多次训饬阿山，称其"毕竟系一平庸总督，并无奇特之处"，[2]"今年老将逝，且离任时满洲官兵若无一人送尔，则将尔之令名，贴于何书之一端乎？"[3]极尽讥讽挖苦。

康熙帝第五次南巡（康熙四十四年，1705）前，阿山欲借备办南巡名义，加征钱粮耗银三分，各郡皆惧服唯唯，江宁知府陈鹏年独持不可，阿山怒，借故罪之，近侍也造蜚语上闻。帝召陈鹏年诘责，几不测，时织造幼子嬉戏过于庭，康熙帝曰："儿知江南有好官乎？"曰："知有陈鹏年。"[4]会致仕大学士张英入见，康熙帝问以江南廉吏，张英首举陈鹏年。织造曹寅亦力求宽赦，免冠叩头，至额流血，阶有声，李煦伏曹寅后，恐触上怒，阴曳寅衣，寅顾怒曰："云何也？"复叩头有声，竟得请。曹寅出，巡抚宋荦赞之曰："不愧朱云折槛矣。"康熙帝终免陈鹏年罪。[5]次日，为皇帝阅水师，阿山命陈鹏年于江边垒石梯，故意难之。适江流湍急，施工困难，随员夫役惶惧，然陈鹏年率士民亲运土石，次日晨即工成。[6]帝于京口阅水师，命陈鹏年督领挽御舟者。

---

[1]《康熙朝满文朱批奏折全译》，第270页。
[2]《康熙朝满文朱批奏折全译》，第353页。
[3]《康熙朝满文朱批奏折全译》，第353页。
[4]《陈恪勤公年谱》卷上。
[5]《陈恪勤公年谱》卷上；《清史稿》卷二六七、二七七；李元度：《国朝先正事略》卷一二。
[6]《清史稿》卷二七七。

舟入淮，山阳民一路为陈鹏年备茶水饭食。康熙帝窥见，既渡河，温言令还。①陈鹏年的持正对阿山加征耗银是一大障碍，必去之而后快。康熙四十五年二月，阿山劾陈鹏年不将圣训供设吉地，而以妓馆供奉，属大不敬。刑部等拟立斩。玄烨已知阿山之意，命陈鹏年革职免罪，来京修书。②按康熙帝的勤俭作风以及对清官政治的倡导，他不应该动杀陈之念，极有可能是迫于太子的压力。

康熙帝很不满意这位两江总督。阿山也清楚自己在皇帝心目中没有位置，因而连请安折也很少了。同年正月二十五日，由于阿山想行捐纳，便给康熙帝上请安折。康熙帝的朱批曰："素日甚少奏折请安，或有捐纳事需条陈，故顺便请安耳。知道了。又闻在龙潭地方修建房屋等语。朕无事南巡，即临幸，亦绝不驻跸龙潭地方。若违此言，再不能见人矣。尔只是徒劳而已。若拆毁所建房屋，朕甚喜悦。毋疑，着即拆毁。"③

康熙帝确实看准了阿山的用意。同一日，阿山奏请开捐以开溜淮套工程。康熙帝朱批："此事尔三总督（另二为漕督、河督）既知之，朕不必谕尔等具奏或停止。"④

溜淮套工程是阿山设置的一个陷阱。他要借此实行捐纳，

---

① 李元度：《国朝先正事略》卷一二。
② 《康熙起居注》第三册，第1947页。
③ 《康熙朝满文朱批奏折全译》，第405页。
④ 《康熙朝满文朱批奏折全译》，第406页。

第四章　康熙后期的皇、储之争及对皇权的挑战

并促请康熙帝南巡,蠲免钱粮,以弥补亏空。早在康熙四十四年(1705)十一月,阿山提出将泗州西溜淮套开河筑堤,泄淮水,至黄家堰入张福口,会出清口。玄烨命漕运总督桑额、河道总督张鹏翮会同阅视。张、桑皆谓不可开,"因阿山之议,乃列名奏请"。①康熙四十五年正月初十日,九卿以该工程属"创兴",议照该督所题,请康熙帝亲临河工指授方略。康熙帝称其屡次南巡,河工利病知之甚明,即有未曾经历之地,亦可即行定夺,"迩者数次南巡,见与陆路不同,濒河官民不无劳忧",而阿山等所看已经周悉,不必亲往。十四日,九卿会议再请。玄烨颇为不解,驳斥曰:"九卿之议谬矣。此河应开之处,朕前已详阅舆图,所见甚明。果见之未明,尚有所疑,理当往阅。既无所疑,往阅何为?况该督等所勘俱善,即朕亲往,亦不能有异于三督臣之所勘也。至于下河,昔朕原欲往阅,该督等奏称,水陆路俱不可行,是以未获前往。即欲往阅,亦须冬月乃可,今岂可往阅耶?至捐纳之事,大非善举,断不可行。现在库帑颇丰,苟或不丰,何以蠲免各省钱粮乎?"②九卿仍坚持圣驾南巡,康熙帝气愤地说:"朕果当行即行矣,岂以尔等所言当往即往,不当往即不往耶?尔等不必再四奏请。"九卿却一反常态,"请将此本交与内阁"。康熙帝对这种违反议事成规的做法表示不满,责备曰:

---

① 《满洲名臣传》卷二三,《阿山传》。
② 《康熙起居注》第三册,第1934页。

-227-

"尔等会议未成之事，何必交与内阁？"命"议结具奏"。玄烨显然明白这是太子所要求的，九卿等只是承命而已，且大有不达目的不罢休之势。康熙帝只好将心中忧虑告知："朕不往巡，亦因灼知地理之故。且近来策妄阿拉布坦处颇有所闻，朕今年亦不宜南行。"康熙帝将实情相告，这使九卿再无理由陈请。二十二日，康熙帝在畅春园召大学士、九卿等，谓大学士曰："九卿诸臣再四请朕亲临河工，谬矣！伊等毫不谙练河务。朕昔欲往阅下河，因张鹏翮奏以为断不可往，是以中止。今即去，仍然不能亲莅其地，则亦何事复往？果欲阅此河，惟冬月冰冻时尚可。大约开此河虽于运道无益，而于淮安、扬州、凤阳及河南怀庆所属生民为利匪浅。但此项钱粮断不可交地方官。"至于捐纳之事，康熙帝称断不可行，并为此已屡颁谕旨："阿山、张鹏翮奏请行捐纳者，特为彼处亏空银两，欲取足于此之意。今伊等劝开捐纳，亦为阿山辈耳。即今库帑丰盈，已免今年湖广二百万钱粮，此项河工所费断不更多于此，有何难行之处？"康熙帝认为新开工不如修治高家堰为紧要，如不修治高家堰，"倘有冲决，即开此河何用"？随后九卿在议阿山捐纳河工之请时，议照山东养民例，康熙帝知其用意便于行私，严旨申斥，并称如愿助河工，将银交到户部。

为促成康熙帝南巡，阿山耗巨资在由浙江至江宁之要地龙潭地方大兴土木，一时民怨不已，康熙帝令其拆毁，阿山却"奏请免毁"，并且振振有词地说：江南百姓日盼皇上临幸，"奴才若在

第四章 康熙后期的皇、储之争及对皇权的挑战

此时拆毁所建工程，则必难免万民笑骂，奴才将无处藏身"，"虽为此事治奴才以重罪，奴才亦愿承当，但已建工程，毋令拆毁"。康熙帝感到左右为难，朱批责备曰："岂以朕南巡少而去耶？无妨，还是拆毁的好。"①五月十五日，九卿等再请南巡指授河工。康熙帝仍不许，并曰："阿山甚巧，既不得谓之善，亦不得谓之非。以此观之，非巧而何？"并称"噶礼亦与阿山相同"。②十一月，阿山内调刑部尚书。

康熙四十五年（1706），康熙帝虽因坚持，未能南巡，但亲太子派不会就此罢休，大学士马齐即其主要人物。

马齐是米斯翰之子，康熙二十六年（1687）因往按湖广巡抚张汧贪黩案而受康熙帝赏识。翌年迁左都御史。马齐习边事，二年后列议政大臣，开"都御史与议政"之始。③康熙三十五年，康熙帝亲征噶尔丹，马齐以户部尚书兼理藩院尚书，是协助皇太子留京理政的三位重臣之一。康熙三十八年授武英殿大学士。马齐权势日隆，交结文武大臣，引起康熙帝的高度警惕。康熙四十五年春，康熙帝令内外大臣密奏马齐等人。四月初十日，甘肃巡抚齐世武奏称：惟有大学士马齐，凡文官无不与之往来；副都统马武（马齐弟），凡外地武官无不与之往来。圣明同日月，即系微员，皆由皇上遴授，彼等亦没奈何。但官员对彼兄弟合

---

① 《康熙朝满文朱批奏折全译》，第416页。
② 《康熙起居注》第三册，第1936—1937、1978页。
③ 《清史稿》卷二八七，《马齐传》。

-229-

意之人，凡遇事互相照顾，若系不合意者，借故威胁，造谣传扬。因此，文武各官，无不畏惧其兄弟者。奴才所闻如此，伏乞圣主睿察。①康熙帝称："尔所奏事情，朕从别处亦打听到了。彼等虽暗中勾结，但弗能倒置是非。"嘱齐世武："此等事宜甚密之。"②

是年十二月十九日，九卿以明年南巡再请。大学士马齐等承太子之意，也以此请。康熙帝曰："朕年岁渐加，颇惮行路，至渡江河每觉心动，况南方水土与北方不同，不便亲行。"命大学士等与九卿会同另议具奏。二十三日，大学士也违反成例，将九卿奏请圣驾亲临折子，票拟"上亲往"字样进呈，康熙帝大为不悦，即遣批本主事苏成格等传谕曰："昨已有谕旨云，朕不去，尔等又何为票拟准往字样？溜淮套开河既有利于小民，即当亟开为是。河上事朕知之甚悉，亲往亦可，不往亦可。九卿诸臣劝朕之意虽极恳切，但朕此行心实厌之。尔等可持此折去，另票进呈。"大学士马齐再请，并曰："皇上若不亲临指示，断乎难行。"康熙帝传谕"不必朕往"。马齐等再请。康熙帝传谕云："曹寅、李煦等请朕南巡，朕已有旨责之。朕断然不往，尔等不得再三奏请。"九卿、詹事、科道又赴乾清门奏事，沙孜、来保传奏曰："臣等非不知皇上实以渡江河为厌，但河工必得圣躬亲临指示，

---

① 《康熙朝满文朱批奏折全译》，第414—415页。
② 《康熙朝满文朱批奏折全译》，第414—415页。

第四章　康熙后期的皇、储之争及对皇权的挑战

始能有成，不往则不能有成，关系紧要，必不得已，是以臣等宁受烦劳圣躬之罪，不受迟误河工之罪。一凭皇上重处，臣等亦惟有恳请圣躬亲临指示而已。"康熙帝知道太子做后台，不达目的不罢休，只得传谕曰："尔等既再三恳请，勉从所奏。至溜淮套，相度往返约四十日，朕指示开河，随即回銮，断不渡江。倘彼处又有来请渡江者，九卿诸臣当保之。朕凡有行，皆奏闻皇太后。着九卿明日来，朕另有旨。"

至二十七日，康熙帝经奏闻皇太后，以亲往为是，"但以行动为烦，须至工成后，或明冬或后春往阅可也。"大学士等得寸进尺，再请，康熙帝应允，但表示："断不渡江。如河务既毕，南方之民千万成群叩请渡江不已，尔等当保之。"九卿等以南民叩圣为理由，表示："臣等何能保之？"[①]

康熙四十六年（1707）正月二十二日，康熙帝在皇太子胤礽等陪同下，开始了他一生中的最后一次南巡。二月二十日，康熙帝由清口登陆，方知溜淮套工程完全是一个骗局。因溜淮套地势甚高，开挖新河工程艰巨，即使挖成也不能直达清口，无助于泄出高家堰堤下之涨水。康熙帝还发现，此地势地形与阿山"所进图样迥乎不同"，[②]于是大怒，称"数年来两河平静，民生安乐，何必多此一事"？谕大学士等："此河断不可开，即缮写谕旨传

---

① 《康熙起居注》第三册，第2060—2061页。
② 《满洲名臣传》卷二三，《阿山传》。

谕在京诸臣，前任总督阿山，何所见亦奏此河当开？着问阿山回奏？"康熙帝回京后命革阿山职。

溜淮套的骗局被揭穿后，康熙帝对胤礽多了一层防范，也增加了一层不信任。三月十六日，康熙帝一行抵达苏州。次日，康熙帝密谕工部尚书王鸿绪："前岁南巡，有许多不肖之人骗苏州女子，朕到家里方知。今年又恐有如此行者，尔细细打听，凡有这等事，亲手密密写来奏闻。此事再不可令人知道。有人知道，尔即不便矣。"王鸿绪密奏曰："自蒙圣主密委，凡有奏折，皆系臣亲手书写，并无旁人得以窥见，况此事关涉甚多，尤所当慎之又慎，时刻凛遵者也。"随即，王密奏范溥"强买平人子女，皆记御前人员名色，其着落总不可问"，并报所买之人及价值多少。密折还云：苏州关差章京已买三女，侍卫五哥买三女，革职官陈世安买女谋起官，侍卫迈子正在各处买人。"此外纷纷买人者甚多，或自买，或买来交结要紧人员，皆是捏造姓名，虚骗成局"。原任陈州知州范溥前因进花，给以御箭，遂假以御箭带领娼妓行走。①六月二十日，王鸿绪密折再次奏云："范溥指名要紧人员，挟持地方官牌票强买，已买少女九人、妓女一人、小童一人，不知送于何处。现范溥已知有汉大臣说我不好，范溥云，是御前第一等人与我的信。范溥在山东包揽捐纳，又系查升第二子之亲家，其平日结交侍卫及各王府以下杂色人等甚多，故有人送信与

---

① 《康熙朝汉文朱批奏折汇编》第一册，第613—615页。

第四章 康熙后期的皇、储之争及对皇权的挑战

之。"密折又云："皇上行事至慎至密，人莫能测，真千古帝王所不及。但恐近来时候不同，有从中窥探至尊动静者，伏祈皇上密密提防，万勿轻露，随事体验，自然洞鉴。"①从王鸿绪的密折及康熙帝第一次废太子时所言，皇帝的所有活动确都处于太子党的严密监视下，王所说的"近来时候不同"大体是指皇、储关系高度紧张时。

胤礽在江南确实做了许多丢尽皇家脸面的事。太子的恶劣形象无疑成为他很快被废的重要原因之一。

太子在南方的另一项失政是其勒取财物。尽管太子勒财遍布宫内外及不少省份，但江南无疑是其勒取的集中之地，而其奶公凌普充当了重要角色。康熙帝后来承认，让凌普出任内务府总管大臣是为了便于太子"取财"，也即能够满足胤礽对财物的贪求。一般认为，凌普任总管当于康熙四十四年（1705）二月，②实际上似乎要早，可能在处死索额图之后。康熙四十三年八月十九日，步军统领托合齐密奏部院情弊折中，即涉及凌普及毓庆宫：王五因与原任镶黄旗托沙喇哈番石拉都殴斗，被科以重罪。康熙四十一年，王五殴打管库官，因杖三十，解除匠役；又拐骗满洲家妇，行径无耻。复与毓庆宫大夫吴谦合谋，纠集摆牙喇苏斌家男妇，夜至城外民薛迎远家劫银，为步军统领营官拿获，因解刑

---

① 《康熙朝汉文朱批奏折汇编》第一册，第664页。
② 《八旗通志初集》卷一一四，《八旗大臣年表》。

部。托合齐奏称："凌普、色尔弼干预此案，为大夫吴谦、王五遣人至我处，言即在尔所了结此案。奴才未从，遣人送部。此辈复寄托于部臣、章京等，故将此案移送刑部，至今已有两月，尚未议拟具奏。"康熙帝称其所奏俱实。①

凌普直到太子被废的当月才革内务府总管一职，但康熙帝对凌普任总管显然不满，没有标明日期的满文奏折说明了这一点。如康熙帝在其请安折上朱批："尔于事漫不经心，凡各项不分要紧与否均耽误，请安何用！"在他与赫硕色的请安折上又朱批："宫中所属欠银之事，尔等应渐次从严之。假充好人，日久天长，则日后必致尔等偿还。""尔等其内务府总管之事，理应多加谨慎。"并问"稽查库务之事怎么样了"？②由于太子的关系，尽管凌普一再干涉部院事务，把手伸得很长，也未能履行总管之责，但康熙帝仍令其革职留任。从康熙四十七年（1708）闰三月十二日凌普所上奏折看，凌普的水平极低，以致其手下几千闲役人员的"编班"事情也要康熙帝劳神。尽管凌普一再奏称"如梦初醒"，但仍我行我素。③

皇太子被废前，其手下人拜色出逃，引起康熙帝的警觉。拜色祖、父世承"重恩"，拜色本人又格外施恩，但他"悖主出

---

① 《康熙朝满文朱批奏折全译》，第339页。
② 《康熙朝满文朱批奏折全译》，第1543页。
③ 《康熙朝满文朱批奏折全译》，第572页。

第四章　康熙后期的皇、储之争及对皇权的挑战

逃"，①很可能将皇、储间的矛盾泄露给世人。因此康熙帝命马齐之弟马武（乾清门侍卫、副都统）及凌普加紧追拿，康熙帝在凌普的密奏上朱批曰："马武未去何以写之！拜色背皇太子出逃，殊属可恶，无耻至极。宜将其妻子俱皆锁禁，家产封闭看守，断不可有丝毫疏忽。恐尔又拖延时日。"②马武等分路追踪后，凌普又密奏其事。康熙帝训责凌普："若常常一错再错，则枉披一张人皮何用？"③

在凌普任内务府总管大臣的四五年间，皇太子"便于取用"，究竟取用了多少财物，很难确查，只能举其代表性事例。清代皇室财政独立于户部，隶属内务府，这虽然表面上限制了皇室集团对国家财富的侵占和滥用，但实际上造成了内务府借用皇室特权为皇室聚敛钱财的效果。总管是皇室最大的"出纳"，除本身经营活动外，还把持盐、榷等项主要收入。④一废太子后，康熙帝以噶礼为两江总督，其用意之一是令其清查江南及由内务府控制的两淮盐运使亏空。噶礼在陛辞入觐时，康熙帝告之明年更换两淮盐差。⑤康熙四十八年（1709）十月，康熙帝还召曹寅赴京议事。⑥同年十二月初六日，噶礼奏报清查盐运使库银亏空情况，

---

① 《康熙朝满文朱批奏折全译》，第1544页。
② 《康熙朝满文朱批奏折全译》，第1546页。
③ 《康熙朝满文朱批奏折全译》，第1545页。
④ 祁美琴：《清代内务府》，第135页。
⑤ 《康熙朝满文朱批奏折全译》，第656页。
⑥ 《关于江宁织造曹家档案史料》，第76页。

令康熙帝大为惊讶，噶礼奏称：仅两淮盐运使李斯佺亏欠银即达三百万两。"其中曹寅、李煦侵用者多"。噶礼还为康熙帝算了一笔账："奴才思之，曹寅、李煦出差之年得银六十七万两，又从织造衙门盐差内每年获银十三万两，共计得银八十万两，李斯佺每年已得银十八万余两。曹寅、李煦、李斯佺仰沾皇恩，每年得银许多。复据定例，盐引每张止行盐三百六十斤。而今官员、商家等合谋夹带私盐，每引余五百斤，其中又得利，且自前年始派取各商家银四十万两，去岁今年每年又派取银二十万余两，名则补库，实仍亏欠。此皆曹寅、李煦、李斯佺及为首商家程卫高等肆意侵用国帑，终不能补完，且缓一年，复致多亏欠数十万两，似于钱粮无益。又运使库为李斯佺所管，亏欠国帑三百万两。钱粮关系重大，故奴才不敢不据实具奏。"①

造成这巨额亏空的原因何在？噶礼没有明言，但心中有数。康熙帝的朱批说得十分明白："尔这奏的是。皇太子、诸阿哥用曹寅、李煦等银甚多，朕知之甚悉，曹寅、李煦亦没办法，现曹寅尚未到京城，俟到来后，其运使库银亏欠与否之处，朕问毕再颁旨于尔。"②

太子胤礽被废当月，凌普被革职，胤裪署内务府总督，奉命负责清查胤礽勒取银两之事。据曹寅家人交待，康熙四十四年

---

① 《康熙朝满文朱批奏折全译》，第656页。
② 《康熙朝满文朱批奏折全译》，第657页。

第四章　康熙后期的皇、储之争及对皇权的挑战

(1705)、四十六年，凌普两次取银四万两。自康熙四十四年至四十七年九月，凌普仅从李煦、曹寅处共取银八万余两。其中南巡时取用的二万两已不知"交付何处"。①由于"胤礽所用，一切远过于朕，伊犹以为不足，恣取国帑，干预政事，必致败坏我国家，戕贼我万民而后已"，②康熙帝在废太子时所讲的这番话，可以作为太子被废的重要理由之一。

康熙四十七年（1708），是最不平静的一年。废太子之前，大有山雨欲来之势。尤其是皇长子胤禔欲行刺皇太子，致使康熙帝十分不安。由于太子贪淫、暴虐及恣取国帑等种种不法之事的暴露，其皇储之位随时有被废弃之可能。因此，胤禔搜罗武艺高强者谋划除掉胤礽。现在仍无法断定此谋划是胤禔出于保护其父皇不受伤害，还是要夺嫡以代之。但事实是确凿无疑的。此事之倡行者，包括公赖西、顺王、王府长史阿鲁为首。这几个人向胤禔倡议，"方起行刺之恶念"。张明德又蛊惑人心，称其有朋友五人，武艺非凡，能抵杀数百人，"可翻越如城之高墙，可进入四五十人群行刺"。胤禔等人很相信张明德，令张务于年前十月初旬到京。张遂前往邀约，并遣至京师。可是，皇太子于九月被废。张明德到京后，前往胤禔处告称：我诸友相约，十月十五到来。"以事已告成，虽到来，现无用处。"③托合齐密奏的这份材料

---

① 《关于江宁织造曹家档案史料》，第60—61页。
② 《圣祖实录》卷二三四，《清实录》第六册，第336页。
③ 当为康熙四十八年（1709）再立胤礽为皇太子时所奏。

-237-

表明：胤禔谋刺太子事在前，废太子在后。这也是胤禔于废太子后被严加监禁，并成为被康熙帝淘汰出皇储备选方案的第一人的重要原因。

在胤禔密谋行刺的早些时候，康熙帝将甘肃巡抚齐世武召入京师并授川陕总督。这项看似寻常的任命引起满朝议论。齐世武是于四月初三日升任川陕总督的，五月初九日，内阁学士舒图接替甘肃巡抚任。① 而原川陕总督博霁至迟于五月初病卒。② 也就是说，齐世武当在四月间到京。此间，"正值大事未定之际"。③ 四月初六日，康熙帝在齐世武所上请安折中，向他晓示提擢"两省要职"，是"以尔作官声名好"，嘱其愈加廉洁，"若稍违朕简用之意，则不仅无脸见人，而且有负朕恩"。④ 可能是康熙帝记忆有误，至同年五月初一日陕抚鄂海上请安折时，康熙帝称"总督齐世武请安折已间隔数月了，本想来折即予批示。今既不来，则将朕之御批，着尔与总督齐世武同看"。⑤ 康熙帝令齐世武与鄂海两人各出银二千两，给由正白旗蒙古都统出任西安将军的席柱，因

---

① 《清代职官年表·巡抚年表》。
② 《康熙朝满文朱批奏折全译》，第579页，礼部尚书富宁安于五月二十一日奏请博霁灵柩可否入京，康熙帝准入。《清代职官年表·总督年表》载博霁卒于九月初二日，不确。
③ 《康熙朝满文朱批奏折全译》，第1654页。
④ 《康熙朝满文朱批奏折全译》，第574页。
⑤ 《康熙朝满文朱批奏折全译》，第575页。

第四章 康熙后期的皇、储之争及对皇权的挑战

为后者"家计甚穷"。①

齐世武入京前，原甘肃布政使绰奇得到这一消息，这位本与齐世武"甚为不和"的同僚，这次亲赴正定府相迎，见面后，相谈许久，并"彼此结亲"。绰奇先至京城，齐世武随即也赶到。齐世武在京期间康熙帝交待过什么，"国人不知"。但从康熙帝所说"外人多猜测，议论纷纷"来看，肯定与皇太子有关。因为绰奇从此后"自称建立大功之人，于其故旧家中，侃侃晓谕，傲慢、无畏惧之状，朝臣无不知者"。康熙帝对托合齐所上的这份密折十分关注，他对绰奇想拉齐世武"入其党类"仍持否定的判断，朱批曰："尔所奏甚是。绰奇之悖乱，举国莫不知者。朕可作保，齐世武断不为绰奇所欺。绰奇之悖逆，胆大不怕死等情，皇太子、大小诸阿哥皆知之。此事确凿，有证据。朕将保证，此人断不得好死。齐世武来京城时，朕未说一句话。今看来，外人多猜测，议论纷纷。此亦齐世武之不幸，人皆猜错。以此观之，恐系绰奇张扬，亦未可料。"②

同年七八月间，控告、参劾托合齐者不断。刑科给事中王懿疏参托合齐"欺罔不法，贪恶殃民等款"。户科给事中高遐昌上疏请复三项"旧例"：巡捕三营，请仍归兵部管理；民间词讼，请仍归地方官审理；五城街道，请仍归工部司官管理。高的上疏

---

① 《康熙朝满文朱批奏折全译》，第575页。
② 《康熙朝满文朱批奏折全译》，第1654页。

实际上是怀疑托合齐是否效忠皇帝,这无疑是当时剑拔弩张的政治气候的真实反映。康熙帝认为步军统领中大多数可信,因而拒绝恢复旧制。① 八月二十八日,康熙帝亲写朱谕一封,给留守京师的胤祉、胤祺及满洲大学士、九卿:"托合齐为人控告且又参劾。所控告参劾者亦无错处,但自授托合齐以来,于惩恶缉盗等事,无有裨益。又朕密受盗贼等案,尚无头绪,事关甚巨,其他新手皆不知。至查议托合齐事,除照议外,仍令管理步兵事务,朕进京前,可令赎罪效力。朕进京后另有旨。为此亲书颁下。"② 康熙帝的用意很清楚,他要用托合齐侦访、缉拿那些"狂悖者"。如果临时易人,很可能打乱他的部署,铸成大错。几十年的执政经验已使康熙帝能够驾驭十分复杂的政治形势,并使之向他所希望的方向发展。

十八阿哥胤祄之死成为康熙帝废掉太子的导火索。

胤祄的母亲是一位汉族女子。自从康熙三十八年(1699)至废太子前的十年间,玄烨倾心于汉族嫔妃。这一阶段,恰和后四次南巡的时间相吻合,这是否说明康熙帝在南巡时也接纳了不少汉族女子?无独有偶,这十年间在十三个生孩子的嫔妃中,有十个是汉人。胤祄的母亲密妃王氏何时入宫不详,只知道她的父亲当过知府,她为康熙帝生有三子,即皇十五子胤禑(1693年生)、

---

① 《圣祖实录》卷二三三,第20—22页。
② 《康熙朝满文朱批奏折全译》,第600页。

第四章　康熙后期的皇、储之争及对皇权的挑战

皇十六子胤禄（1695年生）及皇十八子胤祄（1701年生）。王氏是个年轻美丽的女子，可以肯定，康熙帝十分宠爱她，甚至破例让耶稣会士到宫中为她画像。康熙四十二年，玄烨在畅春园召见高士奇时，并让高看了两位妃子的肖像，并指给高说："此汉人也"，"此满人也"，他还告诉高："尔年老，久在供奉，看亦无妨。"高士奇称这张肖像十分逼真，呼之欲出。① 由于王氏是"那位皇帝迷恋的有名的汉族妇女"，这对太子而言，其嫉妒心理是正常的。

康熙四十七年（1708）夏，皇十八子胤祄跟随皇父去塞外避暑，他是此行随扈皇子中最年幼的一个，虚龄八岁。不料，胤祄在途中突然患病，高烧不退。玄烨除急召宫中御医外，又降旨给在京的胤祉和胤禛，谕令递送之人："火速乘驿，将此谕交付三贝勒、四贝勒，时刻不得耽延！"给胤祉、胤禛的手谕曰："今此谕一到，立即将马尔干之妻、刘妈妈、外科大夫妈妈赫希等三人派来，同时差出精明干练之人，作为伊等随从，一律乘驿，挑选好车良马，日夜兼程，尽其所能从速赶来！""朕也派人从此处往迎。为此急促缮写降旨。"② 并嘱胤祉等"勿妄张扬"。八月二十二日，胤祉等遵旨遣大夫星驰赶往，并对十八阿哥之病"心甚不安"。康熙帝朱批：该阿哥在朕之院内善加调养，不顾一切，

---

① 高士奇：《蓬山密记》。
② 《满文朱批奏折》，胤祉等奏，康熙四十七年（1708）八月。引自杨珍《康熙皇帝一家》，第252页。

昼夜勤治，今已大好，全然无妨，尔等放心，犹如朕之老身复生。①在告知此消息时，康熙帝有意不将装有朱谕的信封封固，还用朱笔在信皮上写道："（这是）喜信！若照常封固，你们拆开再看，太耽搁时间，所以没有封上。"此后康熙帝随时将胤祄病情告知胤祉等人。②

可是，康熙帝仍未能从死神手中将他的爱子夺回。九月初二日晨，胤祄病情突变，病势甚重。③也即初二这一天，康熙帝一反常态，谕扈从诸大臣等："自十八阿哥患病以来，朕冀其痊愈，昼夜疗治，今又变症，谅已无济，朕躬所系甚重，上则恐贻高年皇太后之忧，下则天下臣民咸赖予一人，区区稚子，有何关系。朕乃割爱，即此就道，至二十里许驻跸，特谕。"④越一日，这位康熙帝异常钟爱、带有汉族血统的皇子胤祄病卒。

康熙帝的反常举动只能说明：他或者无法忍受目睹爱子死去的场面，或者对胤礽"毫无友爱之意"怒不可遏，而"天下臣民咸赖予一人"又分明是在警告太子不要高兴得太早。两日后，皇太子胤礽被囚禁。康熙帝曰："今观胤礽不法祖德，不遵朕训，惟肆恶虐众，暴戾淫乱，难出诸口，朕包容二十年矣。乃其恶愈

---

① 《康熙朝满文朱批奏折全译》，第597页。
② 《康熙朝满文朱批奏折全译》，第600页。
③ 《康熙朝满文朱批奏折全译》，第600页。
④ 《圣祖实录》卷二三四，《清实录》第六册，第336页。

张，缪辱在廷诸王贝勒大臣官员，专擅威权，鸠聚党羽，窥伺朕躬，起居动作，无不探听。朕思国惟一主，胤礽何得将诸王贝勒大臣官员任意凌虐，恣行捶挞耶？如平郡王纳尔素、贝勒海善、公普奇俱被伊殴打，大臣官员以至兵丁鲜不遭其荼毒。朕深悉此情。因诸臣有言及伊之行事者，伊即仇视其人，横加鞭笞。故朕未将伊之行事——询及于诸臣。朕巡幸陕西、江南、浙江等处，或驻庐舍，或御舟航，未曾跬步妄出，未曾一事扰民，乃胤礽同伊属下人等恣行乖戾，无所不至，令朕赧于启齿。又遣使邀截外藩入贡之人，将进御马匹任意攘取，以至蒙古俱不心服。种种恶端，不可枚举。朕尚冀其悔过自新，故隐忍优容至于今日。又朕知胤礽赋性奢侈，着伊乳母之父凌普为内务府总管，俾伊便于取用。孰意凌普更为贪婪，致使包衣下人无不怨恨。朕自胤礽幼时，谆谆教训，凡所用物皆系庶民脂膏，应从节俭，乃不遵朕言，穷奢极欲逞其凶恶。今更滋甚，有将朕诸子不遗噍类之势。十八阿哥患病，众皆以朕年高，无不为朕忧虑，伊系亲兄，毫无友爱之意，因朕加责，让伊反忿然发怒。更可异者，伊每夜逼近布城，裂缝向内窃视。从前索额图助伊潜谋大事，朕悉知其情，将索额图处死。今胤礽欲为索额图复仇，结成党羽，令朕未卜今日被鸩，明日遇害，昼夜戒慎不宁。似此之人，岂可付以祖宗弘业！且胤礽生而克母，此等之人，古称不孝。朕即位以来，诸事节俭，身御敝褥，足用布袜。胤礽所用，一切远过于朕，伊犹以为不足，恣取国帑，干预政事，必致败坏我国家，戕贼我万民而后已。若以此不孝不仁之人为君，其如祖业何？"①言毕，康熙帝痛哭扑地，诸大臣扶起。康熙帝又言："太祖、太宗、世祖之缔造勤劳，与朕治平之天下，断不可以付此人。俟回京昭告于天地宗庙，将胤礽废斥。"命将胤礽即行拘执，将胤礽之党羽六人，即索额图之子格尔芬、阿尔吉善及二格、苏尔特、哈什大、萨尔邦阿俱行正法，杜默臣、阿进泰、苏赫陈、倪雅汉等四人充发盛京。诸臣流涕叩首奏曰："谕旨所言皇太子诸事，一一皆确实，臣等实无异辞可以陈奏。"帝又曰："朕前命直郡王胤禔善护朕躬，并无欲立胤禔为太子之意。胤禔秉性躁急愚顽，岂可立为皇太子。"②

康熙帝怀疑皇三子可能参与胤礽之活动，故于囚禁太子之次日，急召其来。③初七日，康熙帝传谕安抚诸大臣侍卫官兵人等："胤礽为皇太子时，有所使令，尔等敢不遵行，但其中岂无奔走逢迎之辈？今见太子废斥，恐为朕访知或旁人首告，必至诛戮，日夜危惧，靡有宁时。朕以胤礽凶戾，势不得已，始行废斥，断不辗转搜求，旁及多人。若将从前奔走之人必欲尽行究处，即朕宫中宦侍将无一人得免者。今事内干连人等，应正法者已经正法，应充发者已经充发，事皆清结，余众不更推求。嗣后虽有人首告，朕亦不问，毋复疑惧。"至于皇三子胤祉，"平日与胤礽甚

---

① 《圣祖实录》卷二三四，《清实录》第六册，第336—337页。
② 《圣祖实录》卷二三四，第336—337页。
③ 《康熙朝满文朱批奏折全译》，第602页。

相亲睦，所以召胤祉来者，因有所质问。伊平日与胤礽相睦，但未曾怂恿为恶，且屡谏止，胤礽不听。"其同党杜默臣等四人因无大恶，故充发盛京。"朕于众人危惧不安之处，未暇宣明谕旨，今可遍谕本营及后营人员。"①同日，命皇八子贝勒胤禩署内务府总管事。

废太子事件是康熙朝晚期影响最大的政治事件。由康熙帝赋予胤礽某些权力以及诸皇子介入权力而引发的政治危机，并未因皇太子废除而减弱，相反，却愈演愈烈。而这些又不能单纯从皇、储矛盾角度就能解释清楚，在很大程度上，与满族政治传统有密切关系，这一点将在后文详细论及。

议立太子风波与皇八子党

胤礽被废后，胤禔成为最危险的人物，康熙帝将其囚禁后，唯恐其党徒"铤而走险"，"朕内心疑虑难止"，②令托合齐严加防范，"着勤打听大阿哥之消息"。③由于胤禔平素"好制造铁质器械等物"，从塞外押解胤禔回京后，胤禔即被锁禁，铁器等物也全部搜出，胤禔府只留下一杆鸟枪，作为满族男儿的象征。但托合齐仍担心报恩寺集市贸易时，"邪恶之人聚集较多"，奏请康熙帝取缔集市。康熙帝朱批称："此人昏且暴，不可轻视。这腥臊

---

① 《圣祖实录》卷二三四，《清实录》第六册，第337—338页。
② 《康熙朝满文朱批奏折全译》，第1653页。
③ 《康熙朝满文朱批奏折全译》，第1654页。

怎么得了，对朕甚易，朕自有处置。唯尔处所，着尔固之，并不时打听奏闻。"①品性暴烈的胤禔一直被严加监禁，主要是康熙帝担心他会铤而走险。

在皇室内部斗争日趋激烈的时候，下五旗诸王、贝勒等无疑起到了推波助澜的作用。索额图被诛后，康熙帝"在外诸消息"，下五旗人员"即时得知，且闻辄妄言"。最初设立的禁约全无效果。康熙四十三年（1704）八月二十八日，托合齐的密奏称："初皇上约束，下五旗王、贝勒、贝子、公等下属臣工，除于各该主宅门行走，拿马犬等物外，不准在他主门前行走，拿马犬等物。今看不肖之徒，弃其本主门户，惟利是图，投他主门户行走、拿马犬等物，以博喜欢者甚多。再，王、贝勒、贝子、公等下属侍卫、官员及随行子侄等，若非其嫡亲，则严禁与部院大臣家及有职武臣家来往。如此，则似可杜央求托付庇护等弊端。再，原侍郎席木布、原郎中济木布等起程赴伯都讷之日，原任巡抚张敏、原任侍郎常舒、现任内阁学士阿世坦、原在内阁供职之苏海、兵部郎中大寿等送行。伊等在送往之地，谈笑风生，言时运已到，尔等不久即升大臣而回。彼时我等欢迎尔等。等语。岂有此理！为此奏闻。"②

康熙四十七年（1708）十月，康熙帝因废太子之事病重，这

---

① 《康熙朝满文朱批奏折全译》，第1654页。
② 《康熙朝满文朱批奏折全译》，第340—341页。

第四章 康熙后期的皇、储之争及对皇权的挑战

是关于诸皇子及满朝文武对康熙帝忠诚程度的一次重大考验。据托合齐曰：举国之人祈求康熙帝平安的虽然不少，但也有相当的人口出怨言，抱怨曰："若蒙圣主容恕此恨此怒，则我等众奴才仰望天日，生活一日亦有趣；圣主若不容恕之，则我等众奴才与其生，不如速死为尚。异口同声，各自怨语。再闻圣主幸围，众人不胜欣怀，因出幸并未游猎，而即回銮，众人之心曾多不安。又圣主思念皇太子，召而见之，并哭降谕旨等苦语，国人所有闻之者，无不心碎落泪。今皇上已大安，众皆闻之。唯圣主于园囿等处出行数日，则举国之人，心甚愉快安定。"康熙帝朱批："朕体今大好了。唯冬至以前，多加谨慎调养，而后再行。着尔勿为朕忧愁。尔唯将大阿哥之事，多加勉力，探取信息，恐又寻求良莠，施术诅咒，勉之！勉之！"① 更可怕的是，下五旗诸王直接加入皇子们争夺储位的斗争中。胤禔削爵、夺佐领后，康熙帝曰："观伊之党羽俱系贼心恶棍，平日斗鸡，学习拳勇，不顾罪戾，惟务诱取银钱。稍知礼义之人断不为此，即今（上）三旗大臣侍卫为大阿哥所愚者，不过一二人，其（下）五旗蠢然无知，诸王幼子被愚者甚多，大阿哥若出而妄动，则此蠢然无知之辈又将附和之矣。且相面人张明德所相之人，现今俱欲死不得，求生无路，成何景况。与伊所相之语，合耶？否耶？朕亦有用喇嘛和尚道士之处，并不令伊等占验，所以不为所欺。现今镇魇之事发

---

① 《康熙朝满文朱批奏折全译》，第1651页。

觉者如此，或和尚道士等更有镇魇之处，亦未可定，日后发觉始知之耳。此等情节，尔等但闻其大概，将此供招阅过，方知朕震怒愤懑为合理也。朕意今欲将大阿哥安置一处，令其安静不致生事方好，倘万一事出，朕在塞外须两三日后始闻知，必致迟误，此所发御书，着诸王大臣一一详阅，定议具奏。倘托病不行看阅，断乎不可。"经议，由八旗派出参领八员、护军校八员、护军八十名，于胤禔家中轮流看守。二十三日，又增派八旗章京十七人看守胤禔。后又再派贝勒延寿、贝子苏努、公鄂飞、都统辛泰、护军统领图尔海、陈泰等，每日二人值班。又传旨看守章京等："严加看守，不得稍违，设有罅隙，朕必知之，彼时将尔等俱行族诛，断不姑宥。"

至康熙五十年（1711），皇长子"在囚四年，尚不许放"，朝鲜使者在向其国王报告北京见闻时还说："此外诸子，多有不合意事，故皇帝心甚不快，颇有乖常之举；大小臣僚如在针毡。"[①]

康熙四十八年（1709）三月初十日，在复立胤礽为皇太子的同时，为了打击下五旗诸王势力，平息日趋激烈的诸皇子党争，玄烨第二次册封皇子。当日，康熙帝以朱笔谕旨示众大臣，云："朕观五旗诸王，并无一人念及朕躬，竟以朕躬为有何关系，惟各饱暖是图。外面匪类有将朕诸子肆行讪议者，朕诸子并不与之较，以此观之，朕之诸子可谓厚重矣。人情若此，朕深为愤懑，

---

① 《朝鲜李朝实录中的中国史料》下编卷五。

第四章 康熙后期的皇、储之争及对皇权的挑战

朕诸子座次，何故令在伊等之下？"因谕宗人府："从前朕之诸子，所以不封王爵者，良恐幼年贵显，或至骄侈恣意而行。""今见承袭诸王、贝勒、贝子等日耽宴乐，不事文学，不善骑射，一切不及朕之诸子。又招致种种匪类，于朕诸子间肆行谗谮，机谋百出，凡事端之生，皆由五旗而起，朕天性不嗜刑威，不加穷究，即此辈之幸矣！兹值复立皇太子大庆之日，胤祉、胤祺、胤祺俱着封为亲王，胤祐、胤䄉俱着封为郡王，胤禟、胤䄉、胤禨俱着封为贝子，尔衙门即传谕旨，察例具奏。"①

康熙帝对诸皇子赏拔优渥，每位分家析居的皇子可以得到钱粮二十三万两。②除此之外，有的皇子可以支取官物，即由大内供给其一家的各项食用、物品。他们在京城各有府邸，在畅春园与热河避暑山庄各建有别墅。胤祉在热河原已有七十余间房子仍不敷用，遂于康熙五十一年（1712）在狮子沟又建九十七间房，以便"每年携带妻儿，前来山庄，阖家共蒙圣恩"。③此外还有按爵位例有的赏赐。④康熙帝对皇子们的物欲表示了宽厚和大度，他创造一切条件满足他们的要求。儿子们的嫡福晋大多为康熙帝选定，其中不乏贵胄之家。除前面所述皇长子外，胤祉的嫡福晋董鄂氏，是都统、勇勤公朋春之女；胤祺的嫡福晋乌拉纳喇氏是

---

① 《圣祖实录》卷二三七，《清实录》第六册，第368页。
② 《雍正朝起居注册》第一册，第140页。
③ 《康熙朝满文朱批奏折全译》，第806页。
④ 刘小萌：《爱新觉罗家族全书·家族全史》，第271—272页。

-249-

内大臣费扬古之女；皇八子胤禩的嫡福晋郭络罗氏是太祖努尔哈赤之孙、安亲王岳乐的外孙女。

康熙帝希望皇子们和睦团结，共同肩负起辅佐大清的使命，最不愿看到的是各结势力，以仇相向。他曾语重心长地对受封诸子说："尔等荷蒙朕恩，作王、贝勒、贝子，各自分家异居矣。但当谨遵国法，守尔等本分度日可也。尔等王职，惟朝会大典，除此凡外边诸事，不可干预。朕若命以事务，当视朕之所命，尽心竭意，方不负朕之所用，而贻人讥笑也。"① 可是他最不愿意看到的事情还是发生了，他为皇子所定的职守也只是一厢情愿而已。

康熙帝也曾采取一些措施，防止皇子们各结党援，以相雠仇。规定"凡上三旗大臣侍卫人等，俱不许在诸王门下行走，即诸王属下人，非该属处亦不许私相往来"（雍正元年正月二十九日上谕，1723），然而皇子们并没有遵守。

最早受到戒饬的恐怕是苏努。苏努是清太祖努尔哈赤长子褚英之曾孙，可能有感于其祖父作为皇位继承人而遭幽禁之死，苏努成为皇八子胤禩的笼络对象。胤禩生于康熙二十年（1681）二月，其母良妃卫氏是内管领阿布鼐之女，出身贫苦，为康熙帝所轻。胤禩出生后由胤禔之母惠妃抚养，这或许是后来胤禔支持胤禩的原因之一。胤禩的嫡福晋郭络罗氏自幼生长在外公岳乐身

---

① 《庭训格言》，第68页。

第四章 康熙后期的皇、储之争及对皇权的挑战

边,[①]岳乐是顺治、康熙两朝清廷的核心人物之一,经常主持议政王大臣会议。康熙前期,他受玄烨之托,任职宗人府管教年幼诸王。平定三藩时,岳乐坚持先定江西、再取湖南之策,为清朝打赢这场战争立下汗马功劳。康熙二十年,玄烨以"岳乐原膺斯任",命重掌宗人府。[②]康熙二十八年卒。郭络罗氏被外公视若掌上明珠,娇宠至极,这对她后来的性格有很大影响。

康熙二十五年(1686)十月二十一日,康熙帝以镇国公哈尔萨"为人钻营",其爵位改由其兄六格袭替。又以镇国公苏努虽系宗室,其行事乃如人之奴仆,在安亲王(岳乐)及索额图家谄媚行走,"至在议政处,但遇势要之人,发一论议,伊辄唯唯听从,不肯更有论说。其阿顺之态,与家奴无异",命大学士勒德洪将此旨传谕哈尔萨、苏努二人。[③]

此时的胤禩年仅六岁,还是个幼童,而苏努奔走当朝最有权势的两大臣之家,这或许是其后来与胤禩相亲善的原因。康熙中叶以后,宗室因"结交匪类""行止乖乱"而被黜革的案件越来越多,尽管惩处这些案件的原因多语焉不详,但仍可以肯定与愈加复杂的政治斗争有关。[④]

[①]《康熙朝满文朱批奏折全译》,第1658页。
[②]《康熙起居注》第一册,第800页。
[③]《圣祖实录》卷一二七,《清实录》第五册,第364—365页。
[④] 参见《圣祖实录》卷一三三,第444页;卷一四九,第655页;卷一八八,第1000页。

诸皇子各结势要，大约自康熙三十六年（1697）第一次册封后。这一时期康熙帝多次严旨切责科道官员，令其弹劾皇子诸王及大臣结党营私之事。是年二月初四日，康熙帝提出"广开言路为图治第一要务"，对言官章疏无几，或仅陈细故大为不满，令自今以后，凡事关国计民生及吏治臧否，但有确见，即应指陈，可行与否裁酌自在朝廷，虽言有不当言者，亦不坐罪。"自皇子诸王及内外大臣官员有所为贪虐不法，并交相比附，倾轧党援，理应纠举之事，务必大破情面，据实指参，勿得畏怯贵要，瞻徇容隐。即朕躬有失亦宜进言，朕决不加责。"①

在康熙前期，由于皇、储矛盾还没有发生，年长的几位诸子也谈不上有"夺嫡"之意。但康熙四十年（1701）前后，却是另外一种状况，尤其是皇八子胤禩"众望所归"，皇子间的斗争开始突出。胤禩"笼络人心，其术必有大过人者。诸兄弟皆为尽力，宗藩贵戚，满汉大臣，亦多有预其谋者"。②

康熙四十二年（1703），裕亲王福全病逝前夕，曾向康熙帝揭发皇太子的劣迹，并举荐胤禩，认为他"是可以代替胤礽做皇太子的人选之一"。③康熙帝后来也曾谈及，"裕亲王存日亦曾奏

---

① 《圣祖实录》卷一八〇，《清实录》第五册，第924页。
② 孟森：《孟森学术论著》，第196页。
③ Silas H.L. Wu: *Passage to power*, P.127, Harvard University Press, 1979. 引自杨珍《康熙皇帝一家》，第329页。

第四章 康熙后期的皇、储之争及对皇权的挑战

言八阿哥心性好，不务矜夸"。①

玄烨囚禁索额图后，在山西巡抚噶礼奏报粮价折上朱批："又据风闻，尔与索额图甚好，看索额图指示行事。等语。想尔为妃母胞弟所生之子，凡所思所行，应向着裕王我二人，而为何向着索额图。此事着明白回奏，密之！"②

索额图以"怨尤国事""潜谋大事"被处死，"怨尤"的一种可能是康熙帝未兑现平定准噶尔后将皇位传给胤礽的许诺，③另一种可能是太子之位不稳，裕亲王等建议另立胤禛，玄烨或者首肯，索额图遂铤而走险。从康熙帝后来承认他诛杀索额图和噶礼观之，噶礼无疑站在太子一边，且是太子党的核心人物之一。而朱批中将"裕王我二人"与索额图相对立，而后者为太子谋即立，那么裕亲王与康熙帝是否有一个"废太子"的计划呢？二人在何种意见上一致要噶礼"向着裕王我二人"呢？宫门深似海，康熙帝的某些不可言说的计划，只有他的亲信才能知道。噶礼身份特殊，其母是康熙帝乳母，其本人又是"妃母胞弟所生之子"，说明噶礼家族与皇家有着非同一般的关系。而且，噶礼之母似乎常在宫中，与裕王关系也很好，似可说明噶礼母早年曾为康熙帝与裕王二人之乳母。裕亲王病逝时，噶母即在宫中，并寄信给噶礼告知此情，噶礼随即上折请康熙帝节哀，康熙帝朱批言其"悲

---

① 《圣祖实录》卷二三五，第25页。
② 《康熙朝满文朱批奏折全译》，第285页。
③ 参见吴秀良：《康熙朝储位斗争纪实》，第55页。

哀无处倾诉,尔母亦目睹之"。①说明噶礼之母会将宫中信息透露给其子。

康熙四十四年(1705)九月,皇八子胤禩患病,十七日下午四肢抽搐,病情严重。康熙帝"想是疟疾",指示御医"若是疟疾,用金吉那必效"。②至二十六日午后,胤禩"虚烦咳嗽,神气恍惚",御医奏请用金吉那一二服用。由于胤禩病情严重,思念康熙帝,而其别墅在畅春园边,为康熙帝入城必经之地。康熙帝认为路遇病重之人,是大不吉利,因此想将胤禩迁往城中王府,但康熙帝又意识到这可能会对病危之人带来更大的风险,于是降旨给胤祉等:"若阿哥病笃失音,不省人事,则可令迁移。设借朕之名,诳其入内,断然不可,是悖逆大义,故星夜遣三阿哥往。所有阿哥等与朕所遣二臣商酌,再议具奏。"是日,胤祉等奏曰:"臣等会议:虽八阿哥病笃,欲觐圣颜,但为臣子之人,决不配君父来会见。若以皇父名,诳其入内,亦属非理,断然不可。臣等看得,八阿哥病,现虽不致失音昏迷,但亦重大可危。今其住所,并非原居,且系太后祖母、皇父常川往返之路,距畅春园亦甚近。太后祖母、皇父年迈,身体甚是紧要,今又临近祭礼之日。臣等即于二十七日迁移。迁移后诸项事宜,臣等愿承担。"③

---

① 《康熙朝满文朱批奏折全译》,第285页。
② 《康熙朝满文朱批奏折全译》,第392页。
③ 《康熙朝满文朱批奏折全译》,第392页。

第四章　康熙后期的皇、储之争及对皇权的挑战

胤祉是坚定支持皇太子的人，在一废太子中他亦受到追查，以他为首作出的"迁移"之举，似有落井下石之意。此次由胤祉牵头的奏折，署名者还有胤禛、胤祺、胤祐、胤禟、胤䄉、胤祹、胤祯、鄂伦岱、观保。①

胤禩确是康熙四十二年（1703）前后争夺储位的人，他也因此受到康熙帝的冷落，几年不得见皇父之面。此次胤禩大病不死，但一年后旧病复发，且透露出许多内情：康熙四十五年九月初十日，胤祉等奏报八阿哥胤禩病势曰："本月初十日，大夫李德聪等来禀：'八阿哥自前月二十六日寒热似疟，本月初五日复患热病，初九日身隐红疹，其症甚重。前月二十八日，八阿哥下人唤我去诊视，病势仍轻似疟。彼时，阿哥拒不服药，自本月初七日始，病势加重，我与戴君选一同诊视，欲禀告办事诸阿哥，时八阿哥言，我是获重罪于皇父之人，多年尚未得见圣颜，今有何脸想活。我的这病，勿得告诉诸阿哥。初十日，八阿哥病势又加重，以致病笃。我等乃末等奴才，实不能当，故来禀告诸阿哥。'将此情形，本不应奏闻于皇父，惟详问大夫等，八阿哥病势似甚严重，此三四日内若稍有好转，则无妨；万一甚险，臣等亦承担不起，故将大夫等之呈文，一并谨具奏闻。"②

胤禩所谓"获重罪于皇父"，当指夺嫡。夺嫡使皇、储矛盾

---

① 《康熙朝满文朱批奏折全译》，第392页。
② 《康熙朝满文朱批奏折全译》，第464页。

加剧，故康熙帝不原谅胤禔。此次重病，康熙帝仅批"知道了，着勤加医治"八字，①似不是一向重亲情的康熙帝所为，此中胤禔必有大过失，致使康熙帝当其子病危之际仍不痛不痒。胤禔有"多年尚未得见圣颜，今有何脸想活"之语，可以证明胤禔夺嫡可能比较早，或在索额图被处死前后。十七日，御医李德聪、戴君选奏报胤禔病情有所好转时，康熙帝不但无关切之语，且有责备之意，朱批曰："本人（指胤禔）有生以来好信医巫，被无赖小人哄骗，吃药太多，积毒太甚。此一举发，若幸得病痊，乃有造化。倘毒气不静，再用补济，似难调治。"②

果然，御医李德聪等承认"圣明洞见极是"，并奏称：八贝勒素日原好信医巫，多服药饵，不善调理。所以一病即十分险大。十七日后"神情恍惚，遗溺不知"，脉息虽时好时坏，但"仍属险大，诚恐他变"，并于二十日奏报病情。康熙帝朱批："用心调理。"③胤禔大难不死，不久痊愈。

在胤禔的党羽中，李光地举荐的何焯是胤禔的心腹之一。何焯是长洲人，康熙四十一年（1702），李光地将何荐给康熙帝，何焯进诗二首，"奉旨令到保后即至京师为藩邸伴读"。何称自己"学浅性疏，惧滋尤悔，有忝门墙"。④何抵京后以太学生值南书

---

① 《康熙朝满文朱批奏折全译》，第465页。
② 《康熙朝满文朱批奏折全译》，第466页。
③ 《康熙朝满文朱批奏折全译》，第467页。
④ 何焯：《义门先生集》卷四，《与友人书》。

房,"兼侍直皇八子府中,然忌者滋多。"①由于何焯入值时尚无名分,康熙帝赐其举人,同时授南书房另外两名官员汪灏和蒋廷锡同样资格。三人在不久的考试中落选,玄烨大为不满,授三人为进士。同索额图相亲善的熊赐履,却在殿试揭晓的四天后"以原官解任"。可能由于皇太子的要求,熊赐履解任后,"留京以备顾问",或者康熙帝担心熊南下后与南方士人联合支持太子,因此将其羁留于京。这件事说明康熙四十一年、四十二年前后,皇八子与皇太子之争已是公开的秘密。何焯在南书房入值时,兼武英殿纂修,颇揽权势。作为胤禩的心腹,有"袖珍曹操"的绰号,②因此,"忌者滋多"也就很自然了。三年散馆后,"置之下等而斥之",③时间正是胤禩"获重罪于皇父"、受玄烨冷落之时。

康熙四十四年(1705)七月,玄烨严旨戒饬大臣结党,称:"朕观古来人臣者,牵于党类而偾事者多,即属同事,不知规谏,但相唆怂而为不良事,何以济?"大学士马齐曰:"大小臣工多私,是以凡事失宜,而不良之人,又与之为党,事无不偾矣!"帝又曰:"李光地受朝琦、杨名时之累,张鹏翮受王谦等之累,皆此故也。"④康熙帝虽然没有点出何焯,但批评李光地受荐举之累,其意也明。

---

① 全祖望:《鲒埼亭文集选注》,《何焯墓碑铭》,第163页。
② 邓之诚:《清诗纪事初编》卷三,《何焯》,第331页。
③ 全祖望:《鲒埼亭文集选注》,《何焯墓碑铭》,第163页。
④《圣祖实录》卷二二二,《清实录》第六册,第232页。

据秦道然后来供称：皇太子胤礽被废前，对胤禟、胤禩、胤䄉"三个人不好，所以同心合谋，有倾陷东宫希图储位之意，因竭力趋奉老裕亲王，要他在圣祖前赞扬。所以裕亲王病时曾以广善库为因，力荐胤禩有才有德。再胤禟时常称赞阿灵阿有忠心，肯替朝廷出力，又称赞揆叙才学好，操守也好。又称赞齐什、苏努有文武全才。他们一气串连，谋为不轨"。①

至康熙帝废太子时，胤禩的声望已远远超过胤礽，并成为对康熙帝的威胁。一废太子后，玄烨密令胤禩会同内务府总管赫奕等人审讯胤礽从曹寅、李煦处勒讨银两情形，胤禩等共审出在康熙四十四年（1705）至四十七年九月间，胤礽从曹、李处共取银八万五千余两，其中六万两交凌普，另二万两交广储司收存。②康熙帝旋命胤禩查抄凌普家产，不料胤禩回奏后玄烨大发雷霆，称凌普贪婪巨富，所查未尽，"如此欺罔，朕必斩尔等之首"。指责"八阿哥到处妄博虚名，凡朕所宽宥及所施恩泽处，俱归功于己，人皆称之"，"是又出一皇太子矣"，警告胤禩："如有一人称道汝好，朕即斩之。此权岂肯假诸人乎？"

当康熙帝废太子时，已料到诸皇子争夺储位可能自此由暗中走向明处，因此在废太子之次日，谕诸皇子及满洲文武大臣："今胤礽事已完结，诸阿哥中倘有借此邀结人心、树党相倾者，

---

① 《清代三朝史案》上，《允祀允禟案》，第29—30页。
② 《关于江宁织造曹家档案史料》，第60—61页。

第四章 康熙后期的皇、储之争及对皇权的挑战

朕断不姑容也。"因引太祖努尔哈赤置其长子褚英于法,太宗皇太极幽禁阿敏,礼亲王代善劾举其子孙等坏法乱国均正典刑之例。且曰:"此等大案,间常有之,宗室内互相倾陷者尤多,此皆要结党援所致也,尔等可不戒乎?"当时大学士以翰林所拟废斥皇太子告祭文呈奏,康熙帝以"未尽朕意,亲撰一文",令其不可更改一字。

在十八日玄烨亲作的告天祭文中,专讲一段"亲握乾纲"后,言"臣(康熙帝自谓)虽有众子,远不及臣。如大清历数绵长,延臣寿命,臣当益加勤勉,谨保始终。如我国家无福,即殃及臣躬,以全臣令名"。这段不明底里的话进而将诸皇子争夺储位,以及欲代康熙帝即帝位的逼仄情形透露出来。

率先并明确支持胤礽的是皇长子胤禔,他奏称相面人张明德"相胤禩必大贵",玄烨以"此案甚大,干连多人",谕审案者"慎毋滋蔓"。随即召集诸皇子,严嘱各约束属下人,谕曰:"尔等护卫官员、乳母之夫,并随从人等,多系下贱无知之人,必有各为其主,在外肆行者。如胤禔之太监三四人、护卫一二人妄探消息,恃强无忌,朕悉知其姓名。况胤禔之人,见杀于人及因罪充发者,亦复不少,宜自知分量,速行更改。且皇太子之人,有干犯国宪者,尚不宽宥,尔等之人又何论焉。前召尔等面谕时,胤禔奏伊弟兄等,嗣后同心合意,在皇父膝下安然度日,似此亦非善言,假使尔等内有不肖人行非礼事,亦可众人一心助之而行乎?胤禔既将人毁谤欲致之死地,今又为和好之言,谁

-259-

其信之？且胤禔于朕之侍卫执事人等擅自责打者不少，今被打之人尚在也。其看守胤礽时，将胤礽处所有匠人尽行收去，又加以苦刑，以致匠人逃遁，且有自缢者。如此行事，何以服众？"①。

随后，康熙帝于二十九日当诸皇子面公布胤禩"柔奸性成，妄蓄大志，朕素所深知。其党羽早相要结，谋害胤礽，今其事皆已败露"。令将胤禩锁拿，交议政处审理。同党皇九子胤禟语胤䄉，入为胤禩求救，于是胤䄉奏言："八阿哥无此心，臣等愿保之。"康熙帝斥之曰："你们两个要指望他做了皇太子，日后登极，封你们两个亲王么？你们的意思说你们有义气，我看都是梁山泊义气。"胤䄉发誓，言语冲撞，康熙帝大怒，拔出所佩刀曰："你要死如今就死。"欲诛胤䄉。皇五子胤祺跪抱劝止，众皇子叩首恳求，康熙帝收起小刀，将板子打下，皇九子胤禟跪上抱住，被打两嘴巴。康熙帝又命诸皇子将胤䄉责打二十板，然后将胤禟、胤䄉逐出。②

胤禩随即因张明德一案被革去贝勒，为闲散宗室，张明德被凌迟。但诸皇子仍亲近胤禩，十月初四日，康熙帝言胤禩当胤礽声名败坏时"乘间处处沽名，欺诳众人，希冀为皇太子"，并"邀结苏努为党羽"，"败坏国事"，其福晋助之为恶，"胤禩素受

---

① 参见《圣祖实录》卷二三四。
②《圣祖实录》卷二三五，第344页；《文献丛编》第三辑。

制于妻，其妻系安郡王岳乐之女所出，安郡王因谄媚辅政大臣，遂得亲王，其妃系索额图之妹，世祖皇帝时记名之女子，其子马尔浑、景熙、吴尔占等俱系胤禩妻之母舅，并不教训胤禩之妻，任其嫉妒行恶，是以胤禩迄今尚未生子，此皆众阿哥所知者。众阿哥当思朕为君父，朕如何降旨，尔等即如何遵行，始是为臣子之正理。尔等若不如此存心，日后朕躬考终，必至将朕躬置乾清宫内，尔等束甲相争耳"！

康熙四十七年（1708）十月底，玄烨在南苑病重，回宫后流涕伤怀，相继召见囚禁中的胤禩和胤礽。十一月十四日，召满汉文武大臣，令于诸阿哥中举一人为皇太子，除大阿哥外，"众议谁属，朕即从之"，并"勿令马齐预之"。此次议立太子，玄烨属意废太子胤礽，但支持胤禩的人公推胤禩。表面上由领侍卫内大臣阿灵阿、鄂伦岱（佟国纲之子）、内阁学士揆叙、王鸿绪等推举，实际上是佟国维、马齐等人在后台起作用。

康熙帝对众臣推举的结果颇为不满，并于康熙四十八年（1709）正月令文武大臣查问此事，并言胤禔"请立胤禩为皇太子，伊当辅之，可见伊等结党潜谋，早定于平日矣"。断定"此事必舅舅佟国维、大学士马齐以当举胤禩默喻于众，众乃畏惧伊等，依阿立议耳"。

佟国维是玄烨生母孝康皇后的幼弟，其长女佟佳氏于康熙二十年（1681）被晋为皇贵妃，摄六宫事（康熙二十八年七月册封皇后一天后卒）；其幼女佟佳氏于康熙三十九年封为贵妃（时皇后、皇贵妃皆空位)。在此前后，佟国维的长孙顺安颜娶胤禛胞妹九公主，成为额驸。集国舅、国丈与皇帝亲家于一身的佟国维于康熙二十一年担任领侍卫内大臣，不久又列为议政大臣，"入赞谋猷，出总禁旅"。[①]谕旨中尊称为"舅舅佟国维"，祭天地以及"享太庙"等重大礼仪也委其主持。康熙二十八年封为一等公，世袭罔替，次年因征噶尔丹，与福全等未乘胜剿灭，罢议政大臣。但特殊的身份使佟国维在朝中仍有举足轻重的地位，有很强的号召力。当胤礽被废后，他力荐胤禩当立为皇太子，并犯颜直谏，反对康熙帝犹豫不决，重新立胤礽为皇太子。并有代康熙帝了断胤礽之意。此言一出，颇受朝中大臣支持，其亲侄鄂伦岱与阿灵阿、苏努等相为呼应，共推皇八子为太子。马齐是元老重臣，处事以稳健著称，他因支持皇八子，因此被康熙帝排除在"议立"讨论人之列，但他的作用十分明显。

对于众臣推举的结果，康熙帝大动肝火，气忿成疾，当日晚饭未能吃下，次日早晨所食尚少，他不承认这个"议立"的结果，但又深知胤禩颇得人心，且受到皇家亲贵及元老大臣之推服，因此，只有把推举的后台人物揪出来，康熙帝才能为自己找个台阶下。

次日，康熙帝又谓满汉诸大臣曰："所以拘执皇太子者，因其获戾于朕耳，并非欲立胤禩为皇太子而拘执之也。皇太子获罪

---

① 毛辉祖：《一等公佟国纲佟国维传》，见《内阁杂册》。

之处，虚诬者甚多。今马齐、佟国维与胤禩为党，倡言欲立胤禩为皇太子，殊属可恨！朕于此不胜忿恚。况胤禩乃缧絏罪人，其母又系贱族，今尔诸臣乃扶同偏徇，保奏胤禩为皇太子，不知何意？岂以胤禩庸劣无有知识，倘得立彼，则在尔等掌握中，可以多方簸弄乎？如此，则立皇太子之事，皆由于尔诸臣，不由于朕也。且果立胤禩，则胤禔必将大肆其志，而不知作何行事矣。朕悉睹其情形，故命亟释皇太子。朕听政四十九年，包容之处甚多，惟于兹事，忿恚殊甚。"又称："大小诸臣皆爱戴朕躬，而伊等结为朋党，故欲使朕之忿，情理可恨，无如此者。"马齐"昨乃身作威势，拂袖而出，众人见之，甚为寒心，如此不诛，将谁诛乎"？谕言至此，佟国维、马齐该犯死罪且有余辜了。玄烨当即令将马齐一族一并拘拿，并谕曰："马齐原系蓝旗贝勒德格类属下之人，陷害本旗贝勒，投入上三旗，问其族中有一人身历戎行而阵亡者乎？乃不念朕恩，擅作威势，朕为人主，岂能容此。马齐之弟李荣保，妄自尊大，虚张气焰，朕屡加儆戒，而怙恶不悛，亦当治罪。马齐等着诸王大臣会集速审拟奏。"是日，康亲王椿泰等遵旨审讯马齐等，议立斩。奏入，康熙帝谕因任用年久，不忍加诛，着即交胤禩严行拘禁。其弟李荣保免死，革职枷责，马武革职，其族人在部院者俱革退，世袭之职亦着除去。

　　玄烨不惜将百余年的陈年老账翻出来，以示马齐罪有应得，可见事态之严重。胤礽得势时，马齐是皇太子的主要支持者，胤礽被废后,马齐"已与皇太子反目","奢望转向大阿哥"。①胤禔被革爵后,转而支持胤禩。马齐以元老重臣而不得不随时投靠最有实力竞争皇储的皇子,这在大臣中大概具有相当的普遍性。当天,康熙帝又将亲笔谕旨及佟国维回奏之语遍示诸臣。谕旨云:"今舅舅既有祈望朕躬易于措处之言,嗣后舅舅及大臣等惟笃念朕躬,不于诸王、阿哥中结为党羽,谓皆系吾君之子,一体看视,不有所依附而陷害其余,即俾朕躬易于措处之要务也。"②康熙帝希望国舅没有"个人观点",即是对他的最大帮助。佟国维请罪不已。二月二十八日,康熙帝再次严词责问国舅:"朕拘执皇太子时并无他意,殊不知舅舅之肆出大言、激烈陈奏者,系何心也。诸大臣之情状,朕已知之,不过碌碌素餐,全无知识,一闻舅舅所奏之言,众皆恐惧,欲立八阿哥为皇太子而列名保奏矣。且苏努、鄂飞、普奇之祖,俱曾正法,故伊等邀结党羽,悚动人心,不可谓之无意也。皇太子立已三十余年,并无他故,朕为人君临御既久,安享太平,并无难处之事。臣庶托赖朕躬,亦各安逸得所,今因有舅舅所奏之言,及群下小人,就中肆行捏造言词,所以大臣、侍卫、官员等,俱终日忧虑,若无生路者。此事关系甚重。今众人之心既如此忧虑不安,朕躬及皇太子、三阿哥、四阿哥、五阿哥、七阿哥父子六人亦必至于志意不舒,弗获

---

① 《康熙朝满文朱批奏折全译》,第1653页。
② 参见《圣祖实录》卷二三五。

第四章 康熙后期的皇、储之争及对皇权的挑战

安适也。诸小阿哥又无足论矣,心中宽畅者惟大阿哥、八阿哥耳。鄂伦岱、隆科多、顺安颜与大阿哥相善,人皆知之。尔等又欲立八阿哥为皇太子,将置朕躬及皇太子、诸阿哥于何地耶?乱臣贼子自古有之,今观众人情状,果中舅舅所奏日后难于措处之言矣。尔为舅舅,闻外边匪类妄言,理应禁止,尔乃倡造大言,惊骇众心,有是理乎?尔既舍命陈奏,必有确见之处,其何以令朕躬及皇太子诸阿哥志意安舒,不至殷忧之处,亦可明白陈奏。尔乃朕之舅舅,特降此旨,非欲诛尔也。因众皆忧虑,须事明后,众心乃可定耳。舅舅当体念朕心勉力为之,若怀藏私意,别有作为,天必诛之。"佟国维回奏谢罪请赐死。康熙帝称今特为安抚群下,非欲有所诛戮也。①

由于议立太子风波缺乏新的史料,很难作出判断,但当时似有佟国维、马齐等坚持立皇八子为太子,与康熙帝进行一番斗争的过程。今天所留下的史料多是康熙帝训饬臣下的谕旨,但也可见当时事态之严重。目睹此事的胤禛后来回忆说:"己丑年(康熙四十八年,1709)皇考自霸州回銮时,面数鄂伦岱结党之罪,伊毫无畏惧。皇考如此高年,而伊一路触犯,行至六十余里,其倨傲凶狠之状,朕与扈从人等旁观,无不痛恨。及在热河,皇考圣体违和,并未请安一次,其意颇以为快,在宫门前每日较射欢笑。其后皇考于行围地方向鄂伦岱云,尔甚无恩情,尔所作之

---

① 《圣祖实录》卷二三五。

罪，不可胜数，实为可杀之人。伊承旨之下，毫无畏惧，倨傲如故，亲随侍卫等，不胜愤恨，人人发指，因此皇考愤懑终日。伊平生于皇考前，敢于触犯，种种过恶，其小者不可枚举。"①

按康熙帝于康熙四十八年（1709）二月初八日巡视京畿，随行者有胤礽、胤祺、胤禩等八位皇子。康熙帝似乎有意借霸州之行缓和日渐紧张的父子关系以及诸皇子之间的矛盾。二十五日结束回京，二十八日乃有对佟国维的严厉申斥，并佟国维之长孙顺安颜"以党附皇八子胤禩，削额附"，②交与佟国维，令其在家居住。

顺安颜的妻子和硕温宪公主，是康熙帝的第九女，生于康熙二十二年（1683），是胤祺的同胞妹，自幼由皇太后抚养，深得康熙帝宠爱，她也是所有成婚公主中第一个未嫁给蒙古王公的人，也是唯一嫁给当朝皇亲国戚的公主，康熙四十一年卒。康熙帝将顺安颜削去额驸封号，意味着已将他开除出自己的家庭，这也是最重的惩罚。可见，在支持皇八子这一点上，佟氏家族是意见一致而又坚定的。

胤禩得到朝廷重臣一致保举后，却未能如愿登上皇太子之位，这对于他多年的经营谋划而言是个沉重的打击。支持胤禩的人也受到严厉的惩处。但是，正如佟国维等预料的那样，太子恶行不改，再度被废。这使胤禩重新燃起登太子之位的欲火。

---

① 《清世宗实录》卷四四，第16—17页。
② 《清史稿》卷一六六；唐邦治：《清皇室四谱》卷四，第13页。

第四章 康熙后期的皇、储之争及对皇权的挑战

胤禩一如既往收买人心，托何焯之弟在南方各处买书甚多，"南方的文士都说胤禩极是好学，极是个好王子"，"他收拾人心的意思不过要得东宫"，①胤禩被保举不成后，一度消沉，嗜酒如命，每醉打人，玄烨劝谕也不听。"胤禩将何焯小女儿养在府中，府中之事俱是福金做主，胤禩实为福金所制"。何焯再侍皇八子读书之后，成为胤禩的参谋，"胤禩知道何焯是胤禩家亲信之人，胤禩也着实结好于他，何焯的妻子殁了，胤禩给他银子，又遣人去奠墓"。②再废太子后，胤禩加紧了争立储位的过程。康熙五十三年（1714）底发生的送鹰事件暴露了皇、子之间的矛盾，也有康熙帝借事彻底扳倒皇八子之意。

是年十一月二十六日，康熙帝至东庄地方，因贝勒胤禩遣太监以将毙之鹰二架送至帝所；本人于往祭其母二周年后，不赴行在请安，只言在汤泉等候回京，并不请旨，康熙帝气愤异常，"心悸几危"，当即召诸皇子至，谕曰："胤禩系辛者库贱妇所生，自幼心高阴险。听相面人张明德之言，遂大背臣道，觅人谋杀二阿哥，举国皆知。伊杀害二阿哥，未必念及朕躬也。朕前患病，诸大臣保奏八阿哥，朕甚无奈，将不可册立之胤礽放出。数载之内，极其郁闷。胤禩仍望遂其初念，与乱臣贼子结成党羽，密行险奸，谓朕年已老迈，岁月无多，及至不讳，伊曾为人所保，谁

---

① 《清代三朝史案》上，《允祀允禟案》。
② 《清代三朝史案》上，《允祀允禟案》。

-267-

敢争执？遂自谓可保无虞矣。朕深知其不孝不义情形，即将所遣太监冯进朝等于朕所御帷幄前，令众环视，逐一夹讯，伊已将党羽鄂伦岱、阿灵阿等供出，自此朕与胤禩，父子之恩绝矣。朕恐日后必有行同狗彘之阿哥仰赖其恩，为之兴兵构难，逼朕逊位而立胤禩者。若果如此，朕惟有含笑而殁已耳。朕深为愤怒，特谕尔等众阿哥，俱当念朕慈恩，遵朕之旨，始合子臣之理。不然，朕日后临终时，必有将朕身置乾清宫，而尔等执刃争夺之事也。胤禩因不得立为皇太子，恨朕切骨。伊之党羽亦皆如此。二阿哥悖逆，屡失人心，胤禩则屡结人心，此人之险，实百倍于二阿哥也。"次日，胤禩以奏折诉冤。康熙帝谕诸皇子曰："伊折内奏称冤抑，试问伊所谓冤抑者何在？总之此人党羽甚恶，阴险已极，即朕亦畏之，将来必为雅齐布等报仇也。"此后不久，康熙帝命停贝勒胤禩本人及属官俸银俸米，及执事人等银米。

很明显，康熙帝遇到了更有竞争力的对手，因此追查胤禩党的活动远没有停止。康熙五十四年（1715）十一月，有蜚语上闻，康熙帝命将胤禩的高参何焯逮捕，查检其存书及著作阅五日，但并无狂诞之语，只有讥诮当时士大夫文字。康熙帝仍谕责其"不识恩义，将今时文章比之万历末年文章，将伊女与胤禩抚养，又为潘耒之子夤缘"，命革去何焯官衔、进士、举人，仍在修书处行走。[①]

[①]《清圣祖实录》卷二六六；吴振棫：《养吉斋丛录》卷九。

第四章　康熙后期的皇、储之争及对皇权的挑战

康熙五十五年（1716）九月，胤禩再次病重，康熙帝命佟国维与胤禩同往料理。这也是皇太子被废以来佟国维第一次奉旨行事，从中也可见他与皇八子的关系非同一般。

九月二十五日，时胤禩卧病在畅春园路旁赐园内，康熙帝降旨将伊移回家中，着诸皇子议奏。诸皇子议同，惟胤禟愤怒曰："八阿哥如此病重，若移往家，万一不测，谁即承当。"激切拦阻。事奏闻，康熙帝曰："八阿哥病极其沉重，不省人事，若欲移回，断不可推诿朕躬令其回家。"诸皇子议云，伊病虽未至于十分沉重，然已甚笃，胤禩现驻之处乃皇父经由之御路，所关非细，理应移回。一面奏闻，一面即将其移回家中。随即，康熙帝命贝子苏努、佟国维、大学士马齐、领侍卫内大臣公阿灵阿、鄂伦岱、侯巴浑德同往看胤禩病，同胤禟一起延医调治。十月五日，胤禩病愈，康熙帝命将其所停之俸银米仍照前支给。

两年以后，即康熙五十八年（1719）二月，佟国维病故，康熙帝虽令"祭葬如例"，①但死后既无谥号，也未将其一等公爵令其儿子承袭，甚至连安葬也草草举行。孟森认为玄烨"昵于外戚，宽待太过"，②但直到佟国维死去，康熙帝也没有原谅这位舅父，说明在议立太子事件中佟国维的作用是很大的，甚至是主导的。直到雍正即位的次日，才将佟国维公爵令其子隆科多承袭，

---

① 《清圣祖实录》卷二八三，《清实录》第六册，第767页。
② 孟森：《明清史论著集刊续编》，《清世宗入承大统考实》。

并命重修其坟墓。雍正元年（1723）谥"端纯"。① 而此时与其说是补父之"过"，毋宁说是对隆科多的"奖赏"。

在胤禩党人中，胤禟的作用不可低估。胤禟是宜妃郭络罗氏所生，也许康熙帝并不喜欢这个妃子，或许胤禟资质平庸，在康熙帝诸子中，康熙帝"从不赞他一声，亦从不曾交给他办一件什么事"。② 胤禟随父出巡的次数最少，爵位也最低。第二次封爵时，他仅封贝子，而他的弟弟胤䄉已封为郡王。从秦道然口供中得知，胤禟多次从经济上帮助胤禩，"八爷说自己穷，要九爷吩咐满丕帮盘缠，满丕应了，就送银一万两"。③ "胤禩也晓得胤禟是庸才，其所以与他厚结的缘故，不过为他肯替胤禩使钱，要藉他钱财收拾些人心。胤禩每访得九流术士中有些异样的，便令心腹人招至家中，藏之密室，到打发去的时节，便叫胤禟送他银子，或一百两或二百两不等，这种人也多得紧，我时常听见送银子到胤禩家里去的人向我说，所以我得知道，至于给的是甚么人我实不曾知道"。胤禟为人仗义，胤禩几次病重，都赶上康熙帝从塞外回来，经胤禩花园，康熙帝很迷信，以为如此便是不吉利，所以令胤禩搬移到城中贝勒府，胤禟几次坚决阻拦。当听到康熙帝要囚禁胤禩时，他又与胤䄉公开顶撞乃父，遭到康熙帝鞭笞。康熙五十六年（1717）冬，康熙帝召诸皇子面询建储事，胤禟"陈

---

① 《清史稿》卷二八七，《佟国维传》。
② 《清代三朝史案》上，《允禩允禟案》。
③ 《清代三朝史案》上，《允禩允禟案》。

奏之语背谬"，①使康熙帝愤恨异常，通宵失眠。次日，胤禶装病不上朝。他还对胤禩说："阿哥，你病虽好了，这拐棍却不可弃掉，你仍旧装病。"②胤禩立储无望后，胤禶又积极支持胤禵。

权力一统与严惩皇子党

康熙帝一废太子，充分暴露了皇、储之间不可调和的矛盾。废太子以后，皇八子受到举朝拥戴，构成对康熙帝的极大威胁，不得已将废太子放出，并重立为太子。这时的矛盾似已转化为皇子之间争夺皇权的矛盾，其性质比以往更加严重。康熙帝虽没有诛杀更多的人，但从他对佟国维等人严厉的训斥中可见事态之严重。

皇太子复位后，康熙帝一如既往，以姑息之策"冀其迁善"，但皇太子周围很快形成了太子党势力集团，这使康熙帝的统治再次面临危机。剖析托合齐、齐世武等人的沉浮以及结党会饮案，无疑有助于研究康熙帝晚年的党争。

由于康熙后期争夺皇位继承权的斗争愈演愈烈，对于负责京师保卫及皇室安危的步军统领托合齐而言，可谓一身而系国重。很明显，他也最容易受到攻击而引来杀身之祸。一废太子后，康熙帝多次写密谕给托合齐，或是提醒，或是警告，而其核心是令

---

① 《清世宗实录》卷四五，《清实录》第七册，第673页。
② 《清代三朝史案》上，《允祀允禶案》。

其"不可与任何阿哥、王等来往","尔若不得罪于朕,任何人不能陷害尔矣",这句话,如同掌握托合齐性命的生死符一样,康熙帝要托合齐"至死敬之"。①胤禔被囚禁后,其所属棍徒四处扬言,称"若我阿哥以二寸纸写文给托合齐,伊岂敢夜不开门",康熙帝闻听此类"闲言"后,立即密谕托合齐:"大阿哥向来厌尔,欲必杀尔,朕亦稔和。欲杀尔者,亦大有其人。将此,谅尔亦约略知之。今马齐父子、朕之包衣牛录、浑托豁下佛保等人,伊等皆系已与皇太子反目之人,奢望转向大阿哥者多。此等之处,着尔留心,不时甚密打听报来。此等事宜,尔勿轻视,关系尔全家之身命。虽尔妻子,亦不可使闻。为此,甚密手谕。"②康熙帝的提醒实际上是严厉的警告,托合齐立即密奏,表示誓死效力皇帝:"倘若辜负背弃皇父之恩惠,与人结党,稍图私利,如有一次具奏遮蔽皇上之明,则清天即鉴之,俾奴才我老夫老妻,奴才之三子四孙,一月之中皆遭瘟疫死尽。奴才断不可辜负皇父之重恩。奴才生性庸懦,未详察老奸巨猾者之劣迹,为之死骗甚实。欲杀欲陷奴才者多,奴才若畏惧,龟缩后退一步,以求自保,则清天洞鉴,亦照此诛之。奴才今挺身而立,舞弊、结党之徒甚嫌之。奴才唯倚皇父而行。倘若皇上洞鉴奴才之劣迹、好事等情而诛之,奴才死亦瞑目;若迎合人员陷欲杀者之意而死,奴

---

① 《康熙朝满文朱批奏折全译》,第1640页。
② 《康熙朝满文朱批奏折全译》,第1653页。

第四章 康熙后期的皇、储之争及对皇权的挑战

才断不瞑目。为此谨奏。"康熙帝朱批:"近来看得皇太子事,朕病重之际,乱党贼子等乘机各谋自利及将来,想方设法,欲雪私仇之举甚多。今已如此,牵连不相干之人,皆怀畏惧之心。乃前日降旨开导,众人方明。今想必坦然度日耳。"①

康熙四十八年(1709)正月初九日,康熙帝传谕旨给托合齐,称"御体违和之际,人言甚乱,此言皆出自正蓝旗地方",命其留心。托合齐奏称举国上下"求老主子万寿无疆,全然未闻逆言","非但逆言,亦无一恶字",认为所谓"逆言","皆凶暴之人肆意捏造之语"。但托合齐又承认,"除诸阿哥外,我等下五旗在宫内行走之王、贝勒等人,蒙皇上宠以宗室,允准在宫内行走,以冀成长、学习之殊念。唯伊等之侍卫、朋友,以其主在宫内行走,获得一切真实消息,或有无知之徒,多向此辈讨信。因此,难保无一二逆言"。康熙帝朱批曰:"闻近来各自鄙结党羽,相扶相害之事,朕尚未得实,惟马齐(原档残缺)。"②康熙帝要托合齐密查他病重期间的"逆言",这确是件难以完成的差事。托合齐只能笼统言之。康熙帝令其侦访结党相倾相害之事后,托合齐不敢怠慢。康熙四十八年正月,托合齐奏称:"正月初五日,皇上祭坛毕回銮,进正阳门时,在皇上大队仪仗后,裕王独领其队伍另行,并令其乘备金黄扯手马之侍卫行于伊前,殊属狂妄。

---

① 《康熙朝满文朱批奏折全译》,第1652页。
② 《康熙朝满文朱批奏折全译》,第1639页。

君臣之争：清朝的帝王与朋党

奴才侍卫上行走数年，即其父王、宿王，亦弗敢如此行（朱批：甚是），何况小裕王（保泰）？小裕王行甚放肆，且虐待其属下。其属下人等渴想其老王，视其垂泪情景，惨不忍睹。再，至阿尔吉善之妻复向我呈请愿将花园、马牛羊等物归公一事，奴才恐送刑部后不承认，遂用臣衙门印移送。刑部诸臣收文后，汉人尚书张廷枢暗劝齐世武曰：我等将此事承接具奏，则必为皇太子厌恶，我等将如何谋生。以我之意，驳回此文，俟经总管处具奏交付我等时，再行办理等语。满洲诸臣言：前事皆由我衙门具奏，此事不可驳回等因，方才具奏。皇太子乃皇父之子。此财系奴才索额图赃物，理应籍没，岂有皇太子怀恨之理？绝无此事。此皆张廷枢等两中间讨好，奸邪者所为。张廷枢居官名声甚坏。由此看来，两中间讨好以侥幸者复出。此事应于皇上巡幸前具奏，因无人送奴才之事，故未能具奏。"康熙帝经过前一番与诸皇子党的较量，掌握主动权，因此朱批："无论若何动作，能逃出朕之掌心乎？"[1] 托合齐在另一密奏中称"齐世武为尚书抵京，复与石文桂结亲"，认为齐世武之子六岁，石文桂之女十一岁，两童孩年龄不相配，是原布政使绰奇引荐，强使结亲。因此他"颇疑齐世武是实"。[2] 直到康熙五十年，托合齐仍向康熙帝密奏各尚书之品行："尚书耿额，系圣主自始至终洞鉴之人。耿额于其部务，

---

[1]《康熙朝满文朱批奏折全译》，第1638—1639页。
[2]《康熙朝满文朱批奏折全译》，第1655页。

第四章 康熙后期的皇、储之争及对皇权的挑战

声名不恶，亦无他事，处之凛然，仍可谓尚书，人多称赞。尚书齐世武，人皆称粗愚有余，不纳钱财确属事实。现九卿大臣，科道官员力强，满洲大臣等多惧而让之，似此之处，齐世武丝毫不惧不让。满洲之中，唯有齐世武一人。"①但是，这些被托合齐称作"仍可为尚书"的人，于当年十月成为与太子结党的骨干人物，托合齐也终于跌倒。十月二十七日，玄烨在畅春园审讯皇太子党羽，明确谕曰："今国家大臣有为皇太子而援结朋党者。诸大臣皆朕擢用之人，受恩五十年矣，其附皇太子者，意将何为也。此事惟鄂缮知之。"立召都统鄂缮及尚书耿额、齐世武问之。

康熙帝一一质证诸人后，对鄂缮等曰："朕不得实据，岂肯屈无辜之人，尔等谓朕年高，邀结党羽肆行无忌。今在朕前，尔等能行何事？且有何颜面仰视天日？诸臣内不入尔党者甚多，尔等视之，宁不愧乎？"齐世武奏曰："鄂缮之母系佟氏，以舅呼臣，故有彼此延请之事。"康熙帝曰："齐世武乃最无用之人，犬豕不如，伊等将如此龌龊之人，援入党内，有何益处？"又指耿额曰："耿额乃索额图家奴，在乌喇时，诌媚索额图，馈送礼物，于索额图案内，即应诛戮，朕特宥之，今乃负恩，造谋结党，伊等所行，皆由于耿额。""索额图之党，竟不断绝，俱欲为索额图报复，岂伊等祖父皆索额图之奴仆乎？此事，正黄旗大臣无不知之。""曩者鄂缮自谓为郭尔罗氏，欲入朕之旗分内，朕不俞允，

---

① 《康熙朝满文朱批奏折全译》，第1651页。

-275-

隐之至今，未一明言，伊并不思朕之恩德，反结朋党妄行，洵不肖之人也。"又谕曰："凡人有所甚爱之子，亦有所不甚爱之子。奴仆中有亲近用之者，亦有不亲近用之者。为人子、为人奴仆，岂可不安分而妄行乎？以酒食会友，有何防碍，此不足言。伊等所行者，不在乎此。夫效力者，在行间用命，方可谓之效力。如都统能操练旗兵，护军统领能训练护军，前锋统领能训练前锋，文臣能洁己办事，此可谓之效力。伊等欲因皇太子而结党者何也？皇太子，朕之子，朕父子之间并无他故，皆伊等在其间生事耳。此辈小人，若不惩治，将为国之乱阶矣。"因命将胤礽之党，都统鄂缮、尚书耿额、齐世武、副都统悟礼等锁拿，监禁于宗人府。

结党会饮案发，实际是康熙帝为再废太子作舆论准备。在审讯鄂缮时，很快将托合齐牵出。康熙五十一年（1712）四月，康熙帝曰："托合齐行事悖乱，又在鄂缮家行走，不时请人会饮，其中亦有惧彼而往者，亦有结成党羽以威吓人者，今伊等现拘禁宗人府。着王雅尔江阿、贝子苏努、公景熙、大学士温达、萧永藻会同刑部详审。事已发觉，实供则已，若或巧辩，尔等即行刑讯。"至十三日，雅尔江阿等将托合齐等结党会饮案审讯供词具奏，得旨："此等事俱因胤礽所致。胤礽行事，天下之人无分贵贱，莫不尽知。若果以孝为本，以仁为行，天下之人皆知系朕之子，必无异心，何必求此等人保奏？惟其行事不仁不孝，难于掩盖，徒以言语货财买嘱此等贪浊谄媚之人，潜通信息，尤属无耻之甚矣！"又称胤礽之党鄂缮、齐世武、耿额、迂图、都图、皂保、武拜、张伯良、朝奇等早应族诛，以昭国法。齐世武、托合齐、耿额着绞监候，鄂缮革职拘禁。其他人亦革职降罪有差。

结党会饮案后，九月三十日，皇太子胤礽再度被废，玄烨称："自释放皇太子以来，数年之间隐忍实难，惟朕乃能之，即今皇太子饮食服御陈设等物，较之于朕，殆有倍之。伊所奏欲责之人朕无不责，欲处之人朕无不处，欲逐之人朕无不逐。惟所奏欲诛之人，朕不曾诛，以朕性不嗜杀故耳。凡事如所欲行，以感悦其心，冀其迁善也。乃朕如此俯从，而仍怙恶不悛，是以灰心，毫无可望。至于臣庶不安之处，朕无不知。今众人有'两处总是一死'之言，何则？或有身受朕恩，倾心向主，不肯从彼，宁甘日后诛戮者。亦有微贱小人但以目前为计，逢迎结党，被朕知觉，朕即诛之者。此岂非两处俱死之势乎？""嗣后众等各当绝念，倾心向主，共享太平。后若有奏请皇太子已经改过从善，应当释放者，朕即诛之。"本月十九日，将胤礽禁锢于咸安宫。十一月十六日，以再废皇太子事祭告天地、宗庙、社稷。二十八日，诏告全国。

朝鲜使臣报告其国云："皇太子经变之后，皇帝操切甚严，使之不得须臾离侧，而诸弟皆在外边游，故恨自己之拘检，猜诸弟之闲逸，怨恨之言及于帝躬。而皇帝出往热河，则太子沉酗酒色，常习未悛，分遣私人于十三省富饶之处勒征货赂，责贡美姝,小不如意,诉谗递罢,皇帝虽知其非,不得已勉从。而近则上自内阁,下至部院,随事请托,必循其私而后已。"其后又言:"闻太子性甚悖戾,每言古今天下岂有四十年太子乎?其性行可知。""太子无状,多受贿赂,且诸王互相树党,康熙若死,则国事可知。"①

再废太子之后,以原任大学士马齐署内务府总管。马齐等所管佐领,乃康熙帝镶黄旗旧有佐领,前曾拨给皇八子胤禩,今撤回,仍着马齐等管辖,其族人一并随入本旗。马武、李荣保、傅尔敦不必复职,其余旗人庄图、法生等三十七人,俱还原职。

康熙五十一年(1712)十一月,镇国公景熙首告托合齐父子于该王服内(即多罗安郡王马尔浑丧期内)宴会及贪婪不法等款,康熙帝命皇子胤祉、胤禛、胤祺、胤祐,及大臣阿灵阿、赫奕、马齐等会同宗人府查审。至是,回奏各款俱实,托合齐应凌迟处死,其子舒奇应绞监候。奏入留中。康熙五十二年二月,因托合齐已于监所病故,挫尸扬灰,其子舒奇仗父威势,恣意横行,处绞监候。托合齐牵入结党会饮案中,并受到挫尸扬灰之严惩,可见其性质十分严重。而托合齐何以转变?如何加入太子党中?因史料缺乏,也只好暂且从略了。

康熙帝再废太子后,逐渐坚定不立太子之决心,尤其是经过十余年皇储之争,他认识到诸子长成,其属下人各护其主,各结

---

① 《朝鲜李朝实录中的中国史料》下编卷五。

第四章 康熙后期的皇、储之争及对皇权的挑战

党援，构成对皇权之极大威胁。康熙五十六年（1717），多罗豫郡王花奇等奏报大阿哥另室二妇自缢。康熙帝朱批："此人之逆暴之处，数千字书不尽。今闻看守之处，较先松散，理应更严。朕子也，实无知处。人之议论岂能圈禁乎？无论如何改正，断不可释放。倘释放此二位阿哥，无益于全国，亦与朕无好。"①

康熙帝坚持不将皇长子胤禔及废太子释放的原因是，释放"无益于全国，亦与朕无好"，说得很明白。一旦释放胤禔，必然会使得本来就剑拔弩张的皇储之争，走向血雨腥风。而这是康熙帝在处理皇子争储一案中的底线。

早在康熙五十二年（1713）二月，当左都御史赵申乔疏请立太子时，康熙帝更详细阐述了立太子之弊端："朕自幼读书，凡事留意，纤悉无遗，况建储大事，朕岂忘怀，但关系甚重，有未可轻立者。昔立胤礽为皇太子时，索额图怀私倡议，凡皇太子服御诸物，俱用黄色，所定一切仪注几与朕相似，骄纵之渐实由于此，索额图诚本朝第一罪人也。宋仁宗三十年未立太子。我太祖皇帝并未预立皇太子，太宗皇帝亦未预立皇太子。汉唐以来，太子幼冲，尚保无事；若太子年长，其左右群小结党营私，鲜有能无事者。今众皇子学问见识不后于人，但年俱长成，已经分封。其所属人员未有不各庇护其主者，即使立之，能保将来无事乎？今欲立皇太子，必能以朕之心为心，方可立之，岂宜轻举？太子

---

① 《康熙朝满文朱批奏折全译》，第1177页。

之为国本，朕岂不知？立非其人，关系匪轻。""盖父之于子，严不可，宽亦不可，诚为难事，如朕方能处置得宜耳。尔诸大臣各有子，凡人幼时犹可教训，及其长成，一诱于党类，便各有所为，不复能拘制矣。立皇太子事，未可轻定，特召集尔众大臣明示朕意。赵申乔所奏折，着发还。"

其后大学士王掞密奏，御史陈嘉猷等八人条奏请立皇太子，并"奏请分理"，引起康熙帝极大不满，王几遭诛杀。而翰林院检讨朱天保于康熙五十七年（1718）请复立胤礽为太子，康熙帝亲审此案，必欲查出背后指使之人，结果，朱天保、戴保等立斩，其妇孺交内务府于宫外苦差行走。康熙六十年，监察御史陶彝等十二人再请早定储位，康熙帝疑为王掞指使，翻出王掞之祖王锡爵在明代神宗朝力奏建储之事，谓"亡国之贼，王锡爵不能辞其罪，应剖棺斩首，以祭神宗。""王锡爵已灭明朝，王掞以朕为神宗，意欲摇动清朝。"玄烨已动杀机，后以王年老，着伊子王奕清代往西陲用兵处效力。

康熙帝晚年曾有一次令大学士议太子仪制，这是在康熙帝久病不愈时所为。康熙五十七年（1718）正月初四日，奏事六品官双全等捧出帝手书，交付请安诸王、满汉文武大臣遍观，交起居注记载。谕曰："诸王大臣引类呼朋，纷然聚集，匆遽请安，云望朕愈，朕感激之外，更无可言。不幸身罹大忧，肢体不能动履，已寝卧五旬矣。一切丧事未得尽心，又无暇调治，所以右足较左足瘦削，或至残废与否，难以预料。容颜憔悴，皮骨仅存。

第四章 康熙后期的皇、储之争及对皇权的挑战

尔等为君为国为身之意固殷，朕之安否，实难裁答。"①

数日后，康熙帝手书谕旨，谕大学士等曰："凡有关身命之事，惟用现成典故套语赞颂，于现在勉强支持之朕躬，并无裨益。历年避暑，九月回銮。所积四个月事，日夜勤办，必于岁内完结，次年开印，复上紧办理。自五十六年四月至今，所积事务作何办理之处，诸臣当即为指陈。此乃目前显然之事。于此可以知诸臣之实心报效，而朕之病体亦得调护，其为感慰无穷矣。若置事务不理，尔等亦不能担任。潦草完结，则关系国家甚大。朕每念及此，中心惕然，食不下咽。诸臣将赞颂之语暂且删除，于朕实有裨益。释目前之忧者，速为指陈。"②

至是月二十日止，由于康熙帝"身体甚是不安者七十余日"，他料想自己难以康复，而国家事务不能如常处理，壅积误事，因此才有令大臣议太子仪注之事。大学士等遵旨请立太子，"在皇上左右禀承，皇上指示赞襄办理，俟圣躬大安，再亲几务"，康熙帝称其壮年时病愈数日即可康复，"今已年高，病虽渐愈，手尚作颤，不能即日复旧"。命"于未立之前，须将典礼议定"。二十九日，大学士等将皇太子礼仪定议具奏，得旨：所议甚善。可是到二月十二日，康熙帝因为身体状况转好，遂又变其初衷，责备臣僚："国家大臣凡事宜详细思维具奏，岂可草率，如儿戏

---

① 《康熙起居注》第三册，第2481页。
② 《康熙起居注》第三册，第2482—2483页。

乎？朕将何赖？现今皇太后之事未满百日，举国素服，未曾剃头，乃将大庆之事渎请，朕实不解。且朕躬目下并无可虑，着即回奏。"诸臣随具折以愚昧请罪。康熙帝又手书曰："至愚极昧之处不只一二次矣，如此何以办事？必至终日为人欺蔽也。倘至事败，不亦可耻耶？"①。

因此本文认为，康熙帝直到临终前，亦未明立太子，至于他心目中谁是继承人，只能推断了。

康熙后期的皇、储之争严重地损害了康熙帝的身心健康，由于卷入人员之多、持续时间之长，以及围绕最高权力而展开，这就使康熙晚期的政治出现废弛的弊端。康熙帝在维护皇权的完整性方面，可谓煞费苦心，他既希望自己的儿子们早日成熟，肩负起辅佐大清的使命，同时又希望众多的皇子们和睦相处，不侵越皇权。他在废胤礽、囚胤禔的斗争中，强调"国家惟有一主"，这显然是对清入关前"祖制"的彻底抛弃，表明加强皇权的主体意识得到张扬。

---

① 《康熙起居注》第三册，第2490页。

第五章
雍正帝对朋党的严惩及其扩大化

康熙晚年，皇储空悬，诸子逐鹿。大臣朋比结党，政局相当紊乱，皇权受到削弱。雍正帝承继大统后，席未暇暖，即以严治朋党为执政第一要务。故于年羹尧之党，隆科多之党，李绂、谢济世科甲朋党，以及允禩、允禟诸兄弟之党等案中，他挥舞国家斧钺，以刃相加，流血案件接连出现。唯应引起注意的是，在严惩朋党过程中雍正帝不惜笔墨口舌，抛出《御制朋党论》，批驳"君子有朋与君子不党"，提出"与君主同是非、同好恶"乃人臣的首要职守。从朋党根源上看，雍正朝的朋党问题既是康熙帝晚年诸皇子争夺储位的延续，又是为打压反对者而贴朋党标签从而达到巩固皇权的一种手段，因而也不免产生把朋党问题扩大化的倾向。经过雍正前期的严厉惩治，清朝前期的朋党问题整体得到解决，皇权得以巩固和加强。

年羹尧朋党案

雍正帝即位不久，就告诫满汉诸臣："朋党最为恶习，明季各立门户，互相陷害，此风至今未息。尔诸大臣内，不无立党营私者，即宗室中亦或有之。朋党之习，尔诸大臣有则痛改前非，无则永以为戒。若仍怙恶不悛，朕虽欲力为宽宥，岂可得乎！"[1] 雍正帝还向宗室诸王大臣宣称，正是他在康熙年间无党无偏，皇考（康熙帝）才将大位传授给他，也只有他才能做到无偏无私。雍正三年（1725），他又严正警告结党诸人："殊典不可再邀，覆辙不可屡陷，各宜警惧，无得干干诛灭。"[2] 随即对朋党实行严厉惩治，而首当其冲的恰是雍正帝培植的年羹尧朋党。

年羹尧是汉军镶黄旗人，原为雍亲王府邸人，康熙四十八年（1709）任四川巡抚，康熙五十七年授为四川总督，兼管巡抚事，率兵平定西北叛乱，并对康熙帝心目中的储君——抚远大将军允禵——形成重要牵制。年羹尧也成为协助雍正帝即位乃至初期稳固江山的主要人物。雍正帝即位之初，在与其通信中一再宣称二人要做"千古君臣榜样"。而惩治允禩、允禟、允禵等诸兄弟党，年羹尧都是主要参与人。而自雍正二年（1724）起，君臣变脸，年羹尧朋党成为雍正朝第一个被整肃的朋党集团。雍正帝何以急于把协助他登大位的重要人物作为大开杀戒的对象？除年羹尧参

---

[1]《清世宗实录》卷六，雍正元年（1723）四月。
[2] 蒋良骐：《东华录》卷二六。

与雍正帝争储及皇室内部斗争，已无利用价值外，其多年形成的朋党势力，包括所谓"年选"，是其重要原因。

雍正帝即位之初的几个月，对多达十个省份的一把手——巡抚——进行大调整。尽管一朝天子一朝臣，但如此密集而又普遍性的大调整，确实很不正常。这次调整，年羹尧的意见无疑起到了重要乃至主导性作用。雍正帝事实上也把陕西、四川、甘肃等西部省份的官员任免权下放给了年羹尧，因而出现了"年选"。雍正帝对亲信图理琛朱批：此数年，陕西官员皆成年羹尧随从矣。

从现有档案可见，陕西巡抚为年羹尧举荐的范时捷，直隶巡抚为年羹尧举荐的李维钧，甚至对江苏巡抚的人选，雍正帝也征询年羹尧的意见，安排了何天培。而四川、甘肃的巡抚，是年羹尧平定青海叛乱后，强力主导安排的，以致与雍正帝发生强烈冲突。

康熙六十一年（1722），在直隶巡抚任上做了十七年巡抚的赵宏燮死于任上，康熙帝安排其侄子赵之垣署理直隶巡抚。赵之垣是康熙时期著名的勇略将军赵良栋的孙子，而赵良栋是平定三藩的大功臣，西北四将之一。赵之垣的父亲赵弘灿历任两广总督、兵部尚书。

雍正帝即位后，年羹尧进京，推荐李维钧，随即参奏赵之垣。赵之垣是甘肃宁夏人，雍正帝把赵之垣发回原籍后交给年羹尧约束。后来赵之垣向年羹尧贡献价值二十万两白银的珠宝，年羹尧第二次进京时把赵之垣带来，力保赵之垣人才可用。年羹尧这种出尔反尔的做法，引起雍正帝不满。

直隶处于战略要冲，李维钧出任巡抚后不断向雍正帝密报允禟及其岳丈即福晋的父亲齐什（又作七十）的动向，而康熙帝的十皇子允䄉在张家口附近的活动情况，李维钧也多次密奏。

李维钧任直隶巡抚的同时，四川、甘肃等省级大员也进行了调整，而且举荐人也是年羹尧。《永宪录》记载：年羹尧所荐之李维钧、桑成鼎、川东道胡期恒、临洮守王景灏、成都守刘世奇同日推抚布官。胡期恒出任陕西布政使，王景灏出任陕西按察使，刘世奇出任甘肃按察使。这是年羹尧安排的第一批省级大员。一年之后，胡期恒出任甘肃巡抚，而年羹尧最终把四川巡抚蔡珽搞掉，换上王景灏。正是这两个省份巡抚的调整，使雍正帝与年羹尧的关系陡然紧张，并爆发冲突，成为雍正帝决心整治年羹尧的原因之一。

胡期恒是湖广武陵人，他的父亲与年羹尧的父亲年遐龄是"异姓兄弟"，故胡期恒少时与年羹尧关系非常好。年羹尧出任四川巡抚时，胡期恒追随而来，职位也一路升迁，雍正初年为陕西布政使。年羹尧自视才高，而胡期恒规劝年羹尧最切。据全祖望说："大将军挟贵而汰，胡每能以约言挽其失。又曾微言劝大将军以持盈。向使能用其言，可以免祸，而无如其日亢而不返也。"[1]

---

[1] 全祖望：《鲒埼亭集》。

第五章　雍正帝对朋党的严惩及其扩大化

胡期恒什么时候任甘肃巡抚？恰好是年羹尧在京期间。因此，这无疑是年羹尧力荐的结果。为此，雍正帝与年羹尧发生激烈争执。因为原来的甘肃巡抚是雍正帝的藩邸旧人。也就是说，连雍正帝的嫡系大员，年羹尧都要赶走。后来雍正帝斥责年羹尧说："你实在昏聩了，胡期恒这样东西，岂是年羹尧在朕前保举巡抚的人？岂有此理！你忍得如此待朕，朕实愧而下泣，即此字，朕实含泪对灯书成者。时常将头抬一抬，将心抚一抚，朕也时常如此自问也。"①

胡期恒还通过他的好友、钱塘举人汪景祺，影响年羹尧。汪景祺于雍正元年（1723）底来到西北，寻访时任陕西布政使的胡期恒。胡是年羹尧的心腹，经他介绍，汪景琪投到年羹尧门下做师爷。汪景祺称赞青海之战是"自有天地以来的奇功"，把年羹尧誉为"宇宙之第一伟人"。随后，汪景祺把一篇《功臣不可为》，献给年羹尧。

他开篇告诫年羹尧"鸟尽弓藏，古今同慨"，提出平庸的君主对待功臣，从加恩开始，经过"疑、畏、怒、厌"这样一个过程，最后的结果是"杀"。他还特别提醒说，有功之臣如果遇到平庸的君主，即便使用各种韬晦之策，也逃脱不了悲惨的命运。因为"猜忌之主，其才本庸，而其意复怯，当贼寇昌炽时，望烽火则魂惊，见军书则股栗，忽有奇才异能之臣，起而戡定群凶，

---

① 年羹尧朱批奏折。

宁谧四海，捷书一奏，喜出非常，七宝庄严之殊礼宠遇之，迟之既久，而疑心生。"由疑而生畏，由畏而生怒，由怒而生厌。因此：功臣进不得尽其忠节，退不得保其身家，抚驭乖方，君臣两负，呜呼！千古之豪杰英雄所为槌心而泣血者也。……疑也，畏也，怒也，厌也，以此四者待功臣，有不凶终而隙末者乎？①

汪景祺的这篇《功臣不可为》，写于雍正二年（1724）三月十七日，正是年羹尧西征军凯旋之日。后来雍正帝与年羹尧关系的发展，特别是年羹尧的结局，完全如汪景祺所预料的一样。

但年羹尧与雍正帝仍处于"蜜月期"，他对汪景祺的提醒虽然有所警觉，但他清楚，雍正帝还需要他。青海之战后，年羹尧进京，受到雍正帝的极高礼遇，不但王公大臣跪迎，而且在京期间一再传宣谕旨。故当时传闻，说雍正帝好像个傀儡皇帝，处处听年羹尧的摆布。因此年羹尧刚离京，雍正帝就发表长篇特谕。耐人寻味的是，雍正帝多次把年羹尧与他本人对比："近日赏兵，有谣言说这是大将军年羹尧所请，朕岂是三岁小孩子那样的皇帝，必待年羹尧为之指点？又岂能是年羹尧强为陈奏而做的事吗？这不过是想要设计陷害年羹尧。前朕所颁谕旨，发阿灵阿、揆叙之奸，也有人怀疑是年羹尧所为。"雍正的谕旨中，有最令人不可思议的几句话："年羹尧之才为大将军、总督则有余，安能具天子之聪明才智乎？外人造作浮言，加年羹尧以断不可受之

---

① 汪景〇《读〇堂西征随笔》，第55页。

第五章 雍正帝对朋党的严惩及其扩大化

名,一似恩威赏罚,非自朕出者。"①

年羹尧又强力把四川巡抚蔡珽搞掉,参劾蔡珽包庇夔州知州程如丝、逼死重庆知府蒋兴仁。他向雍正帝密奏:"半载以来,臣深知蔡珽在川无益,因四川有兵事,此外有能胜川抚之任者,西安按察使王景灏、布政使胡期恒皆优为之。今蒙圣恩下问,臣敢不据实以对,惟恳圣主稍待数月,则川省可得一好巡抚,臣也得以放心矣。"朱批:"应奏时奏,不可误迟。"为查证年羹尧的参奏,雍正帝特派护军统领讷亲秘密调查,确定程如丝在夔州有不法行为,以及蒋兴仁被蔡珽逼死属实。部议将蔡珽革职、拟斩。随即,在年羹尧力荐下,陕西按察使王景灏接任四川巡抚。雍正帝朱批道:"甚好。此人是一个大人物。天下督抚如何能得如卿者、如王景灏这样人,得十数人,朕愿亦足矣。"

年羹尧势力最盛时,山西按察使蒋泂上密奏说:"国家大政,首在用人,而用人之柄惟皇上一人所独操,为人臣者固不得有所僭越专擅于其间也。乃自年羹尧为川陕督臣,恣凭胸臆,横作威福,每遇文武员缺,无论大小必择其私人始行请补,……吏、兵二部,几为虚设。更可骇者,巡抚、提镇、布按大吏者,皆皇上所特简者也,而年羹尧必欲挤排异己,遍树私人。……于是寡廉鲜耻行贿钻营之徒,群相奔走于其门。"②

---

① 《雍正朝起居注册》第一册。
② 《朱批谕旨》第二十册,第55页。

但玩弄权术，雍正帝要远胜年羹尧。蔡珽被押解回京后，雍正帝对刑部及大臣说："蔡珽论罪应当处斩，但弹劾他的人是年羹尧。如果把蔡珽处死，人们又将议论，说是朕因为年羹尧奏请而杀蔡珽，是生杀大权，操纵在年羹尧手中。蔡珽免罪。"不久特授蔡珽为左都御史。

蔡珽有死罪不处理，反而升任主掌言论与监察的最高长官，这是雍正帝向全国发出的最明显信号：整肃年羹尧。果然，参奏年羹尧的奏疏一个接着一个，仅一个月就有二三十本，雍正帝命年羹尧一一明白回奏。蔡珽本人也多次参奏，对于年羹尧一手提携起来的岳钟琪，也屡屡密奏，说岳钟琪居心叵测。蔡珽得到丰厚回报，接任李维钧做了直隶总督不算，后来查抄年羹尧在京财产，被雍正帝赏赐房宅一所，奴婢二百多口。

雍正帝的反击战是由蔡珽的部下程如丝打响的。本来罪案累累的程如丝，不但不处罪，由川东道过渡几个月，升为四川按察使。雍正帝给程如丝下密旨，让他揭发年羹尧在四川、陕西不法事。程如丝受到鼓励，列款参奏，参本里特别有"川陕大小各官第知有羹尧，不知有国法"等耸人听闻的话。

雍正帝还试图从年羹尧的亲信李维钧身上，得到年羹尧更多隐秘的不法事实，因此故意把他怀疑年羹尧的信息透露给李维钧，让他与年羹尧疏远些，"不必令觉，渐渐远些好。"随后，雍正帝威胁、利诱，多管齐下，李维钧连上三章，参奏年羹尧。李维钧于雍正三年（1725）六月初六日上奏说："上年十一月内，年羹尧赴陕过保，向臣云：明岁三四月前，朝内必然有事。臣闻之骇异。伊云：你是汉人，不知道。词近诅咒，罪岂胜诛？"

但雍正帝对此还不满意，最后干脆亮出底牌："如欲尽释朕疑，须挺身与年羹尧做对，尽情攻讦，暴其奸迹与天下人尽知，使年羹尧恨尔如仇，则不辩自明矣。为年羹尧，尔将来恐仍不能保全首领也。"

后来，李维钧被革职抓捕，查抄其老家浙江嘉兴王店镇家产的是雍正帝的嫡系——浙江巡抚李卫。后来，李维钧以年羹尧逆党私人等罪，拟斩监侯，妻子入内务府为奴。李维钧不久病死狱中。

雍正三年（1725）十二月，议政大臣、刑部等衙门题奏，年羹尧"反逆不道，欺罔贪残，罪迹昭彰，弹奏交至，案牍等丘山之积，罪恶逾溪壑之深"。共罗列了年羹尧九十二款大罪，雍正帝念其有功，"恩召自裁"。在赐年羹尧自尽前，雍正帝命领侍卫内大臣公马尔赛等恭捧谕旨，谕责年羹尧"作威作福，植党营私"。随即开始大规模的对年羹尧朋党的清查工作，"敕吏、兵二部，凡年羹尧在总督任保题参革降调文武各官，查明原委，调京引见。"[1]因此被牵涉的人"或以私人，或因事连，皆削职、审拟有差"。年羹尧案牵涉陕西、甘肃、四川、直隶等省十几位省级大员，以及近百位州县以上官员，他们或被惩处，或被革职。几

---

[1] 萧奭：《永宪录》卷三。

年之后，仍有以年党受到惩罚的。胡期恒进京后，雍正帝"密敕累有所询"，但他拒绝揭发年羹尧任何事项，"唯连章引咎，自甘逮讯"，关在大狱十年之久，乾隆帝即位时被释放，[1]因无家可归，在扬州书院谋生。

年羹尧案还有一件附案，即幕僚汪景祺案。年羹尧在杭州被押解回京后，浙江文武官员在清点年羹尧的物品时，发现抄写书二本，书面写着《读书堂西征随笔》，内有自序，署名作者是汪景祺。随即在京城罐儿胡同将汪景祺抓获。刑部以汪景祺照大不敬律，拟斩立决，雍正帝认为太轻，不足以正罪。在该写本上御题："悖谬狂乱至于此极，惜见此之晚留以待他日，弗使此种得漏网也。"命改为大逆不道罪，立斩、枭示，妻子发遣黑龙江，给穷披甲人为奴，其所有亲属受到牵连。

隆科多朋党案

隆科多是满洲镶黄旗人，雍正帝的舅父。雍正帝即位后，隆科多与大学士马齐等总理事务，雍正元年（1723）三月，与年羹尧同加太保衔。雍正三年六月，年羹尧案发，下吏部议处，隆科多时为吏部尚书，在审拟中因"徇庇年羹尧"，于雍正四年正月被革职。《清史列传》称："初，隆科多与尚书公阿灵阿、左都御史揆叙等互相党附，及阿灵阿、揆叙死，与总督年羹尧交结最

---

[1] 全祖望：《全祖望集汇校集注》卷一七。

第五章 雍正帝对朋党的严惩及其扩大化

厚。"[1]从雍正帝即位后第一次朱批年羹尧的话看,隆科多参与重大机密,与年羹尧一起,是雍正朝初年的两根台柱子,雍正帝称他为"稀有大臣"。雍正帝给年羹尧的朱批中,经常有"除怡亲王、舅舅外,再不令一人知道",说的就是这种情形。雍正二年正月的一份密奏说:"诸事均舅舅隆科多、总督年羹尧承办,伊等如何说即如何办,如同谕旨。"[2]

与年羹尧的雍邸身份不同,隆科多在康熙帝晚年经历了太多的惊心动魄,因此为官谨慎,在给雍正帝的奏折中,常用"舅舅奴才隆科多"这样谦卑的称谓。以他对雍正帝的交往和了解,即便他一时受到无比的宠信,但他不相信雍正帝会永远信任他。二人之间一开始更多的是利用关系。因此,他早就把财产转移到西山和亲属家中,也说过"白帝城之日",就是死无葬身之时的话,后来成为罪状之一。

雍正帝对隆科多的指责,由于文献不足,大多数看不到实据,有的属于嫁祸于人。如说数十次严厉处罚廉亲王允禩,都是隆科多指使,而且一定要把允禩置之死地而后快。实际参奏允禩的,大多是宗人府,而宗人府完全是秉承雍正帝的旨意。而允禩、允禵之死,恰恰在隆科多被变相发配在外、离开京城期间。

雍正二年(1724)底,升任甘肃巡抚的胡期恒秉承总督年

---

[1]《清史列传》卷一三,《隆科多传》。
[2] 满文朱批奏折。

羹尧的意旨，参奏道员金南瑛等六人，这引起雍正帝的极大不满。次年三月，雍正帝责成吏部尚书隆科多主持审理胡期恒参奏一案，经隆科多审理，奏请将胡期恒拟徒罪三年。雍正帝朱批："胡期恒宽其徒罪，发与田文镜在河南堤工效力赎罪，如抗违耽延，发往黑龙江（朱批原文缺"江"字）当差，将此事着年羹尧明白回奏。"雍正帝令隆科多审理胡期恒参案，含有"打招呼"的意思，也是对他的变相警告。

处理隆科多，雍正帝主要通过两江总督查弼那（纳）取得突破。查弼那是允禵的人，康熙末年追随隆科多，康熙六十一年（1722）参加查仓，就是隆科多推荐的，不久出任两江总督。雍正帝清楚两人的关系不一般，即位之初曾命他的"连襟"——苏州织造胡凤翚——秘密调查查弼那。雍正三年（1725）正月，他批示查弼那："你走错路了，相信同仁不如相信君。"特意说隆科多乃志骄自私、贪婪卑鄙之人，"开导"查弼那揭发隆科多。但查弼那故意装糊涂。五月十三日，雍正帝在朱批中说："谕旨三次退回，你一句话也不敢说隆科多的恶劣过错，只将眼前众所周知的不体面之罪，平淡具奏。"表示对查弼那的"揭发"不满意。八月，查弼那又要参奏年羹尧，雍正帝对此极为不满，因为年羹尧已成落水之犬，舆论战已经收官了，他现在要打的是仍在朝中掌权的隆科多。朱批说："参奏年羹尧已够了，不敢说隆科多一句，朕实叹息，且对尔等钢铁般伙党，朕真的害怕心服了。"到了九月初十日，雍正帝拿两江总督的职位威胁查弼那，朱批说：

第五章 雍正帝对朋党的严惩及其扩大化

"你与隆科多结党之事,若不能让朕释疑,即便做官有好名声也没有用,务必给朕解释清楚。"年羹尧死后,查弼那密奏说:"臣上奏七次,不能合皇帝天心,臣已无活路。现在再不讲隆科多的劣行,臣性命不保。"但他又说:"众人所知,臣知;众人不知,臣也不知。"雍正帝对此无可奈何,朱批道:"你们如铁石般强健,朕所素知。然朕稍有惧色,将辜负朕之皇父,惟有努力上前。"表示会与隆科多等人斗到底。

雍正帝也用对付允䄉等诸兄弟的办法,说吏部处理年羹尧参奏道员金南瑛这件事上,第一次议复徇庇过轻,现在议复又过重,其他人断不敢如此,必是隆科多有意扰乱之故。雍正帝指责隆科多对年羹尧"曲护徇庇",于是把他派往阿兰善山等处修理城池、开垦地亩。剥夺了他的权力,是变相的发配。把吏部尚书隆科多调离京城,雍正帝完全无所顾忌地整治年羹尧,以及允䄉、允䄉,也让大臣放心揭发隆科多。

果然,隆科多一走,原来与他搭档的怡亲王允祥,就弹劾隆科多婪赃各罪,特别是接受罪臣揆叙家人安图三十万两银子的贿赂。由雍正帝最信任的允祥弹劾隆科多,说明隆科多在朝中仍然有很大的影响力,一般的大臣不敢弹劾。允祥弹劾,毫无疑问是雍正帝的旨意,这也让大臣知道,隆科多必定倒台,也好墙倒众人推。

经刑部等审理,隆科多差家人王五、牛伦,陆续索取揆叙家人安图名下骡马、缎疋、古玩等物,并银十四万两;此外复收取赵世显、满保、甘国璧、苏克济、程光珠、姚让、张其仁、王廷扬、年羹尧等金八百两、银四万二千二百两。应将其尚书、一等公并世职俱行革去，照大不敬律拟斩立决。但雍正帝当时忙于处理诸兄弟，命革退隆科多吏部尚书，仍令其料理阿尔泰等边界事务。雍正四年（1726）八月、九月，允禩、允禟相继被雍正帝以饿尽等办法致死后，对隆科多的惩治明显加快。雍正五年闰三月，隆科多"私藏玉牒"案发，雍正帝立即动手。当年十月，顺承郡王锡保等遵旨审奏隆科多罪案四十一款，包括大不敬之罪五、欺罔之罪四、紊乱朝政之罪三、奸党之罪六、不法之罪七、贪婪之罪十六。奸党之罪包括：交结阿灵阿、揆叙，邀结人心；保奏大逆之查嗣庭；徇庇傅鼐、沈竹、戴铎、巴海，不行查参；曲庇菩萨保，嘱托佛格免参。次年六月，隆科多死于禁所。

因隆科多案遭惩罚最严酷的就是查嗣庭。他是浙江海宁人，进士，武侠小说大家金庸的先人。因隆科多举荐，在内廷行走，授为内阁学士、起居注官。后经蔡珽举荐，任礼部侍郎。雍正四年（1726）为江西乡试正考官。雍正帝阅考试题目，有心怀怨望、讥刺时事之意，遣人查其寓所及行李，有日记二本，悖乱荒唐，怨诽捏造之语甚多，将查嗣庭革职拿问，家产籍没，照大逆不道罪惩处。雍正五年三月，查嗣庭在狱中服毒自尽。雍正帝仍不放过，命将查嗣庭戮尸、枭示，子查沄处斩，其弟查嗣瑮发配陕西，后来客死异乡，另一弟弟查慎行南归一月而卒。

第五章 雍正帝对朋党的严惩及其扩大化

查嗣庭案属于案中案，关于其起因，历来有他所出试题"维民所止"暗喻"雍正砍头"的说法。但雍正帝指责："易经：正大而天地之情可见矣。诗经：百室盈止妇子宁止。"雍正帝认为，查嗣庭与年羹尧案中的汪景祺所写《历代年号论》，表达的都是"雍正"年号是"一止"之意，也就是你这个江山传不下去。查嗣庭的日记还记载他在康熙帝去世后患病，腹疾大发，狼狈不堪。这容易让人联想或影射康熙帝是死于中毒。雍正帝即位后，凡有雍正帝参加的国家大典礼，总是记载大风、狂风大作、大冰雹。记内廷进见，乃谓"寂无一人"。雍正帝所发谕旨，私议难行。殿试武举，记午后皇上始出。等等。史学大家邓之诚考证查嗣庭文集认为，查嗣庭获罪的真正原因是"交通宫禁诸王"。

李绂、谢济世等"科甲朋党"案

在严挫朋党过程中，雍正帝认识到科举出身的官员最易结党，是朋党之渊薮，故有意识地贬抑科举出身的官僚，代之以武健之吏。雍正帝还将此种认识告之臣僚，臣僚承其意旨，在朝野掀起了贬抑科甲官员的暗流，故有所谓"科甲朋党"。

雍正帝在给查嗣庭等人的密示中说："尔等由科甲出身者，动轻别途人才，何项蔑有？古来名臣硕辅，不由科甲者甚多……本朝立贤无方，非若明代专用科甲，若科甲中徇私结党，挠乱国政，朕为纪纲法度风俗人心之计，岂肯容若辈朋比妄行？必至尽斥弃科目而后已，此皆科目之败类有以致之。有议朕不重科目者，朕亦所不恤，若畏浮言而不能果断，此庸主所为也。"①贬抑科甲官员，可谓为雍正帝用人之基本政策。雍正五年（1727）上谕说："汝等科甲出身之人……如李绂、郑任钥等之营私作弊，转不如非科甲之人矣。非科甲者作弊易于败露，科甲之人作弊，巧诈隐密，互相袒护，往往不即败露，其害转大。"②为了对抗科甲官员，康熙后期停止的捐纳制于雍正元年又恢复了。在复捐纳的上谕中，雍正帝说："若仕途尽系科目，则彼此罔结，背公营私，于国计民生为害甚臣。古圣人立贤无方，不可执一而论。"③

在雍正帝贬抑科甲官员的思想认识下，承风希旨者所在皆有。雍正七年（1729）九月，署浙江布政使程元章奏："臣钦奉上谕，屏除科甲党庇陋习。"得旨："所奏甚是可嘉，尚其坚持此志，毋稍迁移！"④

在贯彻惩抑"科甲朋党"过程中，以吏员出身的河南巡抚田文镜执行得最为彻底，也使得雍正帝更加注意"科甲朋党"问题，由此对雍正帝的用人政策产生重要影响。田文镜在雍正帝即位的短短不足两年间，从一个备受冷落的中级官员，升为开府一省的河南巡抚。而田文镜一再向雍正帝表白，称自己非常孤立："臣既无祖父门第，更乏交际提携，孑然孤立，亲戚亦无，任怨

---

① 萧奭：《永宪录》续，第342页。
② 雍正：《上谕内阁》，雍正五年（1727）二月初三。
③ 萧奭：《永宪录》，第119页。
④ 蒋良骐：《东华录》卷三〇。

第五章 雍正帝对朋党的严惩及其扩大化

招尤,在所不免。"

雍正帝最痛恨诸王大臣结党,他说自己当皇子时,从来不与人结交。做皇帝后,对大臣结党深恶痛绝。田文镜遇到多次仕途危机,弹劾他的人很多。当广东巡抚杨文乾受到排挤时,雍正帝在他的密折上朱批:"杨文乾不过同省四人合力排陷,如田文镜内外合力排陷岂止四人!田文镜实能争气,全朕之公明二字。"

田文镜在河南"谤腾毁积,物议风生"。而引起巨大争议的是,田文镜在出任河南巡抚后,参劾一个接着一个,有时一次参劾,十几个下属丢了乌纱帽。据田文镜自己讲,他在一年多的时间里,弹劾掉二十二位官员。而在被参革的官员中,大多数都是科举出身的进士。《清史稿·田文镜传》记载:"文镜希上指,以严厉刻深为治。诸州县稍不中程,谴谪立至。尤恶科目儒缓,小忤意,辄劾罢。"

田文镜是吏员出身,几十年做吏的经历,使得他的揣摩功夫非常高,他看到雍正帝对杨名时等科甲出身的官员进行打压,于是在河南进行复制落地,参劾的人包括信阳知州黄振国、汝宁知府张玢、息县知县邵言纶、固始县知县汪諴等人。雍正帝对田文镜大加鼓励,朱批说:"你题参黄振国,甚属可嘉,如此方不负朕委任。能如此一无顾忌,放胆去做,朕保你永永平安。"雍正三年(1725)十二月,田文镜向全省官员发布通令,以黄振国为戒,通令说:"黄振国赋性狂悖,肆意贪劣,业经本部院特疏题参,请旨革职提问。为此饬知司道府州官员,并转饬所属,以黄振国为前车之鉴，不得勒索派借，坏法害民，以致身家性命不保，倘若以本部院为可欺，一经访查得实，则铁面无私，将来一家哭者又不独黄振国一人而已。"田文镜还革去很多生员、监生的衣顶。有个王辙，是癸卯科文进士，因参与不相干诉讼，田文镜特疏将其革去进士，并发表通令，以王辙为戒。

田文镜的做法，让科举出身的河南官员人人自危。但有雍正帝支持，人们又无可奈何。这时，河南省城各处传抄捏造的雍正帝谕旨，内容如下："三月初二日面谕中堂，黄振国系朕拣选留京紧要州缺补用，又经蔡珽保举，所以特放信阳州，到任两月，经田文镜参劾数款，朕恐徇私捏参，询问豫省京官云，田文镜徇比枉参，所以朕降旨将黄振国速提来京，交三法司严审具奏。近日又阅田文镜参府州县数员，皆同黄振国一案，牵连参劾多员，自豫省至都中，人言怨声载道，显然有诬参情弊。田文镜一切应奏事件巧饰，先折后题，与前折互异，伪罔显然，情由可恶。"

田文镜将捏造的谕旨密呈雍正帝，雍正帝下令追查。

恰在此时，调任直隶总督的李绂上疏参劾田文镜。李绂是康熙朝鼎鼎有名的理学大家，江西临川人，康熙四十八年（1709）进士，后升任内阁学士。雍正帝即位后，很看重李绂，对他说："诚然不党者，李绂也。"外放广西巡抚不久，雍正三年底升为直隶总督。

李绂从广西进京，路过河南。田文镜要尽地主之谊，但两人一见面，李绂就厉声说道："明公身任封疆大吏，我听说你所参官员都是科甲出身的,你有意蹂践读书人,这是为什么?"一时让田文镜非常难堪。但田文镜先下手为强,先给李绂奏了一本。

李绂于雍正四年(1726)正月入京,随后入觐,面奏田文镜负国殃民。据记载:"漏三下,犹侃侃未退。退又连章纠之。"①

李绂弹劾田文镜"信用佥邪,贤否倒置"。"佥邪"指"没有好人"。李绂说,上蔡知县张球,本来是市井无赖,是最应被弹劾的人,但田巡抚视其为心腹,委署光州,借息县知县邵言纶一千两银子,邵没有满足他,即行揭参。张球又因查固始县仓谷,向知县汪诚索取不遂,鼓动田巡抚,使汪诚被巡抚诬参。我还听说,巡抚不容读书人在河南做官,要将知府黄振国致死灭口。

李绂的参奏,不但否定了田文镜在河南的用人,也间接否定了田文镜在河南的作为。

雍正帝把李绂参奏的折子,截去首尾姓名、职官等信息,发给田文镜。同时警告田文镜:对你,朕一百个放心,但你手下的人,是不是蒙骗了你,朕大有怀疑。朕经过调查,这个张球,不是好官。

田文镜却早有预案,也清楚这是李绂的参奏。雍正四年(1726)五月十九日,他上了一篇很长的密折。这份密折,成为

---

① 《袁枚全集》第二册,《小仓山房文集》卷二七,《直隶总督临川李公传》,第463页。

田文镜"翻身"的"秘密武器",他对雍正帝的震撼,远比李绂揭露出田文镜的问题更大,也让雍正帝改了主意。田文镜开篇就架了大题:"凡属督抚大臣身任举劾之责者,当仰体皇上立贤无方之圣心,惟以其人之贤否是凭,不当分别正、异两途。此臣之素志,而亦好恶之公心。"田文镜主要讲了两个问题。

第一,反驳不容读书人在河南做官。因为李绂参奏的核心是田文镜贤否颠倒,背后的潜台词是踩践读书人。因此,田文镜开篇为自己辩护,讲他自抵任迄今,共参革者二十二人,保举者十九人。其中旗人、汉人、科甲、捐纳,纷然杂出。雍正四年(1726)二月,直隶督臣李绂从广西进京,"路由豫省,忽造浮言,从此外厢纷纷传说,或言臣不容读书之人在豫省做官;或言臣欲将黄振国致死灭口"。

第二,反驳贤否颠倒,张球是大大的好官。

以上是"正题"。如果仅仅就此上密折,肯定不会打动雍正帝,说不定田文镜的位置就有危险。据袁枚讲:"世宗颇直公(李绂)言,将斥田。"因此,田文镜话题一转,抛出一个令雍正帝高度敏感的"大题":"查黄振国系己丑(康熙四十八年,1709)进士,李绂亦系己丑进士,并不料臣于本年正月内所参汝宁知府张玢、固始县知县汪诚、息县知县邵言纶,俱系己丑进士,在臣实出于无心,而在李绂或见同年弟兄一时被劾,不无徇私袒护。"

接下去,田文镜就有"危言耸听"的味道了:"屡蒙皇上特颁谕旨,解散朋党,至再至三。又接准部咨,严禁私结声援,瞻

第五章 雍正帝对朋党的严惩及其扩大化

徇交好。凡为臣子者,自应仰体圣怀,洗心涤虑,一皆出于至公,岂宜瞻徇同年,徇私妄议?则嗣后科甲之员,如有贪污苟且,督抚诸臣断不敢再为题参矣。……臣之声名所系最小,而皇上用臣之当与否,所关甚巨。"

本来,雍正帝对允禩等诸兄弟"朋党"非常警觉,现在又有"科甲朋党",难怪外面对他的用人政策议论纷纷,这分明是干涉国家大政。但雍正帝不想立即把问题捅破,他要找个时机。七月初一日,李绂得知田文镜劾其"造作浮言,袒护同年"后,立即上奏说:"田文镜'立说甚巧,而实未合',臣不能无辩:己丑(康熙四十八年,1709)同年共三百零三名,当时已不能尽识,榜下一散,至今十八年,音讯不通。"并举出他弹劾同年为证。

督、抚互参,雍正帝只好派钦差大臣刑部侍郎海寿、工部侍郎史贻直前往审案。钦差审案的结论是:巡抚田文镜所参并无冤抑。而对李绂所参的田文镜重用劣官斑斑的张球,经钦差大臣审理,张球贪赃枉法确有实据。田文镜了解到钦差已经查实张球违法事实后,为争取主动,也上奏参劾上蔡知县张球。雍正帝命将张球革职。

但雍正帝一心要保护田文镜,为此,他抓住李绂参劾疏中所说的田文镜想把黄振国杀人灭口的话,命将黄振国押解到京城,借此证明李绂是诬参。后来,李绂降为工部侍郎。

李绂参不倒田文镜,遂有谢济世再参田文镜。这又似乎验证了田文镜所说的"科甲朋党"。

-303-

谢济世是广西全州人，康熙五十一年（1712）进士，选为翰林院庶吉士。雍正四年（1726）十一月出任监察御史。十天后，他列举田文镜"营私负国，贪虐不法"十款，予以参劾。十二月初七日，雍正帝给谢济世参奏定性，说："（田文镜）秉公持正，实心办事，乃天下督抚中所罕见者，贪赃坏法之事，朕可以保其必无；而谢济世于天下督抚中独参田文镜，朕不知其何心。从前圣祖皇帝见科道官员朋比作奸，互结党羽，潜通声气，网利徇私，屡降谕旨切责，至再至三。朕即位以来，令满汉文武诸臣及科道等官，皆用密折奏事，盖欲明目达聪，尽去壅蔽，以收实效。而科道等官所密陈者，未见有裨益政治之事，是以停止密折，令其专用本章。科道无私，方能弹劾人之有私者。若自恃为言官，胸怀诡诈，听人指使，颠倒是非，扰乱国政，实大有害于人心世道，为国法之所断不可容。谢济世若不严刑讯问，则鬼蜮之伎俩，得行于光天化日之下，人心何由正、风俗何由端乎？着将谢济世革职，令大学士、九卿、詹事、科道等严讯，务将其中实情，审出具奏。"

谢济世本来是言官，又是在雍正帝一再鼓励言官上条陈的背景下上奏，何以转眼成了罪人？原来，雍正帝发现谢济世所上十条，特别是黄振国被冤屈的事情与李绂前奏一一吻合，而黄振国是蔡珽举荐的人，李绂又是蔡珽门下，受蔡珽荐举。谢济世为广西全州人，李绂曾任广西巡抚。雍正帝断定这几个人"公然结为大党，扰乱国政，颠倒是非，实系大光棍"。因此命将谢济世革

第五章 雍正帝对朋党的严惩及其扩大化

职审讯。雍正帝特别交代,要追查谢济世与何人交关?受何人指使?但审案大臣严刑逼供,谢济世就是不招。

此案于是由雍正帝亲自定案。随后,雍正帝用了非常长的篇幅解释他对田文镜的重用、保护,说:"朕在藩邸时,从不识田文镜之面,并不知其姓名。(田文镜被参)始则令李绂密陈于朕前,今则又令谢济世显参于章奏,公然结为大党,扰乱国政,颠倒是非,实系大光棍。黄振国应照光棍例立斩,汪諴各处营求,冀翻前案,李绂、谢济世相继为之辩雪,应拟斩监候,秋后处决。此二本着发还刑部等衙门另行具奏。邵言纶比附匪党,鼓动李绂、谢济世为之陈奏;唐县知县关敷以行贿被参后,营求佟镇寄信与隆科多,称扬其善,着金妻发边卫充军。朕思封疆大臣,能为朝廷实心任事,即为国之栋梁、朕之股肱,若不为保护而任人倾陷,则朕何颜对天下封疆大臣乎?!况从前特颁谕旨,言天下巡抚中实心任事、不避嫌怨、为国为民者,惟田文镜、李卫、杨文乾三人。今谢济世听人指使,将田文镜纠参,显与朕之明旨相悖。且田文镜并不可谓之权要,亦断不能加以贪污之名,而谢济世为此参奏者,其意不过欲使天下督抚皆因循苟且,庸碌偷安,邀众人之虚誉,保一己之身家,而不为国家实心效力,以快其党锢之私心。"

最终,谢济世革职,发往阿尔泰军前效力赎罪。雍正帝又召集大臣,大讲"科甲朋党",他最后说:"若科目出身者徇私结党,互相排陷,必致扰乱国政,肆行无忌。朕必致尽斥科目而后已。即有议朕为不重科目者，朕亦有所不恤。若畏浮言之讥讪而不能果断者，此庸主之所为也。"①

训谕时，雍正帝发现浙江人姚三辰"词色神气不以朕言为然"，"心术不端，全无敬惧之意"，命其与谢济世一同发往阿尔泰军前效力。

雍正帝一直怀疑谢济世是受李绂指使，但没有审出来，他不甘心，秘密让广西提督、署巡抚事的韩良辅调查李绂任广西巡抚期间与谢济世的关系，韩良辅没有查出，雍正帝就找个理由，把李绂革职议罪。议政大臣等会议，李绂有死罪二十一款，按律应斩，妻子财产入官。两次在菜市口处决人犯，雍正帝都命把李绂一同押解，双手反绑。一个姓杨的刑部郎中，在绑赴菜市口途中，故意以经史上的疑义发问，李绂面对刽子手和森列一旁闪闪发光的刑具，应答如流。到了刑场，把刀架在脖子上，厉声道："皇上问你，现在知不知道田文镜好？"李绂回答："臣愚蠢至极，虽死也不知道田文镜有什么好！"杨姓郎中对人说："李公真是铁胎人也。"大臣向雍正帝奏报，雍正帝大怒，传齐诸王大臣，把各种刑具森列一旁，雍正帝让李绂跪在阶下，亲自审问，当时"天颜甚厉，声震殿角"，吓得一旁的大臣颤抖不已，而李绂最终不屈。雍正帝最后以其学问尚好，从宽免死，令在《八旗志》书馆效力。雍正五年（1727）二月，雍正帝谕称："（黄振国）

---

① 雍正：《上谕内阁》。

第五章 雍正帝对朋党的严惩及其扩大化

被劾之后，蔡珽为之党护，李绂为之陈奏，谢济世又为之翻案，钩结党援，造作蜚语，扰乱国政，诬陷大臣，为世道人心之害，所关甚大。"①结果，黄振国等被处死。蔡珽以大罪十八，几遭不测。②

过了两年，即雍正七年（1729），谢济世于军前效力前供认，他昔年参劾田文镜，实出于李绂、蔡珽之授意。至此，雍正帝旧账新算，说："田文镜之在河南公忠为国，而李绂、蔡珽……朋比为奸，指使谢济世捏款诬参，欲令言臣挟制朕躬，必遂其私怨而后已，此风何可长也！"③结果，蔡珽处以斩监候。顺承郡王锡保说谢济世"注释《大学》，毁谤程朱"。雍正帝大怒，说："谢济世所注之书，不止毁谤程朱，用《大学》内'见贤而不能举'两节，言人君用人之道以抒寓其怨望诽谤之私也。其注有'拒谏饰非，必至拂人之性，骄泰甚矣'等语，则谢济世之存心，昭然可见。"谢济世应作何治罪，着九卿等秉公定议具奏。廷议坐以诽谤罪，拟斩立决。雍正帝命将其交与顺承郡王锡保，当苦差效力。乾隆帝即位，招谢济世回京，任监察御史。蔡珽也获释。

以"党附"李绂、谢济世而被处罚的还有陆生楠。陆是广西人，举人出身，部选江南吴县知县，而以主事试用，于是愤而不平。雍正帝认为这是地方大吏受其私嘱、结为党援所致。雍正

---

① 《清世宗实录》卷五三。
② 《清史列传》卷一三。
③ 《清史列传》卷一五，《李绂传》。

七年（1729）七月，陆生楠所著《通鉴论》十七篇为顺承郡王锡保发现，上闻于雍正帝。雍正帝谕称："伊（陆生楠）系广西人，平日必有与李绂、谢济世结为党援之处，故敢如此（不平），是以将伊革职，与谢济世同时效力……讵意陆生楠素怀逆心，毫无悔悟。"①陆生楠被处以斩监候。

雍正帝发动的"科甲朋党"案，并无实据，但反映了科甲官员对雍正帝用人政策的不满。

允禩、允禟、允䄉等诸兄弟党

雍正帝即位伊始，就以诸大臣结党相告诫，并说宗室中亦有。在雍正帝的内心，大臣结党容易惩处，而宗室特别是他的诸兄弟为核心的朋党不易破解。因为这既有满洲传统使然，也有来自康熙后期二十多年的累积，故诸兄弟朋党牵连的人更多，层次更高，影响也更大。概言之，允禩等诸兄弟党直接关系到雍正帝的江山能不能坐稳。

雍正帝诸兄弟党，在上一章已有所论及。事实是，雍正帝在雍亲王时期的十几年，绝非无党无偏，相反，他集合的人也颇多，只是他后来登基把相关的事实掩盖了。而他所宣称的皇考看重他无偏无倚才把皇位传给他，更是混淆视听。

雍亲王时期，他对诸兄弟结党争储的情况了然于胸，雍正帝

---

① 《清世宗实录》，雍正七年（1729）七月。

第五章　雍正帝对朋党的严惩及其扩大化

本人也是其中一员。即位后步步紧逼，分化瓦解，各个击破。因为他拿不出康熙帝传位的"遗诏"，用隆科多"传末命"的方式登基，诸兄弟及宗室王公大臣既不信也不服。因而，对他构成最大威胁的是以允禩为主的诸兄弟及支持允禩等人的宗室大臣。这些人都受到严厉打击，当时朝鲜来中国的使臣密报说："清皇为人自胜，多苛刻之政，康熙旧臣死者数百人。"[①]这里说的"清皇"就是指雍正帝。康熙朝旧臣，在雍正朝前几年受到整治的，有数百人被处死。与汉大臣不同，由于宗室王公、外戚勋贵大多参与以前的储位之争，因此受到的惩治也最为严厉。当然，其中的一部分人，是被雍正帝贴上允禩等朋党标签的人，他们反对雍正帝朝令夕改的小圈子用人政策和扩大打击面的做法。实际上，凡是不支持雍正帝的，都被他视为允禩党。允禩的主要支持者，除去他的几个弟兄外，可以概括为宗室、外戚、大臣三部分。宗室中以苏努、康熙帝兄弟一枝为主，外戚中以阿灵阿父子、鄂伦岱等为主。大臣中以揆叙、萧永藻等为主。其中，阿灵阿、鄂伦岱、揆叙还是康熙帝公推太子时力推允禩的人。雍正帝即位后，他们成为惩治的主要对象。

　　先看宗室。苏努是努尔哈赤长子褚英的曾孙，因参加三征噶尔丹，后出任盛京将军，封贝子。回京后长期担任议政大臣。雍正帝即位后，即封为贝勒，其子勒什亨为领侍卫内大臣。但仅仅

[①]《朝鲜李朝实录中的中国史料》。

两个月，就以结交允禟岳父齐什的名义，把勒什亨革职发往西宁，在允禟处效力。

既然因结交齐什获罪，齐什的罪状肯定更大。齐什于雍正元年（1723）即被发配。据直隶总督李维钧密报，当年十一月，允禟福晋及随从，进入获鹿县东住歇，据称奉旨住下。房主禀报，福晋父亲原任正红旗固山额真齐什，于雍正二年闰四月初七日病故。

雍正帝对李维钧的密奏，表示怀疑，不太相信齐什的死是真的，朱批指示道："可密密细访，此人恐诈死，九贝子福晋已谕往西宁矣。"李维钧得旨后，派人扮作行客住宿，旧住房主告诉他说："齐什好动，每日骑马乘轿郊游，得病后不能出城，仍绑椅子出城，病故在床，亲眼所见。"又访问医生，说齐什脾泄老病。李维钧据此密奏："齐什之死似属非诈。"朱批："知道了。七十（齐什）生平欺诈，至死而为人不信，亦其自取者也。"

齐什一死，又给惩治苏努增加了罪名。此时苏努已年过古稀。雍正二年（1724）五月，雍正帝第一次为允禩党定性，他发布长篇谕旨说："七十、马尔齐哈、常明等，皆贪缘妄乱之人，伊等皆廉亲王（允禩）之党。七十原为阿灵阿谋主，各处钻营，阿尔松阿视为恩人，在户部时专主户部之事，今在刑部又专主刑部之事，凡小有才者俱被引诱，愚懦又畏耆其威，并入伊党。常明业已正法。伊等俱在八旗王大臣并近侍人家，或用逢迎，或用离间，又有暗地钻谋者数人。朕御极之初，即谕诸王大臣曰，彼此结党，互相戕害，甚属恶习，尔等当以朕之所好者好之，所恶者恶之，是非画一，则奸党无自而起。欲除朋党之源，当令举国内外，共为一心，既为一心，则是非与予一人同之。朕在藩邸，甚恶此风，断不为其所染。古人云，乱臣贼子，人人得而诛之，皇考每引述此语，特指廉亲王言之。乃至今朋党之人，尚犹未息，不知君臣大义之轻重，效法众人恶习，其事难以枚举。今七十等夤缘妄乱之人，若不绳以国法，则宪典不行矣。"[①]雍正帝特别说："今苏努以七十病故，退有后言，是仍念伊等旧日党羽，扰乱国家之心竟无悛改也。苏努不可留在京师，煽惑众心，着革去贝勒，其属下佐领着撤回，止留伊府佐领，着伊同在京诸子于十日内，带往右卫居住。到彼之后，若不安静自守，仍事钻营，差人往来京师，定将苏努明正国法。"

档案记载，苏努带家口二百九十多人，于当年七月到达雍正帝指定的流放地——山西右卫。雍正帝已安排好山西巡抚诺敏严加监视。诺敏向雍正帝密奏说，如此多人应分散而居。雍正帝朱批："访查是否仍于右卫官兵内蛊惑人心，苏努父子并不畏惧，有无怨恨议论之处？"十月十七日，宗人府咨宣威将军吴礼布，将苏努之子、闲散宗室富尔臣抓住，套上九层铁索。次日，苏努来庙请求见儿子最后一面，但被拒绝，回去后就患痢疾。十一月十九日苏努去世。雍正帝仍不放过，说苏努是"国家宗室中之逆

[①]《清世宗实录》卷二〇。

贼，真大花面也。即将苏努粉身碎骨，不足以尽其辜"，后来果真将苏努挫骨扬灰。对此，耶稣会士写给教皇的密报说："大家都很明白，皇帝决心臆造苏努的所谓罪过，以便找借口来惩罚他的后代。苏努亲王及其子女的府第加上了封印，这些都是在夜间进行的，洗劫持续了十天。苏努全家在这次没收中损失了一千六百多万。就这样，大清帝国最富有、最有势力的家族之一——苏努家族，刹时间沦入最贫困之中。"

发配苏努一家引起了连锁反应，雍正帝受到了更多人的抵制。

裕亲王福全，是康熙帝的哥哥，他生前向康熙帝力荐允禩做大清的接班人。福全有两个儿子，即保泰、保寿。保寿在康熙帝在世时就去世了。保泰小时候是康熙帝带在宫里长大的，并指定皇四子（即后来的雍正帝）教保泰经书、算法。福全去世后，康熙帝亲自撰写碑文，有"王之后嗣，朕佑庇之"的许诺。因此，裕亲王爵位由保泰承袭。保泰有二十五个儿子。按理说，雍正帝当年做过保泰的老师，保泰应该支持雍正帝，但恰恰相反，当雍正帝安排他做任何事情时，保泰竟然当着八旗大臣的面，予以严词拒绝。

雍正二年（1724）十月二十七日，雍正帝以康熙帝去世三年服丧期间，保泰在家演戏为名，把他的所有职位全部革除，并且把他的所有儿子也做同样处理。谕旨有这样一段话："自将苏努问罪，保泰恨朕，即与朕异心。伊等设谋，意欲逼朕以合于廉亲王之言，以动众心。朕其奈何，瞠目以俟而已。欲朕谨让，以取

第五章 雍正帝对朋党的严惩及其扩大化

庸主之名？朕断不能也。但令众知之耳！朕垂泣降此谕旨。着宗人府知道，宣付起居注，并令诸王大臣看。"

这段话最令人生疑的是，好像雍正帝受到了胁迫，而裕亲王保泰，可能还有苏努、齐什等人团结在一起，要雍正帝把皇位让给允禵。这当然性质不同，也为雍正帝所拒绝。随后又以附和允禵的理由，把保泰的亲王爵位革除了。

雍正帝于革去保泰亲王的次日，发布了一份即位以来最严厉的上谕，凡是归附允禵的，以叛国罪论处："自亲王以下闲散人以上，若有归附允禵、结为朋党者，即为叛国之人，必加以重罪，决不姑贷，亦断不姑容也。"①

"叛国罪"这件事，在《清实录》中没有记载。但这次显然是针对宗室，特别是康熙帝兄弟一族。这表明当时事态非常严重，乃至凡是有职官身份的，特别是八旗内部几乎全部包括，只要归附允禵的人，都要以叛国罪论处。实际是要八旗特别是宗室成员选择雍正帝，明确站在他这一边，而不要追随允禵。

雍正帝不再含糊其辞，而是要大开杀戒。发布《御制朋党论》的同时，他以极具恐吓的口吻表态说："如七十之恶乱，举国皆知，发遣在道，竟宽其械系，临行时王大臣内多有赠遗。此朋党未消之明验也。夫朕用一人而非其党者嫉之，罚一人而是其党者庇之，使荣辱不关于赏罚，则国法安在乎？嗣后朋党之习，

---

①《雍正朝起居注册》。

务宜尽除,倘自干国法,万不能宽。朕虽未必尽行诛戮,然或千人之中百人,百人之中十人,尔等能自保不在百人十人之列乎?尔等务期断绝党私,同心辅佐,尽诚极言,上念朝廷任用之恩,下为身家子孙之计。"

康熙帝的弟弟恭亲王常宁,他有个儿子为贝勒满都护,在康熙朝也得到重用,曾任议政大臣、领侍卫内大臣并管理正白旗三旗都统事务等要职。苏努去世后,都统满都护奏报苏努之死是真,雍正帝朱批说:"将苏努之骨骸如何处理?苏努在军前效力行走之子、随苏努在右卫之子孙如何处置?命满都护详尽议奏。"后来雍正帝以满都护"恋于阿其那(允禩)、苏努、保泰等党羽,甘为犬马",将他降为镇国公。

类似宗室中受到雍正帝惩治的人还有很多。在《永宪录》中有详细记载。

再看外戚。雍正帝残酷打击异己的做法,在宗室王公内部,引起了强烈的反弹,特别是他不按法律定罪,意为轻重,生死往往不旋踵,也不经例行程序,因而刑部尚书一职完全沦为雍正帝惩治反对者的职位。

阿尔松阿是康熙初年辅政大臣遏必隆的孙子,内大臣阿灵阿的儿子,而阿灵阿是康熙帝的第二位皇后(孝昭皇后)的弟弟。阿尔松阿本人于康熙末年担任领侍卫内大臣、刑部尚书等职。雍正帝即位后任礼部尚书,后来雍正帝将他调任刑部尚书,但他坚决不赴任,而且声称宁死也不接受这一任命。在雍正帝惩治他的

第五章　雍正帝对朋党的严惩及其扩大化

堂兄弟保泰一家的同一天，雍正帝对阿尔松阿父子进行了清算，透露出来的问题更为严重，即雍正帝"失道寡助"。雍正帝说："前因刑部尚书不得其人，阿尔松阿前往天津料理盐务时，甚属明白可嘉，以为可用，乃降旨之时，疑欲杀伊，抵死固辞，此即廉亲王当封王之日，以为不知死期之意也。"雍正帝接着说："若亲王、尚书之职，皆视为朕杀人之具，则朕实不能行赏罚于天下矣。"①

还说阿尔松阿自受任以来，"竟与朕结怨，反复劝之不听，威之不畏，既不能回其心，是朕令一有罪之人总理天下刑罚大事，其名岂可居乎？伊无心为朕出力，虽勉强用之，亦于国事无益。刑部尚书员缺，着礼部尚书塞尔图调补。阿尔松阿朕亦不诛，令伊在文武各职中自行选择，伊欲退职，俟时亦听之"。

随即，新任刑部尚书塞尔图揭发阿尔松阿曾用三百斤枷号。雍正帝说：朕此前曾经降过谕旨，对恶棍可以用又重又大枷号。而阿尔松阿用三百斤枷号，是包藏祸心，想把非刑的恶名加到朕的身上。命将其爵位、职位全部革退。

不久之后，雍正帝召集王公大臣，对阿尔松阿一家进行总清算。开始讲："本朝大臣中，居心奸险，结党营私，惟揆叙、阿灵阿二人为甚。"接着在大臣面前大讲阿灵阿家通奸等家丑，说阿灵阿、阿尔松阿父子与我雍正有不共戴天之仇，而这些都是允

---

①《雍正朝起居注册》。

禩的作用，因此把阿尔松阿发配到奉天守其祖墓；让允裪把阿灵阿墓碑原文磨去，改镌"不臣不弟暴悍贪庸阿灵阿之墓"。

揆叙是康熙朝大学士明珠之子，此时已去世七年之久，他在康熙时任翰林院掌院学士，康熙帝对他学问、人品评价极高，故死后谥号"文端"。康熙帝为久久选不出像揆叙那样的人，与马齐等大学士讨论很久。雍正帝此次连死去多年的人也不放过，将揆叙削谥，墓碑令允裪改镌"不忠不孝阴险柔佞揆叙之墓"。雍正帝说，这次对阿灵阿父子、揆叙的惩罚，是"雪朕数十年积恨"。怎么成为"雪朕数十年积恨"？说到底，这些人是支持允禩的，当年推举允禩为皇太子，他那时只能忍耐，现在我雍正是皇帝，可以收拾你们。

鄂伦岱是康熙帝大舅佟国纲的长子，隆科多的堂兄弟，其父在乌兰布通战死后，他袭封一等公爵，后随康熙帝亲征噶尔丹，不久任领侍卫内大臣、议政大臣等职，是康熙帝信任的表弟。康熙帝一废太子后，令公推太子，他坚定站在叔父佟国维一边，与隆科多等支持皇八子允禩。雍正帝即位之初，采取笼络之术，任命他为领侍卫内大臣、都统等职，但鄂伦岱并无感激，也不想报效，更从无一语奏谢。雍正二年（1724），他奏请将苏尼特为贼之台吉数人调来京师披甲，雍正帝谕以不如仍留本处，交扎萨克王等自能管束。鄂伦岱不遵雍正帝之旨，乃自行缮写，内有"皇考时调来披甲，朕心不忍"等语。雍正帝说，这是"欲将归过皇考之名，加之于朕"。

第五章 雍正帝对朋党的严惩及其扩大化

到了雍正三年（1725）二月，将鄂伦岱一等公爵革除，随即宣布其支持允禩等种种罪状："朕有朱批谕旨降与阿尔松阿，令鄂伦岱转交，乃鄂伦岱在乾清门众人前，将朕谕旨掷之于地，且极力党护阿尔松阿，将其死罪承认在身。朕每召诸王大臣等颁发谕旨，鄂伦岱从未有一次点首心服。前召旗下大臣面谕说：近日大臣等办事，将从前积习已改十之七八，若再整顿一二年便可全改。诸臣无不点首，惟鄂伦岱略无喜容，俯首冷笑。总因他私相依附之人未遂其愿，故将怨望皇考之心，怨望于朕。鄂伦岱之罪与阿灵阿等，虽置极典，不足以蔽其辜。从宽发往奉天，令与阿尔松阿一同居住。"

在大臣中，支持允禩的人更多。但雍正帝即位后，或者把他们解职，或者派往东陵守陵。实际也是变相发配。如萧永藻、陈世倌等即是。

查弼那是满洲正黄旗人，为官廉洁，安静，有贤声。他与苏努家族有特殊的关系，他的儿子、佐领那清阿是苏努的女婿。雍正帝至少十次朱批给查弼那，让他揭发苏努等人背后"不可告人"的活动，而且口气一次比一次严厉。自然，查弼那不会轻易就范。雍正帝没有采取更激烈的方式，是因为他有所顾忌，他担心过激的办法会把反对他的人聚集起来。等到年羹尧一死，隆科多外放边远，他就采取雷霆手段了。

雍正四年（1726）四月，查弼那因题补千总刘允祥为吴淞守备，与怡亲王"允祥"同名，雍正帝以违抗谕旨不敬，把他从两江总督之位调回京。五月初七日，雍正帝在圆明园召见远道赴京的查弼那。查弼那清楚，他虽然是以"大不敬"饬令回京的，但对于雍正帝真正想要的，他似乎不为所动。史书记载：查弼那奏对忤旨，上九链绑出宫，命果郡王允礼讯问结姻苏努。庚子，释查弼那罪，用为内务府包衣昂邦兼镶红旗固山额真事。逮苏努、七十子孙，监禁刑部，籍没其家。①

庚子是初九，查弼那的命运在两天之间神奇逆转，是因为他供出了"惊天大案"：苏努与齐什、揆叙、阿灵阿、鄂伦岱、阿尔松阿结党协力，愿将阿其那（允禩）致身大位。苏努原交结塞思黑（允禟），曾说塞思黑气象大，塞思黑又与阿其那相好，结成一党。再隆科多结交揆叙、阿灵阿，邀买人心。

案经康亲王崇安上奏，阿其那、塞思黑密树党援，窥伺神器，请即正典刑。苏努、齐什之家产抄没入官，苏努、齐什之子孙有党乱者正法，其余发往白都纳。

有了查弼那的"口供"，惩治允禩党就有了"证据"。至于这些人如何要把允禩推向"大位"，历史记载不详，也就不得而知了。

拿到"口供"后，雍正帝召集满汉大臣说："从前降旨询问查弼纳凡八次，他将苏努、齐什、隆科多互相串通钻营之处隐匿，并不据实举出，是以朕将他调来京师，当面询问，查弼纳仍

---

① 萧奭：《永宪录》。

坚执不认，朕因此将他革去总督，拿交王大臣询问。当时降旨说：查弼纳如果将苏努、齐什实情举出，将其口供缮写具奏，如果不据实供出，你们将他拟罪具奏。如今查弼纳将种种实情举出。诸王大臣尚议将他正法，甚属不合。着将查弼纳之罪，悉行宽免。"

雍正帝究竟是用何种手段把查弼那之口撬开？这绝非一般的酷刑，而是要取其性命。查弼那在自己的生命受到极度威胁时所供出的"实情"，是否真的可靠？还是屈打成招？后者的可能性更大。

据载，雍正四年（1726）五月初二日，雍正帝命将鄂伦岱、阿尔松阿处斩。兵部等衙门议奏："鄂伦岱、阿尔松阿，固结朋党，扰乱众心，屡蒙宽宥，发往盛京，仍怙恶不悛，大干国纪。鄂伦岱、阿尔松阿，应拟斩立决。"从之。①

因为齐什于雍正二年（1724）闰四月去世，苏努于雍正二年十一月去世，揆叙、阿灵阿更是在康熙朝去世，而查弼那到达京城前，雍正帝已命奉天将军将鄂伦岱、阿尔松阿斩于贬所。人先杀了，还要找理由，何况又不是一般的外戚，是康熙帝重用的外戚。也就是说，雍正帝杀人在前，查弼那严刑"招供"在后，查弼那"招供"是为雍正帝杀人的"合法性"背书。从此次"谋逆案"而论，事实是康熙帝当年令大臣推举皇太子人选，所以当

---

① 《清世宗实录》卷四四。

时是"奉旨而行",现在却成了谋逆,雍正帝恨恨于当年没有人推举他,要为处死允䄉、允禩做准备,做铺垫。

处理完苏努、齐什子孙后,雍正帝又命领侍卫内大臣公马尔赛等,传谕鄂伦岱之妻子兄弟族人,告诉族人他雍正帝为什么要杀鄂伦岱、阿尔松阿:"朕即位以来,伊每事扰乱,倾身回护阿其那,因阿其那佐领一事,在外于众人前一番议论,在内代伊启奏,显露悖逆之状,将朕所交朱批谕旨,掷于乾清门地上,在朕前举止抗横。伊与阿其那固结死党,同阿尔松阿阻挠政事,以乱众心。发往盛京后仍不知畏惧,妄生怨忿,终日酣醉,若不将伊等正法,伊等希图大事之心,断不能绝也,故将鄂伦岱、阿尔松阿正法。"

雍正帝对允禩、允䄉第一次"明正其罪"恰好在三年丧礼已成后的雍正四年(1726)正月。初四这一天,因为允䄉造西洋字事发,雍正帝在历数允䄉以前种种罪状后,明确命令顺承郡王锡保及蔡珽、拉锡等多人,审理允䄉到西宁后如何妄为之罪。次日,雍正帝又在西暖阁将诸王满汉大臣召入,面奉上谕,称廉亲王允禩狂悖已极,"朕若再为隐忍,有实不可以仰对圣祖仁皇帝在天之灵者"。在历数允禩种种罪行后,称允禩"自绝于天、自绝于祖宗、自绝于朕。宗姓内岂容有此不忠不孝、大奸大恶之人乎"?决定遵先朝削籍离宗之典,将允禩黄带子革去,以严宗牒,以为万世子孙鉴戒。至允䄉、苏努、吴尔占结党构逆,此三人亦断不可留于宗姓之内,着将允䄉、苏努、吴尔占革去黄带子。并

第五章 雍正帝对朋党的严惩及其扩大化

令宗人府将允䄉、允禟、苏努、吴尔占名字除去。随即把允䄉圈禁高墙，当年八九月，允䄉去世。而允禟从西北押解到保定，在雍正帝授意下，被饿尽而死。负责监视及押解的楚宗等人，雍正帝以其罪不可逭，被锁拏在保定严审。

而对于宗室延信，诸王大臣等于雍正五年（1727）十二月，审奏其罪状二十款，排在首的是党援之罪七款，包括："查延信向与阿其那、阿灵阿、拉锡、普奇等，结为党羽，与二阿哥为敌。党援之罪一。奉旨询问年羹尧之处，并不据实揭报，为之徇隐具奏。党援之罪二。在西宁时阳为不附和允禵、掩人耳目，而阴与允禵交结。党援之罪三。及复令其进藏时，钻营年羹尧，代伊解释保奏。党援之罪四。延信原系阿其那、阿灵阿、苏努等同党，奉旨交问，伊身为将军贝勒，明知其事，反将无干之汉人路振扬举出。党援之罪五。遵奉阿其那，倾心效顺，称阿其那朴实，称阿灵阿为人杰，将伊女与阿尔松阿结亲。党援之罪六。捏造逆言，告知年羹尧，希脱党谋。党援之罪七。"雍正帝命将其圈禁在畅春园外，与隆科多圈住一处。延信本人及子孙被黜去宗室为庶人。次年六月初三，延信禁锢而死，享年五十六。

第六章
党争的时代特征与极权政治

内阁权力的消长与传统政治的终结

乾隆三十七年（1772），乾隆帝这样评价八十余年前乃祖康熙帝同明珠党人的斗争："明珠在康熙年间身为大学士，柄用有年，渐至植党营私，市恩通赂，势焰薰灼，物议沸腾，致郭琇参奏，皇祖立于罢斥。后仅授内大臣之职，不复再加委任。而确核明珠罪案，只在徇利太深，结交太广，不能恪守官箴，要不至如明代之严嵩、温体仁辈窃弄威福，竟敢阴排异己，潜害忠良，举朝侧目，而莫可谁何也。"①

作为十八世纪君权高度强化时期的最高统治者，乾隆帝的这番话大体包含三层意思：第一，明珠作为大学士植党营私；第二，其罪案与明代严嵩等窃弄威福者相比，是小巫见大巫；第三，阁臣未能钳制言路。

---

① 《满洲名臣传》卷一四，《明珠传》。

君臣之争：清朝的帝王与朋党

本文认为，乾隆帝的"盖棺定论"，除郭琇一段外，基本符合历史，比较集中地反映了清初党争的一些时代特征，是我们解剖贯穿康熙一朝六十年间朋党之争的较好素材。

明珠集团以及稍前的索额图党之被罢官，是朱元璋罢丞相之后的皇权发展过程中，君主对已属强弩之末的传统宰执权力的最后一次剥夺，基于此，本文把明珠视为传统君相制下的最后一位权臣。

"君使臣以礼，臣事君以忠"是儒家所倡的理想政治。君臣关系，说到底是如何协调二者的权力关系。对此，清朝以前的统治者，基本有两种做法：一种是秦、隋两代君主实行的"独制天下而无所制"的极权政治，结果都是"二世而亡"。这种做法实质上是最高统治者只看到君主对臣下的单方面制约，并把它夸大到绝对的程度，而丝毫不承认臣下对君主也存在一定的制约。这必然会使君主的权力行使像脱缰的野马一样，任性狂奔，独往独来。唐太宗认为，"事皆自决，不任群臣"，"此所以二世而亡也"。[①]另一种做法是比较充分发挥臣下的"献纳"作用，倾听臣下的意见或建议，择善而从。唐代比较典型。这种做法的前提是，君主都承认自己是有缺陷的，一人之虑是十分有限的。因而，凡事与宰相筹划，与百官商量，"于事稳便"，并且"鲜有败

[①]《贞观政要》卷一，见吴兢《贞观政要集校》。

第六章 党争的时代特征与极权政治

事"出现。①

　　武则天是中国历史上注重臣下"献纳"作用的皇帝之一。尽管她为了巩固自己的统治，对臣下采取过非常措施，但她仍认识到臣下作用的充分发挥，是维护统治以至久远的不可或缺的前提条件，她在著名的《臣轨》著作中，详尽地发挥了"君臣同体"政治的意义。她说："君臣之道，上下相安，喻涉水之舟航，比翔空之羽翼"，二者缺一不可，"上下相须"，"乃成其体也，相得而后成用"。一个国家治理的好坏，关键在于能否理顺君臣之间的权力关系，尽管二者的排列顺序是不容更改的，但如果臣下的作用发挥不出来，君主的统治也不会安稳。因而武则天强调"为君不能独化，故为臣以佐之"，"臣之于主，同体合用"，"臣主同体，上下协作，是其道者"。"君臣同体"思想尽管充满了封建伦理化色彩，但它注意发挥统治阶级的群体智慧，集中其整体意志，这就在很大程度上限制了君主政治下随意性强的政治行为，使决策更能符合统治阶级的整体利益。

　　自宋代以来，皇权从总趋势上看虽然不断强化，但制约皇权，欲将皇权行使纳入规范化、制度化的呼声也日渐高起。尤其是科举考试制度的完善，儒生官僚集团的崛起隐然已成为强大的相对独立的政治力量。地主阶级的整体意志在国家的重大政治活动中的作用越来越大。从制度、文化、伦理等层面制约君主恣意

---

　　① 《资治通鉴》卷一九三。

妄为的体制业已确立并日臻完善，把君主作为被规定的对象，赋予其应该行使的"合法"权力的做法更为明显。宋代的士大夫说得好："至于君，虽得以令臣，而不可违于理而妄作；臣虽所以共君，而不可贰于道而曲从。"①是非的准绳绝非君主的旨意，而是"道"，是统治阶级的整体利益。就宋代而言，宰相权力虽然被分割，但它作为一个权力整体仍发挥重要作用，王瑞来进而认为，宋代是"相权强化，皇帝愈加象征化"。②宰相之职使皇帝在任免官员、诏令封驳、御旨须经宰相副署等方面受到很大限制。明朝人在《宋宰辅编年录序》中认为："两汉虽有相臣，而朝政所在乃大将军耳。宋则大权在握，舒卷任意。"唐宋以来着力解决的是，宰相个人负责向集体负责转化，意在消除相权对皇权的威胁。并且，"华夏安否系于朝廷，朝廷轻重在于宰相"，③"宰相之权尊，则公道始有所依而立也"。④这些思想已深入帝制时代的政体建设中。相权不仅对于皇权，而且对于维系整个官僚体制及其功能的正常发挥，进而达到天下大治都是不可或缺的。

明代废除丞相制后，传统意义的"君相制"发生重大变异，君权的发展开始挣脱臣权的制约，向极权方向扩张。然而，明代内阁在逐渐完善中，开始向传统君相制复归，这当然违背朱元璋

---

① 罗大经：《鹤林玉露》甲编卷三。
② 王瑞来：《论宋代相权》，《历史研究》1985年第2期。
③ 《全唐文》卷五三七，《裴度请罢知政疏》。
④ 文天祥：《文文山先生全集》卷三。

第六章 党争的时代特征与极权政治

的初衷。阁臣"无宰相之名,却有宰相之实"的名实矛盾,以及明代言官对阁臣的频繁弹劾是这种过渡型矛盾的反映。以至于有的学者认为,明代的中央政体实际上是一种虚君制,[①]实际上这是君相制度传统政治模式被打破后的一种过渡性特征,也可以说是借内阁之"尸",还宰相之"魂"。从本质上讲,废丞相制写入大明祖训中,是从制度上对相权斗争的最重要成果,自此以后,大学士的权力与以往宰相相比,已有天壤之别,其权力已成强弩之末。

但是,无论从制度层面还是从法理层面对相权的否定,都不等于君权在权力的实际运行中不需要一种辅助力量,不需要一种权力缓冲地带。君权本身的根本性缺陷决定了它需要借助外在力量以保证其权力的行使。正是在这种条件下,明代中叶始,宦官和阁臣的权力较量一次胜过一次,而宦官作为一种政治力量登上政治舞台,以及连张居正这样的权臣都需要借助宦官(冯保)势力,说明了阁权的脆弱性。换言之,明代内阁权力的曲缩伸张及因人而异恰好是内阁制本身重大缺陷的反映。这也是我们能够解开何以嘉靖、万历等皇帝多年不理朝政而皇权在握的谜底所在。换一种角度看,严嵩也好,张居正也好,固然是大权在握的权臣,但其落职或死后的遭际恰恰说明其在世时的所作所为缺乏法理上的承认。钱穆先生在其《中国历代政治得失》中就认为张

[①] 参见谭天星:《明代内阁政治》,许大龄序。

居正"违宪",而刘台等人一再攻击张居正的地方,也恰是违背"祖制"。张居正在辩驳中明确说他所行使的赏罚大权乃是皇帝之权,他所代言的是皇帝之言,代行的是皇帝之权。

但是,君权张扬与臣权曲缩的基本趋向并不能代替历史发展的全部过程。在一定的时期,君权与臣权会呈同步增长态势。复杂的历史现象要求我们不能用简单的公式化尺度去裁量历史。

清代承继了明朝的许多"遗产",内阁制就是"清因明制"中的重要部分。而内阁制在清代的几次发展变化恰恰反映了那个时代的特点。从总趋向上看,内阁至康熙中叶前呈发展状态,明珠罢官前,清代内阁可以说处在发展的高峰。

清初的内院制度,陈名夏、冯铨等大学士成为南北党领袖,又所以能够结党,乃至他们被参劾,主要是借助内院的票拟之权,意为轻重。顺治元年(1644)五月,大学士冯铨、洪承畴启言:"国家要务莫大于用人行政,臣等备员内院,凡事皆当与闻,今各部题奏,俱未悉知,所票拟者不过官民奏闻之事而已。夫内院不得与闻,况六科乎?倘有乖误,臣等凭何指陈?六科凭何摘参?按明时旧例,凡内外文武官民条奏并各部院覆奏本章,皆下内阁票拟,已经批红者仍由内阁分下六科,抄发各部院,所以防微杜渐意至深远,以后用人行政要务乞发内院拟票,奏请裁定。"摄政王是其言。[①]顺治十年正月,福临至内院问

---

① 《清世祖实录》卷五。

明时票本之制如何,诸臣奏曰:"明时京官奏疏恭进会极门,中官转送御览毕,下内阁票拟,复呈御览,合则照拟批红发出,否则御笔改正发出。"顺治帝说:"今各部奏疏但面承朕谕,回署录出,方送内院,其中或有差讹,殊属未便。顷者都察院纠参吏部侍郎孙承泽、通政使司右参议董复,原令交吏部议覆,乃误传革职。朕日理万机,恐更有似此舛错者。若人命最重,倘轻重颠倒致刑辟失宜,亦未可知。"诸臣奏曰:"诚如上谕,此非臣等所敢议也,唯上裁之。"①大学士宁完我参劾陈名夏利用票拟,意为轻重,文中写:"臣等职掌票拟,事关重大,依驳增减,裁决听之皇上,是非可否,草底出自各臣,一字轻重,关系公私。臣虑事有错误,公立一簿,于分票事件下各亲书姓字,以防推诿,众议佥同,行之已久。偶一日名夏不候臣等到齐,自将公簿注姓涂抹一百一十四字,为同官所阻,始住笔不抹。后复照旧注姓。切思公立此簿,名夏何得私抹,不知作弊又在何件耳。此簿典籍印钳见在。"②顺治朝的内院制度,大学士所掌票拟之权,尽管沿袭明朝体制,但已有本质区别,即皇帝有最终主导权。顺治十六年五月,针对阁臣票拟事件,福临予以处罚。顺治帝谕吏部称:"内阁之设,原因章奏殷繁,一时遽难周览,故令伊等公同看详,斟酌票拟,侯旨裁定,此旧例也。膺斯任者宜虚公敬慎,悉心办理

---

① 《清世祖实录》卷七一。
② 《清世祖实录》卷八二。

-329-

方为尽职，如各衙门本章，或定议请旨，或两可奏请，必须详酌事情，明晰票拟以候朕裁。今兵部请武进士刘炎等品级俸禄一本，原系两可奏请者，阁臣自应拟令部议，或即给与或不必给与，乃止一拟部议，一拟不给，盖因刘炎等系武职，与伊等声气不通，故不拟给与。如此偏怀私见，任意妄裁，负朕倚任，殊为可恶，若不重加惩治，以后自专之端，必至渐长。查此本系大学士李霨经手票拟，大学士巴哈纳、金之俊、成克巩、刘正宗、卫周祚、学士尼满、查布海、白色纯、常鼐、麻勒吉公同看详。李霨着九卿科道会同从重议处具奏，巴哈纳等着该部从重议处具奏。"随即将大学士巴哈纳等各降二级、罚俸一年；大学士李霨降四级调用。①顺治十七年五月，天下大旱，大学士集体具疏引罪，顺治帝览奏，责其仍属具文。谕称："尔等职司票拟，一应章奏有成规者，尔等不过照例拟旨，凡有改正，皆朕亲裁，未能俾尔等各出所见，佐朕不逮，是皆朕向来不能委任大臣之咎，以致尔等俱未获尽展才猷，即成克巩、刘正宗办事更久，亦只奉行朕意，原未特有重托，是亦朕之过失。今后朕专加倚任，尔等务须殚力赞襄。然欲尽尔等之职，不过详慎票拟，岂谓别有建树，但能力绝党私，始可倾心委托。历代人臣植党，因之遂致乱亡，尔等各宜自省，若能秉公持正，绝去党援，即照前奉行票拟，稍有寸长，即为克尽辅弼之道，倘陋习相沿，不知痛革，稍存党

---

① 《清世祖实录》卷一二六。

第六章 党争的时代特征与极权政治

念,虽竭尽才能,亦难信任,终无裨益。"①顺治帝的话说得再清楚不过,内阁的权力仅限于票拟,而票拟的最终裁决权在皇帝,而大臣是否尽职,也仅仅在于能否公正不私,不以党援而私。清初奠定的皇帝大权独揽,相沿有清一代而不稍改。内阁在康熙初年有比较大的反复。由于四大臣辅政,加之皇帝冲龄,皇权处于蛰伏状态。鳌拜等在"纪纲法度,用人行政"应"仰法太祖、太宗谟烈""摒去汉俗"的借口下,再度推出内三院名号,并把汉大学士的品位从正二品改归正五品。这种做法反映了满族贵族力量的强大,以及因害怕汉臣参与机务权力过重而对其不利所产生的一种逆反心理。除鳌拜后,康熙九年(1670)恢复内阁,并规定满汉官员职掌相同,品级待遇也划为一。次年,又补授学士以下官职。

康熙帝还通过经筵日讲、御门听政等,将以往朝代所积累的有利于提高君权的仪制接纳过来,内阁的权力也开始加强。一是内阁建制日趋完备。顺治时阁臣无定员,康熙二十年(1681)以前,汉大学士只三人,仍"存内三院之旧也"。康熙二十一年,汉大学士增为四员。也即从该年起,打破了"阁部大臣无加宫衔"的旧例。②是年十一月以《太宗实录》告成,加勒德洪、明珠太子太傅,在任、致仕以及已故汉大学士也被加赠或追赠宫

---

① 《清世祖实录》卷一三五。
② 王士禛:《池北偶谈》卷二,第40—41页。

衔，此乃"二十余年所未有也"。①

更重要的是内阁职权的发展。至迟平三藩之乱后期，内阁大学士奉特旨参加议政王大臣会议。康熙十八年（1679）十一月，云贵总督周有德疏奏"阁臣不应预会议"。初五日，廷议此事，吏部尚书郝维讷"议不准行"。康熙帝曰："阁臣原不会议。因军机紧急，关系重大，若照寻常票拟，必致稽误，故令同预会议，即时启奏，以便速行。彼岂知之。"越一日，康熙帝又对大学士曰："周有德所言殊属错谬。自用兵以来，军机紧要事务，不便稽迟，故令尔等同兵部诸臣，将会议事宜即奏朕前，以便立行批发。此外，别项会议尔等原未预议。"大学士索额图奏曰："前推云贵总督时，臣与勒德洪曾言，会推督、抚不宜干预。议政王、大臣皆云：云贵总督系用兵地方紧要员缺，自当公同会推。故臣等亦预会推之列。"至二十二日，魏象枢奏曰："阁臣原不预会议，有德系外臣，想不知此例。"帝曰："因军务孔急，凡有会议，俱用白本启奏，不拟票签，故令阁臣得预议军机，原出自朕旨。"②

阁臣预议军机并参加会推，表明内阁权力的加大，此制虽出于特旨，但平定三藩之乱，时经八年之久，并非偶尔为之。康熙十九年（1680）八月，索额图解大学士任，拟票时明珠称"自用兵以来之下，系臣等公同拟票"，康熙帝命"照此票着更加优

---

① 王士禛：《池北偶谈》卷二。
② 《康熙起居注》第一册，第460、467页。

异"。①康熙二十七年二月,明珠等解大学士职,康熙帝也称"用兵之时,有效劳绩者,故免其发明"。②可见索额图、明珠对平定三藩是有贡献的,也说明这一时期阁权加大的事实。

阁臣通过赞襄机务、参与会推之列,在一定程度上拥有荐人权。这在《康熙起居注》中是十分明显的,例证举不胜举。康熙帝也承认大学士有这方面的权力。他多次谕大学士等:"凡为大学士者,以进贤退不肖为职,不可稍存私意,必休休有容,知无不言,言无不尽,方可称为大臣。"③又曰:"朕凡用人,皆咨询诸大臣而后用。""尔等致位宰辅,皆有可否人材之责。"④在明珠被弹劾的条款中,利用进退人才之机市恩卖官是比较突出的,这当然超出了康熙帝允许的范围。

阁臣还具有代阅奏章的权力。臣下奏疏理应皇帝亲阅,但有时因出巡在外,或章奏太多,便委托内阁大学士代为详阅,集中汇奏。如康熙十一年(1672)正月,因陪太皇太后去赤城温泉,康熙帝便谕令内阁,将国家政事"间一日驰奏一次"。康熙十八年八月二十七日,谕大学士等:"近阅章奏,亦有不思事之可否,但欲徒为更张,或粗识数字即为大言,准之事理,殊属茫昧。……今后凡条奏本章,尔大学士等,务加详酌。"代阅奏章

---

① 《康熙起居注》第一册,第589页。
② 《康熙起居注》第三册,第1728页。
③ 《康熙起居注》第二册,第1312页。
④ 《圣祖实录》卷二〇六,《清实录》第六册,第92页。

不是一人看过即可，而是大学士与学士等"公同详阅"。有时是皇帝因身体违和，移驻瀛台，于是明令"部院各衙门章奏，俱交内阁转奏"。在代阅奏章过程中，阁臣竟有擅自驳回删改之事。康熙四十六年十月十三日，康熙帝谓大学士马齐曰："闻内阁诸臣常将部院题奏本章驳回删改，近为内阁侍读题补盛京员缺事，屡次驳回，果有不当则有票拟之例在，题奏本章擅自驳回删改，殊为可骇，俟进京时察奏。"

阁臣最重要的权力莫过于票拟批答，这是沿袭明朝的旧制：凡下达之诏令或御批，由大学士代拟批旨，经皇帝阅后，由六科抄发各部院施行。康熙九年（1670）十二月二十五日，康熙帝就如何票拟科道官员条奏之章疏问题，谕大学士等："今后有言关政理，切实可行者，照常票拟，朕亲加裁夺；其或不可行者，若悉下部议，既属无益，徒令章奏繁多，反致应行事务稽迟。尔等可详酌事理，以不准行拟旨，朕仍审择而执其中。"[1]三藩之乱期间，"凡机密诏旨，每口授（李）霨起草，（李）退直尝至夜分，或留宿阁中"。[2]说明大学士有起草机密诏旨的事实。

冯溥是康熙十年（1671）升任文华殿大学士的，曾以衰病累疏乞休，康熙帝令其"俟七十乃休耳"。吴三桂叛后，"军事旁午，乃不敢复言"。康熙十四年，以立太子礼成，"内阁议恩赦，

---

[1]《清圣祖实录》卷三四，第25页。
[2]《清史稿》卷二五〇，《李霨传》。

第六章　党争的时代特征与极权政治

满大臣以八旗逃人应不赦,溥不可,遂两议以进。诏下阁臣,划一奏闻,有谓当从满大臣议者,溥持之力,仍以两议进,上卒从之"。①由于康熙中叶的内阁确实起到了中枢机构的作用,②因此大学士索额图、明珠才能够借此结党营私、倾轧不已。

我们试分析郭琇弹劾明珠的疏稿内容。由于康熙帝在太子出阁读书仪制、下河之争,以及董汉臣上书等一系列事件中,感到明珠结党营私,权力很大,长此以往显然会成为皇权的对立面,因此先发动舆论,开风闻言事之禁,又召集内阁学士,令其各抒己见,做好一切准备、动员后,将明珠等罢黜。

郭琇是康熙二十七年(1688)二月初六日上疏弹劾明珠的,此疏被康熙帝"留中",因为他要罢免的并不只是明珠,而是以明珠为代表的阁臣集团。郭琇的疏稿《圣祖实录》未载,蒋良骐查阅"内阁红本无有",从郭琇《华野疏稿》中录出,"奉旨补入明珠传"。③郭琇的疏稿是这样的:

一、凡阁中票拟,俱由明珠指挥,轻重任意,余国柱承其风旨,即有舛错,同官莫敢驳正。皇上圣明,时有诘责,乃漫无省改。即如御史陈紫芝参劾湖广巡抚张汧疏内,并请议处保举之员,皇上面谕九卿,应一体严加议处,乃票拟竟不之及,则保举张汧原属指麾,即此可见矣。

---

① 《清史稿》卷二五〇,《冯溥传》。
② 朱金甫:《清康熙时期中央决策制度研究》,《历史档案》1987年第1期。
③ 蒋良骐:《东华录》卷一四。

-335-

二、明珠凡奉谕旨，或称其贤，则向彼云由我力荐；或称其不善，则向彼云上意不喜，吾当从容挽救。且任意增添，以市恩立威，因而结党群心，挟取货贿。至于每日启奏毕，出中左门，满、汉部院诸臣及其腹心，拱立以待，皆密语移时。上意无不宣露，部院衙门稍有关系之事，必请命而行。

三、明珠结连党羽，满洲则有尚书佛伦、葛思泰及族侄侍郎傅腊塔、席珠等；汉人之总揽者，则余国柱结为死党，寄以腹心。向时会议会推，皆佛伦、葛思泰等把持，而余国柱更为之囊橐，惟命是听，但知戴德私门矣。

四、凡督抚藩臬缺出，余国柱等无不辗转贩鬻，必索及满欲而后止，是以督抚等官（遇）事朘剥，小民重困。今天下遭逢圣主，爱民如子，而民有未给足者，皆贪官搜索以奉私门之所致也。

五、康熙二十三年（1684），学道报满之后，应升学道之人，率往请九卿选择时，公然承风，任意派缺，缺皆预定。由是学道皆多方取贿，士风文教，因之大坏。

六、靳辅与明珠、余国柱交相固结，每年糜费河银，大半分肥，所题用河官，多出指授，是以极力庇护。皇上试察靳辅受任以来，请过钱粮几何，通盘一算，则其弊可知矣。当下河初议开浚时，彼以为必委任靳辅，欣然欲行，九卿亦无异辞。及见皇上欲另委人，则以于成龙方沐圣眷，举出必当上旨。而成龙官止臬司，何以统摄，于是议题奏仍属靳辅，此时未有阻挠意也。及靳辅张大其事，与成龙议不合，于是一力阻挠，皆由倚托大臣，故敢如此。天鉴甚明，当洞悉靳辅累累抗拒明诏，非无恃而然也。

七、科道官有内升有出差者，明珠、余国柱率皆居功要索，至于考选科道，即与之订约，凡有本章，必须先请问，由是言官多受其牵制。

八、明珠自知罪戾，见人辄用柔颜甘语，百般款曲，而阴行鸷害，意毒谋险，最忌者言官，恐发其奸状。当佛伦为总宪时，见御史李时谦累奏称旨，御史吴震方颇有参劾，即令借事排陷，闻者骇惧。

以上各款，但约略指参之，明珠一人，其智足以窥探上旨，其术足以弥缝罪恶。又有余国柱奸媒附和，负恩之罪，书之罄竹难穷。皇上鼓舞臣僚，责其实心报效，臣受非常殊眷，若舍豺狼而问狐狸，即为辜负圣恩，臣罪兹大。臣固知其党羽实繁，睚眦必报，恃有圣主当阳，何所畏忌？伏祈霆威，立加严谴，简用贤能，俾赞密勿，天下人情，莫不欣畅，感戴圣明无尽，仰乞皇上睿鉴施行，谨题请旨。①

康熙帝利用日趋激烈的满汉之争，将明珠罢官，他无疑是"倒阁"的实际策划人。早在康熙帝出巡时，直隶巡抚于成龙途中揭发明珠、余国柱结党营私。康熙帝回京，以于成龙言问高士奇，高士奇亦言之。康熙帝问："何无人劾奏？"对曰："人孰不

---

① 蒋良骐：《东华录》卷一四。

畏死？"康熙帝曰："若辈重于四辅臣乎？欲去则去之矣，有何惧。"①另据载："郭琇先参明珠、余国柱，是高、徐先说明白，疏稿先呈皇上，上改几字，而始上。"甚至疏稿也是"高谋之徐，徐遂草疏，令郭华野上之"。②近世也有学者认为明珠罢相，"实由乾学受圣祖密旨，嗾郭琇劾罢之"，③当属事实。证之佛伦等人所上密折及康熙帝朱批，其事更加显然。康熙帝先阻止佛伦弹劾郭琇，郭琇被弹劾后，康熙帝又谓佛伦曰：前参劾明珠、科尔坤、佛伦等人时，众人指望必杀伊等。朕心里很明白，件件分析，不令生事，巧以完结。④

郭琇所参各款，主要归结为：内阁票拟时轻重任意；借传谕旨之机买恩市威；结党把持会推；卖官鬻爵；挟制言路。如果郭琇所言都是事实，明珠无疑也是中国古代的一个大权臣。实际上这些问题都可以说是内阁权力膨胀后产生的，是中国传统社会君相权力矛盾的反映。康熙帝对大学士们的申斥似乎更值得推敲。他指责大学士以下、有职掌官员以上，"三五成群，互相交结，同年门生，相为援引倾陷，商谋私事，徇庇党羽，图取财贿，作弊营私"。凡遇会议之时，"一二欲行倡率之人持议于前，众遂附和于后，雷同草率，一意诡随"，"廷议如此，国事何凭"？"至

---

① 《清史稿》卷二七一，《高士奇传》。
② 李光地：《榕村续语录》卷一四。
③ 邓之诚：《清诗纪事初编》卷六。
④ 《康熙朝满文朱批奏折全译》，第17、62页。

第六章 党争的时代特征与极权政治

于用人,关系重大。群臣贤否,难以周知,故遇紧要员缺,特令会推,原期为国得人",乃历来所举官员,如张汧、章钦文之流,贪黩败类,往往发觉。"此皆瞻徇情面、植党纳赂所致"。随即康熙帝例举审拟蔡毓荣、张汧二案,以及下河之争等事中,群臣"庇护营救,瞻徇党类,百计求谋"之状。值得注意者,康熙帝谕旨所训诫的内容与郭琇所上疏内容大多相同,且互有补充,而康熙帝的高明之处在于,训诫时并未点出明珠其人。最后曰:"本应发明其事,以肃官方,因不忍遽行加罪大臣,且用兵之时,有效劳绩者,故免其发明。勒德洪、明珠着革去大学士,交与领侍卫内大臣酌用。李之芳着休致回籍,余国柱着革职。科尔坤着以原品解任,佛伦、熊一潇等着解任,于河工案内完结。葛思泰、石柱于鞫审之事能加详明,着免议。嗣后大小臣工,各宜洗涤肺肠,痛改陋习,洁己奉公,勉尽职掌,以副朕宽大矜全、咸与维新之至意。"①

明珠案在低调处理中暂告结束。五位大学士中的四位被革职、休致。王熙是这次内阁大换班中唯一没有被更换的汉人大学士,看来他颇得为官之道,张玉书说他"立朝本末,不沽名,不市恩,不植党援,不持意见"。②这位"在阁中不多草诏"的大学士,"宠愈加而若不自胜,望实愈尊而益慊然自下",③这些都说明

---

① 《康熙起居注》第三册,第1727—1728页;《圣祖仁皇帝实录》卷一三三。
② 张玉书:《大学士王文靖公墓志铭》,《碑传集》卷一二。
③ 韩菼:《王文靖公熙行状》,《碑传集》卷一二。

-339-

他不会与明珠这样的权臣以及康熙帝这样的英察之主形成对立，这也是他"久赞机务"而倚眷不衰的原因所在。

内阁大换班标志着"强臣"政治的结束，这也是因袭明代以来内阁权力较重的最后终止。在君权逐渐攀升的时代，康熙前期内阁权力的这次回光返照似乎给儒家传统政治敲响了丧钟。明珠多次逾越君主框定的权力界限，使他成为中国古代社会君相体制下的最后一个权臣。

风闻言事之禁与监察职能的弱化

康熙一朝在加强皇权过程中先后形成的几种政治势力，无疑又成为皇权的对立物，尽管康熙帝与之进行了艰难的斗争，对大臣结党特别是危害皇权的朋党势力予以严厉的惩治，但正如身经其事的雍正帝所言："大小臣僚未能尽矢公忠，往往要结朋党，圣祖戒饬再三，未能尽改。"[1]以至于朝鲜使臣说："诸王互相树党，康熙若死，则国事可知。"[2]直到雍正初年，"此风尚存"，且"牢不可破"。[3]有人认为，康熙帝执政的重大缺憾之一是朋党屡禁不止。[4]

那么，清初朋党屡禁不止的原因何在？本文认为，监察力量

---

[1]《雍正朝起居注册》，二年七月条；《清世宗实录》卷二二。
[2]《朝鲜李朝实录中的中国史料》第十册，第4322页
[3]《雍正朝起居注册》，二年七月条。
[4] 朱子彦、陈生民：《朋党政治研究》，第341页。

第六章　党争的时代特征与极权政治

的弱化是其重要原因。本来，充分发挥监察机构的职能是限制和打击各种政治势力的一项重要措施。秦汉以御史大夫为副丞相，有监视百官之权，包括丞相、相尉在内的全体官僚都在其监视之下。在地方上各郡则置监御史，监察郡县守令等地方官。魏晋南北朝时期，作为御史台长官的御史中丞监视范围更广，"自皇太子以下，无所不纠"。①监察官员的监察内容固然很多，但其中颇为重要的一个方面，就是监察大臣官员是否有结党营私、朋比奸贪之事。汉武帝曾置十三州（部）刺史，以六条监察地方官吏，其中第四至第六条均与上下朋比、结党营私有关。②而且，十三州刺史由中央直接派遣，不受地方干预，加之一年一任，不易和地方官结成朋党，互相利用。

北宋规定御史可风闻奏事，即使与事实不符，也不追究责任。此外还将原来绳纠天子的谏官改为专门纠察大臣之职，并由皇帝亲自擢任。为了保证御史能有效地行使对宰相的监察权，规定凡经宰相荐举为官者以及宰相的亲朋故旧皆不得担任御史。皇帝以台谏官员为耳目，对大臣任用私人、树立朋党起到了很好抑制作用，③以致有"宋之立国，元气在台谏"之说。④宝元元年（1038）正月，苏舜钦上疏云："台谏官既得其人，则近臣不敢为

---

① 《晋书》卷四七，《傅咸传》。
② 《汉书》卷一九上，《百官公卿表》颜师古注引：《汉官典职仪》。
③ 《宋史纪事本末》卷二九，《庆历党议》。
④ 《宋史》卷三九〇。

过，乃驭下之策也。"①一语道破了仁宗创置"耳目"、许以"风闻"的奥秘。苏轼亦指出："仁宗之世，议者讥宰相但奉行台谏风旨而已。圣人深意，流俗岂知。台谏固未必皆贤，所言亦未必皆是，然须养其锐气而借之重权者，岂徒然哉，将以折奸臣之萌，而救内重之弊也。"②"内重之弊"，指宰执权力过重，对君权产生的威胁；"救内重之弊"，就是利用"耳目"官，监视近臣，扼制相权，以防宰辅擅权。因此，相权每每受制于台谏。据统计，北宋自明道初至嘉祐末的二十余年里，由台谏论列而罢免的宰执，达二十三人之多。③

明代的监察机构中，有着一支品级不高、人数众多、活跃于朝廷内外的科道言官队伍。顾炎武等著名学者对其作用有过高度的评价。④事实上，明代二百七十余年中，特别是前期，的确出现过许多优秀的监察官，他们继承了士大夫的以气节相标榜、以操守相砥砺的古君子之风和传统士大夫的"士气"，忠直敢言，铿锵谠论，持正执法，为了维护统治的正常秩序，往往不惜付出血的代价，虽遭碎首分身而甘之如饴。如洪武时御史韩宜可劾胡惟庸，天顺时御史张鹏劾石亨、曹吉祥，成化时给事中吴原、御史徐镛劾汪直，正德时御史蒋钦、许天锡劾刘瑾，嘉靖时给事中

---

① 傅平骧、胡问陶：《苏舜钦集编年校注》卷七，《诣匦疏》，第439页。
② 《苏轼文集》卷二五，《上神宗皇帝书》，第740页。
③ 参见沈松勤：《北宋文人与党争——中国士大夫群体研究之一》，第94页。
④ 顾炎武：《日知录》卷九，《封驳》，见黄汝成《日知录集释》。

第六章　党争的时代特征与极权政治

吴时来，御史王宗茂、邹应龙，劾严嵩、严世蕃父子，天启时左副都御史杨涟劾魏忠贤，都是明代监察官弹击奸恶中著名的例子。他们的弹劾虽往往不能一举成功，但可以以此暴露奸臣的罪行，引起天下人的注目与公愤，最后在群臣的攻击下，达到剔蠹除奸的目的。有明一代，虽然奸臣、权宦迭现，但往往不出数年而败，其原因即在于此。可以说，科道官是官僚集团中敢于与权臣、奸臣相抗衡的重要力量。[①]

然而，监察队伍也是一把附在皇权身上的双刃剑。当国家兴盛时，这支队伍会起到净化器的作用；而一旦政治日下，其工具的作用就会从另一方面表现出来：为党争所裹挟，加剧政局的动荡。宋、明两代这方面的教训也是十分深刻的。北宋党争的激化，便与台谏的参与密不可分。神宗以后，随着王安石变法的开展，官僚士大夫之间喜同恶异、党同伐异的主体性格日趋膨胀，政治对立情绪日渐尖锐，台谏的活动更起了催化乃至毒化的作用。在长达半个世纪之久的北宋党争中，台谏的工具品格和性能，从原先的"人主之耳目"，向"大臣之私人"延伸，希风承旨，排击政敌，形成了一股病态势力。[②]

同宋代一样，明代的科道官与宰执的关系也经历了控制与反控制的斗争过程，在此中间，政争日趋激烈，一浪高过一浪。尤

[①] 谭天星：《明代内阁政治》，第116页。
[②] 沈松勤：《北宋文人与党争——中国士大夫群体研究之一》，第88页。

其是万历中叶以后，内阁与书院两不相协，以书院为基础的社会舆论常"抨议朝政"，指斥执政，以致"外论所是，内阁必以为非；外论所非，内阁必以为是"。①在这种党争活动中科道扮演了重要角色，科道以攻执政相标榜，内阁以否科道而树威。而一旦科道成为党争的工具，科道所具有的封驳诏旨、监察百司等权力就会偏于正常的轨道，被滥用，被恣意于尔虞我诈，从而科道之于政治所应具有的平衡、调节功能丧失了，却对于政治的混浊起了推波助澜的作用。②

清代统治者鉴于科道言官这支监察队伍在国家政治生活中的所谓"毒化"作用，使得控制、削弱这支队伍的力量成为一个"殷鉴不远"的国策。无论是多尔衮、顺治帝，还是康熙帝，都有这样一个认识：言官系统的发达及言路的开放是朋党迭兴、政治日下乃至江山倾圮的重要原因，因此除非大贪大奸出现，统治者将因在笼中的狮豸作为"搏击"之物，偶尔一用外，更多的选择是压制这支力量。促使清代改变言官政策的原因还有另一方面，即清朝统治的民族色彩。清朝统治者赋予本族王公大臣许多特权，这是保证其利益的措施，所谓"首崇满洲"主要是在最大限度内保证其利益不受侵害。清前期屡次裁减科道官，并严禁风闻言事，从某种意义上讲，也是为了保证满族贵族的利益。在这

---

① 黄宗羲：《明儒学案》卷五八，《东林学案》。
② 谭天星：《明代内阁政治》，第118页。

第六章 党争的时代特征与极权政治

样的情况下,言官言事有许多禁区,尤其是汉族言官言事往往有"排满""非满"之嫌疑,甚至身家性命不保。在监察系统内,旗人出身的言官素质普遍不高,按其旗分佐领又各有所属,各为其主,"满人参满"这样的例子在康熙一朝几乎很少,更多的是互相包庇、结党营私。

由于以上两种主要原因,监察职能在康熙朝乃至整个清代被极大弱化。其结果是言官三缄其口,言路不畅。只有当朋党势力形成并日渐强大甚至构成对皇权的威胁时,皇帝才策动言路,以言官为工具,发动一场攻势,使朋党首脑人物落马而去。

清初,言事之臣多从明季转来,因此仍是余勇未消,对诸如逃人、圈地、剃发等"禁区"也敢触及,然而言官因此罹罪者也颇多,[①]言路的沉寂成为清代政治的一大特点。顺治十五年(1658)五月,御史李森先上《请宽言官之罚疏》中指出:"求言之诏屡下",而朝臣"回迟观望""不肯进言",是因为"从前言事诸臣,一经惩创,则流徙永锢,相率以言为戒耳"。[②]顺治帝责其"市恩徇情",命吏部从重议罪。[③]

是否可以说,顺治朝言路之活跃是承明代言路之盛之余风,是传统政治调节器在监督权方面的回光返照。因为清初对言官的抑勒,已让传统社会政治舞台上这道亮丽的风景线只剩下一点装

---

① 参见林乾、句华:《精神放逐的年代》,第93—96页。
②《清世祖实录》卷一一七。
③《清世祖实录》卷一一七。

饰的意义了。顺治十七年（1660），满族权贵几经论奏，巡按御史罢而不设。八月十二日，即罢巡按十几日后，陕西道试监察御史陆光旭上疏极论对言路之钳制："臣计今大小诸臣，内之所不便者惟言官，外之所不便者惟巡方，有言官而大奸大恶得以上闻，有巡方而污吏贪官不时参处，其为憸邪刺目者，固非一朝夕矣。而诸臣必欲去之，当必有故，臣亦何敢深论。但今时犹多故，九重宵旰弥殷，在外所借以戮力封疆，抚绥弭戢者，惟抚按是赖，督臣总其要而已。今一去之后，督抚无人互纠，贪墨无人参劾，钦件无人审理，以及赃赎之无实贮、民隐之难上通、利弊之无兴革、豪蠹之肆昼行，皆可无论。"①

陆光旭的奏疏，把满族官员对言官、巡按御史之忌恨，必欲除之而后快的隐情公诸天下，这无疑是需要相当勇气的。福临为陆光旭的奏疏所说服，于当日降旨令议政王大臣回奏。四天后，福临又下达了倾向性很明显的谕旨，即肯定巡按之差遣。此后议政王、贝勒、大臣为一方，又两次上疏，力辩陆光旭的"专擅"之说，并说："巡方何碍于臣等，而必欲去之乎？""夫停止巡方，于臣等何益？留之，于臣等何损？"陆光旭为一方，再次回奏，重新申明前意。十一月十一日，议政王会议结果，巡按御史，"仍旧差遣"，顺治帝依议。②至此，满汉官员连续辩论四个

---

① 《清世祖实录》卷一三九。
② 《清世祖实录》卷一四二。

第六章 党争的时代特征与极权政治

多月的巡按罢遣，以汉官之议暂时取胜告一段落。

满族王公贵族为什么对巡按御史如此忌恨？是否存在陆光旭所说的"何敢深论"？这一点只有查清清初督抚的出身情况才能下结论。巡按肩负监察督抚的使命，这是明朝的旧制。但明朝督抚例带宪衔，本身也是监察官，清代则不然，虽仍带宪衔，但因其已成为地方官，所以其宪衔除对其属官外已没有实际意义，因此谁能对其监督就十分重要。清初的督抚因满族官员不习汉语，不谙地方民情，不可能由其出任；清朝又不信任汉族官僚，所以主要由入关前编入汉军旗的"辽左旧人"，特别是文馆人员担任，总督的绝大多数和巡抚的半数以上都是这样。《清史稿》总结说："顺治初，诸督抚多自文馆出。盖国方新造，用满臣与民阂，用汉臣又与政地阂，惟文馆诸臣本为汉人，而侍直既久，情事相浃，政令皆习闻，为最宜也。"[①]因为督抚多系辽左旧人，多是汉军旗人，那么他们的任革升降便与议政王、贝勒有密切关系。八旗制度下，旗人必须编入八旗各牛录，听从本牛录、本甲喇、本旗额真的管辖；如是下五旗，他们则分别是该旗王、贝勒等的属人，与本主有主奴名分，他们也必须为本主效劳，贡纳金银财物，同时受本主的保护。巡按御史之遣，在事实上形成对督抚的监督、纠察，这就限制了督抚的权力，使后者不能为所欲为。因此，从利害、亲密关系而言，八旗王公贵族厌恶巡按对督抚的钳

[①]《清史稿》卷二三九。

制。谈迁在《北游录》"顾仁"条中便指出："满人意以巡使掣其肘也"，可谓切中要害之论。如此看来，满汉官员在对待巡按废遣问题上迥然相反的态度，就不单纯是对国家体制的认识问题，而有着更深刻的利害关系。

汉官拼死力争的巡按之遣，还是最终废罢了。福临死后的四个月，即顺治十八年（1661）五月四日，都察院议复满洲兵部尚书、左都御史阿思哈奏："各省巡按差宜停止，各省巡按将事务交与抚臣，速行来京。"四大辅臣批准其议。①

巡按御史之罢，影响十分深远。当时人就指出它带来的弊端：削弱了都察院对地方的监察权，地方督抚贪污纵恣，为所欲为。清初思想家顾炎武在历数巡按御史"察吏安民之效，已见于二三百年者"后指出："若夫倚势作威，受赇不法，此特其人之不称职耳。不以守令之贪残而废郡县，岂以巡方之浊乱而停御史乎！"②可见他是反对废巡按的。废巡按的弊端很快暴露出来。康熙十七年（1678），工部右侍郎田六善指出："今日官至督抚，居莫敢谁何之势，自非大贤，鲜不纵恣"，以为"非遣巡方，此弊终不能解"。③

此后清廷的几次裁官，科道官每次都不能幸免。康熙三十八年（1699），九卿议裁科道官，王士正时掌都察院事，会议之日，

---

① 《清圣祖实录》卷二。
② 顾炎武：《日知录·巡按》。
③ 《明清史料》丙编五本，第440页。

他力言科道官不可裁,并说:"御史为朝廷耳目之官,有弹劾之责。所云:'猛虎在山,藜藿不采。'关系言路,岂同闲散!况明时两台设御史至百二十员,本朝初裁其半,再裁留四十员,又裁仅留二十四员。虽巡按停差,而见存之差……往往乏人。余尚欲请增数员,庶几备官无旷,讵可裁乎!"经王士正力争,尚书库勒纳首肯,没有按计划多裁,但汉军御史由八员裁减到五员,巡视五城,余三员裁去。又裁汉军都事一员。①

对言官的疾恶如仇反映了满族王公大臣从自身利益出发,保护其徇庇枉法行为。康熙初年储方庆的上疏对揭示抑制科道言路与大臣结党营私之间的关系,可谓入木三分之论,他说:"今减科道员,是弱言官之势也,言官之势弱,六部之权重矣;罢巡方,是削宪臣之柄也,宪臣之柄削,督抚之令尊矣。尽去天下之理刑推官,是蔽法司之耳目也;法司之耳目蔽,府县之恣睢莫有与为难者矣。盖天下之官,以数万计,而其大势常出于两途:六部操政柄,行之于督抚,督抚下之府县,以集其事,此一途也。科道察部臣之奸,巡方制督抚之专,而推官实为之爪牙,此又一途也。故设科道、遣巡方、重推官,于人主甚有利,于群臣甚不便。不便于群臣,则此三者之官为朝廷计,决不可裁,而决然裁之不少惜者,省费之说误之也。夫天下之患,莫大于外托为国之名,以亟行臣子自便之私。臣子之私遂而人主之势孤矣。……陛

---

① 章梫:《康熙政要》卷六。

下奈何徇郡县欲，自蔽其聪明也。愚谓天下之大、天下之人之众，并为一途以乱一人之视听，恐非天下之福。今上自六曹，下及州县，苟有设施举措，可以内外联络，上下相蒙，必无一人敢发其奸。目前之弊，不过容隐奸邪，恣夺民力，然亦足以乱天下有余矣。古之人非不知政本在尚书，而动引新进小臣，许其攻击者，盖豫养天下发奸之人，以破党同之局，则外之督抚州县之知所备，以工迎合，惟有奉公守正，可以杜天下之议论而结人主之深知，其有关于天下国家之治乱，非细故也。臣愚以为今日所裁之官，莫若尽复之便。"①

　　储方庆的奏疏并没能阻止康熙年间对科道言官的裁减。如果说康熙帝未亲政前，四大臣执掌政柄，按所谓的顺治"罪己诏"的"罪状"，意在对从上到下的各项封建化措施进行倒行逆施式的"修正"，幼小的玄烨无力挽回这种局面，但康熙帝亲政后对科道官仍裁之又裁，不能不说反映了满族统治集团的一些偏见，对明末言官横肆的一种逆反、一种矫枉过正。另一方面，从满族自身发展而言，它刚刚脱离掠夺式的奴隶制阶段，从保护满族上层的利益起见，遏制言路，便于营私。这是结党相倾、贪污腐败严重的制度性缺陷。

　　在康熙一朝，有一个值得注意的现象，就是每当满族权贵把持朝政对皇权的加强有所妨碍时，总有要求风闻言事的呼声，这

---

① 《皇朝经世文编》卷一八，《裁官论》。

第六章 党争的时代特征与极权政治

一方面汉族官僚知识分子承继了传统政治的接力棒，试图以弹劾权让权贵的贪恶丑行曝光于天下，同时也掩盖了他们凭借这一工具打败对手的真实政治目的。而皇帝要控制好这个调节器，纵横开启，完全与政治气候的冷暖变化有直接关系。当皇帝的权威受到挑战乃至威胁时，他就会到传统武库去拾起已经生满锈钉的武器，经一番打磨，重新对准新权贵。康熙十八年（1679）、二十六年有关风闻言事的两次大辩论及最后钦定开禁，与其说是康熙帝想了解下情，惩明代"君臣隔越"之弊，毋宁说是对准大学士索额图、明珠之结党营私而来。

明禁风闻言事是在康熙十年（1671）五月二十日，因左都御史艾元徵疏言，"世祖时于出位妄言、风闻失实者，皆立加惩处，以风闻言事，常有伐异党同、挟诈报复之故，今后除果有确见、关系政治及大奸隐弊仍无论有无言责，悉听其指实陈奏外，概不许以风闻浮词擅行入告"①。但禁规刚立，即遭到汉官之反对。次年十二月，康熙帝谓熊赐履曰："汉官中有以言官风闻言事请者，朕思忠爱之言，切中事理，患其不多。若其不肖之徒借端生事，假公济私，人主不察，必至倾害善良，扰乱国政，为害甚巨。"熊赐履答曰："言官渎奏乱政，固足为害，但言路通塞，关天下治乱。古者谏无专官，士庶亦得建白。盖人主深居九重，一日万机，若非兼听广纳，明目达聪，则政事得失，生灵休戚，何由周

---

① 《圣祖仁皇帝实录》卷三六，第483页。

知其故。古人悬鞀设铎，止辇旌槛，良以此也。盖闻见不可以不广，而采纳不可以不慎。闻见不广，则病在雍塞；采纳不慎，则病在泛滥。好问好察，执两用中，舜之所以为大知也。"可见熊赐履赞成风闻言事。康熙帝以前代君臣紊乱旧章、上下讧嚣为鉴，表示"多一事不如省一事"，风闻言事之禁仍未开。①

随着索额图结党营私活动之横行，康熙帝意识到言路的重要性。康熙十八年（1679）五月初二日，特许左都御史魏象枢加刑部尚书衔就是一个信号。

魏象枢顺治时以敢言名，家居十三年，康熙十一年（1672），大学士冯溥以其"笃诚"荐，旋授监察御史，一年内连上十余疏，多被纳。康熙十三年由左佥都御史官至户部左侍郎，所上《筹饷三疏》声闻朝野，康熙十七年迁左都御史，旋授刑部尚书。彼以吏治虽有转机，然贪墨大吏漏网者多，乃上疏曰："主上宵旰忧勤，臣不敢计身家，恤嫌怨，奉陛下之法，与海内臣工共相遵守。臣忝风纪之司，职多未尽，敢援汉臣汲黯自请为郎故事，得拾遗补阙，辞新命而就见所领职。"②康熙帝鉴其无欺，特从之。

康熙十八年（1679）七月二十八日京师大地震后，汉官又提出开风闻言事之禁，吏科给事中姚缔虞疏言："科道乃朝廷耳目之官，原期知无不言，有闻则告，已故宪臣艾元徵有请禁风闻

---

① 《康熙起居注》第一册，第68—69页。
② 陈廷敬：《魏公象枢墓志铭》，《碑传集》卷八。

条奏，从此言官气靡，中外无顾忌。试观世祖章皇帝时，诸臣奏议，何如鲠直，即未禁风闻，以前诸臣奏议亦犹有可观，伏乞敕下在廷诸臣会议，嗣后如有矢志忠诚，指斥奸佞者，即少差谬，亦赐矜全，如或快己恩仇，受人指使者，纵弹劾得实，亦难免于徇私之罪，如此，则言官有所顾忌而不敢妄言，中外诸臣有所顾忌而不敢妄为。"康熙帝命九卿、詹事、科道确议具奏。随即谕称："倘生事之小人，恃为可以风闻，但徇己之好恶，必致擅作威福，以行其私，彼言之者既无确见，听之者安能问其是非？若关天下之重，朋党徇私之情，皆国家可参可言之大事，不但科道而已，有志之臣民，概可以言之，何在区区风闻之言，能敛戢奸贪之志气哉！"①

八月二十九日，众官集于中左门，康熙帝先召吏部侍郎折尔肯、屯泰至内殿，谕召九卿各官就风闻言事面询得失。屯泰承索额图等意旨，先行奏道："言官风闻言事，若所奏属虚，不照例治罪，恐有不肖科道借辞纠参，吓诈外官。外官畏其纠参，私行请托，则弊从此生，无益政事，实不宜行。"

随后，康熙帝又在乾清门，命九卿、詹事、科道各官至御榻前，辩论风闻言事之例。吏、户两部官多不赞成开风闻言事之例。只有左都御史魏象枢不以为然，奏曰："臣另为一议。科道系朝廷耳目，耳目广，则贪官不敢肆行无忌。但言官身在辇毂之

---

① 《圣祖仁皇帝实录》卷八三，第1061—1062页。

下，凡直省情弊，不能分身亲访，况督、抚身在地方，必凭藩、臬开报。藩、臬必凭道、府开报。言官既无揭报，不得不令其风闻言事。但要虚公体访，不可妄行陈奏。若有挟仇报怨情弊，即应照新定例革职。其降级及免议，原有旧例。"康熙帝受满官影响，曰："此系明末陋习，若此例一开，恐有不肖言官，借端挟制，罔上行私，颠倒是非，诬害良善。"谕不可开。

康熙帝又命姚缔虞近前，问其倡风闻言事之意。姚缔虞奏："有处分条例在，言官皆生畏惧。臣等事尧舜之君，但愿服官报效，谁肯自取处分。且畜犬所以御盗，如禁犬不吠，则盗益无所顾忌矣。"康熙帝曰："人臣为国不择利害，有志之士虽死不避，况降级乎！尔等皆以风闻为言，朕亦何尝无风闻。姑举一二端言之。君臣分义，休戚相关，当吴逆初叛时，诸臣中有一闻变乱，即遣妻子回原籍者，此属何心？视国如家之谊，当如是耶！又有占人田土，受人贿赂，徇情行私，大为不法者，尔言官何曾一言参奏？由此观之，犬不能吠盗，而反为盗用矣。若任尔等之言，借风闻二字恣行其私，不立处分条例可乎？"姚缔虞奏："臣疏原不敢谓不应处分，但望辨公私诚伪。""科道官本卑，责任又重，非启奏不得时，在皇上之前，又有此处分条例，所以为皇上指奸斥佞是极难事。"①

风闻言事辩论八年之后，即康熙二十六年（1687），明珠权

---

① 《康熙起居注》第一册，第428—432页。

第六章 党争的时代特征与极权政治

势日盛,结党营私举朝皆知,但无人敢上弹章,因为有言事之责的言官没有确切的证据,风闻言事之禁仍未开。九月二十一日,徐乾学出任左都御史,旋即"讽诸御史风闻言事",①十一月二十日,康熙帝采纳徐乾学之议,决定开风闻言事之禁。明珠旋即罢官。

为压抑科道官这支事关言路通塞的力量,康熙帝还于康熙十九年(1680)将科道官外转低品官员,一时议论纷纷,视科道为劣能,左都御史魏象枢作为言官之长,认为这种做法"有伤国体",提出不同意见。正月二十一日,康熙帝驳之曰:"科道官内升外转,原以示劝惩也。昨会议,俱瞻徇情面,不肯遂议以小品用,此无他,直是畏科、道耳。夫人臣事君,苟立心正直,行事公平,何所顾虑于人?其畏科道者,皆由平日自处不正故也。朕于诸臣素行,无论在官在家,一举一动,罔弗知之,不即发觉者,欲令改过自新,以全国家待臣下之体。奈何不畏朝廷,而徒畏科、道之指摘乎!近日科道官专以虚声肆其恐吓,并未有真能参大奸大贪者。如此不职,若不分劝惩,何以大破积习,而使知勉励乎!据魏象枢等奏称:恐天下不肖之辈,不识朝廷慎重道员之意,疑为厌薄言路之端。伊等所奏,理不宜批答,因注语内有以存国体之语,故令诸臣知之。外转科道以小品官员用,遂至有伤国体,殊不可解。"②

---

① 《清史稿》卷二七一,《徐乾学传》。
② 《康熙起居注》第一册,第485—486页。

由于言官力量受到极大压抑,因而他们或者毛举细故以敷衍塞责,或者揣摩康熙帝的旨意而行事,失去了耳目之官应起的作用。康熙帝不从自身寻找原因,反过来多次谴责言官"揣摩朕意",谕称:"言路不可不开,亦不可太杂,明朝国事全为言官所坏。今之进言者,辄云某为上所喜,某为上所恶,每揣摩朕意,私心窥伺,以图迎合。朕并无所爱憎之人,其居官善者,则爱之。不善者,则憎之耳。"[1]

直到康熙帝晚年,诸皇子结党固势,已举朝尽知,康熙帝仍认定言路过开,会助成朋党之势。康熙五十四年(1715)十一月十七日,他对大学士曰:"开言路甚要,虽明末科道官妄上条陈,以致坏事,然言路断不可壅。如今日言路亦蔽,纵有一二官员条陈,皆出私意。简任言官,不可专用一类之人。若使互相标榜,援引附和,其势渐成朋党矣。"[2]

八旗传统对皇权的挑战

借助内阁权力而结成的朋党集团,以及通过师生、朋友、地缘等途径结成的朋党,从其类型上说,都是传统意义的朋党,在康熙一朝的党争中,该类朋党虽对政治局势的发展起到了消极作用,甚至在一定程度上也对皇权的加强起到了或明或隐的遏制作

---

[1]《康熙起居注》第一册,第485—486页。
[2]《康熙起居注》第三册,第2222页。

用。但就整体而言，它远没有因满族八旗制而产生的朋党的危害性大。康熙后期乃至雍正初年的朋党之争持续时间之长、范围之广、影响之大、危害之重，固然与诸皇子唱主角、各结势要有直接关系，但追根溯源，它与满族传统又密不可分。

源于八旗制而产生的朋党，可谓清代朋党的一大典型，对此，孟森先生曾详论其制：八旗者，太祖所定之国体也。一国尽隶于八旗，以八和硕贝勒为旗主，旗下人谓之属人。属人对旗主，有君臣之分。八贝勒分治其国，无一定君主，由八家公推一人为首长。如八家意有不合，即可易之。此太祖之口定宪法。其国体假借名之，可曰联邦制，实则联旗制耳。太宗以来，苦心变革，渐抑制旗主之权，且逐次变革各旗之主，使不能据一旗以有主之名，使各旗属人，不能于皇帝之外，复认本人之有主。盖至世宗朝而法禁大备，纯以汉族传统之治体为治体，而尤以儒家五伦之说压倒祖训，非戴孔孟以为道有常尊，不能折服各旗主之禀承于太祖也。世宗制《朋党论》，其时所谓朋党，实是各旗主属之名分。太祖所制为纲常，世宗乃破之为朋党，而卒无异言者，得力于尊孔为多也。①

孟森先生所揭示的朋党之与八旗的衍生关系，主要是指八旗组织内部各护其主、各为其旗、重主而轻君的传统。

努尔哈赤创立的八旗制度，使各旗的和硕贝勒拥有很大权

---

① 孟森：《孟森学术论著》，《八旗制度考实》，第22—23页。

力，分别成为本旗的所有者和军事统帅，是本旗之主，与旗下人的关系是君臣（民）关系，甚至是主奴关系。

作为八旗基本单位的牛录，是努尔哈赤作为一国之主所赏罚予夺的主要家产。他在世时，有权在各旗间调换牛录，而他一旦去世，即位的国主便与八旗主旗贝勒处于同等的地位，无权处分兄弟子侄的"家产"。天聪四年（1630）镶蓝旗主旗贝勒阿敏获罪，他的户口等财产被削夺后要全部交与其弟济尔哈朗，舒尔哈齐一支的大族长和镶蓝旗主旗贝勒虽然易人，但只能在本支宗亲中拣选继任者。这一点可以说在八旗中是普遍适用的。①

八旗贝勒对旗下牛录的占有权，即使拥有最高统治权的君主也不能随意处置。康熙五十四年（1715），发生了原任郎中布尔赛等互争佐领之事。九月二十五日，宗人府及兵部经查无圈点档案所写人名不符，议将布尔赛等罚俸一年。康熙帝认为"宗人府衙门及该部所议，俱偏向矣"。接着他讲析了不得随意改变佐领及隶属关系的事例："原任尚书杭爱为管佐领争辩时，宗室厄奇执黄带言曰：'我虽庸懦，我系谁之子孙，将此黄带俱不算，可乎？'然杭爱等虽系厄奇所属，伊曾管过佐领，朕仍着伊子管领。公阿灵阿、福善佐领下人所生之女，俱系伊查看。此佐领下亦有为大臣者，今谓此等非伊佐领下人，可乎？"又问大学士松柱曰："尔家有几佐领？"松柱奏有二佐领。康熙帝问曰："尔家

---

① 张晋藩、郭成康：《清入关前国家法律制度史》，第168页。

二佐领，尔王以为系我所属之人，夺其佐领与其子侄管领，尔心服乎？"松柱奏曰："若果如此，亦惟将原带来所属，并命管佐领情由，叩首声明而已。谓我等非王所属，可乎？"①

康熙六十一年（1722）十二月十二日，还发生了刚刚即位的雍正帝向郡王"讨"莽鹄立的事。莽鹄立当时是正蓝旗满洲都统兼理藩院侍郎，原在正蓝旗蒙古旗分查克丹佐领下，这一日，"乾清门一等侍卫兼副都统、委领侍卫内大臣、宗室勒什信，一等侍卫兼副都统拉史转谕多罗信郡王（多铎四世孙德昭）：'莽鹄立系你门下之人，旗中人亦甚不多，我欲将用他，你若舍不得就罢。'多罗信郡王跪奏：'不但莽鹄立，我的身子皆是皇上的奴才，我情愿将莽鹄立族中一并内进。'旨意：很好。将伊着移于镶黄旗满洲旗分。"②

为改变"只知有管主，不知有君上"的八旗旧有传统，自皇太极开始，经顺治，一直到康熙时期，都致力于打破原来的隶属关系，重新确立"只知有君上，不知有管主"③的以王权为核心的体制。

在八旗中，由于上三旗天子自将（指皇太极以来），皇帝既是一国之君，也是上三旗的大族长，旗属人效忠皇帝是自然的，

---

① 《康熙起居注》第三册，第2199页。
② 《历朝八旗杂档》48号，引自张晋藩、郭成康：《清入关前国家法律制度史》，第168页。
③ 《上谕内阁》，雍正四年（1726）五月十二日。

但下五旗就不同了。康熙年间，以下五旗为王公贵族分封之对象，和硕亲王不再像清初那样领有全旗，而是由皇帝从上三旗拨给十五个满、蒙、汉军旗分佐领和包衣佐领作为私属，亲王以下诸王、贝勒，也分别领有若干佐领。此举虽然破除了旗主专擅一旗的积弊，但王公贵族仍以所得佐领为私产，在子孙中承袭，对于所属佐领的旗人任意差遣役使，"遇有过失，辄行锁禁，籍没家产，任意扰累"。①下五旗旗员身为国家官属，却处在诸王私人支配之下。两广总督杨琳，为敦郡王属下，郡王遣人赴广，据其衙署勒索，杨琳无可奈何。八旗都统五格，于胤禛面前奏对，对已经获罪削籍的胤禩，仍口口声声称之为"主"。故主尚有如此余威，足见下五旗旗人对于旧日领主的人身依附关系是很强的。②由于"诸王各有臣属，视各忠其主为祖宗定制，此本八固山以来，太祖设立特殊之纲纪，旗员中有视为天经地义者"，③流风所染，康熙年间依然如此。

由于八旗大臣与其旗主贝勒、王等存在一种隶属关系，其交往也视为固然，但妨碍了国家政务的公正性，尤其给结党营私提供了机会，因此，康熙时期一如既往地着力解决诸王与大臣相交结之事，一有这种行为，就严加戒饬。还多次制定限制条例。康熙十八年（1679）八月十一日，九卿遵旨议复，就有这样的

---

① 《清世宗实录》卷九，第19页。
② 刘小萌：《爱新觉罗家族全书·家族全史》，第162页。
③ 孟森：《孟森学术论著》，第88页。

第六章　党争的时代特征与极权政治

条款:"督抚、司道官员赴任时,谒见在京大臣各官,或自任所差人问候及在京家人、提塘人(京城设立的往来递选文报之官)等,来往大臣各官之家,将督抚、司道并不行出首之大臣官员,俱革职。若不知者降二级,两家家人俱正法。提塘有职者革职,无职者亦照家人正法,其在京大臣各官与督抚、司道等,彼此馈送及差人远赴任所,将大臣各官并不行举首之督抚、司道亦俱革职。若有因事营求苛派馈送大臣官员者,将馈送收受之人,俱革职拿问。"①

如果出现交结之事,康熙帝就严加戒谕。康熙十九年(1680)二月二十二日,康熙帝问范承勋为人何如?左都御史魏象枢、副都御史李仙根奏称范系旗下人,知之未甚详确。满副都御史莽色奏称范承勋为人甚佳,亦能办事。康熙帝却另有评价,他看重的是有无结党之嫌,他认为满官有包庇之事,于是说:"范承勋与汉官私相交结,通同往来,魏象枢等毫无许可,尔等如此奖誉,为大臣者固若是耶?"莽色等奏曰:"此等行事,臣等实不知之。自此以后,当严加申饬。"康熙帝遂问范承勋:"同汉官亲厚结纳为何?"范承勋奏曰:"臣父范文程原系内阁大学士,先时考取门生甚多。臣与臣父门生交往是实,并无私相结纳之处。"康熙帝谕魏象枢、李仙根曰:"御史有参劾职掌,极为紧要,若立身不正,何以纠人?范承勋自今以后,将从前所行尽改则已,若仍

---

① 《清圣祖实录》卷八三,《清实录》第四册,第1057页。

不改前非，尔等即行参奏。"①

对那些不交结的正直官员，康熙帝大加赞赏。康熙二十六年（1687）四月初八日，他对大学士说："如直隶巡抚于成龙者，观其为人，天性忠直，并无交游，即伊本旗王等门上，亦不行走。如此好官，如不从优褒奖，何以劝众！因命九卿集议，如有类似好官不拘大小即可保举。"次日，加于成龙太子少保衔。九卿等又举荐云贵总督范承勋、山西巡抚马齐、四川巡抚姚缔虞等，康熙帝曰："范承勋等居官果善，但伊等尚有勉强之意，于成龙则出自诚心，毫不瞻顾。今人不往来大臣之家，则恐其意有所不悦，如于成龙介然自守，无所交游，为大臣者其奈于成龙何？"②

由于八旗内以旗分佐领定亲疏，因而凡事不问是非，而先问是否本旗、本佐领。康熙五十五年（1716）九月，西安将军席柱贪酷案发后，康熙帝大为光火，曰："西安将军席柱，原系微贱之人，因有军功，渐次升用为副都统、护军统领。任都统时，放官及放披甲、拨什库混索贿赂。此处朕并不知。及为西安将军，受贿贪滥不堪。顷交与议政大臣审讯，真情尽露，此无人不知者。其同旗为科道之人，岂有不知之理？然竟无人参出。"③

康熙帝晚年多次申斥下五旗贝勒大臣结党营私，并将皇子各结党援、互争雄长归咎于下五旗。康熙四十八年（1709）三月初

① 《康熙起居注》第一册，第501页。
② 《康熙起居注》第二册，第1615—1616页。
③ 《康熙起居注》第三册，第2313页。

第六章 党争的时代特征与极权政治

十日,在第二次册封皇子时,康熙帝痛斥"五旗诸王,并无一人念及朕躬,竟以朕躬为有何关系,惟各饱暖是图",其"承袭诸王、贝勒、贝子等日耽宴乐,不事文学,不善骑射,一切不及朕之诸子。又或招致种种匪类,于朕诸子间肆行谗谮,机谋百出,凡事端之生,皆由五旗而起。"①

诸皇子各结势要,其属人各护其主,以致康熙帝将其作为不立太子之理由。康熙五十二年(1713)二月初二日,康熙帝曰:"今众皇子学问见识不后于人,但年俱长成,已经分封,其所属人员未有不各庇其主者,即使立之,能保将来无事乎?"②

八旗内各护其主,凡有荐举,皆其旗分、党类。康熙三十九年(1700)九月十七日,康熙帝谕大学士等曰:"旗下大臣子弟,今皆令入部院衙门,大臣交相顾庇,一应升迁、出差全不论俸之浅深、人之优劣,擅徇情面,选择保奏,其间揽事恣行者亦有之。此辈在部院衙门,大臣等彼此相托,不无掣肘。"康熙帝因汉官现任三品以上堂官,有子侄不授科道之职之例,令八旗官也实行回避制度,以免朋党相结。③

八旗传统的这种主奴身份及隶属关系,使"报仇"之风颇盛,连康熙帝也承认,"此类事常有之",而旗人"心无定准",尤令康熙帝大惑不解,他只好以"疯疾"称之。康熙五十七年

---

① 《圣祖实录》卷二三七,《清实录》第六册,第368页。
② 《圣祖实录》卷二五三,《清实录》第六册,第504页。
③ 《圣祖实录》卷二〇一,《清实录》第六册,第44—45页。

君臣之争：清朝的帝王与朋党

（1718）正月二十日，在审问朱天保奏请立太子一案时，康熙帝谓大臣等曰："自太祖、太宗以来，宗室中患疯疾者，竟不断绝。武英郡王临阵甚勇，效力甚著，但疯疾一发，即便妄行。大阿哥公景禧亦皆有疯疾。普奇人总无定准，不可听信。公三官保为人不定，闪灼（烁）无常。楚仲亦为人无定，反复不常，朕常面责伊，云尔甚是无定，反复不常必至如尔祖杀而后已。朕宗室中汉仗甚好，临阵奋武之地，断不让人。但心无定准，不可信者甚多。与人相交，不过三月即变，不易得其心也。再，旗人内心无定准者亦多，如齐什即无定准。齐什甚聪明，但聪明太过，心性闪灼（烁）。马浑德曾奏齐什聪明异常，其心思所至，立即转变，非我等所能知。即伊亦奏伊之聪明不能自信，即伊之本身亦不能自信。此言诚然。齐什一生，断无有信伊之人也。"又对贝子苏努曰："齐什当康熙十年时，以为如何能至十五年，及至十五年，以为如何能至二十年，因将伊祖坟移至盛京。朕今已五十七年矣。"①八旗的这种各护其主的传统做法，在诸皇子党争中表现得十分突出。这也是康熙晚期党争牢不可破之原因所在。

在清初的朋党中，八旗大家族的崛起及其加盟党争也是个颇具民族特征的问题。本来，以血亲为基础的大家族是中国传统社会的基本组织，但它又是社会文明不发达的产物，并与以皇权为核心的政治制度形成既矛盾又统一的关系。在一个基层组织中，

---

① 《康熙起居注》第三册，第2484页。

第六章 党争的时代特征与极权政治

这种家族力量起到维系稳定的作用,但让其势力介入国家政权,则无疑又是一种离心力量。自东汉至魏晋南北朝,大家族势力具有举足轻重的地位,东晋有"王与马共天下"之说。但是,随着科举制的普遍推广,作为入仕的基本条件,要取得进士资格,这对世家大族是个很大的打击。因此宋明以来,家族势力在国家政治生活中再不能发挥以前那样的作用。

清代国家政权中家族势力的兴起,与其传统习惯以及满族自身的文明状态有关。一般而言,满族入仕,不必通过科举考试,而某些职位带有"世袭"的色彩,即使本人受到惩处,其职缺仍需在其旗分佐领或本旗中填补。同时,康熙帝对外戚尤为"宠渥",这也是外戚家族势力崛起的又一原因。

在康熙一朝,如索额图家族、佟国维家族、马齐家族以及宗室安郡王一支皆先后成为对政局产生重要影响的家族势力。索额图、佟国维家族的力量已如前述,在此试举马齐和安郡王一支为例。马齐于康熙三十八年(1699)授武英殿大学士后,不久即引起康熙帝的警惕,在一废太子前后,康熙帝密令托合齐调查马齐结党情况。议立太子时,考虑到马齐久任大学士,势力遍及内外,因此,康熙帝令马齐"毋得干预",马齐虽表面"避去",但与佟国维"授意于众","众乃依阿立议耳"。①当康熙帝查究他们推举胤禩事时,马齐"身作威势,拂袖而去",显然是蔑视康熙

---

① 《满洲名臣传》卷二六,《马齐传》。

帝之举，以致康熙帝发出"如此不诛，将谁诛乎？"①的感叹。

在康熙中叶，马齐的长兄马思喀也是位权倾朝野的人物。康熙三十六年（1697）以前，马思喀身兼数职，既是议政大臣、领侍卫内大臣、管满洲火器营大臣，又是内务府总管、佐领。康熙三十六年年底，马思喀因为追击噶尔丹无功，被革去领侍卫内大臣、议政大臣等职，②从此未能东山再起，康熙四十三年卒。

在处置议立太子事件时，康熙帝对包括已逝的马思喀在内的马齐家族的势力予以重惩，除将马齐之祖原属德格类、陷主以归太宗这样的"家族史"予以曝光外，康熙帝还特别强调"其旗中并无一人行间效死者"，即是说这个家族没有光辉的历史。康亲王椿泰在遵旨审鞫后奏称："马武与马齐、李荣保，系亲兄弟"，"及马齐之兄马思喀等之子孙，有职者革职，概行枷责"，"马齐之族护军参领庄图等，有职者革职"，康熙帝命将马齐交胤禩拘禁，李荣保枷责，亦听胤禩差使，马武革职；"其族中职官，及在部院人员，俱革退，世袭之职，亦着除去，不准承袭"；康熙帝又考虑到马思喀生前"曾有效力之处"，命将其子、三等侍卫衲尔泰释放。③

康熙帝这次对马齐家族势力的打击可谓相当严厉，但是，马齐很快便东山再起。康熙四十九年（1710）十二月，俄罗斯贸易

---

① 《满洲名臣传》卷二六，《马齐传》。
② 《圣祖实录》卷一八六，《清实录》第五册，第987页。
③ 《圣祖实录》卷二三六，《清实录》第六册，第360页。

第六章 党争的时代特征与极权政治

使团至,马齐因以前管俄罗斯事,康熙帝令其仍旧管理,"马武等寻亦起用"。①康熙五十一年九月,康熙帝又以"内务府事件积滞甚多,所关最要",令马齐署理总管事。与此同时,将其原管、后拨给胤禩的镶黄旗佐领,全行撤回,仍令马齐、马武等管辖,其族人一并随入本旗。②

马齐虽恢复了一些职务,但重返内阁却在康熙五十五年(1716)。当时李光地任大学士日久,户部尚书赵申乔也专擅部务,由于这两位汉臣颇有资历,又得康熙帝信任,因此满大臣多趋奉之。尤其是满大学士松柱遇事不争,引起康熙帝不满。松柱是满洲镶蓝旗人,当时也颇有势力,以致康熙帝称其为"镶蓝旗之党"。

是年四月,天时亢旱,在热河的康熙帝为此忧虑成疾,两次降旨传谕在京诸臣竭诚祈祷,并令端午节时不得互相延请会饮。可是,松柱写旨时并不申斥,因此在京诸臣照常会饮。不久诸臣以热河得雨,"臣等不胜忻幸"具奏,③康熙帝为此大发雷霆,五月初二日,在行宫召松柱等人,严加训斥,曰:"部院大臣但知营求财贿,在家安逸而已,求雨之处,亦未必去。朕曾两次下旨,令松柱写旨发去,尔并不直书申饬,又不严查题参,但务趋奉李光地、赵申乔,令伊于朕前称汝之善而已。今汉大臣欺压满

---

① 《满洲名臣传》卷二六,《马齐传》。
② 《满洲名臣传》卷二六,《马齐传》。
③ 《康熙起居注》第三册,第2280页。

-367-

大臣，八旗皆受辱矣。朕几次令科道条陈，尔今科道缄口不言，皆入李光地、赵申乔之党。凡事只徇情面，唯唯诺诺而已。尔乃大学士也，是非岂特当与众言之？有当言之言，即于朕前，亦当恳切言之。朕经历大学士三四十人，从未见有如尔者，尔自谓能保守自己，乃趋奉皇二子，隐匿德林逃走之事，与噶礼结亲自守者，乃如是乎？且索额图、噶礼，朕皆诛之。尔更甚于索额图、噶礼乎？朕不能杀尔乎？畏尔镶蓝旗之党乎？学士等皆由司官升擢，并无出言之人，俱为不堪，皆当充发黑龙江。今满洲大臣内，竟无能御汉大臣者。朕仍用马齐为大学士，穆和伦为户部尚书，侍郎员缺亦经批出。"既而捧出朱书上谕，谕大学士松柱曰："看部院衙门大臣，并无以人君之事为重，以民生之事关系甚大为意，无有不图恩威己出，多方诡计，极力结党而已。今部院大臣越次升用者多，于人君之前礼数尚且不知，其他又何言哉？今正当大旱之际，朕心忧劳不安，两次下旨，方见臣等不胜忻幸之语陈奏，朕心已灰。由此观之，九卿大臣并未会集，或但听一人之言。为臣如此，欲免欺君之语，能乎？伊等党类甚众，若非伊等手下之人，科道言官何不参劾？朕恐此风渐长，故将原任大学士、尚书亟行擢用。此旨松柱写去，遍责诸大臣。"①

是月初八日，马齐遂再任大学士并兼管户部尚书。②至乾隆

---

① 《康熙起居注》第三册，第2280—2281页。
② 《清代职官年表·大学士年表》。

第六章 党争的时代特征与极权政治

年间,这个家族更为显赫。李荣保之子傅恒任首席军机大臣二十余年,是乾隆前期最有权势的大臣。傅恒以下,福康安四兄弟皆任要职,亲族中出任高官的很多。①

在宗室亲贵中,安郡王岳乐一支的力量也具代表性。作为努尔哈赤之孙、饶余郡王阿巴泰的第四子,岳乐于康熙二十八年(1689)病卒,因其外孙女嫁给皇八子胤禩,在以后诸皇子党争中,岳乐一支受到牵连。康熙三十九年,因已革多罗贝勒诺尼控告,岳乐于死后十一年被追革亲王,降为郡王,岳乐一支实际上成为诸皇子斗争的牺牲品。据雍正帝后来回忆,岳乐生前"居心甚属不善,谄附辅政大臣等,又恃伊辈长,种种触忤皇考之处,不可悉述"。岳乐的子孙们似乎更不争气,马尔浑、景熙、吴尔占等兄弟,"互相倾轧,恣行钻营;塞恒图又生妄想,冀得王爵,残害骨肉,以致皇考郁闷等事,系众所共知者"。马尔浑袭封后,其子华启本应袭封,但华启早卒,康熙帝对其爵位由何人承袭颇费踌躇,引起安郡王子孙不满,"怨及皇考,以致吴尔占、塞恒图等,屡次形于辞色之间"。雍正初年,安郡王一支仍为此与雍正帝相仇。雍正帝指责曰:"廉亲王以不袭封安郡王之故,钻营谗害,离间宗室,摇动该王属下人等之心。"命将袭封安郡王之本发回,不准承袭。其属下佐领,也俱撤出,另赐怡亲王。雍正帝还令将原属安郡王、今赐怡亲王之佐领下人等传集,宣旨

① 戴逸:《乾隆帝及其时代》,第499页。

-369-

谕云："尔等俱系朕之臣下，国家惟有一主，朕将尔王不准承袭者，其故如此。尔等若知尔王之罪，当即仰遵朕所办理，中心悦服，竭诚为国效力行走。倘仍顾念旧日属主，违背大义，沽取小忠之名，而蹙额致怨于朕，尔等即将尔主屈抑之处，表白声明具奏。若所陈得理，朕即袭封尔王，并将尔等给回旧属。如谓王本无功，其罪案是实，略无游移，则更有何言。不于奉旨赐给之王处效力行走，仍顾恋旧主，以廉亲王为尔王属下之婿，钻营行走，朕必诛之。再将赐给廉亲王之安郡王属下佐领，俱撤出给与怡亲王，并降旨与怡亲王，此所给人内，如有为其旧日属主致怨于朕，及不肯奉尔为主、一心效力行走者，以致行于颜色之间，或有仍瞻顾钻营于其间者，王即奏闻，朕必将伊置之于法。"[1]

此谕中的廉亲王即胤䄉，是岳乐的外孙女婿，延续到雍正初年的这桩爵位承袭案，实际上是胤䄉"欲助安郡王"，"谕中亦以旗下属人顾恋旧主为效忠，不敢遽以遵守祖训为罪，故有此反复开谕之文"[2]。岳乐一支的势力一直是让康熙帝、雍正帝头痛的事。

在康熙晚期诸皇子争夺储位、结党固势的斗争中，满族传统的故主观念以及大家族势力无疑起了推波助澜的作用，这也是清初党争所表现的时代特征与民族特色。

---

[1]《上谕内阁》，雍正元年（1723）十二月初一日条。
[2] 孟森：《孟森学术论著》，第95页。

第六章　党争的时代特征与极权政治

朋党的时代特征与民族特征

清初朋党迭兴有如上几个重要因素，这些因素的某些方面具有鲜明的时代特征和民族特征。如果与以往朝代的党争相比较，有的特征对于理解中国帝制社会晚期的政治现象可能更有价值，故有必要在此进一步展开论述。

清初朋党之争的第一个特征是，不具有宋明以来政争的特点，更不具有"近代性"，而主要是利益之争、权力之争。

就本质而言，历代王朝的党争都是为了本政治派别或政治集团的利益的满足及获得，"结党"和"营私"之所以构成一个联合词汇，恐怕也是这个意思。也正是从这种意义出发，朋党之争为历代统治者所必禁。

但是，这并不是说历史上所有的党争都一无是处，毫无进步性和积极性可言。如果这样，许多敢于同奸佞、宦寺做斗争的朋党领袖就会得出否定的结论。因此本文认为，那些为挽救社会危机，为了同邪恶势力及腐败势力作斗争的朋党是值得肯定的，也是正义的。东汉末年太学诸生同宦官的斗争，明末东林党同阉党的斗争等，都属于这一类。

还有一种情况，即是当社会矛盾日趋激化时，不同的政治派别或集团提出不同的治理方案，他们为此分门别派，树党相争，这类所谓政争，无疑是统治上层比较开明的表现，尽管有的斗争无助于解决社会问题，甚至会走向其反面，但我们不能否定这些党争具有的合理性。而且，有的政争本身反映了通达时变、要求

-371-

改革的强烈愿望,也具有进步性。同时,政争本身是为了调动统治阶级的整体力量,以最大限度地集中其整体智慧,以期解决社会问题。宋代中叶的党争、晚明的党争都属于这一类。从总的发展趋向看,唐宋以来,随着知识群体的崛起,儒生官僚士大夫以匡济天下、舍我其谁的主体精神,对各种社会问题提出自己的见解,它表明了统治阶级内部的民主。

就宋代而言,士人的身份与唐代相比,有一个基本的不同,即大多集官僚、文人、学者于一身。① 自庆历朝开始,对于祖制所造成的积贫积弱,在官僚层展开论争,范仲淹以言事忤宰相吕夷简,致使"士大夫持二人曲直,交指为朋党",② 可谓宋代党争之源起。庆历新政后,"兴治太平"的呼声日高,其后王安石的《上仁宗皇帝言事书》等,成为熙宁变法之张本。此后,司马光及程氏兄弟、苏氏兄弟,也都热望通变救弊。故朱熹后来总结王安石变法时称:"当时非独荆公要如此,诸贤都有变更意","熙宁更法,亦是势所如此"。③

就宋代朋党中人而言,他们敢于向孔圣人等的经典挑战,《论语·为政》曰:"君子周而不比,小人比而不周","君子群而不党。"自王禹偁《朋党论》始,到欧阳修《朋党论》止,几乎都声明君子有党,他们还以"道义"和"禄利"为标准,划分君

---

① 《宋代文学通论》,第27页。
② 《续资治通鉴长编》,卷一五○。
③ 《朱子语类》卷一三○,第3110—3111页。

第六章 党争的时代特征与极权政治

子党与小人党。自熙宁以来由王安石变法引起的新旧党争,"皆缘国事",①"皆主于救国",②显然属于政争。这种政争体现了士大夫主体性格的凸显,体现了北宋政治的活跃,"并具有了近代政党的某些因素","北宋党争又是一种学术之争、文化之争"。③

明代中叶以后,社会危机不断加深,尤其是贵族大地主专政,朝野有识之士皆以"明祚将倾"为虑。东林党作为一个政治集团正是在这种条件下产生的。在政治方面,他们反对贵族大地主专政,反对垄断政权和排斥其他政治势力。主张削弱内阁权势,还政六部。还要求政权内部应当容纳地方势力,给予一些势力参加政权的机会,呼吁改变现行政策以安定社会秩序和挽救国家危机。经济上反对矿监税使的掠夺,要求有限度的定额税收政策,反对增加商税负担量,要求乡村与城市平均负担纳税。东林党的这些主张使其在发展过程中吸纳了城市中等阶级,因此,它不单是统治阵营内的派别之争,更带有江南地主与城市中等阶级联盟反对贵族大地主的色彩。④

由此可见,由于自宋代以来儒生官僚的崛起,他们尽管也分门别派,互相攻讦,但是宋、明两朝的党争具有明显的政争性质,且具有一定的近代意义。

---

① 王安石:《答吕吉甫书》,《临川先生文集》卷七三,见《王安石全集》。
② 柳诒徵:《中国文化史》,第519页。
③ 沈松勤:《北宋文人与党争——中国士大夫群体研究之一》,第2—3页。
④ 李洵:《明末东林党的形成及其政治主张》,《下学集》,第246、250页。

君臣之争：清朝的帝王与朋党

入清以来，这种党争的历史发生了异动。一方面，党人、思想家以及清初的统治者几乎都在反省明中叶以来士大夫分朋立党给国家带来的危害，他们之间有一个共识，即都认为朋党有害无益。[1]顺治九年（1652），由礼部奏题，立条约八款，颁刻学宫，更立新卧碑，内第八款云："生员不许纠党多人，立盟结社，把持官府，武断乡曲，所作文字，不许妄行刊刻。违者听提调官治罪。"[2]

到了顺治十七年（1660），礼科给事中杨雍建奏请"严禁社盟"，"以破朋党之根"，认为"朋党之害每始于草野，而渐中于朝宁，盖在野既多类聚之私，而服官必有党援之弊"，提出"拔本塞源之道，在于严禁社盟；苟社盟之陋习未除，则党羽未可得而化也"。[3]顺治帝即命"严行禁止"。[4]

由于结社、朋党均在厉禁，加之清廷屡兴文字大狱以挫士气，士大夫人人自危，唐甄曾说清初难以有"党"的原因："百官有司，救过保位之不暇，何党之能为！此所以不禁而自废也。昔之雄辩如锋者，今之杜口无言者也；昔之攻人必胜者，今之自守不足者也。"[5]唐甄的话在当时很有代表性。[6]另一位著名文人

---

[1] 谢国桢：《明清之际党社运动考》，第204—205页。
[2] 佚名：《松下杂钞》卷二。
[3] 杨雍建：《黄门奏疏》卷上，引自谢国桢《明清之际党社运动考》。
[4] 蒋良骐：《东华录》卷八。
[5] 唐甄：《潜书》下篇，《除党》，第162页。
[6] 赵园：《明清之际士大夫研究》，第228—235页。

归庄也说:"康熙初,为国史事,杀戮多人,自此文网渐密。"① 正是在这种背景下,康熙时期的朋党可以说已无政争的特征,更不具有"近代性",而主要是利益之争、权力之争。索额图之富,明珠之贪,以及徐乾学、高士奇等党人被弹劾,主要都是招权贪贿。

清初朋党之争的第二个特征,是带有满汉之争的民族色彩。

清朝入关后,不得不适应统治广大区域的需要而改变其统治政策,其中重要的一点是建立满汉联合统治。但在这个联合体中,地位绝非等同,而是"首崇满洲",即最大限度保证满族贵族的利益。这一点,连康熙帝本人也承认。康熙十八年(1679)京师大地震后,康熙帝召群臣议朝政得失时,责备"汉官每谓满官偏执,若汉官肯实心为公,据理辩论,满官岂有不从之理?若满官果坚意偏执,汉官即当奏闻"。又曰:"汉官意见亦有偏执之处,如督捕逃人事情,满官以为当严,汉官必以为当宽,非偏而何?"兵部右侍郎温代站在满洲的立场上,为其俘良民为奴仆辩护曰:"汉官偏执,每谓官兵杀贼后,所俘子女皆属良民,应行释放,或减价听赎。如吴三桂原是良民,岂即贼耶?既反叛,则为贼矣。吴三桂贼兵未到,而江西等省人民反叛于建昌、饶州等处,抗敌满洲官兵。击败之后,俘其子女,此可谓之良民子女乎?满洲官兵捐躯杀贼,将所俘子女有变卖取直,以疗治疮痍

---

① 归庄:《归庄集》卷十,《随笔二十四则》,第518页。

者，亦有制办马匹衣服等物者，今欲径行释放及减价取赎，其可行乎？且昔年征取云南时，释放俘掠之人，满洲官兵遂至重困。"康熙帝见温代说得太露骨，遂表示对百姓从贼应行分别，"概行抢掠，岂不可悯？自今以后，抢掠良民，断宜严禁"。①

康熙帝虽然标榜，乃至有时倡导"满汉官员内如有可参者，满亦可以参汉，汉也可以参满"，②但事实上，一旦出现满、汉互参后，或者被参汉官要担"排陷满洲"之罪名，或者康熙帝以"首崇满洲"为本，对被参满官予以庇护，这时，汉官往往要遭到满官之报复。郭琇的坎坷遭际已如前述。其他的事例也颇多。康熙四十三年（1704）七月初一日，两江总督阿山奏参江西巡抚张志栋专与满官为仇，奏称："因张志栋被免职，其同党许志进为此大为不平，据许志进疏云：总督原参疏已分别旗、民。去岁大计时，张志栋突言旗人不及民，故参之。"阿山还说"惟有山东人素好拉帮结伙，纠合同年，入伙之旧类亲朋，上下串通，彼此庇护。满洲在外作官者虽有限，但从不巧诈行事。故此辈厌恶满洲人，寻隙抉短，随意陷害"。阿山还随意夸大其词，耸动视听曰："奴才查得，一年之内，甘肃巡抚齐世武被参劾，山西巡抚噶礼被奏劾，今复参劾奴才。此岂非尽废天下满洲总督、巡抚之意乎？皇帝以四海内外为一家，故一视同仁。而许志进存此

---

① 《康熙起居注》第一册，第432—433页。
② 《康熙起居注》第三册，第2309页。

害人之心,企图分裂。"①阿山所谓的"山东党",据他称:许志进乃张志栋至亲蔡章之门生;蔡章系山东人,考试许志进之师傅,今虽病故,但此前引之入伙,故为张报仇奔走。阿山的结论是:"若有参劾山东人者,则必努力害之,以示结党交友之威,恐吓人不敢再言。彼等已知皇帝洞鉴此等恶习,故有所畏惧。数年以来,山东朋党之名虽消,但仍在暗中深交不已。今张志栋革职,但仍不思悔改,反令其心腹党羽在京大造谣言。又其同党央告淮安府人许志进诬参,俾山东朋党踪迹模糊。嗣后,彼此隐瞒总督、巡抚,俾不敢参劾其同伙一人,而且又恐吓满洲总督、巡抚顺从,使其不敢参劾山东一人。皇帝之简用满洲人,必察其堪任勤劳者委之。许志进惟以满洲人为仇,排斥异己,逼迫胁从,故屡行参劾满洲人。许志进食国俸,而专以皇上任用之满洲人为仇,奴才不知用心何在?"阿山奏请康熙帝派人查核,具折谨奏,同时以另折删削具奏。康熙帝自然安慰一番,称:"此事应与朕商议后再奏","自古结党陷害者,世世皆有。尔自称文人,岂不知此耶?"②

阿山所说的"山东党",很早就引起了康熙帝的注意。康熙十八年(1679)十二月二十三日,康熙帝以科道官近来山东独多,令各省均用,"乃能周知地方利弊",③其后康熙二十七年、

---

① 《康熙朝满文朱批奏折全译》,第327页。
② 《康熙朝满文朱批奏折全译》,第328页。
③ 《康熙起居注》第一册,第477页。

君臣之争：清朝的帝王与朋党

二十八年，康熙帝指使佛伦及傅腊塔，对"山东党"及南方徐、王等汉官大张挞伐，已如前述。佛伦于康熙三十一年升任川陕总督后，称其在山东，凡事"蒙万岁主指教精详，奴才钦遵施行，山东省官民遂被治理矣"，佛伦又比较山东、陕西二省情形，大有异处："山东省乡宦，秀才颇为强暴，人性急燥。是故，奴才钦遵皇上训示，曾以强暴为先，稽察官吏为副。今抵陕西看得，乡宦、秀才强暴者寡，且人性忠直，惧官守法。惟地方官员、衙役知民之性，均以贪暴为常事，各自效尤，蔚然成风。"[①]康熙帝遂命傅腊塔密查扬州知府施世纶、巡抚宋荦及江南官员情形，并问："姓徐、姓王者现在如何了？"[②]傅腊塔旋即密奏徐姓、王姓情形，一时间君臣批奏频繁。[③]康熙三十二年，发生了广东巡抚江有良与两广巡盐、太常寺少卿沙拜互参案，沙拜又指称"江有良等结交朋党之事"，一时牵连人众。因康熙帝已先有"密谕保全臣工"，因此傅腊塔再承审此案时，除贪贿一款外，未再枝蔓其事，得到康熙帝首肯。[④]

最典型的是康熙五十年（1711）两江总督噶礼与江苏巡抚张伯行的互参案，此案当时沸沸扬扬，经久不能审决。实际上，康熙帝有意以此将汉人结党者一一牵出。

[①]《康熙朝满文朱批奏折全译》，第25、32、35、38页。
[②]《康熙朝满文朱批奏折全译》，第35页。
[③]《康熙朝满文朱批奏折全译》，第37—41页。
[④]《康熙朝满文朱批奏折全译》，第51页。

第六章 党争的时代特征与极权政治

早在康熙四十九年（1710）四月二十日，噶礼密奏张鹏翮审案时"决意为其门生陈鹏年、朱廷志开脱，事事不察实情"，而"张伯行亦为张鹏翮所保者"，康熙帝朱批曰："张鹏翮纵然为其门生而行，然众人之忠论安能压制？况且有满洲大臣、总漕矣。"①随即又谕责张鹏翮审案不公，曰："大凡公事，虽系师生、同年、朋友，亦当从公审理。张鹏翮所审此案内，有畏惧徇庇之处，着交与九卿严察议处，其同审理此案之学士噶敏图及总督噶礼、总漕桑额，着一并议处具奏。"②

康熙五十年（1711），张伯行先以江南科场考试不公疏报，噶礼随即密讦张伯行劣迹。互参案发，康熙帝在噶礼密奏中，朱批令其密查"京城大臣中谁偏徇张伯行？赵申乔向他何如"？噶礼密奏称："在京城大臣中，首徇张伯行者为张鹏翮，继之为陈元龙。"并讲陈鹏年、王鸿绪及翰林院原侍讲彭定求、原给事中穆申等人与张伯行关系亲密，又称张伯行等汉官"见旗人即憎恶之"。③为了置张伯行于死地，噶礼将张伯行等牵入《南山集》案中，称为《南山集》写序的进士方宝原是张的至交，张仍邀其至衙门编书。刑部令江宁等省严查此案后，张伯行"苟且了事"，不派一官一衙，方宝隐藏《南山集》刻版、印刷卖者甚多，

---

① 《康熙朝满文朱批奏折全译》，第671、682页。
② 《圣祖实录》卷二四二，《清实录》第六册，第408页。
③ 《康熙朝满文朱批奏折全译》，第739页。

张伯行也不问。①皇太子胤礽也将《南山集》"悖逆语"进呈给康熙帝。②但不久皇、储关系再度紧张，康熙帝关注张伯行所参噶礼"干系国家之语"的事实如何，因此该案又倾向于张伯行一方。康熙五十一年九月三十日，胤礽再度被废，十月初五日，互参案结。噶礼革职，张伯行革职留任。康熙帝于是抓住此案，大谈"满汉一视"的道理，称："满汉俱系朕之臣子，朕视同一体，并不分别，无知之辈且谓朕为何不护庇噶礼。朕乃天下之主，凡事惟顺理而行，岂可止护庇满洲！"又曰："满洲大臣每谓朕偏向汉人，朕至公无私之心，天下共见，断不肯让美于古人，自幼所学者此，以所学见诸行事者即此也。"③

在满汉矛盾斗争中，康熙帝显然站在满族一边，但他又希望汉官能够遇事敢争，尤其是当满族高层内部的统治权争夺激烈时，康熙帝更希望汉官能站在他的立场上。一废太子后，康熙帝欲复立胤礽为太子，但又未明言，令满汉官"议立"，随即满臣保举胤禩，康熙帝大为不满，将责任推到汉官身上。康熙四十八年（1709）正月二十三日，他谕责汉大臣但知唯唯诺诺，平时读书，至临大事时竟归无用，又曰："朕向待大臣，不分满汉，体恤包容，是以获罪者甚少。诸臣当人人感戴自效，乃九卿会议时，但一二人发言，众俱唯唯，其汉大臣，则必有涉于彼之事方

---

① 《康熙朝满文朱批奏折全译》，第759页。
② 萧奭：《永宪录》卷一。
③ 《圣祖实录》卷二五一，《清实录》第六册，第490页。

第六章 党争的时代特征与极权政治

有所言,若不涉于彼之事,即默然无一语。方伊等居下位时,亦似可取,及授大职,即仅图自保以全其身。熊赐履尝讲理学,后为大学士,亦唯缄默自容。此皆为彼门生掣肘故也。尤可异者,汉官议事,前人画题,后人亦依样画题,不计事之是非,但云自有公论。又有至画题已毕,始问为何事者,如此宁不有愧于举国之清议耶?"①

但是,如果汉官真的抗颜敢争或参劾满官时,康熙帝又责汉官偏袒汉人。康熙四十年(1701)十月初九日,因李光地所参属员每多汉军,康熙帝谓大学士等曰:"李光地自授巡抚以来,居官甚佳,但所参属员每多汉军,不知人才优劣,实不分汉军汉人。若以汉军尽劣,则见有一钱不取如沈朝聘者?近见汉人惟护汉人,汉军惟庇汉军,皆非公道,深为不取。"②

事实上,康熙帝十分注意满汉官在主要权力机构上的配置,③尤其警惕以汉压满,前举康熙帝令马齐重新任大学士就是明显的例证。而康熙时期的许多狱案,如本文前曾论及的陈梦雷与李光地蜡丸案、洪昇《长生殿》案、《南山集》案等,显然带有满汉斗争的色彩。

清初朋党之争的第三个特征,是具有争夺统治权的性质。

康熙后期,由于诸皇子各结势要,加之满族本身固有的各效

---

① 《圣祖实录》卷二三六,《清实录》第六册,第361页。
② 《圣祖实录》卷二〇六,《清实录》第六册,第94—95页。
③ 参见梁希哲、孟昭信:《明清政治制度述论》,第431—433、435—437页。

其主的观念,围绕皇位继承权而展开的皇室内部斗争已经不是一般意义上的党争,而更多地具有争夺统治权的性质。

考察中国北方少数民族的王位继承制度,似乎都存在众臣拥立强者为君的现象,这种处于原始部落时期的政治结构直到其发展壮大,建立起自己的王国乃至入主中原以后,仍在相当长的一段时间里被沿用。

据记载,三国时北方乌桓族大小首领的产生是"常推募勇健、能理决斗讼相侵犯者为大人,邑落各有小帅,不世继也"。①

金女真完颜部乌古乃为部落联盟长时,以同部别一家族的族长雅达为副。以后部落联盟日益壮大,乌古乃子劾里钵与弟颇剌淑,乌古乃子盈哥与侄撒改,劾里钵子阿骨打(即金太祖)与堂兄撒改,均为相辅相成的两头政长。②

建立辽朝的契丹人最早曾"分为八部,部之长号大人,而常推一人为王,建旗鼓,以统八部。每三年则以次相代,或其部有灾疾而畜牧衰,则八家聚议,以旗鼓立其次而代之"。阿保机最终成为以武力征服诸部的第一代辽王。③

蒙古族直到成吉思汗建立起空前庞大的大帝国时,选汗盛会仍被保存着。据后人研究,库里尔台就属于这种情况。"库里尔台者,乃定蒙古君主时,欲避有权力者之独断,而委以多数人之

---

① 《三国志·魏志·乌桓传》注引《魏书》。
② 刘小萌:《满族的部落与国家》,第129页。
③ 《契丹国志·并合部落》。

第六章 党争的时代特征与极权政治

选择,冀弃一人之私情,而遵天下之公论,不承认所谓父子世袭或长子相续之制者也。"① 由于不存在其他正式的继承法则,因此统治者家族的每一个男性成员都相信,他自己也是一个有资格得到皇位的潜在的继承人。从"选举"这个词的严格意义上说,库里尔台大会并没有做到,它也不进行投票。参加库里尔台大会要求继承皇位的人,拥有军事上的追随者,拥有相当大的权力、威望和能对最终的宣布发生影响的众望所归的汗王品质。关于大会的结果,意见并不总是一致的。有时,某些持有异议的皇位觊觎者会召开他们自己的库里尔台大会;甚至在忽必烈在位时代,就有一些竞争对手以此为由不止一次地威胁并要求得到大汗这一最高位置。这些皇位觊觎者,既有与他世系相同的,如他的弟弟阿里不哥;也有属成吉思汗另一系的,如他的竞争对手海都。所有这一切都表明了皇权及其传承的不确定性。辽、金、元时期有如此多的统治者通过谋杀和放逐来清除他们的前任或竞争对手,这一事实就可以被看成缺乏固定的继承准则的直接结果。把这归因于典型的"野蛮人"的原始状态是不行的。②

在满族早期发展史上,这种"议立储君"及"多君并长"制较长时期存在,乃至康熙帝即位仍是"议立"。

建州右卫就是二酋长并存,朝鲜人也说:"戎狄(指女真)

---

① 箭内亘:《蒙古库里尔台之研究》。
② 《剑桥中国辽西夏金元史》,第28—29页。

本无君臣，强者为雄，一卫之内虽二三酋长，其俗然也。"① "二人为一卫中豪强，众所推服，故概以酋长称之耳。"②建州左卫亦然。③而海西女真叶赫部长清佳努、杨吉努兄弟"各居一城"，"兄弟遂皆称王（贝勒）"，④直到叶赫灭亡都是如此。

后金政权建立前后，在汗王继承人的选定程序上，也处于无序状态，这一点确实不能单纯从其社会文明程度高低就能得出结论。事实上，满族接受了北方其他少数民族在国君继承上的传统做法，这也是直到雍正帝创立密储制以前，皇室斗争久盛不衰的一个基本原因。

努尔哈赤晚年，经历了两次立储失败（褚英、代善）后，试图从八旗组织内部寻求解决办法，这即是"八和硕共治国政"，这种制度反映了八旗旗主力量强大、势均力敌的状况。实际是八个相对独立的小国，一旗即一国。各旗只归本旗的和硕贝勒统治。但是，绝对的均势是不可能的，这种状况无法适应对外征战的需要。天聪五年（1631）至六年，许多汉官纷纷上书，抨击"八分"制的弊端，要求仿效明朝的集权制进行改革，建议设立六部和言官，取消四大贝勒并坐视朝的旧例，即反对八贝勒共治

---

① 《朝鲜成宗实录》卷一六五，十五年（1484）七月癸卯。
② 《朝鲜成宗实录》卷一六二，十五年正月丁未。
③ 《朝鲜成宗实录》卷一五八，十四年九月甲午。
④ 《满洲实录》卷一，《清实录》第一册。

第六章 党争的时代特征与极权政治

国政。① 镶红旗下汉官胡贡明向皇太极的上疏尤能说明问题，他说："(汗)且必狃着故习，赏不出之公家，罚必入之私室，有人必八家分养之，地土必八家分据之，即一人尺土，贝勒不容于皇上，皇上亦不容于贝勒，事事掣肘，虽有一汗之虚名，实无异整黄旗一贝勒也。如此三分四陆，如此十羊九牧，总（纵）借此强兵，进了山海，得了中原，臣谓不数年间，必将错乱不一，而不能料理也。"②

汉官熟悉中原王朝的典制，胡贡明所说的问题引起了皇太极的高度重视，而皇太极的汗位也确曾几次受到威胁。天聪九年（1635），二贝勒阿敏自视若君，不甘居太宗之下，故欲"据一方以自立"，皇太极只好将其幽禁，二者的矛盾"归根结底仍然是汗位问题"。③ 在此之前，皇太极与三贝勒莽古尔泰的关系日益紧张，天聪五年在围攻大凌河城时，莽古尔泰所部正蓝旗伤亡甚大，与皇太极意见冲突，以致拔刀相向。④ 莽古尔泰受处罚后，与其胞妹莽古济、胞弟德格类结盟"要夺御座"，⑤ 三人对佛焚烧誓词。次年十二月，莽古尔泰"以暴疾卒"。⑥ 一年后，正蓝

---

① 参见《天聪朝臣工奏议》。
② 《天聪朝臣工奏议》卷上，胡贡明：《五进狂瞽奏》。
③ 王思治、吕元骢：《清代皇位继承制度嬗变与满洲贵族间的矛盾》，《满学研究》第三辑，第13页。
④ 《清太宗实录》卷九，第28—29页。
⑤ 《满文旧档》，第156页。
⑥ 《清史列传》卷四。

旗固山额真觉罗色勒，率正蓝旗大臣及莽古尔泰亲戚数十人为故主祭扫。随即又向莽古尔泰福晋献酒，实际是向皇太极示威，因此受到皇太极的惩处。天聪九年，莽古尔泰弟德格类也暴卒。不久，其夺御座阴谋被揭发，莽古尔泰子侄亲戚多被诛。正蓝旗也成为太宗亲将的上三旗之一。这是后金因争夺汗位而引起的最大一次残杀，正蓝旗有千余人被杀。①

早在皇太极在世时，"诸王辈皆分党，多有乖争之事"，②皇太极一死，诸王争立，福临以幼冲继位，但终顺治一朝，皇室争夺不断，先有多尔衮摄政时，豪格谋立；多尔衮死后，又有其胞兄英亲王阿济格"欲谋夺政"。可以说，直到康熙帝即位止，满族贵族仍围绕皇位争夺不已。

康熙帝即位时，清朝在中原立国已二十年，在吸收中原王朝的一些统治经验时，对诸王权力进行了不懈的斗争。三藩之乱后，康熙帝首立太子，此举的政治意义已如前所言，但它也说明康熙帝希望用汉族的王位继承方式来减少皇室围绕继承权的争夺。但是，正如以上所揭示的，满族争立的传统并不能因太子一立就万事大吉。随着诸子长大成人，尤其是皇、储矛盾越发激烈时，由谋夺储位而起，最终谋夺最高统治权的斗争又一次在满族上层展开。康熙帝在废太子以前以及废太子、议立太子等许多重

---

① 王思治、吕元聪：《清代皇位继承制度嬗变与满洲贵族间的矛盾》，《满学研究》第三辑，第17页。

② 《朝鲜李朝实录中的中国史料》第九册，第3627页。

大场合，均严正警告"不得分朕之柄"，强调"国惟一主"，可见其斗争的严重性。

康熙四十七年（1708）八月二十八日，是废太子的前夕，康熙帝于行猎途中，传谕随从诸大臣曰："近日闻诸阿哥常挞辱诸大臣、侍卫，又每寻衅端横，苦毒于诸王贝勒等。诸阿哥现今俱未受封爵，即受封后除伊属下人外，凡有罪过亦当奏闻，候朕处分。伊等何得恣意妄行捶挞乎？朕为天下元后，凡事但遵大义而行，无罪之人未曾枉法处治。国家惟有一主，朕日祷祝于天，亦欲众皆无事享太平耳。"康熙帝严正指出："诸阿哥擅辱大小官员，伤国家大体，此风断不可长。伊等不遵国宪，横作威势，致令臣仆无以自存，是欲分朕威柄以恣其行事也。岂知大权所在，何得分毫假人？"①

废太子后，康熙帝于是年九月十七日谕诸皇子及满洲文武大臣："今胤礽事已完结，诸阿哥中倘有借此邀结人心、树党相倾者，朕断不姑容也。"因引清太祖努尔哈赤置其长子褚英于法，清太宗皇太极幽禁阿敏，礼亲王代善劾举其子、孙，坏法乱国均正典刑之例。且曰："宗室内互相倾陷者尤多，此皆要结党援所致也，尔等可不戒乎？"可见，康熙帝本人也将此时结党诸皇子与清入关前争夺汗位的斗争等而视之。二十九日，康熙帝又再次强调诸阿哥中有"钻营谋为皇太子者，即国之贼"的谕

---

① 《圣祖实录》卷二三三，《清实录》第六册，第334—335页。

令,并明确说:"大宝岂人可妄行窥伺者耶?"①胤禔、胤礽(二废)被囚禁多年后,康熙帝仍不令放出,认为放出"与国与朕俱不好",也是基于其曾争夺大位,一旦放出可能铤而走险而言的。

也可以这样说,康熙帝晚年不立太子,正是基于一立太子就会威胁其统治权这一后果而做出的决断。而且,到康熙帝临终前,几位有希望登上皇储之位的皇子,都受到多年囚禁,这也说明诸子结党相争的实质是谋夺最高统治权。

自满族建立政权开始,皇室内部因争夺最高统治权而结党相争的"传统",直到雍正后才基本结束。朋党将"大宝"视为争夺的目标,实在是清初党争的重要特征。

《御制朋党论》与清朝极权政治的完型

朋党作为专制主义的派生物,其本身不仅是透视王朝兴衰的晴雨表,而且是考察君臣权力关系演变的重要视角。宋代士大夫敢于向儒家经典提出挑战,公然提出"君子有朋",无疑是那个时代臣权膨胀的表现。明代虽禁朋党,但书院的讲学之风、社盟的勃兴、言路的开放,以及士节的崇尚等,无疑又为朋党迭起创造了丰富的内在土壤。

清代则不然,朋党赖以生存的基础与明代相比,已是明日黄

---

① 《圣祖实录》卷二三四,《清实录》第六册,第340、343页。

第六章　党争的时代特征与极权政治

花。谢国桢说，即使清朝不厉禁，朋党之衰落也已在必然。[①]尽管本文不完全同意这种观点，但毋庸置疑的是，由于君臣权力配置已发生根本变化，作为"臣之宝也"的"党与之具"，[②]显然已失去了昔日的威力。韩非子对朋党与人主权力之消长说得很深刻，他说："朋党用私，是以国地削而私家富，主上卑而大臣重。故主失势而臣得国，主更称蕃臣，而相室剖符，此人臣之所以谲主便私也。"[③]为了禁绝朋党，他提出君主必须独揽大权，"人主失权而能有国者，千无一人"，[④]而赏罚就是调节臣属关系的利器，故"御臣抑党之綮在赏罚"。康熙帝在与朋党集团的斗争中，逐渐积累经验，对先后兴起的几种朋党势力，根据其危害程度采取不同的策略，手法可谓高明。康熙前期与中期的朋党，没有对皇权构成很大威胁，有些势力是加强皇权过程中的产物，因此康熙帝不"发明其事"，采取低调处理的办法。康熙后期，朋党势力已严重威胁他的统治，因此予以严厉打击。但不论康熙帝采取怎样的惩抑措施，每一次惩抑、斗争的过程都强化了皇权，这是毋庸置疑的。在此过程中，康熙帝把朱元璋废除丞相后的极权政治向前推进了一大步，取得了带有阶段性的两大"成果"，从而使"君相制"这种传统权力结构形式最后终结，开启了清代极权政

[①] 谢国桢：《明清之际党社运动考》，第205页。
[②] 《韩非子·内储说下》，见王先慎《韩非子集解》。
[③] 《韩非子·孤愤》，见王先慎《韩非子集解》。
[④] 《韩非子·人主》，见王先慎《韩非子集解》。

治的先河。

雍正二年（1724）七月，为全面发动对允禩等诸兄弟党的整肃，雍正帝发布了著名的《御制朋党论》。他谕诸王、贝勒、公、满汉文武大臣官员等说："朕即位后于初御门听政日，即面谕诸王文武大臣，谆谆以朋党为戒，今一年以来，此风犹未尽除。圣祖皇帝亦时以朋党训诫廷臣，俱不能仰体圣心，每分别门户，彼此倾陷，分为两三党，各有私人，一时无知之流，不入于此，即入于彼。朕在藩邸时敬慎独立，深以朋党为戒，从不示恩，亦无结怨。设若朕当年在朋党之内，今日何颜对诸臣降此谕旨乎？皇考深知朕从无偏党，必能保全尔诸臣名节，故命朕缵承大统。朕平日并未树立党援，而登践宝位，尔等亦可知朋党之无益矣。朕今《御制朋党论》一篇颁示，尔等须洗心涤虑，详玩熟体，如自信素不预朋党者，则当益加勉励，如或不能自保，则当痛改前非。务期君臣一德一心，同好恶，公是非，断不可存门户之见，即尔等彼此亦当互相砥砺，时相训诫。"表示他对朋党要大开杀戒："朕虽未必尽行诛戮，然或千人之中百人，百人之中十人，尔等能自保不在百人十人之列乎？"

《御制朋党论》全文较长，总括有四层意思。

第一，臣僚要与君主同好恶："朕惟天尊地卑而君臣之分定。为人臣者，义当惟知有君。惟知有君，则其情固结不可解，而能与君同好恶，夫是之谓一德一心而上下交。乃有心怀二三，不能与君同好恶，以至于上下之情暌，而尊卑之分逆，则皆朋党之习为之害也。人臣乃敢溺私心、树朋党,各徇其好恶以为是非,至使人君惩偏听之生奸,谓反不如独见之公也。朋党之罪,可胜诛乎。"

第二,朋党立则赏罚黜陟之权移诸朋党之手。朋党立则君主赏罚之权移。朋党徇私,对君主赏罚用人横生议论,是朝廷之赏罚黜陟,不足为轻重,而转以党人之咨嗟叹惜为荣,以党人之指摘诋訾为辱,乱天下之公是公非,作好恶以阴挠人主予夺之柄,朋党之为害,一至是哉。

第三,驳斥欧阳修的《朋党论》,提出人臣事君,当"以君臣为公义":"宋欧阳修《朋党论》,创为异说,曰君子以同道为朋。夫罔上行私,安得谓道?修之所谓道,亦小人之道耳。自有此论,而小人之为朋者,皆得假同道之名,以济其同利之实。朕以为君子无朋,惟小人则有之。且如修之论,将使终其党者,则为君子;解散而不终于党者,反为小人乎?设修在今日而为此论,朕必饬之以正其惑。大抵文人掉弄笔舌,但求骋其才辩,每至害理伤道而不恤。人臣登朝莅官,则君臣为公义,而朋友为私情,人臣当以公灭私,岂得稍顾私情而违公义?且即以君亲之并重,而出身事主,则以其身致之于君,而尚不能为父母有,况朋友乎,况可藉口于朋以枯其党乎!"

第四,人臣结党,即为营私,故必严惩不贷:"今之好为朋党者,不过冀其攀援扶植,缓急可待,而不知其无益也,徒自逆

君臣之争：清朝的帝王与朋党

天悖义，以陷于诛绝之罪。"①

《御制朋党论》颁布后，王大臣等上奏表示，要共矢公诚，敬谨奉行。雍正帝召诸王大臣觐见，问诸王大臣等所奏，未知众意佥同否，抑出于二三人之意，而众人附名同奏者欤？诸王大臣表示众意佥同。雍正帝说："尔诸臣但能如陈奏之言实心奉行，不但朕之福，即宗庙社稷之福，亦尔诸王大臣之福也；若或心怀异念，退而违背，祸必随之。"其后，雍正帝又召诸王宗室等俱入宫，对他们大讲宗室亲睦，对他即位后离散允禩等诸兄弟党的做法予以说明："如大阿哥允禔、廉亲王允禩、郡王允䄉、贝子允䄉，俱不知本量，结为朋党，冀遂其志。朕即位以来，离散伊党，令居远地，惟望伊等改悔前行，不致生事，罹于国法耳。朕望尔等，克笃忠诚，尽心效力，凡知君臣大义者众共敬之，其有怨望构乱、不知君臣大义者众共非之。"

雍正三年（1725），《御制朋党论》颁行各省，并与《康熙圣训》一同列入宣讲科目。同年，借修订律例之机，将朋党列入重罪。《大明律》第一次将大臣结党，列在严禁之中。②《大清律》继承明律中此项，并加以发展。雍正三年颁行《大清律集解附例》内有"奸党"条："若在朝官员，交结朋党，紊乱朝政者皆斩，妻子为奴，财产入官。"其例解释为："奸人意图紊乱朝政以

---

① 《清世宗实录》卷二二。
② 《大明律》卷二，《吏律·职制》，"奸党"条。

第六章 党争的时代特征与极权政治

便己私,必先交结朋党,比周相济二句,当一串讲;在朝官员,交结朋党,以相与紊乱朝政者,罪无首从皆斩、缘坐,其妻子为奴,籍没财产入官。"[1]

特别值得提出的是,雍正帝惩治诸兄弟朋党,是以奸党来对待的。他在明指齐什等是廉亲王之党时,明确说:"尔等当以朕之所好者好之,所恶者恶之。是非画一,则奸党无自而起。"在历数允䄄之罪时,称其平日与奸党往来书札,皆不可告人之语。当康亲王崇安等公同议奏阿其那罪状四十款后,雍正帝又以"奸党"为其定罪,称:"朕自即位以来又不得不反复告谕众人者,只因伊等所结之奸党,所行之恶迹,惟朕知之最详最确。况此奸党之风,如阿灵阿之子阿尔松阿、苏努之子勒什亨等,皆继其父志,而奸恶过焉。似此毫无忌惮,父子相承,先后济恶,实为国家之大患。若朕此时不将朕所深知灼见者分晰宣谕,昭示天下,垂训后人,将来朕之子孙,欲明晰此逆党之事,恐年岁久远,或有怀挟私心之辈,借端牵引,反致无罪之人,枉被冤抑。"而查办隆科多罪案,其中奸党之罪有六。

雍正时期为加强皇权,提高对诸臣的监控,极力扩大密折制的使用范围。奏折制作为一种文书制度,其出现和广泛使用适应了加强皇权,与朋党势力斗争的政治需要。

按照明代成例,题奏本章并不是由皇帝直接处理,而是由阁

---

[1]《大清律例会通新纂》卷五,《吏律·职制》,"奸党"条。

君臣之争：清朝的帝王与朋党

臣票拟。叶凤毛说："凡章奏，禁中称文书，必发阁臣票拟。阁票用本纸、小贴、墨字。内照票批，或皇上御笔，或宦官代书，即在文书上面用朱字。阁票如有未合上意，上加笔削或发下改票，阁臣随即封上。间有执正强争，也多曲听。"[1]在这样的情况下，阁臣的权力对皇权行使有很大制约。因为在明代的决策系统中，内阁是法定的不可缺少的一环，如果皇帝越过内阁，即所谓径传中旨，则不受法律保护，还要受到内阁的抵制。正德九年（1514），武宗内降旨命太监张永与都督白玉总制军务，都督张忠、温恭则听张、白二人节制，令杨廷和拟旨。散本官传武宗之意于内阁，并曰："朝廷欲（张）忠受节制则受节制，欲（张）忠不受节制则不受节制。"但杨廷和以旨从中降，不合规制而拒不拟旨，并说："手可断，此旨决不可拟也。"[2]武宗亲征，令内阁草"威武大将军敕"，杨廷和抗命不从，并对同僚云："谁写此敕，先斩写敕之人。"嘉靖初年，杨廷和又"封还御批者四，执奏几三十疏"。[3]万历时王家屏封还御札，以致神宗专遣太监至内阁谕之云："径驳御批，故激朕怒，甚失礼体。及朕怒起，卿又忍受，假疾具疏，且言求去，朕想卿真欲以此挟君废政，沽名逸恶，岂人臣之义哉？"[4]虽然阁权与皇权相抗，最终难以取胜，但

---

[1] 叶凤毛：《内阁小识》。
[2] 杨廷和：《杨文忠三录》卷三，见《域外汉籍珍本文库》第五辑。
[3] 《明史》卷一九〇，《杨廷和传》。
[4] 《明神宗实录》卷二四四。

第六章 党争的时代特征与极权政治

阁臣能够"挟君""虽死不敢奉诏"的事实，显然对皇权是一种制约。明代阁臣因抵制中旨而辞职，甚至集体辞职的事也屡见不鲜，[①]进而反映了阁权对君权的制约。

清初在沿用明代这套做法时，统治者很快认识到它的弊端。由于题奏本章的票拟主于内阁，皇帝裁决政务总是处于被动地位。顺治帝亲政后，着手改变题奏本章的处理程序，以加强皇帝的专制权力。顺治十年（1653），顺治帝到内三院阅览各省官员奏章，"问明时票本之制如何"，并发现了票拟方面的诸多弊端，因此谕曰："各部奏事，经朕面谕者，部臣识其所谕，回署录之票签，送内院照票批红发科。如此，则错误必多。"[②]但各部奏事毕，仍携本章回部拟旨，方送内院。是年十月，顺治帝认为"奏章繁多，若竟送内院，又恐易滋弊窦"。为避免票拟错误，抑防篡改谕旨，顺治帝决定进行改革。上谕"今后各部奏事，各臣照常面奏，候上览毕，退"，"本章或上亲批，或于上前面批，若有更改之事，即面奏更改，庶几无弊"。[③]据此可知，当时对部分题奏本章的处理，已经采取了不经内院票拟，径由皇帝当面阅批或提出处理意见的方法。

康熙、雍正时期，奏折经历了从正式产生到被广泛使用，由公开而绝密，又由密折演变为可以由高级官员普遍使用的国家正

[①] 参见谭天星：《明代内阁政治》，第151—153页。
[②]《清世祖实录》卷七一。
[③]《清世祖实录》，顺治十年（1653）十月戊子。

式官文书的发展变化过程。这一过程客观地反映了清王朝君主与阁臣之间的矛盾斗争，是清代君权高度集中及中枢辅臣权力进一步削弱的重要标志之一。在清代，皇帝与权臣之间的矛盾斗争虽然远不像明代以前那样激烈，但内阁通过票拟题奏本章，管理部务，参加御门听政、御前会议及处理折本等决策性事务，实际上掌握了一部分过去宰相才有的权力，对君主的专制集权有所牵制。奏折则完全避开了内阁，具折人可派遣专人或通过驿递，直接将奏折送到宫内，由皇帝亲自拆阅和批答，然后退回原具奏者本人。一般奏折都不必经过内阁的任何机构和个人，完全由皇帝一手处理，既速且密。如果违背奏事规则，要受到康熙帝的训斥。康熙四十六年（1707）四月初九日，甘肃巡抚齐世武将该省得雨雪的情形奏报给康熙帝，由于康熙帝在南巡途中，齐世武遂令送折人将折子交给内阁。康熙帝训斥齐世武不知事理，明确告诉他，"朕若不在宫，务必交与阿哥等"，强调"应送与掌事阿哥等"，"此亦尔之糊涂之处"。康熙帝发现，因为折子送交内阁，"看情形启封后再行贴封"，即内阁人员看过，不符合奏折的保密原则，因为"此折内所报系雨水等平常事"，所以康熙帝此次原谅了齐世武。[①]

奏折中除密折外，还有数量繁多的奏事折，它的使用是康熙帝具有深远影响的创制。尤其是地方督抚、提镇等逐渐使用"奏

---

① 《康熙朝满文朱批奏折全译》，第500页。

第六章 党争的时代特征与极权政治

事请旨"折,康熙帝直接敕部即议,使地方督抚等掌握了与部院相颉颃的特权,也使皇帝可以绕过内阁,向督抚发号施令,直接行使权力。康熙四十年(1701)以后,地方大吏这方面的奏请颇多。在地方大吏的本意来讲,用折先行仰承训旨,是为了有所遵循,得以少免陨越;同时他们也从不忘声明,只有折奏奉旨谕允方正式动本具题。就康熙帝初衷而言,允许督抚、提镇等先行用折请旨,不过为及时了解地方重大情事,对督抚等不便率尔具题者予以训示,因此,对此类奏事请旨折的朱批多为"具题""该具题""着速具题""不宜上闻"或"与总督密议"之类例行谕示。如果切实遵循这样的君臣默契,也许不会打破督抚与部院、皇帝与阁部以及地方大吏上司和下属之间按故有本章制度维系的权力平衡,但恰恰在康熙帝最初设计这种外吏奏事请旨折子之时,便已埋下了最终深刻改变君臣之间、中央与地方之间权力配置架构的根苗。①

如康熙四十五年(1706)六月初九日,直隶巡抚赵弘燮《奏报永定河堤口漫决现正修筑折》,康熙帝在赵的另一折上批谕:"又奏报事一折,当有速议处,故不发回。"②由此可见,这种奏事折大多为需紧急处理之事,或地方官不能擅自处理之事,它将以往的公文呈递旧例打破了,提高了效率。随着时间的推移,将督

---

① 郭成康:《十八世纪的中国与世界·政治卷》,第53页。
②《康熙朝汉文朱批奏折汇编》第一册,第373—374页。

君臣之争：清朝的帝王与朋党

抚等奏事请旨折直接交阁部议奏，亦自然而然地成为一种通例，如"事关民生，尔折批示后交部"，"折子交了内阁了"，"朕同内阁大臣议了，都说此折奏的是，依尔所奏"，"此折论船极当，朕欲交部，其中有不便句，尔再具题"，"凡密折皆已批回，关于军务者，令议政看，可议者有部文"，"奏折甚是明白，议政处都看过了"，"九卿大臣都看过了"之类的朱批，[①]屡屡见诸地方大吏的奏折。[②]

由于奏折处理的程序和规定，有助于加强皇帝个人的专制独裁，所以，奏折制度设立后，内阁的职权才真正受到削弱和限制。明代内阁到康熙晚期已经发生蜕变，传统意义上的宰相或大学士已经不复存在，较彻底地避免了阁臣专权的弊病，这是雍正以后权臣历史结束的制度上的原因，从而把君主专制制度的发展向前推进了一步。

密奏制在康熙时期走向定制化，固然适合了加强皇权、削弱阁权的政治需要，但它同当时党争激烈而言官缄默不言，康熙帝试图借助密折了解情况，有直接关系。可以说，言路不振或监察弱化所造成的大臣朋比结党，使康熙帝认识到，用密折制来威慑群臣是最好的形式。如前所述，清代党争不同于廷争，不能拿

[①]《康熙朝满文朱批奏折全译》，第1078页。《康熙朝汉文朱批奏折汇编》第七册，第364—365页；第八册，第347页；第四册，第626页；第八册，第202、426、739—740页。

[②] 郭成康：《十八世纪的中国与世界·政治卷》，第54页。

第六章 党争的时代特征与极权政治

到明处进行讨论,只能在暗处解决。密折制度最适合于此。康熙时期满汉奏折九千余件,但满折早于汉折,亲近臣僚早于一般官僚,可以反映它最初是作为上下沟通的信息渠道而使用的。而且,可以说,相当一部分折子本身就反映了党争的内幕以及康熙帝如何化解这些斗争的。如山东巡抚佛伦、两江总督傅腊塔,可以认为是最早使用密折奏事的地方大吏,而他们与康熙帝奏、批秘密往来,可以说很多内容是调查汉人党的情况。康熙帝晚年关于扩大使用奏折主要有两次明确的阐述,即康熙五十一年(1712)和五十七年。在康熙五十一年第一次扩大奏折使用范围时,康熙帝将奏折、言路、党争三者的关系讲得很清楚。是年正月二十八日,康熙帝谕领侍卫内大臣、大学士、都统、尚书、副都统、侍郎、学士、副都御史等曰:"自古帝王统驭天下,君臣一心无有异意,故凡事无不就理,倘上下暌隔、各怀一心,则凡事无不滋弊,此理所当然也。朕今春秋已高,听政年久,众亦谓朕事事经历,无不周知,但不闻不见之事甚多,虽有言官,类多瞻顾缄默,是以托合齐辈小人常昂然张胆,构集党羽,今已显露。乱臣贼子历代有之,但为君者见于几先则不露声色,自然灭除,若渐使滋蔓,其弊不可胜言矣。朕为国为民宵旰勤劳,亦属分内常事。此外所不得闻者,常令各该将军、总督、巡抚、提督、总兵官,因请安折内附陈密奏,故各省之事不能欺隐,此于国计民生大有裨益也。尔等皆朕所信任,位至大臣,当与诸省将军、督抚、提镇一体,于请安折内将应奏之事各罄所见,开列陈奏。所言若是，朕则择而用之；所言若非，则朕心既明，亦可手书训谕，而尔等存心之善恶诚伪，亦昭然可见矣。朕于诸事谨慎，举朝无不知之，凡有密奏，无或泄漏。但大胆不肖、愍不畏死之徒，从中拆视，或原奏之人，朋友众多，口不密而泄漏者亦有之，至一概奏折，不迟时刻，皆不留稿，朕亲自手批发还。凡奏事者，皆有朕手书证据在彼处，不在朕所也。尔等果能凡事据实密陈，则大贪大奸之辈不知谁人所奏，自知畏惧，或有宵小诳主、窃卖恩威者，亦自此顾忌收敛矣。"①

康熙五十六年（1717），旗人孟光祖冒充皇三子胤祉在山西等五省行骗的事件发生后，康熙帝再次强调奏折的耳目作用，称："天下大矣，朕一人闻见，岂能周知？若不密奏，何由洞悉？"并说："密奏亦非易事，稍有忽略，即为所欺。朕听政有年，稍有暧昧之处皆洞悉之，断不能欺朕。奏请之人，亦不敢欺朕。密奏之事，惟朕能行之，他人则不能矣。前朝皆用左右近侍分行刺探，此辈颠倒是非，妄行称引，何所不至。如此偾事者甚多。"②可见，康熙帝将奏折与"刺探"的作用等而同之。

康熙帝试图通过密折制度达到加强皇权、控驭臣僚的效果，并进而弥补监察职能弱化后所造成的监督空间，这反映了中国传统政治正在发生重大变化的基本趋向和事实。密折制度是朱元

---

① 《圣祖实录》卷二四九，《清实录》第六册，第465—466页。
② 《康熙起居注》第三册，第2464页。

第六章 党争的时代特征与极权政治

璋废除丞相制后,康熙帝在解决大臣专权问题上的一项重大"发明",它堵塞了大臣可能专权的通道。当然,康熙帝的勤政、设置南书房以及将内阁权力回归到明初的状态,显然在加强皇权方面有异曲同工之效。

君主专制在发展完善中,皇帝个人因素是十分重要的,无论制度如何完善,都要由皇帝去驾驭。康熙帝对明中叶君主不理朝政、君臣阻隔的弊端有很深刻的认识,因此他取法朱元璋,坚持御门听政。事实上,大臣之所以专擅,重要的原因是皇帝怠政。鳌拜等辅政时期,诸司章奏具至次日看详,汉大学士均不入直,仅辅政大臣等少数几个人于内廷议定。鳌拜便借机将奏疏带回家中,任意更改,结党营私。御门听政使皇帝走出内廷的狭小圈子,与朝廷大臣广泛接触,既可考察官员优劣,亦可沟通君臣关系,取得臣僚的支持,增强战胜权臣的信心和勇气。听政时,皇帝与臣下直接对话,且参加官员比较广泛,有大学士、学士、九卿、詹事、科道等官。上述官员,皆在天色未明时齐集午门,经中左门稍憩,乃入候于乾清门外。康熙帝出升御座,六部、都察院等衙门以次奏事。奏毕,大学士、学士以折本请旨。大学士奏报九卿等议复结果,皇帝垂询臣下意见,当面降旨裁决,或令再议。听政时,皇帝与臣下直接见面,共商国事,大臣的某些擅权越轨行为,便能及时发现和制止。

事实上,康熙帝对索额图、明珠、李光地、马齐、松柱等著名大学士专擅行为的限制及纠正,也是通过御门听政等方式解决

-401-

的。康熙后期，随着他个人权威的巩固和提高，无论是经验、资历、年龄等各方面，大臣们根本不能与他相较。康熙中叶以后，确实找不到索额图、明珠这样的内阁名臣了。但康熙帝防止大臣专擅的"圣意"始终没有放松，而且，包括部院大臣在内，稍有专擅倾向，他都严加戒饬。康熙五十三年（1714）九月十八日，大学士松柱以察哈达叩阍一案，或交都察院审理，或交富宁安、赵申乔审理请旨。康熙帝非常不满，曰："尔这请旨非是。察哈达将伊控告之处，请交富宁安、赵申乔审理。指名叩阍，殊属可恶。果其审事大臣有贪婪情弊，伊等有冤抑之处，还可叩阍。伊是何等人，辄将大臣指名拣出，可乎？着带九条铁锁，交部严审。拿伊时将此处告之。"又曰："朕览此叩阍呈词甚怒，若将事件俱交富宁安、赵申乔两人，则其他尚书、侍郎何用？富宁安有何奇处？亦一平等人耳！以此事交彼，必沽名回护察哈达矣。吏部尚书朕所简用者，刑部尚书亦朕所简用者，此事止交富宁安等审理，则刑部尚书岂可和伊等置一词耶？权在人主，八旗、十五省凡事俱俟人主裁夺。富宁安能当之乎？如此则必至于专权，专权则人附之。一有权，则人辄变异矣。且镶蓝旗大臣甚多，朕随缺补授，不觉聚于一旗，朕尚有斟酌处。"①

翌年十月三十日，他又因满汉大臣议事时常两议，谕大学士等："遇事每满洲大臣一议，汉大臣一议。此处大有关系。世

---

① 《康熙起居注》第三册，第2115—2116页。

第六章 党争的时代特征与极权政治

祖章皇帝时，为此曾下严旨，至今圣训昭然，可不恪遵耶？如果两议，亦应满汉相间，岂可截然两议？当初未曾如此，自赵申乔来始然。凡事只有一理，不可执拗。今朕听政五十余年，何者不曾经历？即小事，必向大学士、学士、九卿问之。大臣执拗，犹之可也。若为君者行执拗，则如之何？"命将满汉两议者交吏部、都察院察出议罪。①

在此，需要着重指出的是，康熙帝对内阁权力的框定，非常符合明成祖时的体制。皇帝无论如何勤政，即使日理万机，一个人也不能事必躬亲，必须有辅助机构。但能否完全驾驭好辅助机构，除了皇帝个人素质等方面的原因外，主要是对辅助机构权力的设定。明成祖时入直文渊阁的臣僚，主要目的是备顾问，同时参与机务，有献纳之责。阁臣的地位是"献纳"机务式的天子幕僚。②解缙等七人"从容密勿"，是为了"随事纳忠"，也即弥补皇帝一人之智虑有限，起到参谋的作用。③

同时，自内阁建立之日起，就规定："内阁不置官属，不得专制诸司，诸司奏事，也不得相关白。"④即内阁从行政上与诸司没有从属关系，其本身也没有帮助自己处理各种事务的机构。成祖曾对杨荣说："天下事朕与若等共计之，非若六卿只分

---

① 《康熙起居注》第三册，第2210页。
② 谭天星：《明代内阁政治》，第16页。
③ 《明史》卷一四七。
④ 《明史》卷七二，《职官一》。

理也。"①"共计",指内阁的参谋作用,"分理"指六卿是天子的命令执行机构。

康熙帝注意发挥内阁的作用,但对内阁专票拟之权严加防范,将票拟章疏置于他的直接控制之下,使之成为人主独揽万机的工具。这一点在御门听政处理折本时表现得尤为突出。②康熙帝从不放过阁票中的任何一个错误,他曾对阁臣说:"顷因刑部汇题内,有一字错误,朕以朱笔改正发还,各部院本章朕皆一一全览,外人谓朕未必通览,每多疏忽,故朕于一应本章,见有错误,必行改正,翻译不堪者,亦改削之。当用兵时,一日三四百本章,朕悉亲览无遗,今一日中仅四五十本而已,览之何难?"③由于康熙帝经常就票拟与阁臣驳正,这使"阁臣供票拟之役",不得专票拟之权。明珠被罢官,就是因为他突破了康熙帝设定的界限,有"轻重任意"之事。康熙帝也令阁臣参与机务,甚至有时还特旨令其参加议政大臣会议,但主要是供咨询、参谋政事。超越了这个界限,康熙帝就不能容忍。乾隆帝曾说:"夫宰相之名,自洪武时已废而不设,其后设置大学士,我朝也相沿不改。然其职权,仅票拟承旨,非如古所谓秉钧执政之宰相也。"④"票拟承旨",准确地反映了内阁职能的演变。

---

① 廖道南:《殿阁词林记》卷一。
② 参见郭成康:《十八世纪的中国与世界·政治卷》,第21页。
③ 《圣祖御制文集·三集》,《敕谕》卷一三。
④ 蒋良骐:《东华录》卷九二。

第六章 党争的时代特征与极权政治

雍正帝即位后,面临极为严峻的稳固统治的问题,他最初以守丧为名,任命允禩、允祥、马齐、隆科多为总理事务大臣,实际是为分化允禩诸兄弟党的势力,便于各个击破。这一期间,也是他与诸兄弟斗争最激烈的时期。为防范这些人对他的加害,便于暗中操控,他御门听政明显少于乃父康熙帝。故此,为加强对诸王大臣的控制,破除朋党固结,通过扩大密折使用范围,搜集情报,加强皇权。日本学者佐伯富指出,雍正帝即位时最大弊害有二,一是满洲贵族之擅权,另一为官僚之朋党。独裁君主最忌官僚植党。雍正帝重用田文镜、李卫,正为此二人非科举出身,无此等弊害之故。雍正帝欲周知天下庶务,乃借奏折搜集情报,据此施政,可称之为奏折政治。[1]雍正帝即位后,把扩大密折使用范围作为搜集情报、加强对所有官员监控的主要手段。终康熙朝,使用密折的仅有百余人,而雍正朝短短十三年,密奏者多达一千一百多名。杨启樵以广东为例,由于密折制度,"广东大小文武官员都在相互监视中"。互相监视,只对皇帝个人负责。密折制度有多项功能,而排在首位的是"官员间相互牵制,彼此监视"。[2]

从南书房到军机处,可以说是康熙帝和雍正帝为防止大臣专擅、结党营私的又一"创造",是清代极权政治最后完型的主要标志。

---

[1] 杨启樵:《雍正帝及其密折制度研究》佐伯富序,第3—4页。
[2] 杨启樵:《雍正帝及其密折制度研究》,第164页、173页、179页。

-405-

君臣之争：清朝的帝王与朋党

在君相权力斗争中有这样一个规律：君主为加强皇权，往往越过宰执权力机构而另设一套机构，汉武帝时的内外朝制度比较典型。其后，由皇帝直接控制的新设机构又向定制转化，并逐渐演化成制约皇权的体制。明代以前尽管历代中枢机构变化甚多，但大体上没有超出这一范围。换言之，相权如影随形，与君权相伴生，君权在发展中始终未能完全摆脱相权的羁绊。

朱元璋废除丞相，从制度上将相权消除。以后他在寻找一种机制，既能防止大臣专权，又能起到备顾问的作用，同时完全听命于自己，来弥补相权废罢后的权力真空。他按照古代传说中的四辅臣设立春、夏、秋、冬四官，其职掌讲论治道，其人员是高年耆儒，其任期一人一旬。但是，这种体制很短命，只存在了近两年时间（洪武十三年九月至十五年七月）。随后，朱元璋又仿宋代殿阁体制，设大学士，其用意是"欲近侍之有补"和"尚文之美"，[1]也即后人所说的"特侍左右，备顾问而已"，[2]"与政事无与也"。[3]但其后内阁制在演变发展中，特别是首辅制度形成后，完全打破了朱元璋最初规定的框架，宰相在名与实之间因人而异。制度出现了王夫之所说的"杂糅"。

南书房本身是适应统治基础扩大，为了建立更广泛的满汉联合体制，以及分内阁之权等政治需要而设立的。值得注意

---

[1]《全明文》第一册。
[2]《明史》卷七二，《职官一》。
[3] 赵翼：《廿二史札记》卷三三，见王树民《廿二史札记校证》。

第六章　党争的时代特征与极权政治

是，它与内阁没有隶属关系，属于专门为皇帝个人服务的内廷机构，没有固定的员缺，其入值人员经过几年时间才能出外任职。正因为它具有私人顾问的性质，因此它既能为皇帝服务，又不会成为皇帝的对立物，相反，它完全听命于皇帝。尽管入值者以后出任要职，但它完全由皇帝一手扶植，恩威赏罚出于一人，不会造成专权的隐患。在南书房入值的人员中，虽不乏像高士奇、徐乾学等结党营私之辈，但他们的权力是与皇权的发展与强化相一致的，起到了帮衬的作用，其权力在初始状态可以说是皇权的外化，是皇权的另一种表现形式。这也是康熙时期汉臣尽管有结党行为，但不旋踵即罢黜而去，不能有大作为的制度性原因。这也是康熙帝晚年以前，能够比较容易地平息几个相继出现的朋党集团的一个重要原因。正是从此种意义上，笔者认为南书房符合朱元璋废相后最初的设想，部分解决了朱元璋没能解决的问题。到雍正设置军机处以后，废相后的制度建设基本完成，专制皇权作为独制天下的最高决策力量，由于军机处的设置，最后完型。

军机处的运行，突出一个"密"字，它与密折制共同构成雍正帝实行独裁政治的两翼。军机处是雍正时期为适应对西北用兵而建立的重要制度。由于用兵涉及国家重大机密，特别是长途跋涉，粮草、军饷保障，稍有动静，即为对方所知。因此，当策妄阿拉布坦一死，其子噶尔丹策凌继立，人心不稳之时，岳钟琪密奏出兵有十大有利条件，得到雍正帝的肯定。雍正帝把所有战事交由岳钟琪处理，而把军需等所有事情交给怡亲王、张廷玉、蒋廷锡三人秘密办理。三人"小心慎密，是以经理二年有余，而各省不知有出师运饷之事"。后来张廷玉回忆这段时光说："自雍正八年（1730）冬天到九年九月，皇上因西北用兵，圣心焦劳，指授方略，廷玉每天在内廷侍直，从早到晚不敢退，间有待到一二鼓时。"军机处运行制度，到雍正九年正式确立。军机处的主要运行特点是一个"密"字。雍正帝御门听政虽然大逊于康熙帝，但他在操控权力方面却青出于蓝，他与军机大臣，除万寿节和除夕、元旦放假过年外，几乎没有一天不见面。受宠的军机大臣还要与雍正帝"晚面"。军机处每天处理大臣的折奏五六十件，最多时有一百多件。全部当天处理完毕，从没有延迟到次日的。应该交由兵部秘密寄出的，以军机大臣某某名义寄出，是为"廷寄"；应该交由内阁发布的，是为"明发上谕"。军机大臣被召见时，太监不得在侧，例由军机大臣最后一人挑帘，被称为"挑帘军机"。军机处值房，不允许任何人窥探。所用"苏拉"即听差，要挑选十五岁以下不识字的幼童。赵翼提出清朝大学士只是备顾问，不能稍有赞画于其间。在与朋党势力的斗争中，康熙帝、雍正帝将一切有利于加强皇权的制度都承继下来，并有所"创造"。到了乾隆时期，所谓"列圣相承，乾纲独揽"就不单是一句口头禅了，而是清代高扬皇权的基本状态使然。

结语

朋党作为古老的社会群体现象，很早就引起人们的注意。中

第六章 党争的时代特征与极权政治

国最早的典籍《尚书·洪范》就曾提出没有偏私、没有朋党,王道的光辉就会普照大地,国家的法度就会得到贯彻。自此,"无偏无党"似乎成为统治阶级政治道德的一条重要准则。"朋党小人,自古帝王之所必诛",①朋党人物,似乎如同过街老鼠一样,不敢公开抛头露面。范晔为东汉末年的"党人"作《党锢列传》时,认为太学诸生是因"清心忌恶"而"终陷党议",②并不曾把他们作为朋党看待。唐代后期,牛李党争日甚一日,但双方都惧"朋党"之名而避之唯恐不及,不敢以党人自居。③在漫长的中国古代社会里,恐怕只有宋代的士大夫才第一次站出来,公开为朋党正名。

朋党事实上的存在与朋党中人不敢正视其存在,这种矛盾现象其实很容易理解:在君主专制制度下,一沾朋党之名,便要担上与君主离心离德的悖逆之名,轻则惩之,重则诛戮,因此,即使朋党人物,也只好对"朋党"二字敬而远之了。然而,在生杀予夺由君主一人决定的中国古代社会,臣僚们如果真的无偏无党,那无异于将自己引向孤立无助的绝境,"党与之具,臣之宝也",朋党的初始形态无非是臣僚自我保护的生存要求使然。尽管朋党这一古老的概念不断被赋予新的内涵,但朋党兴衰无疑是透视君臣关系演变的一个视角。

---

① 《清史纪事本末》卷二五,《严禁朋党》。
② 《后汉书》卷六七,《党锢列传序》。
③ 参见《全唐文》卷七〇九、六四五。

清朝前期的几位最高统治者，善于吸取前明朋党之争致使社稷衰败的历史教训，用了近一个世纪的时间，与朋党势力及集团进行了持续而卓有成效的斗争，虽然不同时期惩治朋党的重点有所不同，但他们都把惩治朋党与加强皇权紧密联系在一起，并从完善制度的视角，使得国家最高决策的体制得以完型。同时，在惩治朋党的过程中，善于利用朋党集团之间的矛盾斗争，并针对朋党集团的危害程度采取不同的惩抑策略，把有利于加强皇权的一些"创造"加以制度化推广，从而整体上提高了国家机器运行的效率。

同时，这种以加强皇权为核心的惩治朋党活动，也有"扩大化"和"贴标签"的弊端，尤其是过度强调"与君同好恶"，使得大臣之间连正常的交往都受到限制，更谈不上对皇帝的"监督"。特别是雍正时期把惩治朋党与语言文字相衔接，以及打压所谓的"科甲朋党"的做法，带来了极大的负面影响，窒息了官僚士大夫的活力，又为清朝的衰落种下远因。这又是清朝统治者所始料不及的。

主要参考书目

中国第一历史档案馆编:《康熙朝汉文朱批奏折汇编》,档案出版社1984年版。

中国第一历史档案馆编译:《康熙朝满文朱批奏折全译》,中国社会科学出版社1996年版。

本书编写组编:《清代档案史料选编》,上海书店出版社2010年版。

中国第一历史档案馆编:《康熙起居注》,中华书局1984年版。

徐尚定标点:《康熙起居注》(标点全本),东方出版社2014年版。

中国第一历史档案馆编:《雍正朝汉文朱批奏折汇编》,江苏古籍出版社1991年版。

中国第一历史档案馆编译:《雍正朝满文朱批奏折全译》,黄山书社1998年版。

中国第一历史档案馆编:《雍正朝汉文谕旨汇编》,广西师范大学出版社2009年版。

中国第一历史档案馆编:《清代起居注册·雍正朝》,中华书局2016年版。

故宫博物院明清档案部编:《关于江宁织造曹家档案史料》,中华书局1975年版。

故宫博物院编:《康熙与罗马使节关系文书》,1932年版。

故宫博物院编:《文献丛编》全编,北京图书馆出版社2008年版。

韩菼著:《有怀堂文稿》,清康熙四十二年(1703)刻本。

李光地著，陈祖武点校：《榕村语录 榕村续语录》，中华书局1995年版。

李光地著，陈祖武注解：《榕村全书》，福建人民出版社2013年版。

魏象枢著，陈金陵点校：《寒松堂集》，中华书局1996年版。

张英撰，江小角、杨怀志点校：《张英全书》，安徽大学出版社2013年版。

赵申乔著：《赵忠毅公文录》，收入于李祖陶编《国朝文录续编本》，清道光十九年（1839）刻本。

王源著：《居业堂文集》，中华书局1985年版。

查慎行著：《敬业堂集》，文渊阁四库全书本。

张伯行著：《正谊堂文集·续集》，丛书集成初编本。

戴名世著：《戴名世集》，中华书局1986年版。

《圣祖仁皇帝御制文集》，文渊阁四库全书本。

方苞著，刘季高点校：《方苞集》，上海古籍出版社1983年版。

黄宗羲著：《黄宗羲全集》，浙江古籍出版社1985年版。

顾炎武著：《顾亭林诗文集》，中华书局1982年版。

徐乾学著：《憺园全集·憺园文录》，收入于李祖陶编《国朝文录续编本》，清道光十九年（1839）刻本。

唐甄著，吴泽民注解：《潜书》，中华书局2009年版。

张鹏翮著：《张文端公全集》，清光绪八年（1882）刊本。

何焯著：《义门先生集》，清宣统元年（1909）刻本。

全祖望著：《鲒埼亭集》，清嘉庆九年（1804）刻本。

全祖望著：《鲒埼亭集外编》，清嘉庆十六年（1811）刻本。

李桓辑：《国朝耆献类征初编》，清光绪十年（1884）湘阴李氏刊本。

钱仪吉辑：《碑传集》，中华书局1993年版。

王锺翰点校：《清史列传》，中华书局1987年版。

赵尔巽撰：《清史稿》，中华书局1977年版。

清国史馆辑，吴忠匡总校订：《满汉名臣传》，黑龙江人民出版社1991年版。

鄂尔泰等修：《八旗通志初集》，东北师范大学出版社1984年版。

李元度著，易孟醇点校：《国朝先正事略》，岳麓书社1991年版。

《钦定八旗满洲氏族通谱》，辽沈书社1980年版。

主要参考书目

《八旗满洲氏族通谱》,辽沈出版社1989年版。

《钦定宗室王公功绩表传》,文渊阁四库全书本。

汪胡桢、吴慰祖编:《清代河臣传》,中国水利珍本丛书第二辑,中国水利工程学会1937年版。

萧奭著,朱南铣点校:《永宪录》,中华书局1997年版。

福格著,汪北平点校:《听雨丛谈》,中华书局1997年版。

吴振棫等著:《养吉斋丛录》,浙江古籍出版社1985年版。

钱泳著:《履园丛话》,中华书局1997年版。

余金著:《熙朝新语》,上海古籍书店1983年版。

李斗著:《扬州画舫录》,中华书局1997年版。

昭梿著:《啸亭杂录》,中华书局1980年版。

王士禛撰,勒斯仁点校:《池北偶谈》,中华书局1997年版。

赵翼、姚元之撰,李解民点校:《檐曝杂记 竹叶亭杂记》,中华书局1997年版。

汤斌著,范志亭、范哲辑校:《汤斌集》,中州古籍出版社2003年版。

敖福合译:《圣驾亲征噶尔旦方略》,边疆五种本。

《圣祖亲征朔漠日录》,史料丛编初集本。

《圣祖西巡日录》,史料丛编初集本。

《圣祖五幸江南恭录》,振绮堂丛书初集本。

章梫著:《康熙政要》,中共中央党校出版社1994年版。

席吴鏊撰:《内阁志》,借月山房汇钞本。

靳辅著:《靳文襄公治河方略》,中国水利珍本丛书第二辑,中国水利工程学会1937年版。

《清圣祖实录》,影印本,中华书局1986年版。

《清世宗实录》,影印本,中华书局1986年版。

弘旺著:《皇清通志纲要》。

张尔田著:《清列朝后妃传稿》,文海出版社1972年版。

唐邦治著:《清皇室四谱》,聚珍仿宋印书局1923年版。

《圣祖圣训》,十朝圣训本。

康熙编：《庭训格言》，光绪三十四年（1908）《格言汇编》本。

王先谦、朱寿朋著：《东华录 东华续录》，上海古籍出版社2008年版。

蒋良骐著：《东华录》，中华书局1980年版。

贺长龄、魏源等编：《清经世文编》，影印本，中华书局1992年版。

于成龙著：《于清端公政书》，文渊阁四库全书本。

郭琇著：《华野疏稿》，文渊阁四库全书本。

张伯行著：《正谊堂集》，三贤政书本。

[德] 魏特著，杨丙辰译：《汤若望传》，商务印书馆1949年版。

[法] 白晋著：《康熙帝传》，载《清史资料》第一辑，中华书局1980年版。

南怀仁著：《鞑靼旅行记》，载《清代西人闻见录》，中国人民大学出版社1985年版。

耿昇译：《耶稣会士书简集中国书简选》，载《清史资料》第六辑，中华书局1985年版。

朱子彦、陈生民著：《朋党政治研究》，华东师范大学出版社1992年版。

杨珍著：《康熙皇帝一家》，学苑出版社1994年版。

孟昭信著：《康熙皇帝大传》，吉林文史出版社1983年版。

[美] 吴秀良著，张震久、吴伯娅译：《康熙朝储位斗争纪实》，中国社会科学出版社1988年版。

孟森著：《清史讲义》，中华书局1981年版。

孟森著：《孟森学术论著》，浙江人民出版社1998年版。

[法] 白晋著：《清康乾两帝与天主教传教史》，光启出版社1975年版。

孟森著：《明清史论著集刊续编》，中华书局1986年版。

郑天挺著：《探微集》，中华书局1980年版。

杨启樵著：《明清史抉奥》，广角镜出版社1984年版。

[日] 西本白川著：《康熙大帝》，上海春申社1926年版。

方豪著：《中国天主教史论丛》（甲集），商务印书馆1947年版。

陈垣著：《陈垣史学论著集》，中华书局1980年版。

罗光著：《教廷与中国使节史》（上、下），传记文学出版社1969年版。

李天纲著：《中国礼仪之争》，上海古籍出版社1998年版。

主要参考书目

王利器编：《李士桢李煦父子年谱》，北京出版社1983年版。
李洵著：《下学集》，中国社会科学出版社1995年版。
谢国桢著：《明清之际党社运动考》，北京出版社2014年版。
冯尔康著：《雍正传》，人民出版社1985年版。
戴逸著：《乾隆帝及其时代》，中国人民大学出版社1992年版。
王思治著：《清史论稿》，巴蜀书社1987年版。
郭成康著：《十八世纪的中国政治》，中国人民大学出版社2022年版。
中国第一历史档案馆编：《明清档案与历史研究》（上、下），中华书局1988年版。
杨启樵著：《雍正帝及其密折制度研究》，上海古籍出版社2003年版。
梁启超著：《中国近三百年学术史》，中国书店1985年版。
王锺翰著：《清史杂考》，人民出版社1957年版。
张晋藩、郭成康著：《清入关前国家法律制度史》，辽宁人民出版社1988年版。
林铁钧、史松主编：《清史编年·康熙朝》（上、下），中国人民大学出版社1988年版。
邓之诚著：《清诗纪事初编》（上、下），上海古籍出版社1984年版。
吴晗辑：《朝鲜李朝实录中的中国史料》，中华书局1980年版。
阎崇年著：《燕步集》，北京燕山出版社1989年版。
章培恒编：《洪昇年谱》，上海古籍出版社1979年版。
邓之诚著：《骨董琐记全编》，生活·读书·新知三联书店1955年版。
方豪主编：《方豪文录》，上智编译馆1948年版。
宋德宣著：《康熙思想研究》，中国社会科学出版社1990年版。
方豪著：《中国天主教史人物传》（上、中、下），中华书局1988年版。
刘德鸿著：《清初学人第一——纳兰性德研究》，中国社会科学出版社1997年版。
高光晶著：《中国国家起源及形成》，湖南人民出版社1998年版。
白钢主编：《中国政治制度通史》，人民出版社1996年版。
周远廉著：《清朝开国史研究》，辽宁人民出版社1981年版。

君臣之争：清朝的帝王与朋党

谭天星著：《明代内阁政治》，中国社会科学出版社1996年版。

沈松勤著：《北宋文人与党争——中国士大夫群体研究之一》，人民出版社1998年版。

赵园著：《明清之际士大夫研究》，北京大学出版社1999年版。

梁希哲、孟昭信著：《明清政治制度述论》，吉林大学出版社1991年版。

林乾、句华著：《言官与康乾政治》，北京时代华文书局2013年版。

祁美琴著：《清代内务府》，中国人民大学出版社1998年版。

[俄]史禄国著，高丙中译，刘小萌校：《满族的社会组织》，商务印书馆1997年版。

刘小萌著：《爱新觉罗家族全书·家族全史》，吉林人民出版社1997年版。

周汝昌著：《红楼梦新证》，华艺出版社1998年版。

[美]魏斐德著，陈苏镇等译：《洪业——清朝开国史》，江苏人民出版社1992年版。

王夫之著，舒士彦点校：《读通鉴论》，中华书局1975年版。

董诰编：《全唐文》，中华书局2013年版。

黄鸿寿著：《清史纪事本末》，上海书店1986年版。

《清高宗实录》，中华书局2008年版。

周莎校释：《多尔衮摄政日记》，天津古籍出版社2018年版。

《清朝野史大观》，上海书店1981年版。

罗振玉辑，张小也、苏亦工等点校：《皇清奏议》，凤凰出版社2018年版。

计六奇著，任道斌、魏得良点校：《明季北略》，中华书局1984年版。

李兴盛著：《中国流人史》，黑龙江人民出版社1996年版。

孙光祀著：《孙光祀集》，齐鲁书社2014年版。

徐珂编撰：《清稗类钞》，中华书局1984年版。

徐元文著：《含经堂集》，清康熙年间刻本。

杨鸿年、欧阳鑫：《中国政制史》，安徽教育出版社1995年版。

《清代三朝史案》，江苏广陵古籍刻印社1993年版。

汪景祺著：《读书堂西征随笔》，上海书店1984年版。

林乾、句华著：《精神放逐的年代》，中国青年出版社1998年版。

主要参考书目

王水照主编：《宋代文学通论》，河南大学出版社1997年版。

柳诒徵著：《中国文化史》，东方出版中心1988年版。

归庄著：《归庄集》，上海古籍出版社1984年版。

郭成康著：《十八世纪的中国与世界·政治卷》，辽海出版社1998年版。

廖道南著：《殿阁词林记》，文渊阁四库全书本。

叶凤毛著：《内阁小识》，清道光十八年（1838）刻本。

文天祥著：《文文山先生全集》，中国书店1985年版。

罗大经著，王瑞来点校：《鹤林玉露》，中华书局1983年版。

《清世祖实录》，中华书局1985年版。

中国第一历史档案馆编：《雍正朝起居注册》，中华书局1993年版。

全祖望撰，朱铸禹汇校集注：《全祖望集汇校集注》，上海古籍出版社2000年版。

箭内亘：《蒙古库里尔台之研究》。

谈迁著：《北游录》，中华书局1960年版。

孟森著：《明清史讲义》，中华书局1981年版。

昭梿著：《啸亭杂录 续录》，中华书局1980年版。

钱实甫编：《清代职官年表》，中华书局1980年版。

额腾额编撰：《叶赫那兰氏八旗族谱》，民国抄本。

叶梦珠撰，来新夏点校：《阅世编》，上海古籍出版社1981年版。

陈康祺著：《郎潜纪闻初笔 二笔 三笔》，中华书局1984年版。

高士奇著，王树林等整理：《高士奇全集》，浙江古籍出版社2023年版。

徐乾学著，贾灿灿点校：《憺园文集》，上海三联书店2024年版。

全祖望原著，黄云眉选注：《鲒埼亭文集选注》，齐鲁书社1982年版。

《昆新两县续修合志》，清光绪六年（1880）刻本。

朱彝尊著：《曝书亭集》，世界书局1964年版。

梁章钜著：《归田琐记》，中华书局1981年版。

王锺翰著：《清史新考》，辽宁大学出版社1990年版。

故宫博物院编：《圣祖御制文二集》，海南出版社2000年版。

章乃炜等著：《清宫述闻》，北京古籍出版社1988年版。

王泽弘著，周秀荣点校：《鹤岭山人诗集》，凤凰出版社2019年版。

清史编委会编：《清代人物传稿》，中华书局1995年版。

中国第一历史档案馆编：《清代档案史料丛编》，中华书局1980年版。

司马迁著：《史记》，中华书局1959年版。

刘健著：《庭闻录》，上海书店1985年版。

马端临著：《文献通考》，中华书局1986年版。

《清代起居注册·康熙朝》，中华书局、联经出版事业公司2009年版。

俞益谟编集，杨学娟、田富军点校：《办苗纪略》，上海古籍出版社2018年版。

《大清会典事例》，中华书局1991年版。

《陈恪勤公年谱》，清刻本。

《内阁杂册》，中国第一历史档案馆藏。

《朱批谕旨》，文渊阁四库全书本。

《上谕内阁》，文渊阁四库全书本。

王英志主编：《袁枚全集》，江苏古籍出版社1993年版。

吴兢著，谢保成集校：《贞观政要集校》，中华书局2003年版。

司马光编著：《资治通鉴》，中华书局1956年版。

文天祥著：《文文山先生全集》，中国书店1985年版。

《晋书》，中华书局1974年版。

《汉书》，中华书局1962年版。

《宋史纪事本末》，中华书局1977年版。

《宋史》，中华书局1985年版。

苏舜钦著，傅平骧、胡问陶校注：《苏舜钦集编年校注》，巴蜀书社1991年版。

苏轼著，茅维编，孔凡礼点校：《苏轼文集》，中华书局1986年版。

顾炎武著，黄汝成集释：《日知录集释》，岳麓书社1994年版。

《明清史料》丙编第五本，商务印书馆1936年版。

李焘著：《续资治通鉴长编》，中华书局2004年版。

黎靖德编，王星贤点校：《朱子语类》，中华书局2020年版。

王水照主编:《王安石全集》,复旦大学出版社2017年版。

《松下杂钞》,涵芬楼秘笈第三集,商务印书馆1917年版。

刘小萌著:《满族的部落与国家》,吉林文史出版社1995年版。

《三国志》,中华书局1959年版。

《契丹国志》,中华书局2024年版。

[德]傅海波、[英]崔瑞德编,史卫民译:《剑桥中国辽西夏金元史》,中国社会科学出版社1998年版。

《朝鲜成宗实录》,奎章阁汉文文献本。

《满洲实录》,中华书局2008年版。

《天聪朝臣工奏议》,载《清入关前史料选辑》第二辑,中国人民大学出版社1989年版。

《清太宗实录》,中华书局2008年版。

阎崇年主编:《满学研究》第三辑,民族出版社1996年版。

《满文旧档》,清初史料丛刊第二种,辽宁大学历史学系1979年编印。

王先慎著:《韩非子集解》,中华书局1998年版。

怀效锋点校:《大明律》,法律出版社1999年版。

《大清律例会通新纂》,文海出版社1984年版。

《域外汉籍珍本文库》第五辑,史部第二三册,人民出版社、西南师范大学出版社2012年版。

《明史》,中华书局1974年版。

《明神宗实录》,中华书局2016年版。

钱伯城、魏同贤、马樟根主编:《全明文》,上海古籍出版社1992年版。

赵翼著,王树民校证:《廿二史札记校证》,中华书局1984年版。

《后汉书》,中华书局1965年版。

后 记

本书是在我师从中国人民大学清史研究所郭成康先生攻读博士的论文基础上修改而成。最早于2003年由中国台湾正展出版文化公司，以《康熙惩抑朋党与清代极权政治》为名出版，并列入中国台湾地区高校的研究参考书。2013年由复旦大学出版社同名再版。前两次仅涉及康熙时期，此次修改主要增加了顺治、雍正二章，并对全文进行了必要的修改。

林乾

2024年2月4日